普通高等教育"十三五"规划教材

应用型本科保险学专业系列　　　总主编◇徐爱荣

主编／徐爱荣　凌　云

保险理财学

立信会计出版社

LIXIN ACCOUNTING PUBLISHING HOUSE

图书在版编目(CIP)数据

保险理财学 / 徐爱荣,凌云主编；—上海：立信会计
出版社,2018.2

普通高等教育"十三五"规划教材 应用型本科保险
学专业系列

ISBN 978 - 7 - 5429 - 5697 - 2

Ⅰ.①保… Ⅱ.①徐… ②凌… Ⅲ.①保险—高
等学校—教材 Ⅳ.①F84

中国版本图书馆 CIP 数据核字(2018)第 017204 号

责任编辑　　王艳丽
封面设计　　南房间

保险理财学
Baoxian Licaixue

出版发行	立信会计出版社		
地　　址	上海市中山西路 2230 号	邮政编码	200235
电　　话	(021)64411389	传　真	(021)64411325
网　　址	www. lixinaph. com	电子邮箱	lxaph@sh163. net
网上书店	www. shlx. net	电　话	(021)64411071
经　　销	各地新华书店		

印　　刷	上海天地海设计印刷有限公司	
开　　本	787 毫米×1092 毫米	1/16
印　　张	17.75	
字　　数	363 千字	
版　　次	2018 年 2 月第 1 版	
印　　次	2018 年 2 月第 1 次	
印　　数	1 - 2100	
书　　号	ISBN 978 - 7 - 5429 - 5697 - 2/F	
定　　价	38.00 元	

如有印订差错,请与本社联系调换

应用型本科保险学专业系列教材

编写委员会

总主编

徐爱荣

编　委

（按姓氏拼音排序）

陈　玲　杜　鹃　李　鹏　凌　云
沈　丹　万晴瑶　徐　英　杨青骥
张　杰　张　蕙　周佳妮

前　　言

改革开放以来,我国国民经济持续发展,人均收入、家庭财产快速增加。越来越多的人在满足基本生活所需、积累了一定的财富后,就产生了对理财的需求。于是,解决在经济发展和国民财富增长之后的理财问题就成为当今民众生活中的一件大事。而如何达到个人或家庭金融资产的保值增值,满足个人或家庭在人生不同阶段的资金需求,达到财务自由的境界,也已成为人们感兴趣的话题。

通常,财富的获得需要我们付出长时间艰辛的努力和劳动。然而,正如俗话所说,天有不测风云,人有旦夕祸福,财富的失去可能就在转瞬间。为了珍惜劳动成果,避免陷入两手空空的尴尬境地,我们在不断增加财富的同时,应及时采取有效措施避免财富的流失。保险理财有助于守住我们的财富,保险不仅是化解风险的有效途径,也是对人生进行全面规划的一项重要内容,是理财的一个重要渠道。

本书以市场经济条件下商业保险与社会保险理论与实务为主要内容。全书共十章,分为四个部分。第一部分是基础篇(第一章),主要介绍风险的概念、风险的分类和风险管理;第二部分是商业保险篇(第二章至第五章),主要介绍保险的基本原理、保险合同、财产保险与人身保险;第三部分是社会保险篇(第六章至第九章),主要介绍养老保险与医疗保险的基本内容;第四部分是综合篇(第十章),主要介绍保险理财规划案例。

本书具有如下特点:①从理财的角度,将商业保险和社会保险的内容结合在一起;②介绍了与本学科相关的最新理论与法规,尤其是保险法的最新修改和社会保险的最新政策法规;③每章的开头列有学习要点,中间编写若干专栏,章后有小结、关键概念索引与复习思考题,便于读者更好地掌握各章主要内容。本书适用于本科院校、成人高校的经济、金融、保险、劳动与社会保障专业的教学用书,也可以作为保险业界从业人员和自学者的参考读物。

本书由上海立信会计金融学院徐爱荣、凌云任主编。各章分工为:第一章和第十章由徐爱荣执笔;第二章和第三章由李鹏执笔;第四章由陈玲执笔;第五章由杜鹃执笔;第六章至第九章由凌云执笔。

本书在编写过程中参考了大量已出版和已发表的研究成果。在此,我们向本书所用成果的作者致以诚挚的谢意。中国人民财产保险股份有限公司的蔡爱明,中国平安保险股份有限公司的徐子超,新华人寿保险股份有限公司的王青华,天安财产保险股份有限公司的夏冬波,永诚财产保险股份有限公司的王芳,上海立信会计金融学院的徐英、乔琪等各位老师,在提供资料、创造条件等方面都给予了编写者莫大的帮助,编写者也一并谨致谢意。

上海立信会计出版社的领导和编辑对本书的出版给予了大力的支持和帮助,在此表示衷心的感谢。

由于主编和作者的水平所限,本书肯定存在许多不完善甚至谬误之处,敬请各位专家及广大读者不吝赐教,提出宝贵的意见和建议,以便在适当时机进行修正。

作者

2017 年 11 月于上海

目　　录

第一章　风险与风险管理

 **本章要点**

- 风险的含义和特点
- 风险的组成要素
- 纯粹风险和投机风险的区别
- 风险管理的程序
- 风险管理技术
- 风险、风险管理与保险三者之间的关系

> 俗话说:天有不测风云,人有旦夕祸福。在现实生活中,存在着各种各样的风险,如人的生、老、病、死、伤、残,自然界的地震、台风、洪水等灾害。无论哪一事件的发生,都会给人类造成一定的损失或增加开支,从而影响人们的生命和财产安全。我们不能坐待风险的降临,应主动加强风险管理意识,在了解风险的含义、性质和分类的基础上,熟练地运用风险管理的基本原理和技术,对风险实施有效的控制和管理,从而达到控制风险、减少损失的目的。

第一节　风　险　概　述

在人类的生存和生活环境中,存在着各种各样的风险。人们不但面临着自然界的地震、台风、洪水等自然灾害对自身财产造成的损失,还面临着生、老、病、死、伤、残等风险对身体或生命方面的威胁。因此,如何正确认识人类面临的风险,对减少损失具有重要的现实意义。

一、风险的含义

在人类生产和生活的活动中,无论是个人、家庭,还是经济单位,都可能因遭受灾害事故或意外事故而蒙受损失。从整个时间和空间角度来看,灾害和意外事故发生并造成损失是必然的;而在具体的时间、地点、损失程度等方面又是偶然的。这种必然性与偶然性的对立与统一正是风险概念的基础。

风险的概念可以从经济学、保险学、管理学等不同的角度进行定义,然而目前尚无一个为学术界和实务界普遍接受的定义。在保险理论与实务中,风险具有特定含义,即风险是指某种损失发生的不确定性。

二、风险的特点

(一)客观性

地震、台风、洪水、瘟疫、意外事故等,都不以人的意志为转移,都是独立于人的意识之外的客观存在。这是由于无论是自然界的物质运动,还是社会发展的规律,都是由事物的内部因素所决定的,是由超过人们主观意识所存在的客观规律所决定的。人们只能在一定的时间、空间内改变风险存在和发生的条件,降低风险发生的频率和损失程度,而不能彻底消除风险。旧的风险解除了,新的风险又产生了,风险始终存在,并与人们的工作、生活密切相关。正是风险的客观存在,决定了保险的必要性。

(二)普遍性

自从人类出现后,就面临着各种各样的风险,如自然灾害、疾病、伤害、战争等。随着科学技术的发展、生产力的提高、社会的进步、人类的进化,又产生新的风险,且风险事故造成的损失也越来越大。在当今社会,个人面临生、老、病、死、意外伤害等风险;企业则面临着自然风险、经济风险、技术风险、政治风险等;甚至国家政府机关也面临着各种风险。总之,风险渗入社会、企业、个人生活的方方面面,可以说是无处不在、无时不有。

(三)损失性

风险的发生必然造成一定程度的经济损失或形成特殊的经济需要。没有造成经济损失或经济损失甚微,以及损失不能用货币来计量的,都不是保险学上所指的风险。特殊的经济需要,主要是指人们因疾病、伤残、失业等原因暂时或永久丧失劳动能力后所需要的医疗、生活等费用,以及死亡后所需的善后费用和遗属的赡养费用等。

(四)不确定性

风险的发生必须具有不确定性,必须是偶然和意外的。若某种随机现象没有发生的可能性或肯定发生,那就不是风险。其不确定性通常包括以下几个方面。

(1)损失是否发生不确定。

(2)损失发生的时间不确定。

(3)损失发生的地点不确定。

(4)损失程度不确定。

(五)社会性

风险与人类社会的利益密切相关,即无论风险源于自然现象、社会现象还是生理现象,它都必须是相对于人身及其财产的危害而言的。就自然现象本身而言无所谓风险,如地震对大自然来说只是自身运动的表现形式,也可能是自然界自我平衡的必要条件,只是由于地震会对人们的生命和财产造成损害或损失,所以对人类来说才成为一种风险。因而,风险是一个社会范畴,而不是自然范畴。没有人,没有人类社会,就无风险可言。

(六) 可变性

风险虽然是客观存在的,不以人的意志为转移,但在一定条件下,风险是可以变化的。即风险的性质、量、发生与否等在一定条件下是变化的,这种变化包括以下几个方面。

1. 风险性质的变化

当汽车还没有成为人们的代步工具时,因遭遇车祸而发生风险损失的可能性很小,这种风险仅仅是特定的风险;在现代社会,汽车已成为主要的交通工具,交通风险事故的发生成为非常普遍的事件,使相当多的人在车祸中伤亡或财产受到损失,车祸就成为人类社会的基本风险。

2. 风险量的变化

随着人们对风险认识的增强和风险管理方法的完善,某些风险在一定程度上得以控制,降低其发生频率和损失程度。如利用防火性能好的建材修建房屋,可降低火灾发生的可能性,即使发生火灾,其火势也可以得到一定程度的控制,从而降低损失程度。

3. 风险种类的变化

随着科学技术的发展、社会生产力的提高,以及自然、社会环境的改变,某些风险会消失,但也会产生一些新的风险。如在电灯发明之前,人们使用油灯照明,人们面临的是燃烧着的油灯被打翻而发生火灾的风险;使用电灯之后,油灯引发火灾的风险消失了,但由于电源的不安全导致的火灾风险又产生了。

三、风险的组成要素

风险的组成要素包括风险因素、风险事故和损失。

(一) 风险因素

风险因素是指能增加或产生损失频率和损失程度的条件,它是风险事故发生的潜在原因,是造成损失的内在或间接原因。根据其性质,风险因素可分为实质风险因素、道德风险因素和心理风险因素。

1. 实质风险因素

实质风险因素是指有形的,并能直接影响事物物理功能的因素,即某一标的本身所具有的足以引起或增加损失机会和损失程度的客观原因和条件。如地壳的异常变化、恶劣的气候、疾病传染等。

2. 道德风险因素

道德风险因素是与人的品德教育有关的无形的因素,即由于个人不诚实、不正直或不轨企图,促进风险事故发生,以致引起社会财富损毁和人身伤亡的原因或条件。如欺诈、纵火等。

3. 心理风险因素

心理风险因素是与人的心理状态有关的无形的因素,即由于人的不注意、不关心、侥幸或存在依赖保险的心理,以致增加风险事故发生的频率和损失程度的因素。例如,企业或个人投保财产保险后放松对财产的保护措施;投保人身保险后忽视自己的身体健康等。

实质风险因素与人无关,故也称为物质风险因素;道德风险因素和心理风险因素均与人密切相关,前者侧重于人的恶意行为,后者侧重于人的疏忽行为。因此,这两类风险因素也可合并称为人为风险因素。

(二) 风险事故

风险事故是造成生命、财产损失的偶发事件,是造成损失的直接原因。只有通过风险事故的发生,才能导致损失。风险事故意味着风险的可能性转化为现实性,即风险的发生。

对于某一事件,在一定条件下,可能是造成损失的直接原因,则它成为风险事故;而在其他条件下,可能是造成损失的间接原因,则它便成为风险因素。如下冰雹使得路滑而发生车祸,造成人员伤亡,这时冰雹是风险因素,车祸是风险事故;若冰雹直接击伤行人,则冰雹就是风险事故。

(三) 损失

损失有狭义和广义之分。狭义的损失是指非故意的、非预期的、非计划的经济价值的减少,风险管理中所讲的就是狭义的损失。广义的损失不但包括物质上的损失,而且包括精神上的损伤。例如,折旧、报废、记忆力减退、时间的耗费等属于广义的损失,但不能称为风险管理中所涉及的损失,因为它们是必然发生的或是计划安排的。

(四) 风险因素、风险事故和损失三者之间的关系

风险是由风险因素、风险事故和损失三者构成的统一体,它们之间存在着一定的关系(见图 1-1)。

图 1-1　风险因素、风险事故和损失的关系

必须指出,风险因素、风险事故与损失之间的上述关系并不具有必然性,即风险因素并不一定引起风险事故和损失,风险事故也不一定导致损失。因此,尽管风险因素客观存在,人们还是有可能通过运用适当的方法而减少或避免事故的发生,或在事故发生后减少或避免损失。

 专栏 1-1

2016 年的自然灾害与人为灾难

2016 年,全球因自然灾害与人为灾难导致的经济损失总额至少达到 1 580 亿美元,比 2015 年的 940 亿美元高 68%。据 Sigma 的初步估计,地震和洪水等自然灾害是导致损失的主要原因。2016 年保险损失约为 490 亿美元,比 2015 年的 370 亿美元高 32%。损失总额与保险损失之间的差距显示,许多灾害是发生于保险覆盖率较低的地区。

2016 年,人为灾难导致的保险损失为 70 亿美元,全球共有约 10 000 人在灾害中丧生。

(资料来源:中国保险学会网站。)

第二节　风险的分类

由于风险的损失性和不确定性,随时都会给人类造成非常大的损失,使人类产生不安的感觉。为了加深风险的认识,必须了解其发生的条件、形成的过程和对人类的损害。根据不同的需要或不同的角度,运用不同的分类标准,可得出相应类别的风险。通过对风险的分类,在理论上便于研究,在实务上便于根据不同类别的风险做好风险管理工作。

一、按风险损害的对象分类

按风险损害的对象分类,风险可划分为财产风险、人身风险、责任风险和信用风险。

(一)财产风险

财产风险是指导致财产发生毁损、灭失和贬值的风险。如威胁财产的火灾、雷电、台风、洪水等风险。

(二)人身风险

人身风险是指因生、老、病、死、伤、残而导致的风险。人身风险主要包括由于经济主要来源人的死亡而造成其生活依赖人的生活困难,以及由于年老而丧失劳动能力,或由于疾病、残疾而增加医疗费用支出从而导致经济困难等。

(三)责任风险

责任风险是指团体或个人因疏忽或过失造成他人的人身伤害和财产损失,依照法律应承担经济赔偿的风险。例如,由于公共场所存在的缺陷、产品的质量问题、专业技术人员的疏忽等导致责任损失,从而面临责任风险。

(四)信用风险

信用风险是指在经济交往中,权利人与义务人之间,由于一方违约或犯罪而造成对方经济损失的风险。例如,在货物交易的过程中,由于某一方破产、片面毁约等原因造成另一方损失的风险。

二、按风险的性质分类

按风险的性质分类,可将风险划分为纯粹风险和投机风险。

(一)纯粹风险

纯粹风险是指只会产生损失而不会产生收益的风险,其所致结果有两种,即损失和无损失。如水灾、火灾、车祸、疾病、意外事故等。

(二)投机风险

投机风险是指既可能产生收益又可能造成损失的风险,其所致结果有三种,即损失、无损失和盈利。如赌博、股票买卖、市场风险等。

有时同一标的,可能既面临纯粹风险又面临投机风险。例如,一个工厂,既面临火灾、水灾这些纯粹风险,又面临技术风险、经营风险这些投机风险。尽管如此,区别纯粹风险和投机风险仍非常重要,纯粹风险的后果始终会有损失,对人类是不利的;而投机风险则不同,由于其具有盈利的可能性,有些人会心甘情愿地去冒险。在一般情况下,只有纯粹风险才是可以投保的,投机风险是不能投保的。

三、按风险涉及和影响的范围分类

按风险涉及和影响的范围分类,可将风险分为基本风险和特定风险。

(一)基本风险

基本风险是指其损害波及社会的风险。基本风险的起因及影响都不与特定的人有关,是个人所不能阻止的风险,涉及的范围通常比较大。例如,与社会或政治有关的风险,与自然灾害有关的风险,都属于基本风险。

(二)特定风险

特定风险是指与特定的人有因果关系的风险。即由特定的人所引起,而且损失仅涉及个人的风险。例如,由盗窃、火灾等引起损失的风险都属于特定风险。

四、按损失的原因分类

按损失的原因分类,可将风险分为自然风险、社会风险、经济风险、政治风险和技术风险。

(一)自然风险

自然风险是由于自然现象和意外事故所致财产毁损和人员伤亡的风险。如地震、台风、洪水等。

(二)社会风险

社会风险是由于个人行为反常或不可测的团体过失、疏忽、侥幸、恶意等不当行为所致的损害风险。如盗窃、抢劫、罢工、暴动等。

(三)经济风险

经济风险是指在产销过程中,由于有关因素变动或估计错误而导致的产量减少或价格涨跌的风险。如市场预期失误、经营不善、消费需求变化、通货膨胀、汇率变动等所致经济损失的风险等。

(四)政治风险

政治风险是指由于政治原因,如政局的变化、政权的更替、政府法令和决定的颁布实施,以及种族和宗教冲突、叛乱、战争等引起社会动荡而造成损害的风险。

(五)技术风险

技术风险是指伴随着科学技术的发展、生产方式的改变而发生的风险。如核辐射、空气污染、噪声等风险。

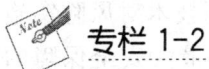 **专栏 1-2**

什么是次贷危机?

次贷危机全称为次级房贷危机(subprime lending crisis),其意指发生在美国,因为次级抵押贷款机构破产而导致的投资基金被迫关闭,股市震荡反常剧烈的危机。次贷危机造成了全球金融市场流动性不足,包括美国、欧盟、日本等主要金融市场都受其影响。

什么原因导致了次贷危机呢?简单来说,美国次级按揭贷款是面向信用状况比较不好、还款能力不确定的人群发行的。因此,依照风险和收益成正比的原则,其相对于面向信用状况比较好的人群发行的贷款来说,利率会高一些。但是,放出这些贷款的机构为了尽快收回其资金,则将这些贷款发行成债券,相应的,此类次贷债券的利率也高于普通的债券。于是很多国际投资机构,包括投资银行、对冲基金等都纷纷投入了次级贷款债券。

这样就出现了一个问题,因为次级贷款发放的人群本身是信用状况比较差的,其出现违约的可能性比较大,在美国楼市走势良好的情况下,如果这些人出现违约现象,放贷机构可以收回抵押的房子,再将其卖掉来回笼资金。

但是,从 2006 年开始,美国楼市开始出现下滑,房价开始下跌,于是通过次贷购买的房子将难以出售或抵押获得融资。这样就造成了在次贷发放对象的违约率不变的情况下,放贷者即使将抵押的房子收回也不能完全挽回其损失,而这导致在其身后购买了这些债券的各大投资机构的亏损。于是国际金融市场流动性不足的危机产生了。

(资料来源:资金管理网。)

第三节　风险管理

随着社会生产力的飞速发展,现实生活中大量风险事故的发生造成了巨大的损失后果,特别是大部分属于纯粹风险。如何减少风险造成的损失,对风险实施有效的控制和管理,获得最大的安全保障已是人类考虑的重要课题,风险管理也就成为人类生存与发展中必须要采取的措施。

一、风险管理概述

随着人类社会的发展,人类面临的风险也在不断地发展变化,人们的风险意识不断提高,对付风险的办法日益增多,技术越来越精良。风险管理作为一门系统的管理科学开始萌发,随后形成了近乎全球性的风险管理活动,这是社会生产力和科学技术发展到一定阶段的必然产物,另一方面,风险管理的发展也推动了人类文明的演变进程。

(一)风险管理的定义

风险管理是研究风险发生规律和风险控制技术的一门新兴管理学科,各管理单位通过风险识别、风险衡量、风险评价,并在此基础上优化组合各种风险管理技术对风险实施有效地控制和妥善处理风险所致的后果,期望达到以最小的成本获得最大安全保障的目标。

(二) 风险管理的产生与发展

风险管理起源于美国,1929 年爆发的经济大危机与社会政治变动,尤其是 1953 年 8 月 12 日,通用汽车在密歇根州的一个汽车变速箱工厂因火灾而损失达 1 亿美元后,人们逐渐认识到风险管理的重要性,使风险管理逐步成为企业现代化经营管理的一个重要组成部分。

20 世纪 60 年代以后,风险管理得到了迅速发展,在美国保险管理学会的推动下,风险管理教育在美国盛行起来,不少大学将传统的"保险系"改名为"风险管理与保险系";有关保险团体也纷纷改名,如"全美大学保险学协会"改名为"全美风险与保险学协会"。1975 年又成立了"风险与保险管理协会",该协会于 1983 年通过了《101 条风险管理准则》,使风险管理更趋向规范化。同时,风险管理普及的范围越来越广,其概念、原理及实践已从美国传播到了加拿大、欧洲、亚洲、拉丁美洲的一些国家和地区,并得到了蓬勃发展。

在现代社会,风险管理已经在许多发达国家广泛运用,已成为企业的一个重要职能部门。其已从单纯转嫁风险的保险管理发展为以经营管理为中心的全面风险管理。它与企业的计划、财务、会计等部门一道,共同为实现企业的经营目标而努力。目前,由于衍生性金融商品使用不当引发的金融风暴以及后续市场的反应,促使风险管理得到了进一步的发展。同时,由于保险理财与衍生性金融商品的整合,保险业本身的创新打破了保险市场与资本市场的界限,新的风险评估工具——风险值(value at risk, VAR)使风险管理又迈向了新的里程。

二、风险管理的基本原理

风险管理作为研究风险发生规律和风险控制技术的一门新兴管理学科,经过半个多世纪的发展,已经形成了一些具有普遍意义的基本原理,特别是对经济单位风险管理的目标、风险管理的基本程序等方面都具有比较成熟的理论和经验。

(一) 风险管理的目标

风险管理是一种目的性很强的工作,没有目标风险管理就无从开展,只有通过目标,才能确定风险管理的方向,并且对风险管理的结果作出评价。风险管理作为风险主体经营管理的一部分,其根本目标就应该与风险主体的总目标一致,即以最小的成本获得最大的安全保障。

按风险事故的实际发生为界,风险管理的目标分为损失发生前的风险管理目标和损失发生后的风险管理目标。前者是避免或减少风险事故形成的机会,包括制定合理的经济目标、安全系数目标和社会责任等目标;后者重在考虑最大限度地补偿和挽救损失带来的后果及其影响。包括维持企业的继续生存、正常生产经营、稳定的收益、持续发展和履行社会职责等目标。

（二）风险管理的基本程序

在一定条件下,风险可以转化,风险管理作为一个连续的行为过程,它的基本程序包括风险识别、风险衡量、风险评价、选择风险管理技术和风险管理效果评价等环节,如图1-2所示。

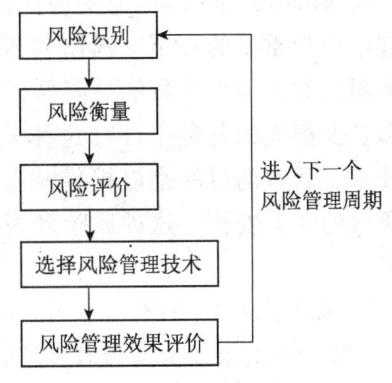

图1-2　风险管理的基本程序

1. 风险识别

风险识别是风险管理的第一步,是对尚未发生的、潜在的和客观存在的各种风险系统地、连续地进行识别和归类,并分析产生风险事故的原因。它是对企业面临的和潜在的风险加以判断、归类并对风险性质进行鉴定的过程。风险识别是风险管理的基础,只有风险识别准确,才能对风险进行估测,才能有的放矢地选择和实施风险管理措施。而存在于企业自身周围的风险多种多样、错综复杂,有潜在的,也有实际存在的;有企业内部的,也有企业外部的。因此,对风险的识别一方面可以通过感知风险来调查、了解、识别风险,另一方面通过分类、分析掌握风险产生的原因和条件,以及风险所具有的性质来识别风险。同时,风险管理者不仅要持续不断地识别随时发生新变化的风险,还要留意可能出现的新的潜在风险。风险的识别方法主要有流程图分析法、财务报表分析法、保险调查法、头脑风暴法等。

2. 风险衡量

风险衡量是在风险识别的基础上,通过对所收集掌握的大量资料进行分析,利用概率、统计理论,估计和预测风险事故发生的频率和损失程度。也就是运用概率统计方法对风险事故的发生和后果加以估计,从而得出相对准确的数据。风险管理者将损失程度与损失频率结合起来,对风险进行重要程度的排序。风险衡量是一项极其复杂和困难的工作,但却是风险管理不可缺少的一环。其不仅使风险管理建立在科学的基础上,而且使风险分析定量化,为风险管理者进行风险决策、选择最佳的风险管理技术提供了可靠的科学依据。

3. 风险评价

风险评价是指在风险衡量的基础上,对风险发生的频率、损失程度,结合其他因素全面进行考虑,评估风险发生的可能性及其危害程度,并与公认的安全指标相比较,以衡量风险的程度,并决定是否需要采取相应的措施,以及控制措施采取到什么程度。处理风险,需要一定费用,费用与风险损失之间的比例关系直接影响风险管理的效益。通过风险评价对风险性质进行定性、定量分析和比较,处理风险所支出的费用,来确定风险是否需要处理和处理程度,以判定为处理风险所支出的费用是否有效益。风险评价对减少风险事故的发生,特别是重大恶性事故的发生具有重要的意义。

4. 选择风险管理技术

根据风险评价结果,为实现风险管理目标,选择最佳风险管理技术并实施是风险管理中最为重要的环节。风险管理技术分为控制型风险管理技术和财务型风险管理技术两大类。前者的目的是降低损失频率和减少损失程度,重点在于改变引起意外事故和扩大损失的各种条件。这种风险管理技术通常有风险回避、损失控制、风险分散等技术。后者的目的是以提供基金的方式,降低损失发生的成本,即对无法控制的风险所做的财务安排。这种风险管理技术主要有风险自留、保险和财务型非保险转移等技术。

5. 风险管理效果评价

风险管理效果评价是指对风险管理技术适用情况及收益性情况的分析、检查、修正和评估。这是风险管理的最后一个环节,也是非常重要的一个环节。由于风险管理的过程是动态的,风险又是不断变化的,而且有时风险管理者的决策可能是错误的,通过检查和评估,可以使风险管理者及时发现错误,纠正错误,减少成本,同时总结经验,提高风险管理水平。

三、风险管理的技术

通过风险识别、风险衡量和评价,发现系统存在的风险因素,如何有效地控制这些因素,达到减少事故发生的频率和损失程度的目的,就必须采用合理、可行的风险管理技术。通常根据损失频率的高低和损失程度的大小,将风险划分为不同的类型(见表1-1),然后选择适当的对付风险的方法。

表 1-1　风险类型

风险的类型	损失频率	损失程度
1	低	小
2	高	小
3	低	大
4	高	大

对第一种风险,采用风险自留的方法最为适宜,主要在于其造成的损失比较少,风险管理者可以承担。对第二种风险应该加强损失管理,并辅之以风险自留和超额损失保险。保险方法最适用于对付第三种风险,损失程度严重意味着巨灾可能性存在,而低的损失频率表明购买保险在经济上承担得起,这种类型的风险包括火灾、爆炸、龙卷风、责任诉讼等。风险管理者也可结合使用风险自留和商业保险来对付这类风险。对付第四种风险的最好方法是风险回避,因为风险自留的办法不可行,也难以购买商业保险,即使能购买也得缴付高额保险费。当然风险管理者可以根据实际情况,灵活采用、组合各种风险管理方法,达到以最小的成本获得最大安全保障的目标。

四、风险、风险管理与保险三者之间的关系

风险是损失发生的不确定性,需要管理,以减少损失频率和损失幅度。在风险管理中,对不同的风险需要不同的风险管理技术,保险是其中风险转移的重要手段。正确认识和处理风险、风险管理与保险之间的关系,弄清三者之间的联系和区别,并在实践中互相配合,互相补充,充分发挥各自的效力,具有非常重要的意义。

(一)风险是保险产生和存在的前提

无风险则无保险。风险是客观存在的,时时处处威胁着人的生命和财产的安全,是不以人的意志为转移的。风险的发生直接影响社会生产过程的持续进行和家庭正常生活,因而产生了人们对损失进行补偿的需要。保险作为一种经济补偿方式及对付风险的一种方法被社会普遍接受,因此构成了保险产生的基础。

(二)风险的发展是保险发展的客观依据

随着社会进步、生产发展、现代科学技术的应用,社会、企业和个人在生产、生活过程中出现了更多的、新的风险。风险的发展、变化对保险提出了更多、更高的要求,保险业必须不断设计新险种、开发新业务来满足人类的需求,从而促使保险业的持续发展。

(三)保险是风险处理的传统有效的措施

人们面临的各种风险损害,一部分可以通过控制的方法消除或减少,但风险不可能全部消除。面对各种风险造成的损失,单靠自身力量解决,就需要提留与自身财产价值等量的后备基金,这样既造成资金浪费,又难以解决巨灾损失的补偿问题。因此,转移就成为风险管理的重要手段,保险作为转移方法之一,长期以来被人们视为传统的处理风险手段。人们通过保险,把不能自行承担的集中风险转嫁给保险人,以小额的固定支出换取对巨额风险的经济保障,使保险成为处理风险的有效措施。

(四)保险经营效益受风险管理技术的制约

保险经营效益的大小受多种因素的制约,风险管理技术作为非常重要的因素,对保险经营效益产生很大的影响。例如,对风险识别是否全面,对风险损失的频率和造成损失的幅度估测是否准确,哪些风险可以承保,哪些风险不可以承保,保险的范围应有多大,程度应如何,保险的成本与效益的比较等,都制约着保险的经营效益。

 专栏 1-3

无人驾驶将成汽车保险公司噩梦?

据悉,无人驾驶汽车即将占领澳大利亚的道路。虽然这能显著降低车祸发生,消费者很是欢迎,但是汽车保险公司却感到了"压力山大"。

穆迪投资者服务公司的最新研究发现,智能汽车所具备的若干特点能避免事故发生,如自动刹车和自适应巡航控制,这会降低未来5~10年车祸发生概率。

虽然这会在中短期内提高汽车保险公司的利润,但长远看来也有可能大幅削减保险公

司的收益,伴随着索赔的急剧下降,修理高科技轿车零件成本会飙升。

汽车公司巨头如福特、尼桑、奔驰和特斯拉都明确计划会推出无人驾驶汽车,预计在2020 年至 2025 年上市。穆迪分析,到 2045 年大多数汽车可能是自动驾驶,并有可能在 30年后普及。"许多保险公司不会立马降低他们的价格,就因为他们在观望事故频率下降是否是持续的,这在未来 5~10 年可能会提高保险公司的盈利能力。"穆迪在最新的行业报告称,"这就是说,事故发生率的降低会部分抵消运用嵌入式技术替换零件的高昂成本。"

无人驾驶汽车的风行,也意味着对传统汽车保险需求的减少,从而降低保费和利润。

报告称:"私家车对于包括美国在内的许多国家,是财产和意外险的主要来源,它对保险业的影响会很显著。"保险业大约 38% 的行业保费收入来自汽车保险。

报告还称:"监管机构、立法者和法院都必须确定责任如何合理的分散到保险公司、汽车制造商和技术公司之间。"

穆迪预计,伴随着无人驾驶汽车生根发芽,保险公司将不会袖手旁观,眼睁睁地看着他们的利润慢慢流失。普华永道的研究发现,在最易受技术变革影响的行业排行榜上,全球保险业排名第二,仅次于传媒娱乐。

穆迪的报告说:"尽管自动驾驶汽车将汽车保险业蒙上了不确定性,市场利润可能会收窄,但保险公司仍有时间去创新和多样化,以保持竞争力。"

穆迪预测自动驾驶汽车会引发全球汽车保险业变革,触动行业巨变,包括合并、破产和新兴公司的崛起。

(资料来源:中国保险学会网站。)

本 章 小 结

(1) 风险的基本含义是损失发生的不确定性。风险具有客观性、普遍性、损失性、不确定性、社会性和可变性等特点。风险的组成要素包括风险因素、风险事故和损失。

(2) 风险的分类非常广泛。按风险损害的对象分类,风险可划分为财产风险、人身风险、责任风险和信用风险;按风险的性质分类,风险可划分为纯粹风险和投机风险;按损失产生的原因可将风险分为自然风险、社会风险、经济风险、政治风险和技术风险。

(3) 风险管理是研究风险发生规律和风险控制技术的一门新兴管理学科,各管理单位通过风险识别、风险衡量、风险评价,并在此基础上优化组合各种风险管理技术对风险实施有效的控制和妥善处理风险所致的后果,期望达到以最小的成本获得最大安全保障的目标。

(4) 风险是保险产生和存在的前提,风险的发展是保险发展的客观依据。保险是风险管理的传统有效的措施,保险经营效益受风险管理技术的制约。

关键概念索引

风险　风险因素　风险事故　损失　纯粹风险　投机风险　风险管理　风险识别
风险衡量　风险评价　保险

复习思考题

1. 简述风险的含义。
2. 简述纯粹风险与投机风险的区别。
3. 简述风险管理的含义。
4. 简述风险管理的基本程序。
5. 简述风险、风险管理与保险的关系。
6. 结合风险管理的方法，想想自己生活中曾经遇到哪些风险？对这些风险你是如何应付的？

第二章　商业保险基本原理

 **本章要点**

- 掌握保险的概念、要素、特征与对象
- 掌握保险的不同分类
- 掌握保险职能
- 掌握保险的四大基本原则

美国前总统约翰逊曾经说:"对于一个愿意帮助他人的人,我没有想到比购买保险更好的方法。"他之所以如是说,原因在于保险作为一种经济制度,它体现的是一种"一人为众,众人为一"的互助共济的精神和机制,这种制度的目的在于集合更广范围内的资源共同分担少数遭受风险的单位的损失。而目前或者未来还有一段时间内,由于国民的保险意识落后,保险还不能为大多数人所理解和接受,通过本章的介绍,让有识之士能够比较全面地了解保险的内涵、本质及其职能与作用。

在我们的日常中,经常会用到"保险"这个概念,其含义为"稳妥可靠、安全、有把握"等,但这些都不是保险作为一门经济学科时,把"保险"理解为一个专业术语时的概念与含义。在保险学科中,"保险"往往与某种特定的风险联系在一起,它是在商品经济中存在的风险和损失的基础上发生的一种经济关系,承保的是保险标的可能发生的各种风险,是现代风险管理的最佳方式之一。而且保险一般包括的范围比较广泛,包括商业保险和社会保险的范畴,但由于从商品属性上看它们两者存在本质上的差别,社会保险是一种特殊的非商品性保险关系,故本章只重点介绍商业保险的基本原理。

第一节　商业保险的概念

一、商业保险的定义

关于商业保险的定义,众说纷纭。保险起初在英语中的含义是以缴付保险费为代价来取得损失补偿,但这样的说法作为保险的定义是很不完整的。后来,各国保险学者对保险下了各种定义,但迄今尚无举世公认的保险定义。

(一) 从经济角度对商业保险的定义

从经济角度来看,保险是分摊意外事故损失的一种财务安排。投保人参加保险,实质上是将他的不确定的大额损失变成确定的小额支出,即保险费。而保险人集中了大量同类风险,能借助大数法则来正确预见损失的发生额,并根据保险标的损失概率制定保险费率,通过向所有被保险人收取保险费建立保险基金,用于补偿少数被保险人遭受的意外事故损失。因此,保险是一种有效的财务安排,并体现了一定的经济关系。

(二) 从法律角度对商业保险的定义

从法律角度来看,保险是一种合同行为,体现的是一种民事法律关系。根据合同约定,一方为其提供的经济补偿或给付的权利,这正体现了民事法律关系的内容——主体之间的权利和义务关系。

(三) 我国保险法中的定义

根据《中华人民共和国保险法》(以下简称《保险法》)第二条规定:保险是指投保人根据合同约定,向保险人支付保险费,保险人对于合同约定的可能发生的事故因其发生所造成的财产损失承担赔偿保险金责任,或者当被保险人死亡、伤残、疾病或者达到合同约定的年龄、期限时承担给付保险金责任的商业保险行为。

二、商业保险的要素

(一) 以特定的或约定的风险作为可保风险和保险责任

风险的客观存在使人们产生对保险的需求。尽管保险是人们处理风险的一种方式,它能为人们在遭受损失时提供经济补偿,但并不是所有破坏物质财富或威胁人身安全的风险,保险人都承保。可保风险是保险人可以接受承保的风险,它是有条件、有范围的:一方面,从社会效益、保险企业效益和经营技术考虑,只能选择可保风险,即承保特定的灾害事故或事件作为我们的保险责任;另一方面,投保人从自身利益考虑,对其所面临的风险也要经过分析和筛选,有选择性地进行投保,从而降低成本。

可保风险有以下几个特性:①风险不是投机性的;②风险必须具有不确定性,就每一个具体单独的保险标的而言,保险当事人事先无法知道其是否发生损失、发生损失的时间和发生损失的程度如何;③风险必须是大量标的均有遭受损失的可能性;④风险必须是意外的;⑤风险可能导致较大损失;⑥在保险合同期限内预期的损失是可计算的。

 专栏 2-1

保险公司可以承保什么样的风险? 应该承保什么样的风险?

保险公司可承保的风险,大都是纯粹风险,即有损失可能而无获利可能的风险,一般是静态风险而非动态风险,即在社会经济结构条件不变情况下的可能发生的风险。之所以可保风险不能是投机风险、动态风险,在于投机风险、动态风险的运动不规则,重复性差,规律性不强,难以适用大数法则准确预测估量,而且,有些投机风险还为国家法律所禁止,不为社会道德公允。据此,火灾、爆炸等风险为可保风险,而股票炒买炒卖、赌博等投机风险,不可能成为可保风险。

保险公司承保的风险不能涉及违法问题,不能与一个社会最基本的价值观念或道德观念相冲突。英国有个保险公司在20世纪的某个年代推出过两款保险:一个叫做"吸毒者保险",一个叫做"妓女保险"。其理由是,吸毒者和妓女也是人,他们在吸毒或从事卖淫活动时也都可能遭受各种意外或死亡、伤残等风险,因此他们也需要保护。但两款保险推出后英国社会舆论哗然,许多人认为这是与社会的道德观念或价值观相冲突的,这样做无异于是对这种败德行为的纵容。最后,该公司不得不停止这两款产品的销售。

（资料来源:北京大学中国保险与社会保障研究中心。）

（二）商业保险必须对保险事故造成的损失给予经济补偿或给付

所谓经济补偿是指这种补偿不是恢复已灭失的原物,一般是用货币进行补偿。对于财产保险,主要针对保险标的的损失给予一定的经济补偿;对于人身保险,是用经济补偿或给付的方法来弥补由于人的死亡或残疾而造成个人或家庭的收入减少、支出增加的经济负担,并不是保证人们恢复已失去的劳动力或生命。

（三）商业保险必须结合多数经济单位进行互助共济

保险是一种"一人为众,众人为一"的同舟共济、相互扶助的经济形式。保险这种互助共济形式的形成过程既是风险集合的过程,又是风险分散的过程。众多投保人将其所面临的风险转嫁给保险人,保险人通过承保而将众多风险集合起来。当发生保险责任范围内的损失时,保险人又将少数人发生的风险损失分摊给全部投保人,也就是通过保险补偿行为分摊损失,将集合的风险予以分散转移。故保险以多数经济单位的结合为必要条件。具体地讲有两种结合方式:一是直接结合,即在一定范围内,处在同类风险中的多数经济单位,为一致的利益组成保险集合体;二是间接结合,即由第三者充当保险经营主体,使处在同类风险中的多数经济单位,通过缴纳保险费的形式,由保险经营主体即保险公司促成其结合。

（四）合理计算分担金,建立保险基金

保险在形式上是一种经济保障活动,而实质上是一种商品交换行为,保险人承保某一特定风险,必须在保险合同期间内收取足够数额的保费,以聚集资金支付赔款和各项费用开支,并获得合理的利润。因此,厘定合理的费率(即分担金),便构成了保险的基本要素。保险费率要依据概率论、大数法则的原理进行科学计算。保险的费率过高,就会增加投保人和被保险人的负担,保险需求会受到抑制;反之,费率厘定得过低,保险供给得不到保障,又无法为被保险人的损失提供可靠的足额补偿,因此费率厘定必须合理。

费率的厘定一般遵循两条原则:第一,要遵循区别对待的原则,即根据每个投保人的保险标的的风险程度来核定差别费率。如果对所有投保人实行相同费率,必然导致风险低者为风险高者做出补贴,最后致使一部分风险较小的人退出保险,而剩下风险较高的对象,这

样每人的分担金额必然过大,以致无法分担。第二,要遵循收支平衡的原则,保持被保险人和保险人之间的保费与赔偿、给付总额的平衡。

保险的分摊损失与补偿损失功能是通过建立保险基金实现的。保险基金是用以补偿或给付因自然灾害、意外事故和人体自然规律所致的经济损失和人身损害的专项货币基金,它主要来源于开业资金和保险费。无保险基金的建立,也就无保险的补偿与给付,也就无保险可言。

(五) 通过订立保险合同确定保险关系

商业保险是一种经济关系,是投保人与保险人之间的经济关系。这种经济关系是通过合同的订立来确定的。保险是专门对意外事件和不确定事件造成的经济损失给予赔偿的,风险是否发生,何时发生,其损失程度如何,均具有较大的随机性。保险的这一特性要求保险人与投保人应在确定的法律或契约关系约束下履行各自的权利与义务。倘若不具备在法律上或合同上规定的各自的权利与义务,那么,保险经济关系则难以成立。因此,订立保险合同是保险得以成立的基本要素,也是保险成立的法律保证。

三、商业保险的特征

(一) 保障性

商业保险是一种经济保障活动。这种经济保障活动是整个国民经济活动的一个有机组成部分。此外,保险体现了一种经济关系,即商品等价交换关系,这种经济关系表现为保险人为被保险人提供的经济保障关系。

(二) 互助性

商业保险在一定条件下,分担了个别单位和个人所不能承担的风险,从而形成了一种经济互助关系。它体现了"一人为众,众人为一"的思想。互助性是保险的基本特性。

(三) 契约性

商业保险的经济保障活动是根据合同来进行的。所以,从法律角度看,保险又是一种合同契约行为。

(四) 科学性

商业保险是以数理计算为依据而收取保险费的。保险经营的科学性是现代保险存在和发展的基础。

(五) 权利与义务的对价性

保险人和被保险人双方既享有一定的权利,又承担一定的义务。保险人承担赔偿或给付保险金的义务,被保险人享有领取保险金的权利;投保人有义务缴纳保险费,保险人有权利收取保险费。当事人一方不能履行保险义务,保险关系亦自行中止或终止。

(六) 补偿的相对性

补偿的相对性表现在两个方面:第一,保险补偿是价值补偿,并非实物补偿,财产损失不能退回,人身伤害亦不能复原,保险人对损失作价值估算,以货币形式赔偿被保险人;第二,补偿只能在参加保险的被保险人中进行补偿,补偿不是对所有被保险人补偿,而是针对发生保险事故的被保险人进行补偿,所以补偿具有相对性和局限性。

(七) 自愿与强制的结合性

商业保险的自愿性表现在,社会成员是否向保险公司投保,投保的险种、投保的期限如何,都是自愿选择的过程;同样,保险人在选择经营险种时,也是自愿的,当然,前提是遵循概率论原理和经济规律。保险的强制性表现在,保险关系一经确立,保险合同一旦生效,就具有强制性。为了保证被保险人的利益,保险人不得随意取缔保险合同,保险费率、保险金额、保险责任、除外责任均应强制执行,不能随意更改。保险的自愿性与强制性又是相互结合的,如机动车辆第三者责任保险,就是在自愿投保车辆损失险的情况下,国家采取强制手段要求所有机动车必须投保第三者责任险。

四、商业保险的对象

保险的对象是保险人在观察大量风险现象的基础上,承担保险责任的各类风险客体,如房屋、货物、车辆、船舶、农作物、牲畜、责任、信用、债权以及人的生命和身体机能等。归纳起来,保险的对象主要是两类标的物:一是物质标的物,其承保对象是被保险人享有绝对的所有权与支配权的物质标的物的经济价值。物质标的物有两种存在形态,即有形标的物和无形标的物。二是人身标的物,其承保对象就是被保险人的生命和身体机能。

物质标的物与人身标的物的区别在于:①人的生命和身体机能不能像非人身标的物那样准确的估价,因此,人身标的物的保险金额没有具体的标准;②人体死亡或身体机能发生永久性伤残、衰老是无法恢复的,而物质标的物的损失一般可以得到复原;③人的生命和身体机能是不能转让和出卖的,而多数物质标的物可以转让和出卖。

第二节　保险的分类

保险业务的种类是根据不同的标准划分的,国际上并没有严格的分类规定。通常我们按保险的性质、实施方式、保障范围、赔付形式、业务承保方式等不同标准把保险分成不同的类型。

一、按保险的性质分类

以保险的性质为标准分类,保险可分为商业保险、政策保险和社会保险。商业保险体现的是保险经济领域中的商品性保险关系,政策保险和社会保险则体现的是保险经济领域中的非商品性保险关系。

(一) 商业保险

商业保险是指按商业经营原则所进行的保险,是保险业者以盈利为目的的经营的保险,所以又称盈利保险。具体地讲是投保人根据合同约定,向保险人支付保险费,保险人对于合同约定的可能发生的事故因其发生所造成的财产损失承担赔偿保险金责任,或者当被保险人死亡、伤残、疾病或者达到合同约定的年龄、期限时承担给付保险金责任的保险行为。

它是一种合同关系,通过投保人与保险人签订保险合同而建立保险关系。一方面,投保人根据保险合同负有向保险人支付保险费的义务;另一方面,保险人在保险事故发生时负有赔偿或给付保险金责任的义务。

(二) 政策保险

政策保险指政府为实现其政治、经济、社会、伦理等方面的政策目的,运用普通保险的技术而开办的一种保险。常见的政策保险业务主要有农业保险、出口信用保险、海外投资保险等。

(三) 社会保险

社会保险是指国家通过立法,对国民收入进行分配和再分配形成专门的基金,对劳动者在因年老、失业、患病、工伤、生育而暂时或永久丧失劳动能力以致劳动收入减少或失去生活来源时给予经济补偿,使他们能够享有基本生活保障的一项社会保障制度,是每个公民的一项基本权利。社会保险通常包括养老保险、医疗保险、失业保险、工伤保险和生育保险等项目。

二、按实施方式分类

按照保险的实施方式即保险关系建立的方式分类,可以把保险分为自愿保险和法定保险。

(一) 自愿保险

自愿保险也称任意保险,是指保险双方当事人通过签订保险合同,或是需要保险保障的人自愿组合、实施的一种保险。自愿保险的保险关系,是当事人之间在自愿的原则下自由决定、彼此合意后所成立的合同关系。投保人可以自行决定是否投保、向谁投保、中途退保等,也可以自由选择保障范围、保障程度和保险期限等。保险人也可以根据情况自愿决定是否承保、怎样承保,并且自由选择保险标的,选择设定投保条件等。保险合同成立后,双方都应认真履行合同规定的责任和义务,除规定外被保险人也可以中途退保;保险人在承保后,除非被保险人有违背保险合同的行为,一般不得中途取消保险合同。当前世界各国的绝大部分保险业务都是采用自愿保险的方式办理的。我国国内保险业务也强调坚持自愿原则,主要采取自愿保险方式。

(二) 法定保险

法定保险又称强制保险,是国家对一定的对象以法律、法令或条例规定其必须投保的一种保险。法定保险的保险关系不是产生于投保人与保险人之间的合同行为,而是产生于国家或政府的法律效力。政府颁布的有关保险法规中规定,法定保险是在规定范围之内的单位或个人,不管愿意与否,都必须依法参加保险。法定保险的范围可以是全国性的,也可以是地方性的。法定保险的实施方式有两种选择:或是保险对象与保险人均由法律规定;或是保险对象由法律限定,但投保人可以自由选择保险人。法定保险具有全面性与统一性的特征。在保险市场上,雇主责任保险、机动车第三者责任保险等,大多采用法定保险的方式实施。

（三）自愿保险和法定保险的区别

1. 范围和约束力不同

自愿保险的保险关系是通过订立保险合同建立的，投保人是否投保完全由投保人自愿决定，而法定保险的保险关系是根据国家法规建立的，具有强制性和全面性，凡在法令规定范围内的保险对象，不论被保险人是否愿意，都必须投保。由于其强制性，保险的范围大，可以是全国性的，也可以是地方性的，能最大限度地分散风险，费用省，费率低，易于满足社会对保险的共同需要。

2. 处理的风险性质不同

自愿保险所保的风险一般仅与个别单位或个人的利益有关，主要是为了满足经济单位或个人对于灾害损失补偿的需要，而法定保险所保的风险一般涉及多数人的利益，带有一定程度的社会性，是政府为解决某个领域里的特殊风险，实现一定的社会目标或政策目标而实施的。

3. 合同成立的方式不同

自愿保险的投保人可以自行选定险种、保险金额、投保期间等条件，当其按照合同规定履行了投保手续，在保险合同成立后保险责任才产生，而法定保险的保险费和保险金额一般由国家规定的统一标准确定，并且法定保险的保险责任是自动产生的，凡属法令规定范围内的保险对象，不论其是否履行投保手续，其保险责任自动产生。

三、按保障范围分类

我国《保险法》按照保险保障范围的不同将保险分为财产保险、人身保险两大类，这也是一种最基本的分类方法。

（一）财产保险

财产保险是以各种物质财产及其有关的利益、责任为保险标的物的保险。最初的财产保险标的物，只限于有物质实体的物，如房屋、机器、船舶货物等，因此又称"产物保险"。后来随着社会经济的发展，财产保险的标的物又扩大到无形财产，即与财产有关的利益和责任。如房屋因火灾致使中断出租所丧失的利润等。因为这种利益和责任都直接、间接地与物质财产有关，所以都称作财产保险，这是一种广义的财产保险。财产保险包括有众多的业务品种，我国《保险法》第九十二条规定：财产保险业务包括财产损失保险、责任保险、信用保险等保险业务。

（二）人身保险

人身保险是以人的寿命、身体或劳动能力为保险标的的保险。保险人对被保险人的寿命或身体因意外伤害、疾病、衰老等原因，以致死亡、伤残、丧失劳动能力等，给付约定的保险金。最初的人身保险只承保被保险人的死亡，后来逐步扩展到生存、养老、残废、医疗、生育等方面。因为这些时间都与人的生命或身体密切相关，所以都称为人身保险。我国《保险法》第九十二条将人身保险业务根据承保的保险事故不同，分为人寿保险、健康保险和意外伤害保险。

此外,国际上习惯将保险划分为"寿险"和"非寿险"两类。所谓"寿险",仅指以人的生存或死亡为给付条件的人寿保险,而"非寿险"则除包括各种财产保险之外,还包括人身保险中的人身意外伤害保险、医疗保险。这种分类方法主要是根据寿险与非寿险业务不同的保费厘定、经营管理方法而划分的。目前,世界保险费收入数据即按照这一分类标准分别统计寿险与非寿险保费收入。

四、按赔付形式分类

按赔付形式的不同,保险可以分为定额保险与损失保险。

（一）定额保险

定额保险是指在保险合同订立时,由保险双方当事人协商确定一定的保险金额,当保险事故发生时,保险人依照预先确定的金额给付保险金的一种保险。定额保险一般适用于人身保险。

（二）损失保险

损失保险是指在保险事故发生后,由保险人根据保险标的实际损失额而支付保险金的一种保险。损失保险一般适用于财产保险。

五、按业务承保方式分类

按照业务承保方式的不同,可以将保险分为原保险、再保险、重复保险与共同保险。

（一）原保险

原保险即再保险的对象,是指投保人与保险人直接签订保险合同而建立保险关系的一种保险。在原保险关系中,保险需求者将风险转嫁给保险人,当保险标的遭受保险责任范围内的损失时,保险人直接对被保险人负损失赔偿责任。

（二）再保险

再保险简称"分保",是指保险人将其承担的保险业务,部分或全部转移给其他保险人的一种保险。再保险是保险的一种派生形式,分出保险业务的人称为分出人,接受分保业务的人称为分入人。原保险是再保险的基础和前提,再保险是原保险的后盾和支柱。

（三）重复保险

重复保险是指投保人以同一保险标的、同一保险利益、同一风险事故分别与数个保险人订立保险合同,且总的保险金额之和超过保险价值的一种保险。

（四）共同保险

共同保险是由两个或两个以上的保险人,就同一保险标的、同一保险利益、同一保险事故共同缔结保险合同的一种保险,而保险金额之和不超过保险价值的保险,也称"共保"。在实务中,数个保险人可能以某一家保险公司的名义签发一张保险单,然后每一家保险公司对保险事故损失按照各保险人各自承保的金额比例分摊责任。在发生赔偿责任时其赔偿按比例分配。

共同保险与再保险的区别在于:一是反映的保险关系不同。共同保险反映的是各保险人与投保人之间的关系,这种关系是一种直接的法律关系;再保险反映的是原保险人与再保险人之间的关系,再保险接受人与原投保人之间并不发生直接的关系。二是对风险的分摊方式不同。共同保险的各保险公司对其承担风险责任的分摊是第一次分摊,而再保险则是对风险责任进行的第二次分摊。共同保险是风险的横向分摊,再保险则为风险的纵向分摊。

除了上述几种主要保险分类方法以外,还存在着其他一些分类方法。例如,按照保险经营的目的分类,可分为营利性的商业保险和非营利性的互助合作保险;按照保险所保的风险多少分类,可分为单一风险保险、综合风险保险和一切险;按照保障主体分类,可分为团体保险和个人保险等。

六、按保险价值确定方式分类

要搞懂这种分类,必须先了解保险价值与保险金额这两个基本概念。保险价值是指保险标的的实际价值,即投保人对保险标的所享有的保险利益的货币价值。保险金额即投保人对保险标的的实际投保金额;它是保险合同项下保险公司承担赔偿责任的最高限额,同时又是保险公司收取保险费的计算基础。保险价值是确定保险金额的基础和依据,保险金额应当反映保险标的的实际价值。根据保险价值确定的时间及方式的不同,财产保险的承保方式分为定值保险和不定值保险。定值保险和不定值保险的划分仅适用于财产保险合同,而不适用于人身保险合同,因为人身保险合同中没有什么保险价值。

(一)定值保险

所谓定值保险,是指合同双方当事人在订立合同时即已确定保险标的的价值,并将其载于合同当中。定值保险合同成立后,一旦发生保险事故,双方在合同中约定的保险价值就应该成为保险人支付保险赔偿金数额的计算依据。如果保险事故造成保险标的的全部损失,则无论保险标的的实际损失如何,保险人均应支付合同所约定的保险金额的全部,不必对保险标的重新估价;如果保险标的仅遭受部分损失,那么只需要确定损失的比例,该比例与双方确定的保险价值的乘积,就是保险人应支付的保险赔偿金额,同样无须对保险标的的实际价值进行估算。

定值保险合同多适用于某些保险标的的价值不易确定的财产保险合同,如古玩、字画、船舶等。在货物运输保险中,尤其是海上货物运输保险中,由于运输货物的价值在不同的时间、地点可能差别很大,为了避免出险时在计算保险标的的价值时发生争议,这些合同的当事人也往往采用定值保险的形式。在定值保险合同中,保险价值由双方自愿确定,如果保险人对保险标的缺乏经验或专业知识,投保人即可能过高地确定保险标的的价值,谋取不正当利益。因此,为避免损失,保险人对订立定值保险合同多持谨慎态度,其适用范围受到一定限制。

(二)不定值保险

不定值保险合同不列明保险标的的实际价值,只列保险金额作为最高赔偿额度。保险人的赔偿责任根据标的发生损失时的实际价值为准,按照保险金额与保险标的的实际价值的比例赔偿其损失额。财产保险一般均采用不定值保险的办法。不定值保险合同的保险金额的确定有三种方法:①由投保人根据保险标的的实际价值自行确定;②由当事人双方根据保险标的的实际情况协商确定;③按照投保人会计账目最近的账面价值确定。但无论哪种方法,保险金额的确定都是以保险标的的价值为基础的。

定值保险与不定值保险的最大区别就是在订立合同时前者预先确定保险价值,而后者并不确定保险价值,仅约定保险金额,而将保险标的的价值留待保险事故发生时再估算。由此决定了在保险事故发生后、确定赔偿金额时,定值保险合同只需确定损失比例,而不定值保险合同,不但要确定损失比例,而且要确定事故发生时保险标的的实际价值,以实际价值作为保险赔偿金额的计算依据。

七、按是否足额投保分类

按照保险金额与保险标的实际价值的对比关系,保险合同分为足额保险、不足额保险与超额保险。

(一)足额保险

足额保险是指保险金额与保险价值相等的保险合同。在足额保险合同的场合,保险事故发生造成保险标的全部损失时,保险人应依保险价值全部赔偿。如保险标的物存有残值则保险人对之享有物上代位权,也可作价折归被保险人,在给付保险金中扣除该部分价值,当保险事故发生造成部分损失时,保险人应按实际损失确定应给付的保险金数额。如果保险人以提供实物或修复服务形式为保险给付,保险人于给付后享有对保险标的物的物上代位权或当因修复增加了保险标的物的实际价值或其功能明显改善时,保险人在赔款中可扣除被保险人的增加利益。

(二)不足额保险

不足额保险是指保险金额小于保险价值的保险合同。产生不足额保险的原因大致有以下三种:①投保人基于自己的意思或基于保险合同当事人的约定而将保险标的物的部分价值投保。前者如投保人为节省保险费或认为有能力自己承担部分损失而自愿将一部分危险由自己承担;后者如在共同保险中,应保险人的要求而自留部分保险。②投保人因没有正确估计保险标的物的价值而产生的不足额保险。③保险合同订立后,因保险标的物的市场价格上涨而产生的不足额保险。由于不足额保险合同中规定的保险金额低于保险价值,其差额部分的风险投保人并未转移给保险人,不足额部分应视为投保人自保。当发生全损时,保险人按约定的保险金额给付保险金;当发生部分损失时,通常适用比例分摊原则,即保险人与被保险人就损失按比例分摊。在英、美等国家多采用"第一危险"的赔偿方法,即首先由保险人在保险金额的限度内赔偿,如果实际的损失超过保险金额,再由被保险人自行承担超出的部分。

(三)超额保险

超额投保是指保险金额高于保险价值,也就是保险金额高于实际价值。超额保险出现的原因有四种:①投保人不了解市场行情,过高的估计了财产的价值;②经过保险人的协商后,保险人愿意对投保人的高额投保承保;③客观情况的变化,市场价格浮动导致保险金额高于财产实际价值;④投保人希望得到高额赔偿。

财产保险中保险人承担的是补偿实际损失责任,对保险金额中超过财产价值的部分无赔偿义务。在被保险人出于善意,过高估计财产价值而导致超额保险时,可按保险标的实际价值相应比例减少保险金额和保险费,变更合同。在被保险人出于恶意欺诈,为在保险事故发生后多获赔偿,而故意多报财产价值进行超额保险时,保险人有权解除合同,并享有要求其赔偿因此造成损失的权利。

专栏 2-2

如何区分善意超额保险与恶意超额保险

依据当事人对于超额保险的产生是否具有恶意与欺诈,将其区分为善意的超额保险与恶意的超额保险。善意的超额保险一般出现在不定值保险之中,或者由于投保人、被保险人出于善意,过高地估计财产的价值;或者由于保险财产价值的下降,使得保险标的出险之时,保险金额超过保险价值。对于善意的超额保险,各国保险法律均规定了,保险金可以按照保险标的的价值比例相应地减少。恶意的超额保险,是指超额保险的产生是由于当事人的欺诈所致。对此,保险人有权解除合同或者请求赔偿损失或者对于投保人多支付的保险费不予退还。也有国家法律规定,无论超额保险出于善意或者恶意,保险契约的超过部分无效。《保险法》第五十条第三款规定:"保险金额不得超过保险价值;超过保险价值的,超过的部分无效。"可见,我国的保险法律对于超额保险的后果规定比较粗糙,未能区分善意与恶意,一律规定为超过部分无效。

(资料来源:MBA 智库百科。)

第三节　商业保险的职能

商业保险自产生以来,至今仍保持着在处理和管理风险、实施经济损失补偿等方面独特的优势与生命力,完全得益于保险所固有的职能以及派生出来的各种职能。保险职能是保险本质的表现形式。正确理解和运用保险的职能,对于正确制定保险工作的方针政策,保证保险业的健康发展,发挥保险的积极作用,都具有重要意义。

一、商业保险的本质

商业保险的本质决定保险的职能,保险的职能反映保险的本质。国内外许多保险理论研究者都是从研究保险本质出发,展开对保险职能的深入研究。关于保险本质问题的讨论,国外的研究有"十九大学说"之说,即损失补偿说、损失分担说、危险转嫁说、风险减轻说、人格保险说、否认人身保险说、不能统一说、需要说、欲望满足说、经济需要说、经济确保说、储蓄说、经济生活平均说、相互金融说、经济后备说、共同财产准备说、收入确保说、所得转移说、预备货币说。尽管"十九大学说"都试图解决保险功能是什么的问题,但得出的结论却大相径庭。这"十九大学说"可以归纳为"三大流派",即保险损失论、保险非损失论和保险二元论。

(一)保险损失论

保险损失论亦称损失补偿论,认为保险的产生和存在的原因,在于解决人类社会生产和生活中因自然灾害、意外事故所造成的物质损失的补偿问题。该理论强调保险保障的对象是物质资料,而不是劳动力;保险存在的目的在于对物质损失进行补偿。

(二)保险非损失论

保险非损失论是相对损失论而言,认为在社会生产过程中存在两大生产要素,即生产资料和劳动力。针对损失论,非损失论的结论有两个:第一,损失论者只看到社会生产两个因素中的一个要素,而没有看到另外一个要素,这是片面的;第二,生产资料的损失是损失补偿的问题,劳动力的身体伤残或生命丧失,则不属于损失补偿问题。所以,不能用损失补偿的观点来解释保险是什么的问题。

(三)保险二元论

保险二元论认为不管是损失论,还是非损失论,都没有说明保险是什么的问题。因为财产保险与人身保险是两种不同性质的保险,前者以补偿经济损失为目的,后者以给付保险金为目的。所以,保险既是损失补偿,又是非损失补偿。

二、商业保险的职能

(一)商业保险的基本职能

商业保险的基本职能是集中保费建立保险基金,为特定风险后果提供经济保障。简而言之,保险的基本职能有两个,即分摊损失和补偿损失。

1. 分摊损失

从本质上来说,保险是一种分摊损失的机制,这一机制建立在灾害事故的偶然性和必然性这种矛盾对立统一的基础上。对个别投保单位和个人来说,灾害事故发生是偶然的和不确定的,但对所有投保单位和个人来说,灾害事故发生却是必然的和确定的。保险机制之所以能运转自如,是因为被保险人愿意以支付小额确定的保险费来换取大额不确定的损失补偿。保险组织通过向众多的投保成员收取保险费来分摊其中少数不幸成员遭受的损失。

保险分摊损失职能的关键是预计损失,运用大数法则可以掌握灾害事故发生的规律,从而使保险分摊损失成为可能,大数法则是保险合理分摊损失的数理基础。

2. 补偿损失

保险通过将参加保险的全体成员所交保费建立起的保险基金用于对少数成员因遭遇自然灾害或意外事故所受到的损失给予经济补偿,从而有助于人们抵抗灾害、保障经济活动的顺利进行以及帮助人们在受难时获取经济援助。

保险损失补偿的功能在不同的情况下和不同的险种中表现为不同的形式。在财产保险中表现为补偿被保险人因灾害事故所造成的经济损失,在责任保险中体现为补偿被保险人依法应负担的对第三方的经济赔偿,在人身保险中体现为对被保险人或其指定的受益人支付约定的保险金。虽然具体表现形式可以多种多样,但实质就是对被保险人遭遇灾害事故后给予一定的经济补偿,减少风险事件给被保险人带来的损失。保险损失补偿职能作用的发挥是基于人们对分散风险的需要和对安全感的追求,因此,这一职能是保险最本质的职能,也是保险的最终目的。

保险的两个基本职能是相辅相成的,分摊损失是达到补偿损失的一种手段,而补偿损失是保险的最终目的。没有损失分摊就没法进行损失补偿,两者相互依存,体现保险机制运行中手段与目的的统一。

(二) 商业保险的派生职能

保险制度随着生产力的发展而逐步完善,因此,其职能也有了新的扩展,在基本职能的基础上产生出资金融通、社会管理等派生职能。

1. 资金融通职能

18世纪以来,随着资本主义商品经济的发展,保险制度得到了发展和完善。特别是精算制度的建立,大大促进了寿险业的发展。19世纪以后,西方主要资本主义国家相继完成了工业革命,生产力水平得到极大提高,金融业也随之得到长足发展。许多商业保险公司作为契约型储蓄机构筹集了大量资金,这些资金具有来源稳定、期限长、规模大的特点,内在的投资需求使保险公司不仅为经济发展提供了大量建设资金,而且成为资本市场的重要机构投资者,保险在经济补偿功能的基础上又具有了资金融通职能。

保险的资金融通职能主要体现在两个方面:一方面,保险公司通过开展承保业务,将社会中的闲散资金汇集起来,形成规模庞大的保险基金,即将各经济主体和个人的可支配收入中的一部分以保费的形式聚集起来,能够起到分流部分社会储蓄的作用,有利于促进储蓄向投资的转化;另一方面,保险公司通过投资将积累的保险资金运用出去,以满足未来支付和保险基金保值增值的需要。保险基金的资金来源稳定、期限较长、规模庞大,通过持股或者相互参股的形式,成为资本市场上重要的机构投资者和资金供应方,是金融市场中最为活跃的成员之一,同时由于其要考虑到未来对被保险人的偿付,因此投机程度不强,也是资本市场重要的稳定力量。

2. 社会管理职能

1) 社会管理职能的产生

20世纪以来,随着西方发达国家市场经济的发展,保险业得到了快速发展,逐步融入现代社会经济制度。保险作为现代生活风险管理最基本、最有效的手段,贯穿于人的生、老、病、死全过程,在社会经济生活中扮演着越来越重要的角色。保险所提供的已经不仅仅是产品和服务,而且成为一种有利于社会安全稳定的制度安排,渗透到经济的各行各业、社会的各个领域、生活的各个方面,在参与社会风险管理、减少社会成员之间的经济纠纷、完善社会保障制度、维护社会稳定等方面发挥着积极作用,因而具有了社会管理职能。

近年来,保险的社会管理职能在我国也开始被逐渐认识。越来越多的人把保险作为改善对未来生活的预期,提高未来生活质量的重要手段,通过购买保险来解决子女教育、家庭健康以及自己的养老等问题。一些保险公司积极与公安、消防、交通、气象等部门配合,开展防火、防灾和预防交通事故等宣传工作,提高了社会对防灾防损重要性的认识,减少了可能发生的人民生命和财产损失。特别是在2003年抗击"非典"的斗争中,保险的社会管理职能得到社会的普遍认可。面对严峻的"非典"疫情,各保险公司及时开发应对"非典"的保险产品,提供多层次的保险保障,通过客户服务电话、互联网和发放宣传资料等方式,宣传"非典"防治知识,大大增强了人民群众战胜"非典"疫情的信心。在这场斗争中,保险业表现出了高度的政治意识、大局意识和责任意识,体现了"服务大局、勇担责任、团结协作、为民分忧"的行业精神。

2) 社会管理职能的内涵

一般来讲,社会管理是指对整个社会及其各个环节进行调节和控制的过程,目的在于正常发挥各系统、各部门、各环节的功能,从而实现社会关系和谐,整个社会良性运行和有效管理。保险的社会管理职能不同于国家对社会的直接管理,而是通过保险内在的特性,促进经济社会的协调以及社会各领域的正常运转和有序发展。具体来说,大体可以归结为以下四个方面。

(1) 社会保障管理职能。社会保障体系被誉为"社会的减震器",是保持社会稳定的重要条件。商业保险是社会保障体系的重要组成部分,在完善社会保障体系方面发挥着重要作用。一方面,商业保险可以为城镇职工、个体工商户、农民和机关事业单位等没有参与社会基本保险制度的劳动者提供保险保障,有利于扩大社会保障的覆盖面。另一方面,商业保险具有产品灵活多样、选择范围广等特点,可以为社会提供多层次的保障服务,提高社会保障的水平,减轻政府在社会保障方面的压力。此外,保险业为社会提供了大量的就业岗位,也对缓解社会就业压力、维护社会稳定、保障人民安居乐业作出了积极贡献。

(2) 社会风险管理职能。风险无处不在,防范控制风险和减少风险损失是全社会的共同任务。保险公司从开发产品、制定费率到承保、理赔的各个环节,都直接与灾害事故打交道,不仅具有识别、衡量和分析风险的专业知识,而且积累了大量风险损失资料,为全社会风险管理提供了有力的数据支持。同时,保险公司能够积极配合有关部门做好防灾防损,并通过采取差别费率等措施,鼓励投保人和被保险人主动做好各项预防工作,降低风险发生的概率,实现对风险的控制和管理。

(3) 社会关系管理职能。通过保险应对灾害损失,不仅可以根据保险合同约定,对损失进行合理补偿,而且可以提高事故处理的效率,减少当事人可能出现的各种纠纷。由于保险介入灾害处理的全过程,参与到社会关系的管理之中,逐步改变了社会主体的行为模式,为维护政府、企业和个人之间正常、有序的社会关系创造了有利条件,减少了社会摩擦,起到了"社会润滑器"的作用,大大提高了社会运行的效率。

(4) 社会信用管理职能。完善的社会信用制度是建设现代市场体系的必要条件,也是规范市场经济秩序的治本之策。最大诚信原则是保险经营的基本原则,保险公司经营的产品实际上是一种以信用为基础、以法律为保障的承诺,在培养和增强社会的诚信意识方面具有潜移默化的作用。同时,保险在经营过程中可以收集企业和个人的履约行为记录,为社会信用体系的建立和管理提供重要的信息资料来源,实现社会信用资源的共享。

如上所述,现代保险的职能是一个历史演变和实践发展的过程。发展至今,保险已经具备了经济补偿、资金融通和社会管理三大职能,其中经济补偿职能是现代保险的最基本职能,这是由保险的本质属性所决定的,是保险区别于银行、证券等其他行业最根本的特征,也是保险业生存与发展的本源所在。资金融通职能和社会管理职能是在保险经济补偿职能的基础之上衍生出来的职能,三者之间是本质与派生的关系。只有当保险具备了经济补偿职能,能够满足人们分散风险的需要和对安全感的追求时,人们才会去购买保险,由此,保险基金才能够聚集起规模庞大的资金来发挥资金融通职能。正是由于具有资金融通职能,才使保险业成为国际资本市场的重要资产管理者,特别是通过管理养老基金,使保险成为社会保障体系的重要力量。现代保险的社会管理职能是保险业发展到一定程度并深入到社会生活的诸多层面之后产生的一项重要职能。社会管理职能的发挥,在许多方面都离不开经济补偿和资金融通职能的实现。同时,随着保险社会管理职能逐步得到发挥,将为经济补偿和资金融通职能的发挥提供更加广阔的空间。因此,保险的三大职能之间既相互独立,又相互联系、相互作用,形成了一个统一、开放的现代保险职能体系。

第四节   商业保险的基本原则

商业保险在其发展的历史过程中,逐渐形成了一系列为人们所公认的基本原则,这些原则是保险经营活动的基础,贯穿于整个保险业务之中,是保险双方都必须严格遵守的。坚持和贯彻保险基本原则,有利于维护保险双方的合法权益,更好地发挥保险的职能和作用,保证保险业健康地发展。这些原则主要包括最大诚信原则、保险利益原则、损失赔偿原则和近因原则。

一、最大诚信原则

(一)最大诚信原则的含义

任何一项民事活动,各方当事人都应当遵循诚信原则。诚信原则是世界各国立法对民事、商务活动的基本要求。最大诚信原则是诚实信用原则的功能和作用在保险法中的体现。保险合同对诚信原则的要求较之其他合同更高,因而被称为最大诚信原则,或最大善意原则。

所谓诚实,就是一方当事人对另一方当事人不得隐瞒、欺骗;所谓信用,就是任何一方当事人都必须善意地、全面地履行自己的义务。保险合同对当事人诚实信用的要求,比一般民事活动更为严格。因而,不仅在保险合同订立时要遵守此项原则,在合同履行的整个期间也都要求当事人具有"最大诚信",即保险的最大诚信原则,此项原则贯穿于保险合同的始终。最大诚信原则的基本含义是:保险双方在签订和履行保险合同时,必须保持最大限度的诚意,双方都应恪守信用,互不欺骗和隐瞒。

(二) 最大诚信原则的基本内容

最大诚信原则的基本内容包括告知、保证、弃权与禁止反言。早期的保险合同及有关法律规定中的告知与保证是对投保人与被保险人的约束;而现代保险合同及有关法律规定中的告知与保证则是对投保人、保险人等保险合同关系人的共同约束,弃权与禁止反言的规定主要是约束保险人的。

1. 告知

1) 告知的内容

要求投保人告知的主要内容有五个方面:一是保险合同订立时,投保人应将已知或应知的与保险标的及其危险有关的重要事实如实告知保险人。所谓"重要事实",是指那些足以影响保险人决定是否承保和确定费率的事实。比如,财产保险中保险标的的价值、品质、风险状况等,人身保险中被保险人的年龄、性别、职业、健康状况、既往病史、家庭遗传病史、居住环境、嗜好等。二是保险合同订立后,保险标的的风险情况发生变化应及时通知保险人。三是保险事故发生后,应及时通知保险人,并提供保险人所要求的各种真实证明。四是应将重复保险的状况通知保险人。五是保险标的的权益发生变化,放置地点发生转移,应及时通知保险人。

要求保险人告知的主要内容有两个方面:一是在保险合同订立时,要主动向投保人说明保险合同条款内容,对于责任免除条款还要进行明确说明;二是在保险合同约定的条件满足后或保险事故发生后,保险人应按合同约定如实履行给付或赔偿义务。若拒赔条件存在,应发送拒赔通知书。

2) 告知的形式

投保人的告知形式有两种:一是无限告知,即法律或保险人对告知的内容没有明确规定,投保人需主动地将保险标的的状况及有关重要事实如实告知保险人;二是询问告知,指投保人只需对保险人询问的问题如实告知,对询问以外的问题无须告知。早期保险活动中的告知形式主要是无限告知,随着保险技术水平的不断发展和提高,目前世界上大多数国家,包括我国在内的保险立法都采用了询问告知的形式。一般操作方法是保险人将需要投保人告知的内容列在投保单中问询栏上,要求投保人如实填写。投保人或被保险人对某些事实在未经询问时可以保持缄默,无须告知。

2. 保证

保证是指保险人和投保人在保险合同中约定,投保人或被保险人担保对某一投保事项的作为、不作为或担保某一事项的真实性。

1) 明示保证与默示保证

明示保证是以条款形式在合同内载明的,这种条款可以作为保险单的一部分,被保险人必须遵守,否则保险人可以宣告保险单无效。如汽车保险条款订明:"被保险人或其雇佣的司机,对被保险的汽车应妥善维护,使其经常处于适宜驾驶的状态,以防止发生事故。"这一条款是对被保险人要求的承诺性保证,即"使汽车经常处于适宜驾驶的状态"。又如,在家庭财产保险条款中列有"不堆放危险品"的保证条款。英国的保险单上则列有"证明我们填报的投保单各项事实属实,并作为合同的基础"这样的保证条款。

默示保证虽然在保险单上没有文字记载,但从习惯上或社会公认的角度看,被保险人应该保证做某种行为或不做某种行为。默示保证与明示保证一样,被保险人也必须遵守,如有违背或破坏,保险人也可以宣告保险合同无效。默示保证多应用在海上保险中,如船舶保险单要求保险船舶必须有适航能力,即船舶的一切方面,都能合理地适于所投保航次的一般海上风险;在航行中要按预定航线航行,不得绕航;还必须经营合法的运输业务等。

2)确认保证与承诺保证

保证根据具体内容的不同,又可以分为确认保证和承诺保证。确认保证涉及过去和现在,是指投保人对过去或现在某一特定事项存在或不存在的保证。如某人保证从未得过某种疾病,是确认患有某种疾病的事实并不存在,但并不保证将来是否会患该种疾病。而承诺保证涉及现在和将来,则是指投保人对将来某一事项作为或者不作为的保证。如某人承诺不从事高危险性的运动。

3. 弃权与禁止反言

弃权与禁止反言也是最大诚信原则的一项内容。弃权是指保险合同一方当事人放弃其在保险合同中可以主张的某种权利,通常是指保险人放弃合同解除权与抗辩权;禁止反言是指保险合同一方当事人既然已经放弃某种权利,日后不得再向对方主张这种权利,也称为禁止抗辩。弃权与禁止反言在实务中主要约束保险人。构成保险人的弃权必须具备两个要件:首先,保险人须有弃权的意思表示,无论是明示还是默示的;其次,保险人必须知道有违背约定义务的情况及因此享有抗辩权或解约权。比如,在美国汽车保险中,一般限制行驶区域在本国和加拿大,但投保人在投保汽车险时,告知保险代理人,他将在某时期驱车去欧洲旅行,一旦在旅行期间保险汽车发生保险事故,保险人不能拒绝赔款。

(三)违反最大诚信原则的表现和法律后果

1. 告知的违反及其法律后果

投保人或被保险人违反告知的表现主要有四种:第一是漏报,投保人一方由于疏忽对某些事项未予申报,或者对重要事实误认为不重要而遗漏申报;第二是误告,投保人一方因过失而申报不实;第三是隐瞒,投保人一方明知而有意不申报重要事实;第四是欺诈,投保人一方有意捏造事实,弄虚作假,故意对重要事实不作正确申报并有欺诈意图。

各国法律对违反告知的处分原则上是区别对待。首先,要区分其动机是无意还是有意,对有意的处分比无意的重;其次,要区分其违反的事项是否属于重要事实,对重要事实的处分比非重要事实的重。比如我国《保险法》第十六条规定:"投保人故意或者因重大过失未履行如实告知义务,足以影响保险人决定是否同意承保或者提高保险费率的,保险人有权解除合同。""投保人故意不履行如实告知义务的,保险人对于保险合同解除前发生的保险事故,不承担赔偿或者给付保险金的责任,并不退还保险费。""投保人因重大过失未履行如实告知义务,对保险事故的发生有严重影响的,保险人对于合同解除前发生的保险事故,不承担赔偿或者给付保险金的责任,但应当退还保险费。"

保险人违反条款的如实说明义务的,根据我国《保险法》第十七条的规定:"对保险合同中免除保险人责任的条款,保险人在订立合同时应当在投保单、保险单或者其他保险凭证上作出足以引起投保人注意的提示,并对该条款的内容以书面或者口头形式向投保人作出明确说明;未作提示或者明确说明的,该条款不产生效力。"

2. 保证的违反及其法律后果

在保险活动中,无论是明示保证还是默示保证,保证的事项均为重要事实,因而被保险人一旦违反保证的事项,保险合同即告失效,保险人拒绝赔偿或给付保险金,而且除寿险外,保险人一般不退还保险费。

二、保险利益原则

(一) 保险利益原则的含义

保险利益,又称可保利益,是指投保人对保险标的具有的法律上承认的利益。衡量投保人对保险标的是否具有保险利益的标志是看投保人是否因保险标的的损害或丧失而遭受经济上的损失。如果因保险事故的发生给投保人带来了经济利益上的损失,则表明该投保人对该保险标的具有保险利益;反之,则不具有保险利益。

例如,某人拥有一所房屋,如果房屋安全存在,他就可以居住,或者出租、出售来获得利益;如果房屋损毁,他就无法居住,更谈不上出租、出售,经济上就要受到损失。正是因为他对自己拥有的房屋具有利害关系,他才考虑房屋的安危,将房屋投保,而保险人也正因为他对这所房屋具有利害关系,才允许他投保。这就说明房屋的所有人对其所拥有的房屋具有保险利益。

我国《保险法》第十二条规定:"人身保险的投保人在保险合同订立时,对被保险人应当具有保险利益。财产保险的被保险人在保险事故发生时,对保险标的应当具有保险利益。"

保险利益原则是保险合同必须遵循的原则,是指在签订和履行保险合同的过程中,投保人对保险标的必须具有保险利益。依据2009年以前的《保险法》,投保人不具有保险利益的,保险合同一律无效。依据2009年的新《保险法》,仅人身保险的投保人投保时没有保险利益的,人身保险合同无效;而财产保险的被保险人出险时不具有保险利益的,保险合同仍有效,但保险人则无须承担保险责任。

(二) 保险利益构成的条件

保险利益是保险合同得以成立的前提,无论是财产保险合同,还是人身保险合同,必须以保险利益的存在为前提。投保人对保险标的具有的经济利益,并非都构成保险利益,构成保险利益必须具备以下条件。

1. 保险利益必须是合法的利益

投保人对保险标的所具有的利益要为法律所承认。只有在法律上可以主张的合法利益才能受到国家法律的保护,因此,保险利益必须是符合法律规定的,符合社会公共秩序,为法律所认可并受到法律保护的利益。如以盗窃得来的赃物投保家庭财产保险,或以走私物品投保海洋货物运输保险,这些利益都不能作为保险利益。

2. 保险利益必须是一种具有经济价值且可以估价的利益

保险利益必须是可以用货币计量的经济利益。保险合同的目的是为了弥补投保人因保险标的出险所受的经济损失。这种经济损失正是基于当事人对保险标的存在的经济利益为前提的。如果当事人对保险标的不具有经济利益或具有的利益为非经济的、且不能用货币计量的,保险赔偿或者给付就无从实现。

在财产保险中,保险利益一般可以精确计算,对那些像纪念品、日记、账册等不能用货币计量其价值的财产,虽然对投保人有利益,但一般不作为可保财产。在人身保险中,由于人的身体和生命无价,一般情况下,只要求投保人与被保险人具有利害关系,就认为投保人对被保险人具有保险利益;在个别情况下,人身保险的保险利益也可以计算和限定,比如债权人对债务人生命的保险利益可以确定,为债务的金额加上利息及保险费。

3. 保险利益必须是确定的利益

此项利益是基于保险标的的价值而存在的,必须是投保人对保险标的在客观上或事实上已经存在或可以确定的利益。这种利益可以分为现有利益和期待利益。现有利益是指在客观上或事实上已经存在的经济利益,如投保人对一座已经建成并在使用过程中的楼房具有的经济利益,可视为现有利益。期待利益是指在客观上或事实上尚不存在,但根据法律法规或有效合同的约定可以确定在将来某一时期内将会产生的经济利益。期待利益确定的前提必须有合法、合理的依据,如根据有效的租赁合同所产生的对预期租金的收益可视为期待利益。在投保时,现有利益和期待利益均可作为确定保险金额的依据,但在受损索赔时,这一期待利益必须已成为现实利益才属于索赔范围,保险人的赔偿或给付,以实际损失的保险利益为限。

总的来说,确定的经济利益体现出来就是保险标的的损失将会造成投保人的直接经济损失。如果保险标的的损失不会造成投保人的直接经济损失,则说明投保人对保险标的所具有的利益不是保险意义上的利益,即投保人对保险标的没有保险利益。

(三) 规定保险利益的意义

1. 与赌博从本质上划清界限

从表面上看,赌博与保险都具有一定的射幸性质,以小博大,并有赖于偶然事件的发生。但根据保险利益原则,保险的目的在于排忧解难,求得经济上的保障,是应用风险分散原理,通过科学的统计、分析和计算,向投保人收取保费,在自然灾害或意外事故发生时为投保人提供经济补偿,而且补偿数额应与其损失相等。也可以说,保险是对被保险人的损失进行补偿的行为,是建立在合理、科学的基础上的,虽然是以较少的保险费换取有可能高出千倍的利益,但它是人类互助精神的一种体现。而赌博则是有悖于社会利益和社会公共秩序的不良行为,其手段和结果都表现出以单纯获利为目的,以小的损失谋取较大的经济利益的投机行为。其获取的赌博利益是以不发生一定数额的损失为前提,也不是以补偿其损失为原则的,与保险有着本质的区别。保险利益的确立从本质上划清了保险与赌博的界限,有利于保险业的健康发展。

2. 防止道德风险的产生

投保人以与自己毫无利害关系的保险标的投保,就会出现投保人为了谋取保险赔偿而任意购买保险,并盼望事故发生的现象;或者保险事故发生后,不积极施救的现象;更有甚者,为了获得巨额赔偿或给付,采用纵火、谋财害命等手段,制造保险事故,增加了道德风险事故的发生。在保险利益原则的规定下,由于投保人与保险标的之间存在利害关系的制约,投保的目的是为了获得一种经济保障,一般不会诱发道德风险。

3. 可以限制赔付额度

保险利益是保险人根据保险合同对被保险人的经济损失所能补偿的最高限度。在财产保险合同中,赔偿应以保险利益为依据,被保险人所主张的赔偿金额,不得超过其对该保险标的所具有的保险利益的金额。如果不坚持补偿的最高金额以利益为限的原则,则被保险人可以因较少的损失而获得较大的赔偿额,对超过保险利益的部分,同样会导致道德风险,对此保险人可以拒赔。所以坚持保险利益的原则,可以防止通过保险获得原来所没有的利益。

(四) 各类保险的保险利益

由于各类保险所承保的风险责任不同,因而在保险合同的订立以及履行过程中对保险利益原则的运用,也不尽相同,现分述如下。

1. 财产保险的保险利益

财产保险的保险标的是财产及其有关利益,凡因财产及其有关利益而遭受损失的投保人,对其财产及有关利益具有保险利益。财产保险的保险利益有下列四种情况。

1) 财产所有人、经营管理人的保险利益

财产的所有权人、经营管理人,因其所有或经营管理的财产一旦损失就会给自己带来经济损失而对该财产具有保险利益,可以为该项财产投保。

2) 抵押权人、质权人的保险利益

抵押与出质都是债权的一种担保,当债权不能获得清偿时,抵押权人或质权人有从抵押或出质的财产价值中有限受偿的权利。抵押权人与质权人因债权债务关系对财产具有经济上的利害关系,因而对抵押、出质的财产均具有保险利益。就银行抵押贷款的抵押品而言,在贷款未偿还之前,抵押品的损失会使银行蒙受损失,因此银行对抵押品具有保险利益;在借款人还款后,银行对抵押品的抵押权消失,其保险利益也随之消失。抵押权人、质权人的保险利益是以未清偿的债权为限的,并不体现为抵押与出质的财产价值。

3) 财产受托人或保管人的保险利益

财产的受托人或保管人对所保管的财产有保险利益,这种保险利益来自法律责任,如受托人或保管人对某项财产的安全负有责任,那么,如果该财产受损他就要负法律责任,所以他对该项财产就有保险利益。

4) 合同产生的保险利益

由于合同关系,当事人一方或双方对合同的标的物具有保险利益。例如,租房合同中订明,承租人在承租前一次性交付房租,如果房屋毁损,租金不予退还,这样承租人对可能发生的房屋火灾造成的租金损失有保险利益。又如,在进出口贸易中,出口方或进口方均具有投保货物运输保险的保险利益。

2. 人身保险的保险利益

根据《保险法》第三十一条规定,人身保险合同的保险利益的确定方式是采取限制家庭成员关系范围并结合被保险人同意的方式。对于家庭成员关系范围的限制是通过列举式进行规定的。法律承认的对被保险人有保险利益的人员有以下几类。

(1) 本人。任何人对于自己的身体或寿命都具有保险利益。

(2) 配偶、父母、子女。配偶之间、父母与子女之间拥有的法定的相互抚养、赡养或扶养关系,并且有较近的血缘亲属关系,相互之间具有密切的经济利害关系,因此,法律确定他们具有保险利益。

(3) 与投保人有抚养、赡养或扶养关系的家庭其他成员、近亲属。此项是针对前两项关系以外的家庭成员、近亲属而确定的,他们之间血缘关系可能不是很密切,但在社会生活当中相互有抚养、赡养或扶养的情况也很常见,相互之间也具有相当的经济利害关系,因此,法律确定投保人对于与自己有抚养、赡养或扶养关系的家庭其他成员、近亲属具有保险利益,无论投保人是提供抚养、赡养或扶养的一方,还是接受抚养、赡养或扶养的一方,他对对方均有保险利益。

(4) 与投保人有劳动关系的劳动者。也就是说,团体与团体成员之间建立了劳动关系,团体为其成员投保在法律上得到了认可。即投保人对与其有劳动关系的劳动者具有保险利益,也就是说用人单位对其员工具有保险利益。这在团体保险发展史上有了重大突破。但用人单位为其劳动者投保人身保险,不得指定被保险人及其近亲属以外的人为受益人。

(5) 被保险人同意投保人为其订立人身保险合同的,视为投保人对被保险人具有保险利益。在社会生活当中,除了家庭成员、近亲属之外,人与人之间还存在很密切的朋友关系或一定的经济联系等,如合伙人关系、债权债务关系以及没有建立劳动关系的成员要购买团体保险等,法律也允许他们为保障自己的合法利益或保障被保险人的利益而为被保险人投保,但必须在被保险人同意的前提下,这种投保行为才能有效,才可视同投保人对被保险人具有保险利益。

需要注意的是,在人身保险合同中,具有保险利益只是对投保人的最基本的要求,而投保人并不能仅凭具有法律上承认的利益就可以为被保险人投保任何险种。如我国法律规定,投保以死亡为保险金给付条件的险种时,必须经被保险人书面同意并认可保险金额,否则该合同无效。这是人身保险合同的又一特殊性。

3. 责任保险的保险利益

责任保险的保险标的是被保险人对第三者依法应负的赔偿责任,因承担经济赔偿责任而支付损失赔偿金和其他费用的人具有责任保险的保险利益。责任保险的保险利益主要有以下四种情况。

(1) 各种固定场所的所有人或经营人,如饭店、商店、电影院等,对其顾客、观众等人身伤害或财产损失,依法承担经济赔偿责任的具有保险利益,可以投保公众责任险。

(2) 各类专业人员,如医生、律师、会计师等,对由于工作上的疏忽或过失致使他人遭受损害而依法承担经济赔偿责任的具有保险利益,可以投保职业责任险。

(3)制造商、销售商等因商品质量或其他问题给消费者造成人身伤害或财产损失,依照法律承担经济赔偿责任的具有保险利益,可以投保产品责任险。

(4)雇主对雇员在受雇期间因从事与职业有关的工作而患职业病或伤残、死亡时应依法承担的医药费、工伤补偿、家属抚恤责任的具有保险利益,可以投保雇主责任险。

4. 信用保证保险的保险利益

信用保证保险的保险标的是一种信用行为。在经济合同中,因义务人不履行合同条件,致使权利人遭受经济损失,可以通过投保信用保证保险,由保险人承担经济赔偿责任。在这里保险人承担的是一种信用风险,权利人或义务人对于这种信用具有保险利益。

信用保险是权利人要求保险人担保对方(义务人)信用的保险。一旦义务人不履行义务,就会造成权利人的经济损失。因而权利人对于义务人的信用具有保险利益。

保证保险是义务人根据权利人的请求,要求保险人担保自己本人信用的保险。由于义务人不履行义务,致使权利人受到损失,由义务人的担保人(保险人)负责赔偿。因而义务人对请求保险人对信用给予保证有保险利益。

(五)保险利益的变动与适用时限

订立和履行保险合同必须坚持保险利益原则,但在财产保险和人身保险中保险利益会发生变动,并且保险利益的适用时限是有区别的。

在财产保险中,保险利益一般由于标的物所有权的转让而产生变动。当保险标的物转让他人时,原被保险人不再对标的物具有保险利益,如果允许保单继续有效,则原被保险人会在保险标的发生但自身没有任何损失的情况下获得保险赔偿,违背了保险合同的基本宗旨,因而财产保险单一般要求从保险合同订立到合同终止,始终都应存在保险利益,如果投保时具有保险利益,发生损失时已丧失保险利益,则保险合同无效,被保险人无权获得赔偿。同时,由于物的所有权转让,导致标的物的占有、使用和管理人的变化,标的物发生保险事故的概率也随着变化,因而保险单也不可以随着保险标的物的转让而转移给新的所有权人,除非经过保险人的同意。

但为了适应国际贸易的习惯,海洋货物运输保险的保险利益在时效上具有一定的灵活性,规定在投保时可以不具有保险利益,但索赔时被保险人对保险标的必须具有保险利益。这一规定起源于海上贸易的习惯,当货物在运输途中,其所有权是可以转移的。但是,和一般保险单不同的是,海洋货物运输保险单可以随着货物所有权的转移而转移,不需经过保险人的同意。这主要是因为影响运输中的货物发生保险事故概率的风险因素在投保时已经确定,运输途中的风险不因货物所有权的转让而发生变化,同时也是为了促进国际贸易、加快流转速度。因此,新的货主取得货物所有权同时取得保险单证,成为新的被保险人。尽管保单在签发时,货物的新买方还不具有保险利益,但自货物转让时起,则对货物具有合法的保险利益,在发生保险事故时,可要求保险人进行赔偿。

在人身保险中,保险利益也会由于人身关系、婚姻关系的变化而产生变动,但由于人身保险期限长并具有储蓄性,因而强调在订立保险合同时投保人必须具有保险利益,而索赔时不追究有无保险利益。即使投保人对被保险人因离异、雇佣合同解除或其他原因而丧失保险利益，也不影响保险合同的效力，保险人仍负有给付被保险人保险金的责任。否则，投保人会因保险利益的消失而丧失原来可以预期获得的保险金的取得，或不能继续享受人寿保单所产生的红利及投资收益，使投保人购买保单的享有权益处于不确定状态中，损害人身保险作为长期财务规划的功能。同时，这也是为了保证人身保险单作为有价证券而可以转让、质押所必须具有的稳定性和确定性。

 专栏 2-3

收养关系保险有道德风险

甘肃某地一对夫妇于当地派出所领养了一弃婴，并为其办理了蓝印户口。之后不久，夫妇俩分别在不同的保险公司为该婴儿购买了以自己为受益人的数份人身保险契约，保险金额达 35 万元。两个月以后的某天，养母带养女到公园游玩，小孩溺水于次日死亡。该养父母因此向保险公司索赔，遭保险公司拒绝，双方争执不下遂对簿公堂。法院认为，由于该夫妇收养弃婴时均未满 30 岁，不符合我国《中华人民共和国收养法》关于收养人条件的规定，加之未履行民政部门登记义务，所以收养关系不成立。由于合同主体地位丧失，保险合同亦随之无效。最后判决保险公司拒绝赔付成立，同时，保险公司承保时由于未尽足够注意义务，应承担主要过错，退还保险单现金价值。

法院虽对此案作出了判决，但是此案留给人们的思考是深远的。按理说，弃婴被收养无论对其本人来说还是从社会角度来分析均是一桩"双赢"的事情，但其中存在的道德及法律问题，应引起有关部门的注意。

（资料来源：中国法律保险网站。）

三、损失赔偿原则

（一）损失赔偿原则的含义

损失赔偿原则是指当保险事故发生导致被保险人的经济损失时，保险人给予被保险人的经济损失赔偿，以恢复被保险人遭受保险事故前的经济状况为准，它是补偿性保险合同处理赔案时需要遵循的一项基本原则，主要使用于财产保险。而给付性人身保险合同是采用定额（保险金额）给付保险金的原则，损失赔偿原则并不适用，因为人身价值是无限的，而人的身体、生命的损害也是无法用货币来衡量的。

损失赔偿原则包括两层含义：一是"有损失，有赔偿"，即被保险人因保险事故所致的经济损失，依据保险合同有权获得赔偿，保险人也应承担合同所约定的保险保障义务；二是"损失多少，赔偿多少"，即保险人对被保险人的赔偿量，应以被保险人的保险标的所遭受的经济损失为限，即赔偿数额应以使保险标的恢复到受损前的经济状态为限，不能少于或大于受损前的经济状态。

（二）损失赔偿原则的基本内容

1. 对被保险人遭受的实际损失赔偿

当被保险人的财产遭受保险责任范围内的损失后,保险人应对被保险人所受的实际损失给予赔偿。在实践中,应掌握下列几点。

1) 被保险人只有对保险标的有保险利益才能获得赔偿

按照保险利益原则,投保人只有对保险标的具有保险利益才能投保。但在保险合同的履行过程中,由于情况发生变化,在保险事故发生时,被保险人的保险利益已经不存在,这样被保险人就不能获得赔偿。例如,银行将贷款人抵押的一栋房屋投保,这时银行对保险标的——房屋具有保险利益,但银行在保险事故发生前已全部收回贷款,即使保险事故的发生是在保险期限之内,银行也不能获得保险人的赔款。因为在保险事故发生时,它对保险标的已无保险利益可言。所以,被保险人在索赔时必须对标的具有保险利益。

2) 被保险人遭受的损失只有在保险责任范围之内才能获得赔偿

如果被保险人的财产损失并非保险责任范围内的原因所致,就不能获得赔偿。例如,货物在运输途中遭受雨淋而受损,如果被保险人在"水渍险"的基础上加保了"淡水雨淋险",则保险人应负赔偿责任;但如果被保险人只保"水渍险",则保险人不负赔偿责任。

3) 被保险人遭受的损失必须能用货币来衡量

如果被保险人遭受的损失不能用货币衡量,也就无法赔偿。例如,对被保险人具有特殊珍藏意义的照片,如果烧毁,因无法衡量其价值,既不能修复,也无法赔偿。

2. 保险人对赔偿金额有一定限度

保险人在赔偿时,应掌握以下三个限度。

1) 以实际损失为限

在补偿性保险合同中,保险标的遭受损失后,保险赔偿以被保险人所遭受的实际损失为限,全部损失全部赔偿,部分损失部分赔偿。例如,医疗保险中以被保险人实际花费的医疗费用为限。财产保险中以受损标的当时的市价为限,赔款额不应超过该项财产损失时的市场价格。只是因为财产的价值经常发生变化,只有以受损时的市价作为依据计算赔款额,才能使被保险人恢复到受损前的经济状况。如假定某栋房屋投保时的市价为 60 万元,发生保险事故时的市价跌至 55 万元,保险人只应赔偿 55 万元,尽管保险金额为 60 万元。因为被保险人所遭受的实际损失为 55 万元而非 60 万元,55 万元的赔偿足以使被保险人恢复到受损前的状况。

2) 以保险金额为限

保险金额是保险人承担赔偿或者给付保险金责任的最高限额,赔偿金额只应低于或等于保险金额而不应高于保险金额。因为保险金额是以保险人已收取的保费为条件确定的保险最高责任限额,超过这个限额,将使保险人处于不平等的地位,即使发生通货膨胀,仍以保险金额为限。在上例中,如果房屋受损时的市价涨至 65 万元,被保险人所遭受的实际损失虽然为 65 万元,但保险人只能按保险金额 60 万元赔偿。

3) 以保险利益为限

保险人的赔偿以被保险人所具有的保险利益为前提条件。被保险人在索赔时,对遭受损失的财产要具有保险利益,索赔金额以其对该项财产所具有的保险利益为限。如果发生保险事故时,被保险人对保险标的已不具有保险利益,保险人则不予赔偿。上述的"以实际损失与保险金额为限",都是基于这一条件。例如,在抵押贷款的财产保险合同中,银行以受押人名义对所抵押的房屋投保。如果银行的贷款为55万元,房屋价值为60万元,保险金额为60万元,保险人只能赔偿被保险人银行55万元,因受押人银行对该房屋的保险利益只有55万元,而不是60万元。

上述三者之中,以最低的为限。

3. 保险人对赔偿方式可以选择

被保险人参加保险的目的,是为了获得经济保障,如果发生灾害事故遭受损失,可以通过赔偿,使其恢复到他在发生损失前的经济状态,所以保险人只要保证被保险人的经济损失能够得到补偿就行,至于赔偿方式,保险人有权选择。保险人可以选择的赔偿方式有以下三种。

(1) 货币赔偿。这是赔偿中最常见的一种方式。由于财产保险中的损失都可以用一定的价值来衡量,保险人可根据损失的金额,支付相应数量的货币。货币的种类,应是双方事先约定的。

(2) 置换。置换即保险人还给被保险人一个与被损毁标的的规格、型号、新旧程度、性能等相同或相近的标的。

(3) 恢复原状。恢复原状是指,在物质标的遭受损坏后,保险人出资把损坏部分修好,使标的恢复到损坏前的状态。

4. 被保险人不得通过赔偿而额外获利

被保险人通过赔偿能够恢复到受损前状态,但不能因此而获得更多的利益,否则将导致被保险人故意或纵容损毁财产而额外获利,影响保险业务的经营,危害社会。为了避免或制止被保险人通过赔偿而额外获利,在保险业务中,常采取下列措施。

(1) 如果保险财产遭受部分损失后,仍有残值,保险人在计算赔款时,对残值应作相应扣除。

(2) 保险事故发生后,保险人已支付了全部保险金额,并且保险金额相等于保险价值的,受损保险标的的全部权利归于保险人;保险金额低于保险价值的,保险人按照保险金额与保险价值的比例取得受损保险标的的部分权利。

(3) 如果保险事故是由于第三者责任方造成的,保险人可以根据保险条款赔付给被保险人,但被保险人必须将其对第三者进行追偿的权利转让给保险人,他不能再从第三者那里得到任何赔偿。

(4) 如果一个被保险人将一份财产向多家保险人同时投保,当保险事故发生时,被保险人获得的赔款不得超过其财产的价值。

5. 损失赔偿原则的例外

损失赔偿原则虽然是保险的一项基本原则,但在保险实务中有例外的情况。在财产保险中有不定值保险和定值保险两种,绝大部分险种均为不定值保险,所以损失赔偿原则在绝大部分险种中得到应用。而定值保险则是一个例外。所谓定值保险,是保险当事人在订立保险合同时,约定保险标的的价值即保险价值,并依其确定保险金额,两者均书写于保险合同中。当保险事故发生时,保险人以约定的保险金额为基础,根据损失程度计算保险赔款,而不按保险标的在保险事故发生时的实际价值计算,即不论保险标的在保险事故发生时的实际价值大于或小于保险金额,均按保险金额和损失程度十足赔偿。仅在这种情况下,保险赔款可能大于实际价值或实际损失,是损失赔偿原则的例外。例如,在海洋货物运输保险中,货物的保险金额是按当事人约定的保险价值确定的,一经确定且两者相等,就视为足额保险。当运输的货物出险时,不论出险当地、当时的市场价格是多少,保险人均按投保时的保险金额,根据损失程度十足赔偿。

(三) 损失赔偿原则的派生原则

1. 代位求偿原则

1) 代位求偿的含义

代位求偿是指保险人按照保险合同规定,对保险标的的全部或部分履行赔偿义务后,有权取得被保险人的地位,向对保险标的的损失负有法律赔偿责任的第三方进行追偿。保险人的这种权利,称为代位求偿权。

实行代位求偿的依据是,保险合同为损害补偿合同,被保险人所得到的赔偿不得超过其对保险标的的可保利益。即不能因一笔财产的损失而从保险人和第三者责任方那里得到双份的补偿。如果不实行代位求偿,由第三者赔偿,往往使被保险人得不到及时补偿。被保险人如果从保险人那里取得补偿后,应该将向第三者的赔偿请求权转移给保险人。

2) 代位求偿权成立的条件

(1) 被保险人因保险事故对第三者有损失赔偿的请求权。这一条包括三层含义:一是事故的发生必须是保险责任范围内的原因所致,否则与保险人无关,受害人直接请求责任方赔偿或自己承担损失,也就谈不上代位求偿权的问题;二是保险事故的发生是由第三者责任方造成的,这样被保险人可以向第三者请求赔偿,并将赔偿请求权转移给保险人,从保险人那里取得赔偿;三是被保险人不能损害保险人的代位求偿权,我国《保险法》规定:"保险事故发生后,保险人未赔偿保险金之前,被保险人放弃对第三者请求赔偿的权利的,保险人不承担赔偿保险金责任。保险人向被保险人赔偿保险金后,被保险人未经保险人同意放弃对第三者请求赔偿的权利的,该行为无效。被保险人故意或者因重大过失致使保险人不能行使代位请求赔偿的权利的,保险人可以扣减或者要求返还相应的保险金。"

(2) 保险人履行了赔偿责任。保险人先行赔偿了被保险人的损失后,才能获得代位求偿权。如果保险人没有赔偿被保险人的损失,被保险人就无权益可以转让,保险人也就不可能取得代位求偿权。

(3) 保险人在代位求偿中享有的利益,不能超过其赔付给被保险人的金额。如果保险人从第三者责任方那里追偿到的金额大于其赔偿给被保险人的金额,则超出部分应归被保险人所有,即保险人不能因为行使代位求偿权而获利。

(4) 被保险人有权就未取得保险人赔偿的部分向第三者请求赔偿。按照《保险法》第六十条第三款规定:"保险人依照第一款行使代位请求赔偿的权利,不影响被保险人就未取得赔偿的部分向第三者请求赔偿的权利。"

3) 代位求偿权的例外

(1) 代位求偿权仅适用于补偿性保险合同,而不适用于给付性保险合同。给付性的人身保险合同中被保险人伤残或死亡,被保险人、受益人可以同时得到保险人给付的保险金和第三者负责的赔偿金额。因为人身价值是无法确定的,不存在额外收益问题。

(2) 在财产保险合同中,保险人不得对被保险人的家庭成员或者其组成人员行使代位请求赔偿的权利,除非被保险人的家庭成员或者其组成人员故意造成保险事故。

2. 委付

1) 委付的含义

委付是指当保险标的发生推定全损时,被保险人放弃保险标的的所有权并将一切权益移交给保险人,由保险人按保险金额全部赔偿的行为。委付是海上保险中的一种特殊赔偿制度,大多数财产保险是禁止使用这一行为的。

在海上保险中,委付常常作为处理保险标的的损失的一种手段。按照委付制度,当保险标的虽未达到全部损失,但有全部损失的可能;或其修复费用将超过财产本身价值;或确为全部损失但又无法证明时,被保险人可以将其残余利益,或标的物上的一切权利转移给保险人。委付时,被保险人必须向保险人发出委付的通知,保险人接受后委付才能有效。

2) 委付的条件

(1) 委付以推定全损为前提条件。如果保险标的物全部灭失,就没有什么权利可以转移,保险人则应赔偿全部损失,无委付可言。

(2) 委付不能附有条件。在提出委付请求后,又附上条件,这必然使保险双方关系复杂化。例如船舶失踪,被保险人提出委付时,又附上条件:要求日后船舶有着落时返还其船舶,同时向保险人返还受领的保险金。这是不允许的。因为这样做必然影响到保险人的权益。一般来说,保险人在接受委付前,都要慎重地调查、了解,查明损失是否在保险责任范围以内,是否有扩大或超过赔偿的可能。

(3) 委付须经承诺方为有效。被保险人向保险人提出委付申请后,保险人可以承诺,也可以拒绝,承诺后委付依法成立,若拒绝也不影响被保险人的索赔权利。委付一经成立,不得撤销,也不能因其他原因而反悔。

3) 委付的效力

委付成立后,可委付的标的物的权利自发生委付的条件出现之日起开始转移。保险人对保险标的物的所有权、利益和义务必须同时接受。如委付的标的物——船舶在发生事故时或事故后应收的运费,均为保险人所有,但应当扣除其中发生的费用。如船舶因沉没而影响航道,需要清除,清除费用也应由保险人承担。由于标的物的所有权已经转移,保险人在处理标的物时,如所得到的利益超过所赔偿的保险金,超过部分也应当归保险人所有。同时,如对第三人有损失赔偿请求权,其索赔金额超过其给付保险金的部分,也同样归保险人所有。这一点与代位求偿权是有所不同的。

3. 重复保险的比例分摊原则

重复保险是指投保人对同一保险标的、同一保险利益、同一保险事故分别向两个以上的保险人订立保险合同的保险。其保险金额的总和超过保险标的的实际价值。在重复保险的情况下，被保险人有可能就该保险标的的损失，从不同的保险人那里得到赔偿，为了防止因赔偿而获得额外利益，一般采取各保险人之间分摊的办法。分摊的方式主要有以下三种。

1）比例责任分摊

比例责任方式，是以保险金额为基础计算分摊责任，即各保险人按其承保的保险金额与他们承保的保险金额总和的比例（即承保比例）来分摊责任。其计算公式如下：

$$各保险人承担的赔偿金额＝损失金额×承保比例$$
$$承保比例＝该保险人承保的保险金额÷所有保险人承保金额总和$$

2）限额责任分摊

这一方式规定，各保险人的损失分摊额并不以其保险金额为基础，而是按照在没有其他保险人重复保险的情况下，单独应付的赔偿责任限额来分摊赔款。它与比例责任的共同点是，各保险人都是按照比例来分摊赔款的；与比例责任的不同点是，计算比例的基础不同。比例责任方式的计算基础是保险金额，限额责任方式的计算基础是赔款限额。其计算公式如下：

$$各保险人承担的赔偿金额＝损失金额×赔偿比例$$
$$赔偿比例＝该保险人的赔偿限额÷所有保险人赔偿限额总和$$

3）顺序责任分摊

这一方式规定，各保险公司按出单时间顺序赔偿，先出单的公司先在其保额限度内负责赔偿，后出单的公司只在损失额超过前一家公司的保额时，在自身保额限度内赔偿超出部分。

现举例来说明上述三种计算方法。某投保人分别与 A、B、C 三家保险公司签订了一份火灾保险合同。A、B、C 公司承保的金额分别为 100 000 元、150 000 元、250 000 元。因发生火灾损失 200 000 元，各公司的赔偿情况如表 2-1 所示。

表 2-1　重复保险的分摊运用举例　　　　　　　单位:元

分摊方式	A公司	B公司	C公司
比例责任	40 000	60 000	100 000
限额责任	44 444	66 667	88 889
顺序责任	100 000	100 000	0

在保险实务中，各国较多采用的是比例责任和限额责任分摊方式，因为顺序责任分摊方式下各承保公司承担的责任有欠公平。在我国，按照《保险法》第五十六条规定:"重复保险的各保险人赔偿保险金的总和不得超过保险价值。除合同另有约定外，各保险人按照其

保险金额与保险金额总和的比例承担赔偿保险金的责任。"

四、近因原则

(一) 近因原则的含义

近因原则是保险当事人处理保险赔偿或者给付责任,法庭审理有关保险赔偿或者给付的诉讼案件,在调查事件发生的起因,确定事件的责任归属时所遵循的原则。1906 年,英国《海上保险法》第五十五条第一款规定:除保险单另有约定外,保险人对于由所承保的风险近因所致的损失,负赔偿责任,但是对于非由所承保的风险近因所致的损失,概不负责。这是第一次以法律的形式,确立了判断承保风险与保险标的损失之间因果关系的"近因原则"。

近因,是指在风险和损失之间,导致损失的最直接、最有效、起决定作用的原因,而不是指时间上或空间上最近的原因。这既指原因和结果之间有直接的联系,又指原因十分强大有力,以致在一连串事件中,人们从各个阶段上可以逻辑地预见下一事件,直到发生意料中的结果;如果有多种原因同时起作用,那么近因是其中导致该结果的起决定作用或强有力的原因。

当多种风险成为引起损失的原因时,判断其中哪一个为近因,国际上通常采用约翰·T·斯蒂尔先生所提出的两种确定因果关系的方法。第一种,从最初事件出发,按逻辑推理,下一步将发生什么。若最初事件导致了第二事件,第二事件又导致了第三事件……如此推理导致最终事件,那么最初事件即为最终事件的近因。若其中两个环节间无明显联系,或出现中断,则其他事件为致损原因。第二种,从损失开始,沿系列自后往前推理,为什么会发生这样的情况,若追溯到最初事件,且系列完整,则最初事件即为近因。若逆推理出现事件中断,则其他原因为致损原因。

近因原则的基本含义是指:若引起事故发生,造成保险标的损失的近因属于保险责任范围,则保险人承担损失赔偿责任;若近因属于除外责任,则保险人不负责赔偿。即只有当承保危险是损失发生的近因时,保险人才负赔偿责任。

(二) 近因原则的运用

近因原则在理论上简单明了,但在实际运用中却存在相当大的困难,即如何在众多复杂原因中判断出引起损失的近因。因此,对近因的分析和判断成为掌握和运用近因原则的关键。在实践中,近因原则的运用可以分为以下几种情况。

1. 单一原因造成的损失

如果造成损失的原因只有一个,而这一原因又是保险人承担的风险,那么这一原因就是损失的近因,保险人应负赔偿责任;反之,则不负赔偿责任。例如,货物在运输途中遭受雨淋而受损,如果被保险人在"水渍险"的基础上加保了"淡水雨淋险",则保险人应负赔偿责任;如果被保险人只保"水渍险",则保险人不负赔偿责任。

2. 多种原因造成的损失

如果造成保险标的损失的原因不止一个,而是两个或两个以上,就应作具体分析。

1) 多种原因同时发生

造成损失的风险事故,有时为一个以上并同时出现的原因所致,而且这些原因对保险标的的损失均有直接的、实质性的影响,则它们全部属于导致损失的主要原因。如果这多种原因全部属于承保范围,保险人应负全部责任,反之亦然。但如果在这多种原因中,有些是在承保范围之内,有一些则属于除外责任,那么,保险公司的责任就要根据损失是否可以划分来决定。能够划分开的,保险人将承担所保风险导致的损失部分;不能划分开的,则保险公司可以与被保险人协商赔付。如货物在运输中既遭受了海水浸泡,又遭受了装卸货物时的钩损,如果投保了"水渍险",又加保了"钩损险",则保险人对所有损失给予赔偿。如果投保人只投保了"水渍险",则要区分损失是否可分:如果水渍损失和钩损的受损程度可以区分,则保险人负责水渍损失;如果不可区分,则保险人与被保险人协商赔付。

2) 多种原因连续发生

如果损失的发生为两个以上的原因连续发生所致,并且各原因之间的因果链未中断,则最先发生并造成一连串事故的原因即为近因。因此,只要前因在承保责任范围以内,后因是前因导致的必然结果,保险人都负赔偿责任,而不论后因是在承保责任范围以内还是属于除外责任。例如,英国有一个著名的判例:有一艘装载皮革和烟叶的船舶,遭遇海难,大量海水浸入船舱,皮革腐烂。海水虽未直接接触包装烟叶的捆包,但由于腐烂皮革的恶臭,使烟叶完全变质。当时被保险人以海难为近因要求保险人全部赔付,但保险人却以烟叶包装没有水渍的痕迹为由而拒赔。最后法院判决,本案烟叶全损的近因是海难,保险人应负赔偿责任。

但如果前因是除外风险或未保风险,后因是承保风险,后因是前因的必然结果,保险人则不负任何责任。如英国有一诉讼案:敌机投弹燃烧到一仓库,仓库起火受损,保险财产是火灾引起损失的,但起火原因又是敌机投弹引起的,因果关系是敌机投弹引起火灾,火灾引起保险财产的损失,经法院判决,其近因是战争行为,不属一般的火灾范围,因此不予赔付。

3) 多种原因间断发生

在一连串连续发生的原因中,有一个新出现的而又完全独立的原因介入,导致损失。若新的独立的原因为承保风险,保险责任由保险人承担;反之,保险人不承担损失赔偿或给付责任。例如,李某为自己买了一份人身意外伤害险。一天,李某骑车被汽车撞倒,造成伤残并住院治疗,在治疗过程中李某因急性心肌梗死而死亡。由于意外伤害与心肌梗死没有内在联系,心肌梗死并非意外伤害的结果,故属于新介入的独立原因,心肌梗死是被保险人死亡的近因,它属于疾病范围,不包括在意外伤害保险责任范围之内。因此,保险人对被保险人死亡不负责任,只对其意外伤残按规定支付了保险金。

专栏 2-4

艾思宁顿诉意外保险公司案

被保险人打猎时不慎从树上掉下来,受伤后的被保险人爬到公路边等待救援,因夜间天冷又染上肺炎死亡。肺炎是意外险保单中的除外责任。保险公司对被保险人死亡是否应给付保险金?

　　肺炎是从树上掉下来的意外事故之必然,因而是近因。最后法院认为被保险人的死亡近因是意外事故——从树上掉下来,因此保险公司应给付赔偿金。

(资料来源:2006 年 4 月 3 日《中国保险报》。)

本 章 小 结

　　(1) 商业保险作为一种经济制度,它体现的是一种"一人为众,众人为一"的互助共济的精神和机制,这种制度的目的在于集合更广范围内的资源共同分担少数遭受风险的单位的损失。保险公司只承保可保风险。

　　(2) 以保险的性质为标准分类,保险可分为商业保险、政策保险和社会保险;按照保险的实施方式分类,可以把保险分为自愿保险和法定保险;我国《保险法》按照保险保障的范围的不同将保险分为财产保险、人身保险两大类;按赔付形式的不同,保险可以分为定额保险与损失保险;按照业务承保方式的不同,可以将保险分为原保险、再保险、重复保险与共同保险。

　　(3) 商业保险的职能分为基本职能和派生职能。保险的基本职能是保险本质的体现,即用收取保费的方法来分摊灾害事故损失,以实现经济补偿的目的。随着生产力的发展和社会制度的演进,出现了保险的派生职能——资金融通职能和社会管理职能。

　　(4) 商业保险有四大基本原则。最大诚信原则不仅在保险合同订立时要遵守,在合同履行的整个期间也都要求当事人具有"最大诚信",它的基本内容包括告知、保证、弃权与禁止反言。保险利益是指投保人对保险标的具有的法律上承认的利益。在签订和履行保险合同的过程中,投保人对保险标的必须具有保险利益,否则合同是非法或无效的。损失赔偿原则是补偿性保险合同处理赔案时的一项基本原则,在给付性合同中并不适用。保险人对赔偿的金额应以实际损失为限、以保险金额为限、以保险利益为限,三者之中以最低的为限。代位求偿和委付是损失赔偿原则应用的延伸。近因原则中的近因,是指在风险和损失之间,导致损失的最直接、最有效、起决定作用的原因,而不是指时间上或空间上最近的原因。

关键概念索引

　　商业保险　可保风险　政策保险　自愿保险　社会保险　法定保险　财产保险　人身保险　定额保险　足额保险　不足额保险　超额保险　原保险　再保险　重复保险　共同保险　最大诚信　保险利益　损失补偿　近因

复 习 思 考 题

1. 什么是商业保险? 商业保险的要素有哪些?
2. 商业保险有哪些特征?
3. 商业保险的对象是什么?

4. 什么是社会保险? 社会保险通常包括哪些项目?

5. 比较再保险与共同保险。

6. 简述商业保险职能的基本观点。

7. 什么是最大诚信原则? 它的主要内容有哪些?

8. 解释保险合同规定保险利益的目的,以及各类保险中的保险利益。

9. 为防止被保险人不当获利,保险人应注意什么问题?

10. 什么是近因原则? 在运用近因原则中要注意哪些问题?

第三章 保险合同

本章要点

- 理解保险合同的概念
- 掌握保险合同的特征
- 掌握保险合同的要素
- 熟悉合同的订立、变更和终止

保险是一种经济活动,在这种经济活动中,当事人之间的权利义务是通过订立保险合同产生的。保险合同是联系保险人与投保人及被保险人之间权利义务关系的纽带。各国保险制度也主要是依靠保险合同这一法律形式而运转起来的。因此,保险合同在保险经济补偿制度中起着重要的作用。

第一节 保险合同概述

一、保险合同的概念

(一)合同的概念

合同是经济生活中经常使用的概念,也称契约,是指平等主体的自然人、法人或其他组织之间设立、变更、终止民事权利义务关系的协议。协议一经订立,双方当事人必须受其约束,任何一方不得擅自变更或解除。合同具有如下法律特征。

(1)当事人的法律地位平等。合同双方当事人,在签订合同时,任何一方不得把自己的意志强加给对方,这是合同双方当事人自由表达意志的前提,也是双方当事人权利、义务对等的基础。

(2)合同是当事人之间自愿协商所达成的协议,是双方或多方的法律行为。合同必须经双方当事人意思表示一致才能成立,双方的意思表示不一致,合同就不能成立。

(3) 订立合同的目的是为了确立一种法律关系,明确当事人之间的权利和义务。

(二) 保险合同的概念

根据我国《保险法》第十条的规定:"保险合同是投保人与保险人约定保险权利义务关系的协议。投保人是指与保险人订立保险合同,并按照保险合同负有支付保险费义务的人。保险人是指与投保人订立保险合同,并承担赔偿或者给付保险金责任的保险公司。"因而保险合同就是约定投保人和保险人之间权利义务的协议,根据合同规定,投保人有向保险人支付保险费的义务,而保险人则应在合同约定的保险事故发生后赔偿或者给付保险金。在保险业务中,由于根据保险标的的不同分为财产保险和人身保险两大类业务,因而,在财产保险中是对因保险事故发生所造成的财产损失承担经济赔偿责任,而在人身保险中则是当被保险人死亡、伤残、疾病达到合同约定的年龄、期限时,由保险人承担给付保险金的义务。基于业务标的不同而造成的保险人承担的责任不同,我们可以把保险合同分为两类性质根本不同的合同。

1. 补偿性保险合同

补偿性保险合同的设立目的在于补偿被保险人因保险事故所遭受的经济损失,即保险事故发生时,由保险人对被保险人所受损失进行评定,并在保险合同确定的保险金额范围内按照实际损失予以补偿。财产保险合同一般都属于补偿性保险合同。

2. 给付性保险合同

给付性保险合同属于非补偿性保险合同,绝大多数人身保险合同为给付性保险合同。这是因为,作为人身保险合同标的的人的生命或身体等无法用经济价值加以衡量,故当保险事故发生时,被保险人所遭受的人身伤害客观上是不能获得真正的补偿的。与此同时,在生存保险等保险合同中,只要保险期限届满时被保险人仍然活着,保险人即应向其支付合同约定的保险金,在这种情况下,既无意外事故的发生,也无损失的存在,保险金的支付仅仅是为了满足保险的特殊需要。因此,我们把这种性质的保险合同定义为给付性合同,即只要保险合同约定的特定时间出现或者期满,保险人就必须支付保险金的合同。给付性合同的履行并不意味着发生一般意义上的意外事故,也不一定会带来损害,只是为了满足被保险人的某种需要。人身保险合同,除了医疗保险合同既可以是给付性合同,也可以是补偿性合同之外,其他均属于给付性合同。这是因为,医疗保险合同是对确定的、可以用货币来衡量的医疗费用提供保障的。

二、保险合同的特征

(一) 保险合同是射幸合同

射幸合同是和实定合同相对而言的。实定合同是指在合同订立时当事人的给付义务即已确定的合同。而射幸合同是指在合同订立时当事人的给付义务尚未确定的合同。保险合同尤其是财产保险合同,是一种典型的射幸合同。在保险合同订立时,投保人一方交付保险费后,保险人是否履行赔偿或给付保险金的义务,取决于约定的保险事故是否发生。

在保险期间内如果保险标的发生损失,被保险人可以从保险人那里得到远远超出其所支付的保险费的赔偿或给付金额;反之,如无保险事故发生,则投保人只付保险费而无任何收入。

保险合同的射幸性并不意味着保险人可能履行合同也可能不履行合同。在保险期限内如发生保险事故时,保险人给予了损失补偿或保险金给付,即为履行了保险合同规定的义务。即使保险事故没有在保险期限内发生,保险人在保险期限内承诺承担风险,也是在履行合同。因而,保险合同的射幸性是就某个单个合同而言的,是因为保险事故发生的偶然性决定的;而就某类保险合同的总体来说,保险事故的发生是确定的。因为就所有保险合同的总体来看,保险人收到的保险费总额与赔款、给付金额总额原则上是相等的。

(二) 保险合同是双务有偿合同

合同有双务合同和单务合同之分。单务合同是指仅有合同当事人一方负担给付义务的合同,双方当事人并不互相享有权利和负担义务,如赠与合同。而双务合同则是双方当事人互负对待给付义务的合同,或者说,一方当事人所享有的权利即为另一方当事人所负担的义务,如买卖、租赁合同。

合同有有偿合同和无偿合同之分。有偿合同是指当事人一方享有合同规定的权益,需向对方当事人偿付相应代价的合同,如买卖、租赁合同,一般来说,双务合同都是有偿合同。无偿合同,是指当事人一方享有合同规定的权益,不必向对方当事人偿付相应代价的合同,如赠与合同。

在保险合同中,投保人负有缴纳保费的义务,被保险人享有当保险事故发生时请求赔偿或给付保险金的权利;保险人负有当保险事故发生时对被保险人的损失赔偿的义务,同时享有收取保险费的权利。在这里,投保人所负的义务和保险人所承担的义务之间存在着对价关系,符合双务有偿合同的特征。

但保险合同中的对价关系与一般双务合同中的对价关系又有所不同。在一般双务合同中,双方的义务都是确定的。比如在买卖合同中,买方付款以后,卖方应当按照合同规定给付标的物,双方的对价关系很明确。而在保险合同中,就个别保险合同而言,对价关系不是很明确。也就是说,投保人虽然缴纳了保险费,但只有在保险事故发生后,保险人才履行保险金赔偿或给付的义务,如不发生保险事故,保险人就无须任何支出。但从保险合同整体而言,投保人群体所缴纳的保险费和保险人对投保人群体所支付的保险金是对等的。

(三) 保险合同是非要式合同

要式合同与非要式合同是以合同的成立是否须采用法律或当事人要求的形式为标准而区分的。所谓要式合同,即指合同的成立必须要履行特定的程序或者采取特定的形式。反之,法律或当事人不要求必须具备一定的形式的合同,即为非要式合同。应指出,非要式合同并非排斥合同采取书面、公证、登记等形式,只是不强求特定的形式。

我国《保险法》第十三条规定:"投保人提出保险要求,经保险人同意承保,保险合同成立。保险人应当及时向投保人签发保险单或者其他保险凭证。保险单或者其他保险凭证应当载明当事人双方约定的合同内容。当事人也可以约定采用其他书面形式载明合同内容。依法成立的保险合同,自成立时生效。投保人和保险人可以对合同的效力约定附条件或者附期限。"从该法律规定来看,保险合同成立的要件是双方达成合同协议,因而保险合同在保险单或其他保险凭证签发以前就已经成立,出具保险单或其他保险凭证,只是保险人的合同义务。如果保险人没有及时向投保人出具保险单或者其他保险凭证,由此产生的法律后果应由其自行承担。因此,保险合同是非要式合同。

按照国外保险惯例,也通常不规定保险单的签发是合同成立的要件,保险合同的成立始于双方当事人意思表示一致,即使在形式上保险单尚未做成交付,保险合同亦已成立。

(四) 保险合同是最大诚信合同

我国《保险法》第五条规定:"保险活动当事人行使权利、履行义务应当遵循诚实信用原则。"保险合同较一般合同对当事人的诚实信用有更严格的要求。保险合同是约定保险人对未来可能发生的保险事故进行损失补偿或保险金给付的合同。保险合同的订立,很大程度上依赖于投保人的诚实信用,它一方面要求投保人在订立合同时,对保险人的询问及有关标的的情况如实告知保险人,在保险标的危险增加时通知保险人,并履行对保险标的的过去情况、未来的事项与保险人约定保证。另一方面,它要求保险人在订立保险合同时,向投保人说明保险合同的内容,在约定的保险事故发生时,履行赔偿或给付保险金的义务。

(五) 保险合同是附合合同

附合合同又称格式合同、标准合同,是与协商合同相对的。协商合同是双方当事人经过协商,在意愿一致的基础上订立的。而附合合同则是由一方预先拟定合同的条款,另一方只有附合该条款方能成立合同的缔约方式。保险合同属于附合合同,保险人根据保险标的的性质和风险状况,对不同险种分别拟订了若干保险条款,供被保险人选择。对此,被保险人只有依照保险条款,表示同意投保或不保,不能提出自己所需要的保单,或修改其中的内容。即使被保险人有某种特殊要求,也只能采用保险人事先准备的附加条款作为对原有条款的补充,或另附特别约定批单。

附合合同的优点在于节省时间,有利于事先分配风险,降低交易成本;弊端在于提供商品或服务的一方在拟定格式条款时,经常利用其优越的经济地位,制订有利于己,而不利于消费者的条款,例如免责条款等。因而法律上通常对附合合同的非起草者有保护,如我国《保险法》第十七条规定:"订立保险合同,采用保险人提供的格式条款的,保险人向投保人提供的投保单应当附格式条款,保险人应当向投保人说明合同的内容。对保险合同中免除保险人责任的条款,保险人在订立合同时应当在投保单、保险单或者其他保险凭证上作出足以引起投保人注意的提示,并对该条款的内容以书面或者口头形式向投保人作出明确说明;未作提示或者明确说明的,该条款不产生效力。"同时第三十条规定:"采用保险人提供的格式条款订立的保险合同,保险人与投保人、被保险人或者受益人对合同条款有争议的,应当按照通常理解予以解释。对合同条款有两种以上解释的,人民法院或者仲裁机构应当作出有利于被保险人和受益人的解释。"

专栏 3-1

投保人未履行如实告知义务的法律后果

1. 案情简介

周某于 2015 年 8 月 1 日为自己投保康宁终身重大疾病保险产品，合同生效日期为 2015 年 8 月 21 日，基本保险金额 10 万元。2016 年 7 月 27 日，周某向公司提出理赔申请，称其于 2016 年 4 月 20 日发现甲状腺肿物，然后到河北医科大学第四医院住院治疗，并于 2016 年 4 月 22 日诊断为甲状腺滤泡型乳头状腺癌，向公司申请给付重大疾病保险金 10 万元。

鉴于周某患病时间距离投保时间较短，为了排除投保人逆选择风险，公司理赔人员对被保险人的既往病史情况进行了调查，发现周某于 2016 年 4 月 20 日到河北医科大学第四医院耳鼻喉科住院治疗的入院记录中记载："患者一年余前发现颈前肿物，于当地医院行检查，不伴有发热，局部无红肿、疼痛，无声音嘶哑、进食水呛咳、呼吸困难及吞咽困难，也无多汗、易激怒及顽固性腹泻等症。8 个月前就诊于我科，行颈部超声提示甲状腺肿物，建议手术治疗。未行治疗。1 天前患者为行手术治疗而来我院，遂收入院。"

根据《保险法》第十六条之规定，公司对投保人周某未如实告知行为，作出解除保险合同并不予给付重大疾病保险金的理赔核定，并向其发送了解除合同通知书和拒付保险金通知书。周某对此理赔核定不予认可，并向法院起诉。

2. 争议焦点

本案中，争议焦点为：周某的行为是否属于未如实告知的情形；公司是否应当向周某给付重大疾病保险金。

3. 法院审理与判决

一审法院审理后认为：保险公司辩称周某带病投保，因周某在投保前没有确诊，故不能确定其在签订保险合同前已经患有疾病，被告辩称的原告带病投保的观点不能成立，一审法院不予支持。最终，一审法院判决保险公司给付周某 10 万元。一审判决后，保险公司对该判决有异议，并向市中级人民法院提出上诉。二审时，保险公司理赔人员通过耐心细致的解释举证，二审法院审理后认为：根据周某在河北医科大学第四医院的入院记录（2016 年 4 月 20 日），可以证实周某就诊前一年余已发现颈前肿物，并且 8 个月前就诊时医生建议其手术治疗，足以证实周某在投保前对于其甲状腺肿物的事实是了解的。周某在投保过程中，隐瞒了这一影响到保险人决定是否承保以及如何确定保险费率的事实，保险公司要求依据合同约定解除合同的请求成立。故原审判令保险公司给付周某某 10 万元保险金明显不当，依法纠正。

（资料来源：中金在线网站。）

第二节 保险合同的要素

保险关系属于民事法律关系的范畴,任何一项民事法律关系都包括主体、客体和内容三个要素,保险合同的民事法律关系也由这三大要素组成。

一、保险合同的主体

保险合同的主体是参加保险这一民事法律关系,并享有权利和承担义务的人,包括当事人、关系人和中介人。

(一) 保险合同的当事人

1. 保险人

保险人也称承保人,是指依法成立的,与投保人签订保险合同、经营保险业务、收取保险费并建立保险基金,在保险事故发生时负责履行损害赔偿或人身伤亡给付保险金义务的人。保险人一般为法人,我国《保险法》将保险人定义为"保险人是指与投保人订立保险合同,并承担赔偿或者给付保险金责任的保险公司"。在世界上,只有英国劳合社的承保人以个人身份经营保险业务。保险人经营保险业务,必须事先取得政府有关部门的批准,并严格限定在核准的业务范围内经营,如果超出经营范围,则其进行的保险活动无效。

2. 投保人

投保人也称要保人,是指与保险人签订保险合同,并按照保险合同负有支付保费义务的人。投保人可以是自然人,也可以是法人,但都必须对保险标的具有保险利益。投保人的法定资格是要有权利能力和完全行为能力,未取得法人资格的组织(即无权利能力和行为能力),不能成为保险合同的投保人,无完全行为能力的自然人也不能成为保险合同的投保人。否则,即使合同订立也是无效的。

(二) 保险合同的关系人

保险合同关系人是指与保险合同有经济利益关系,而不一定直接参与保险合同订立的人。保险合同关系人包括被保险人和受益人。

1. 被保险人

被保险人是指其财产或者人身受保险合同保障,享有保险金请求权的人。在财产保险合同中,被保险人是保险标的所有人、经营管理人或其他有经济利害关系的人;在人身保险合同中,被保险人是以自己的生命或健康作为保险标的的人;在责任保险合同中,被保险人是对他人财产毁损或人身伤亡依法负有经济赔偿责任的人。

被保险人与投保人的关系通常有两种情况。当投保人以自己的身体、生命及财产作为保险标的,为自己的利益投保时,投保人即为被保险人。如果投保人是为他人的利益,以他人的身体、生命及财产作为保险标的,和保险人签订保险合同的,则投保人和被保险人是两个不同的行为主体。

为了保护未成年人的合法权益,各国保险法禁止以未成年人为被保险人而订立死亡保险合同。我国《保险法》第三十三条规定："投保人不得为无民事行为能力人投保以死亡为给付保险金条件的人身保险,保险人也不得承保。父母为其未成年子女投保的人身保险,不受前款规定限制。但是死亡给付保险金额总和不得超过国务院保险监督管理部门规定的限额。"

2. 受益人

受益人是指人身保险合同中由被保险人或者投保人指定的享有保险金请求权的人。在保险合同中,受益人只享受权利,不承担缴付保费的义务。受益人可以是一人,也可以是数人。投保人可以为受益人。按照保险合同的规定,被保险人在保险事故发生时作为享受合同保障的人当然享有保险金请求权,因而受益人只是在被保险人死亡时才能享有保险金的请求权。

人身保险合同中的受益人必须由被保险人或投保人指定。投保人指定受益人时须经被保险人同意。投保人为与其有劳动关系的劳动者投保人身保险,不得指定被保险人及其近亲属以外的人为受益人。被保险人为无民事行为能力人或者限制民事行为能力人的,可以由其监护人指定受益人。我国法律对受益人资格并无限制,因此,受益人可以是自然人,也可以是法人。通常情况下,受益人如果不是投保人,则多为与其有利害关系的自然人。合同指定的受益人为一人的,保险金请求权由该人行使,并获得全部保险金;若受益人是多人的,保险金请求权由多个人共同行使,其受益顺序和受益份额由被保险人或投保人在合同中事先确定,未确定顺序或份额的,受益人按照相等份额享有受益权。

被保险人或者投保人可以变更受益人并书面通知保险人。保险人收到变更受益人的书面通知后,应当在保险单或者其他保险凭证上批注或者附贴批单。投保人变更受益人时须经被保险人同意。否则保险人对原指定受益人给付保险金后不再承担任何责任。

受益人的受益权以被保险人死亡时尚生存为条件,若受益人先于被保险人死亡,则受益权应回归投保人或被保险人,而不能由受益人的继承人继承受益权。但若被保险人先死亡,则受益权由受益人的继承人继承。

受益人的保险金请求权直接来自人身保险合同的规定,受益人在被保险人死亡后领取的保险金是根据合同的约定而取得的,不得作为死者遗产,不得纳入遗产分配,也不用来清偿死者生前的债务,受益人以外的他人无权分享保险金。但在下列情形中,只要符合其中之一,且被保险人生前未指定其他受益人的,保险金将作为被保险人的遗产处理:①没有指定受益人,或者受益人指定不明无法确定的;②受益人先于被保险人死亡,没有其他受益人的;③受益人依法丧失受益权或者放弃受益权,没有其他受益人的。受益人与被保险人在同一事件中死亡,且不能确定死亡先后顺序的,推定受益人死亡在先。

 专栏 3-2

养老金生时未领取,身故后该给谁?

张某于 1999 年 8 月 20 日在某保险公司投保了累积年金保险,根据保险责任,从 2001 年 8 月 20 日起张某可以一次性领取养老金;在领取日前,如果张某身故,保险公司将向保单受益人其女儿小红支付身故保险金。由于张某经济状况良好，因此，在2001—2004年没有办理领取手续。

然而，不幸在2004年1月降临，张某因意外不幸身故。2004年5月20日，该保单的受益人小红向保险公司提出领取被保险人的养老金的申请，并提供了被保险人张某身故的证明。那么，被保险人的养老金是应该给受益人还是作为其遗产由其法定继承人来处理呢？

根据保险条款中的规定，领取身故保险金及养老固定年金的人均为合同受益人，但养老金的受益人为被保险人本人，保险人不受理其他指定。由此可见，养老金应该是由被保险人张某享有，2001年8月20日，领取日期到期时，被保险人并未死亡，即成为现实享有的财产权利，只是被保险人一直未办理领取手续。因此，该部分养老金应作为被保险人的遗产，根据《中华人民共和国继承法》的相关规定，由其法定继承人共同享有。

（资料来源：沃保网。）

（三）保险合同的中介人

保险合同的中介人也称为辅助人，指在保险合同的订约、履约过程中起辅助作用的人，包括保险代理人、保险经纪人和保险公估人。

1. 保险代理人

我国《保险法》规定：保险代理人是根据保险人的委托，向保险人收取佣金，并在保险人授权的范围内代为办理保险业务的机构或者个人。保险代理机构包括专门从事保险代理业务的保险专业代理机构和兼营保险代理业务的保险兼业代理机构。因此，保险代理人是保险人的代理人，其根据与保险人签订的委托代理合同，在保险人授权的范围内代表保险人办理保险业务，帮助保险人招揽客户，如代理销售保险产品、代理收取保险费、代理检验理赔工作等，保险人则以佣金的形式给予保险代理人一定的劳务报酬。保险代理人在授权范围内，以被代理人的名义，独立实施法律行为，代为办理保险业务，其行为后果由被代理人即保险人承担责任。但代理人不得超出代理人的权限范围，也不得滥用代理权。若因代理人的无权以及滥用代理权行为造成的损失后果，代理人应独自承担赔偿责任。但保险代理人没有代理权、超越代理权或者代理权终止后以保险人名义订立合同，使投保人有理由相信其有代理权的，该代理行为有效，此种情况下保险人对保险代理人的行为需承担责任，但此时保险人仍可以依法追究越权的保险代理人的责任。

2. 保险经纪人

保险经纪人是指基于投保人的利益，为投保人与保险公司订立保险合同提供中介服务，并依法收取佣金的机构，包括保险经纪公司及其分支机构。保险经纪机构可以经营为投保人拟订投保方案、选择保险公司以及办理投保手续、协助被保险人或者受益人进行索赔、办理再保险经纪或为委托人提供防灾、防损或者风险评估、风险管理咨询等保险经纪业务。在我国，保险经纪机构可以以股份有限公司或有限责任公司形式设立。

保险经纪人与保险代理人不同，他是基于投保人的利益，为投保人提供风险管理咨询和办理投保索赔等事宜。保险经纪人在得到投保人的委托授权时可以代为订立保险合同，但经纪人的洽订必须基于投保人的利益,故必须在最优惠的条件下为投保人订立保险合同。而在订立合同之后,经纪人的佣金则由保险人支付。

设立保险经纪公司,应当符合保险监管机关规定的资格条件,取得经营保险经纪业务许可证,向工商行政管理机关办理登记,领取营业执照,并缴存保证金或投保职业责任保险。因保险经纪人在办理保险业务中的过失,给投保人或被保险人造成损失的,则由保险经纪人承担赔偿责任。

3. 保险公估人

保险公估人是指经保险当事人委托,为其办理保险标的的勘查、鉴定、估价和保险赔偿的清算洽谈等业务并予以证明的人。保险公估人可以接受保险人的委托,也可以接受投保人或被保险人的委托,并向委托人收取公估费用。

保险公估人接受当事人委托后,独立执行业务。在保险业发达的国家和地区,保险公估人因其能合理地维护当事人各方的利益,因此对维护保险业健康发展具有重要的作用。保险公估人除了应精通保险资产评估等专业知识外,还必须具有良好的职业道德,以保持其良好的职业形象。随着我国保险市场的发展,保险公估人及其业务也将会得到发展。

二、保险合同的客体

保险合同的客体是指保险合同当事人双方权利和义务所共同指向的对象。保险合同的客体既不是保险标的本身,也不是简单的赔偿或给付行为,而是投保人或被保险人对保险标的所具有的合法的经济利害关系,即保险利益,也叫可保利益。所谓合法的经济利害关系,是指因标的的完好、健在而使利害关系人获得经济利益;因标的的损坏、伤害而使利害关系人遭受经济损失和痛苦。保险利益是投保人投保签约的起因,也是保险人决定是否可以承保的标准。

保险合同的客体不是保险标的,而是投保人或被保险人对保险标的所具有的保险利益,这是因为投保人或被保险人向保险人投保,要求经济上的保障,保障的并不是保险标的本身,而是对其保险标的所具有的经济上的利益提供保障。风险是客观存在的,保险合同的订立并不会保证保险标的不发生危险,而只是保障当标的损失发生时可以从保险人处得到补偿。

但是,保险标的是保险利益的载体。没有保险标的,保险利益就无从谈起。保险标的是构成保险关系的一个重要条件,当保险人与投保人签订保险合同时,必须明确保险标的,即明确保险所要保障的对象。对投保人来说,只有在投保的时候明确了保险标的,才能在发生保险事故时,向保险人索赔。但对于保险人来说,其承担的责任并不是保证保险标的不发生意外事故,而只是承担被保险人因保险标的损失所带来的经济上的补偿责任。

保险利益与保险标的的含义不同,但两者又是相互依存的关系。投保人或被保险人在投保或索赔时,一般必须对保险标的具有保险利益,否则保险人是不予承保或赔偿的。保险利益又以保险标的的存在为条件,体现在当保险标的存在时,投保人或被保险人对保险标的的经济利益也继续存在,当保险标的遭遇损失时,被保险人将蒙受经济上的损失。

三、保险合同的内容

保险合同的内容,即保险条款,是指反映保险合同内容的文字条文。它规定了保险双方当事人的权利和义务及其他有关事项,是当事人双方履行合同义务、承担法律责任的依据。保险条款分为基本条款、附加条款和保证条款等。

(一) 基本条款

保险合同的基本条款包括以下项目。

1. 保险责任和责任免除

保险责任是指保险合同约定的保险事故发生后,保险人所应承担的保险金赔偿或给付责任。其法律意义在于:确定保险人承担风险责任的范围。责任免除也称除外责任,是指保险人依照法律规定或合同约定,不承担保险责任的范围。其法律意义在于:进一步明确保险责任的范围,避免保险人过度承担责任,以维护公平和最大诚信原则。

2. 保险价值

保险价值是指保险标的在某一特定时期内以金钱估计的价值总额,是确定的保险金额和确定的实际价值,即投保人对保险标的的所享有的保险利益的货币价值。保险价值的确定主要有三种方法:①由当事人双方在保险合同中约定;②按事故发生后保险标的的市场价格确定,保险人的赔偿金额不超过保险标的的在保险事故发生时的市场价格;③根据法律确定保险价值。例如,《中华人民共和国海商法》关于船舶保险和海上运输保险中保险价值的确定。规定保险价值条款的法律意义是:为确定保险金额提供计算依据和确定保险责任的大小。保险价值只适用于财产保险合同,人身保险合同中不存在保险价值的问题。

3. 保险金额

保险金额是保险人计算保险费的依据和负责赔偿或给付保险金的最高限额,是投保人对保险标的的实际投保的金额。财产保险金额可按照保险财产的实际价值,重置、重建价格或估价等方法来确定。因为人的生命价值难有客观标准,人身保险的保险金额是根据被保险人的实际需要和缴付保险费的能力来确定的。在保险合同中规定保险金额条款的法律意义在于:为计算保险费和确定保险赔偿的最高限额提供依据。

4. 保险期限和保险责任开始时间

保险期限是指保险合同的有效期,是保险人对被保险人承担经济补偿或给付责任的起讫时间。保险期限可以按年、月、日计算,也可以按一个航程期、一个工程期或一个生长期计算。保险责任开始时间即保险人开始承担保险责任的时间。一般保险责任开始时间从订立保险合同之日的次日零时起算,但是有一些险种规定了免责观察期,在免责期内若发生约定事故,保险人不负赔偿或给付责任。例如,健康保险一般规定有 6 个月的免责期,保险责任在 6 个月以后才开始。在我国的保险实务中,一般以约定起保日的零点为保险责任开始时间,以合同期满日的 24 点为保险责任终止时间。将保险期限和保险责任开始时间作为保险合同基本条款的法律意义在于:声明保险合同的有效期和当事人在合同中享有权利和承担义务的起止时间,以便保险双方当事人履行权利和义务。

5. 保险费及其支付方式

保险费是指投保人或被保险人为取得保险保障,按合同约定向保险人支付的费用。保险费是保险基金的来源。缴纳保险费是投保人应履行的基本义务,其多少取决于保险金额的大小、保险期限的长短和保险费率的高低等。保险费的支付方式,有一次性缴清、分期缴清、限期缴清等多种方式,由当事人双方在保险合同中约定。规定保险费及其支付方式的法律意义在于:明确投保人所承担的基本义务和履行义务的方式、期限,并且投保人支付保险费通常被约定为保险合同生效的条件。

6. 其他项目

在保险合同中,除了要规定以上项目外,还要规定一些其他项目。如保险当事人双方的名称和住所、保险标的状况、保险金的赔偿或给付办法、违约责任和争议处理方式,等等。

(二) 附加条款

附加条款是指保险人为满足投保人或被保险人的特殊需要,在保险合同基本条款的基础上,增加一些补充内容,以扩大承保的责任范围的条款。附加条款是对基本条款的修改或变更,其效力优于基本条款。

(三) 保证条款

保证条款是指投保人或被保险人就特定事项担保的条款,即保证某种行为或事实的真实性的条款。例如,人身保险合同的投保人保证其申报的被保险人年龄真实。保证条款一般由法律规定或同业协会制订,是投保人或被保险人必须遵守的条款,如有违反,保险人有权解除合同或拒绝赔偿。

我国《保险法》第十八条规定,保险合同应当包括下列事项:①保险人的名称和住所;②投保人、被保险人的姓名或者名称、住所,以及人身保险的受益人的姓名或者名称、住所;③保险标的;④保险责任和责任免除;⑤保险期间和保险责任开始时间;⑥保险金额;⑦保险费以及支付办法;⑧保险金赔偿或者给付办法;⑨违约责任和争议处理;⑩订立合同的年、月、日。投保人和保险人可以约定与保险有关的其他事项。

第三节　保险合同的订立、变更与终止

一、保险合同的订立与效力

(一) 保险合同的订立及成立

合同订立的过程,就是双方当事人之间就合同内容通过协商达成协议的过程,任何合同的订立,都必须经过要约和承诺两个阶段。保险合同的订立,是保险人和投保人意思表示一致的法律行为。根据《保险法》的规定,投保人提出保险要求,经保险人同意承保,并就合同的条款达成协议,保险合同成立。因此,保险合同的成立,经过投保人提出保险要求和保险人同意承保两个阶段。这就是保险合同的要约和承诺两个程序。

1. 要约

要约是一方当事人以缔结合同为目的,向对方当事人提出合同条件,希望对方当事人接受的意思表示。发出要约的人称为要约人,接收要约的人称为受约人。一个有效的要约应具备以下要件。

(1) 要约必须向相对人提出。

(2) 要约应明确合同的主要内容。

(3) 要约应明确表示缔约愿望。

(4) 要约在有效期内对要约人具有约束力。

要约具有一定的法律意义,要约生效后,要约人不得撤回或变更其要约。因为在要约有效期内,受约人可能因接到要约而拒绝他人的要约,或已为履行合同做了某些准备,如果要约人随意撤回或变更其要约,受约人可能为此而蒙受损失。要约生效后,受约人即获得承诺的权利,但受约人没有必须承诺的义务。要约发生后,遇到下列情况要约人不再受要约的约束:①要约被受约人拒绝;②承诺期限已过;③要约在其发生效力之前由要约人撤回。

保险合同的要约又称为要保,在订立保险合同的过程中,一般由投保人向保险人提出投保的要求。虽然在保险业务中,保险公司及其代理人进行展业时是主动开展业务,希望潜在客户订立保险合同,但这并不构成法律上的要约,保险合同在投保人填写投保单时并不成立,因此,保险人及其代理人的展业只能被认为是要约邀请。而投保人填写投保单,提出投保申请,构成要约,只要保险人同意承保,保险合同就成立。同时,保险合同的要约内容比一般合同要约更为具体和明确。保险合同具有的不确定性和保障性,决定了其内容关系到当事人的重大经济利益,因而投保人与保险人都需要明确合同的细节内容。

投保人在投保时,第一,应考虑自己需要何种保障,可能面临的风险有哪些,进而通过咨询等方式,明确所要投保的险种;第二,选择经营稳健、有良好信誉的保险人,询问其是否可提供所需的险种,并尽量索取有关条款或资料进行认真研究;第三,提出投保要求,并按照保险人的要求如实告知保险标的的主要危险情况及所需的风险保障,同时可要求保险人提供有关保险条款,并对其主要内容进行详细而明确的说明。

保险合同要约一般为投保单或者其他书面形式。在保险实务中,多由保险公司印就标准格式的投保单,提供给投保人,由投保人填写。投保人有特殊要求的,也可与保险公司协商,约定特约条款。但有些国家也承认口头形式的投保。

2. 承诺

承诺是指受约人作出的同意要约的全部内容以成立合同的意思表示。承诺要约的人可称为承诺人,承诺人一定是受约人,但受约人不一定是承诺人。承诺一般要具备以下条件。

(1) 承诺必须由受约人本人或有订立合同代理权的人向要约人作出。

(2) 承诺的内容应当与要约的内容完全一致。

(3) 承诺必须在要约规定的期限内作出。

（4）承诺必须以要约要求的形式予以答复。

承诺的法律效力表现为要约人收到受约人的承诺时合同即告成立。承诺和要约一样，准许在送到对方之前或同时撤回，但迟到的撤回承诺的通知不发生撤回承诺的效力。

保险合同一般由保险人予以承诺，在投保人提出投保要约后，保险人在审查保险标的是否符合投保要求及其主要危险情况的基础上，认为符合承保要求的，一般予以接受，作出承保承诺，保险合同成立。但保险合同在签订过程中，双方当事人往往有一个协商的过程。如果投保人对保险人提出要约，保险人对投保人的要约提出修改或需附带一些条件，这时保险人的行为就被认为是提出新的要约，原要约人和受约人的法律地位互换，投保人为新的受约人，保险人成为新的要约人，投保人无条件接受新要约后，投保人即为承诺人，保险合同随之成立。以上可看出，保险合同的订立过程也可能是一个反复要约，直至承诺的过程。保险合同成立后，保险人应及时签发保险单或其他保险凭证。

（二）保险合同的效力

1. 保险合同的生效

保险合同的成立与生效是两个不同的法律概念。保险合同的成立是指保险人作出承诺时成立。而保险合同的生效是指保险合同对当事人双方发生约束力，即合同条款产生法律效力。一般来说，合同成立时即生效，但是保险合同多为附条件生效的合同，通常都以签发保险单、缴纳保险费为合同生效的要件。所以，保险合同一般是在合同成立后的一段时间才生效。

2. 保险合同的有效

保险合同的有效是指保险合同是由当事人双方依法订立，对双方具有约束力，并受法律保护。在我国，只要保险合同具备我国法律所规定的保险合同有效要件，即当事人有相应的权利能力与行为能力，双方意思表示真实，合同内容不违反法律或者社会公共利益，就可以认定其有效。

显然，保险合同有效与保险合同生效是两个不同的法律概念。保险合同有效是保险合同生效的前提条件。在保险合同有效的前提下，只要所附条件成立，保险合同就生效；在保险合同无效的情况下，即使所附条件成立，保险合同也不生效。

3. 保险合同的无效

无效保险合同是指不发生法律效力，法律不予保护的保险合同。

按照无效的程度，保险合同的无效可分为全部无效和部分无效两种。全部无效是指有违反国家禁止性规定而被确认无效后，不得继续履行的保险合同，如违反国家利益和社会公共利益的保险合同、保险标的不合法的保险合同等。部分无效是指保险某些条款的内容无效，但合同的其他部分仍然有效，如善意的超额保险其超额部分无效，但非超额部分仍然有效。

按照无效的性质，保险合同的无效可分为绝对无效和相对无效两种情况。绝对无效是指保险合同自订立时起就不发生法律效力，如行为人不合格、采取欺诈胁迫等手段订立的合同，违反法律或行政法规的合同等。相对无效是指因重大误解和显失公平等引起的无效。

一般来说,保险合同的无效是由于下述几种情况的出现:保险合同的当事人不具有行为能力;保险合同的内容不合法;保险合同的当事人意思表示不真实;保险合同违反国家利益和社会公共利益;未成年人父母以外的投保人为无民事行为能力人订立的以死亡为保险金给付条件的保险合同;以死亡为给付保险金条件的保险合同,未经被保险人以法律认可的方式同意并认可保险金额者。

(三) 保险合同订立的形式

保险合同成立后,保险人需及时签发保险单以证明合同关系的存在,记载双方权利义务内容。在实务中,书面保险合同的签发通常被约定为合同生效的依据。但在实践中,保险合同并不仅仅体现为保险单,一般而言,保险合同的书面形式主要有投保单、保险单、保险凭证、暂保单和批单等多种形式。

1. 投保单

投保单也称"要保书",是投保人向保险人提出保险要约的书面形式。在投保单中列明订立保险合同所需要的项目,例如,被保险人姓名、地址、保险标的和坐落地点、投保险别、保险金额、保险期限、保险费率等,供保险人据以考虑是否接受承保;如果接受承保,凭投保单确定保险险别、保险条件和保险费结算办法,投保单一经保险人签章承保后,保险合同即告成立。投保单由保险人保存,作为保险合同的证明,保险人应向投保人出具保险单或保险凭证。

2. 保险单

保险单简称"保单",俗称"大保单",是保险合同的证明,由保险人签发后,交给被保险人收执的一种书面凭证。保险单将保险合同的全部内容详尽列明,包括当事人的权利、义务,以及保险人承担的风险责任等。保险单也是保险人向被保险人赔偿或给付的依据。被保险人在保险事故发生后遭受保险标的损失时,可以凭保险单向保险人索赔。在保险合同有效期内,保险双方必须全面履行保险单规定的各项内容。

3. 保险凭证

保险凭证简称"保险证",俗称"小保单",指保险人签发给被保险人的承保凭证,是保险单的一种简化形式,与保险单具有同等的法律效力。保险凭证中只记载投保人和保险人约定的主要保险内容,如保险金额、保险有效期、保险费等。凡是保险凭证中没有列明的事项,均以同类保险单上所载内容为准。我国目前在货物运输保险中使用保险凭证较多。

4. 暂保单

暂保单是在保险单或保险凭证未出立之前出具的临时单证。暂保单上一般只列有保险的基本条件,包括被保险人、保险标的、保险金额、保险险种及费率等重要事项以及双方的特别约定,经保险人或保险代理人签章后,交付投保人。暂保单在保险人出立保险单以前,具有与保险单同等的效力,但其有效期限较短,通常以 30 天为期限,并在正式保险单签发时自动失效。正式保险单签发前,保险人可以终止暂保单,但须提前通知投保人。暂保单在如下情形时签发:①签订保险合同的分支机构受经营权限或经营程序的限制,需要经过保险公司批准,在未批准之前,以暂保单为保险证明;②保险人与投保人在洽谈或续订合同时,就合同的主要事项已达成协议,但还有一些条件尚待商洽的,以暂保单为保险临时证明;③保险代理人承揽到业务后,暂时还没有办妥全部手续时,以暂保单为保险证明;④为出口结汇需要,在正式保单或保险凭证尚未出立前,以暂保单为保险证明进行结汇。

5. 批单

批单是保险合同双方对保险合同进行修改、补充或增删内容的证明文件,是由保险人出立的一种凭证。保险合同订立后,在合同有效期内,双方当事人都有权通过协议更改保险合同的内容。如被保险人需要更改险别、户名、地址、运输工具的名称、保险期限、保险金额等,均需经保险人同意后出立批单。批单是在原保险单或保险凭证上批注,也可以另外出立一张批单变更保险合同的内容。批单一经签发,自动成为保险合同的组成部分。批单的法律效力优于保险单,当批单内容与保险单不一致时,保险人应以批单所规定的内容为准,如多次批改,应以最后批改为准。

二、保险合同的变更

保险合同的变更,是指保险合同在有效期内,当事人依法对合同条款所作的修改或补充。合同的变更,有狭义和广义之分,前者是指当事人双方权利、义务的变更;后者不仅包括权利、义务的变更,而且包括主体和客体的变更。《保险法》第二十条关于保险合同的变更,指的是广义上的保险合同变更,即包括主体、客体和权利义务的变更。

(一) 保险合同的主体变更

保险合同的主体变更即保险人、投保人、被保险人或受益人的变更。一般情况下,在保险合同中保险人一方是不允许变更的。保险人变更主要是指因保险企业破产、解散、合并、分立等原因导致保险人所承担的全部保险合同责任转移给其他保险人或政府有关基金承担而产生的变更。例如,1995 年,中国人民保险公司根据《保险法》规定,将产险、寿险分设子公司,这一行为即属于保险人变更的一种情况。而在保险活动中,投保人、被保险人或受益人的变更则更为常见。

在财产保险合同中投保人、被保险人的变更分为以下两种情形。

(1) 保险合同投保人、被保险人在特殊险种中可随保险标的的转让而自动变更,无须征得保险人的同意,保险合同继续有效。如货物运输保险合同。

(2) 保险合同投保人、被保险人在一般险种中必须得到保险人的同意才可以变更,保险合同才继续有效,否则,保险合同终止,保险人不再承担保险责任。在此类险种中,投保人与被保险人通常是一个人,其变更通常取决于与保险标的的关系的转变,对于判断保险标的所面临的风险来说,被保险人的道德品质、责任心、工作性质、工作技能等都是非常重要的。一般情况下,保险标的的所有权、经营权、收益权等的转让导致被保险人没有财产受该保险合同的保障,合同属于自然终止,但如果受让财产的人想继续保险合同的效力,受该保险合同保障,那么必须在转让前与保险公司协商,使保险公司同意财产受让人为新的被保险人,并在转让后办理变更手续,保险合同才得以继续有效。需要指出的是,这里不是指非经保险人同意保险标的不得转让,而仅指保险合同会因此而终止。

在人身保险合同中投保人、受益人的变更也有两种情况。

（1）投保人的变更。只要新的投保人具有法律规定的保险利益,无须经保险人同意,但应通知保险人。如果是以死亡为保险金给付条件的保险合同,须经被保险人本人书面同意。

（2）受益人的变更。只要投保人、被保险人指定变更,无须经保险人同意,但须告知保险人,并办理变更手续。另外,投保人变更受益人的,须经被保险人同意。

在人身保险中,被保险人变更属于保险标的的变更,是保险合同内容变更的一部分,一般导致保险合同终止,用新的保险合同加以代替,尤其是在个人人寿保险中,被保险人不允许变更,因为人与人之间健康状况、年龄状况、职业状况等均不相同,所应缴纳的保险费也不相。因而,人身保险的被保险人变更通常出现在团体保险中,由于职工的流动而导致具体被保险人的变更。

（二）保险合同的客体变更

保险合同的客体变更就是标的所具有的保险利益的变更。在财产保险中,标的物价值的增减、升值、贬值,导致保额变更,须保险合同当事人双方协商确定;此外,被保险人对保险标的所有权、债权或其他权利的变化,引起保险利益的变化,也应如实告知保险人。

人身保险中,投保人投保了与之有合法经济利害关系的他人的寿险时,这种合法经济利害关系的变化,将引起保险利益的变化,因而也须告知保险人。

（三）保险合同的内容变更

保险合同的内容变更,是指保险合同主体的权利和义务的变更,表现为保险合同条款事项发生变化。例如,财产保险合同中保险标的的价值、数量、存放地点、危险程度、保险期限等发生变化;人身保险合同中被保险人职业、保险金额、缴费方法等发生变化。保险合同内容的变更一般由投保人提出。投保人变更保险合同的情形有以下两种。

1. 投保人根据自身需要提出变更保险合同的内容

例如,增加或减少保险金额,延长或缩短保险期限,等等。在这种情况下,保险合同内容的变更主要取决于投保人或被保险人的主观意志。

2. 投保人根据客观情况提出变更保险合同的内容

在保险合同的履行过程中,由于某些客观情况的变化,如保险标的的危险情况发生变化,投保人必须根据法律规定及时通知保险人。在这种情况下,变更保险合同的内容,不是取决于投保人的主观意志,而是取决于法律的规定。

保险合同的变更必须符合法定程序和形式。关于变更保险合同的法定程序,经投保人和保险人协商同意,由保险人在原保险单或者其他保险凭证上批注或者附贴批单。关于变更保险合同的法定形式,《保险法》第二十条规定,须采取书面形式。保险合同变更的书面形式有:①保险人在保险单或者其他保险凭证上批注;②保险人在原保险单或者其他保险凭证上附贴批单;③投保人与保险人订立变更保险合同的书面协议。其中批单是变更保险合同最常见的书面形式,须载明变更的条款内容,由保险人签章后附贴于原始保险单证上。

三、保险合同的终止

保险合同的终止是指合同双方当事人之间确定的权利义务关系的消灭。保险合同订立后,可以由于下列原因而终止。

(一) 保险合同的解除

保险合同解除是指在保险合同有效期限尚未届满前,当事人双方依照法律或合同约定解除原有的法律关系的行为。保险合同解除的形式有两种:法定解除和协议解除。

1. 法定解除

法定解除是法律赋予合同当事人的一种单方解除权。大部分国家的保险法都规定,在一般情况下,保险合同成立后,投保人可以提出解除保险合同。我国《保险法》也同样规定,除《保险法》有规定或保险合同另有约定外,投保人有权随时解除保险合同。投保人无论在投保前还是在保险合同成立后,均有自由选择的权利,既有投保的自由,也有退保的自由。投保人提出解除保险合同主要是因为主客观情况发生变化,投保人感到保险合同的履行已无必要。但是,投保人解除保险合同的权利也受到特殊限制,《保险法》第五十条规定:"货物运输保险合同和运输工具航程保险合同,保险责任开始后,合同当事人不得解除合同。"作此规定的主要原因是这两种保险合同的标的流动性很大,航程或运程中所遇风险经常发生变化,保险人所承受的风险更是难以估计,因此,此类险种保险责任开始后保险合同双方当事人都不得解除保险合同。如果允许双方当事人随意解除,双方的利益都得不到根本的保障。

保险人在保险合同中一般不享有解除权,其有权解除保险合同的情况主要是在投保人违反合同基本义务时才能享有:如投保人故意或者因重大过失未履行规定的如实告知义务,足以影响保险人决定是否同意承保或者提高保险费率的,保险人有权解除合同。但自保险人知道有解除事由之日起,超过 30 日不行使而消灭。自合同成立之日起超过两年的,保险人不得解除合同。又如投保人、被保险人未履行维护保险标的的义务;投保人、被保险人未履行风险增加通知、防灾减损的义务等;在人身保险合同中,投保人申报的被保险人年龄不真实,并且其真实年龄不符合合同约定的年龄限制的,保险人可以解除合同,并按照合同约定退还保险单的现金价值;人身保险合同中投保人逾期不缴纳分期保费并超过中止复效期限的,以及保险欺诈行为发生时等。

2. 协议解除

协议解除是指当事人双方经协商同意解除保险合同的一种法律行为。保险合同当事人在不违反法律强制规定或公序良俗的前提下,可以在合同中任意约定,基于一定的事由的发生,一方或双方可以解除保险合同,同时还可以约定其解除权的行使期间。例如,我国船舶战争险条款规定,保险人有权在任何时候向被保险人提出注销战争险责任的通知,在发出通知后 7 天期满时生效。协议解除保险合同,都规定了对解除条件的限制,对保险人提出解除保险合同的限制更加严格。明确规定了保险人要解除保险合同须先发解除通知,经过一段时间后合同才终止。这主要是为被保险人对解除保险合同后的安排有所准备。

（二）保险合同因期限届满而终止

这是保险合同终止的最常见、最普遍的因素。保险合同一般都订明保险期限，如保险期限届满后，保险人的责任即告消失，合同因此而终止。如果被保险人另办续保手续，则属于新合同的开始。

（三）保险合同因保险标的的非保险事故原因灭失而终止

如果由于非保险事故发生而导致保险标的灭失，保险标的已实际不存在，保险合同也终止。例如，在人身保险合同中，被保险人因遭受责任免除的情况而死亡，人身保险合同无法继续履行的情形。在财产保险合同中，财产由于非承保事故完全灭失，保险合同也同样终止。

（四）保险合同因完全履行而终止

在保险合同有效期内，一旦保险事故发生，保险人在履行赔偿财产损失或给付人身伤亡保险金后，达到保险金额全数时，保险合同终止。例如，在人寿保险合同中，保险人按合同规定的条件给付保险金额全数或给付期届满时，保险合同终止；在财产保险合同中，保险标的一次或数次遭受保险事故，可以得到数次赔款，保险赔偿额达到保险金额全数后，保险合同终止。但船舶保险是个例外，若船舶连续数次部分损失，每次损失都在保险金额限度内赔付，经数次赔付后，即使赔款总额已达到或超过保险金额，保险人仍需负责到保险合同自然终止，这是国际通行惯例，目的是保证遭受保险事故的船舶修复后继续航行。

第四节　保险合同的解释原则和争议处理

一、保险合同的解释原则

所谓保险合同的解释即指对保险合同条款的说明。在保险实务中由于各种复杂的原因，常会导致保险当事人对合同条款内容有各不相同的解释，以致造成保险合同履行的困难。因此，确定保险合同的解释原则具有重要的意义。在我国，当保险合同双方就合同内容发生争议时，应从最大诚实信用和公平原则出发，综合考虑该合同的性质、特点、目的、内容等诸多因素，努力探求当事人的真实意思，明辨是非，分清责任。保险合同的解释一般要遵循以下原则。

（一）文义解释的原则

文义解释是解释保险合同条款最主要的方式，它是指按照保险合同条款所使用文句的通常含义和保险法律、法规及保险习惯，并结合合同的整体内容对保险合同条款所作的解释，即从文义上对保险合同进行解释。我国保险合同的文义解释主要有两种情形。

（1）保险合同一般文句的解释。对保险合同条款适用的一般文句尽可能按文句公认的表面含义和其语法意义去解释。双方有争议的，按权威性工具书或专家的解释为准。

（2）保险专业术语和其他专业术语的解释。对保险专业术语或其他专业术语，有立法解释的，以立法解释为准；没有立法解释的，以司法解释、行政解释为准；无上述解释的，亦可按行业习惯或保险业公认的含义解释。

（二）意图解释的原则

保险合同是根据双方当事人自由意志的结合而订立的。因此,在解释过程中,必须尊重双方在订约时的真正意图。当事人在订约时的真正意图,应当根据保险合同的文字、订约时的背景和实际情况,进行逻辑分析、演绎而推定,而不能由当事人在发生争执时任意改动。意图解释是在无法用文义解释方式时的辅助性解释方法,即只能在遇有文义不清、用词混乱模糊的情况下,才可以采用。如果保险合同条款文字和表达的含义清楚,必须进行文义解释,而不能以运用意图解释方式为由对保险合同条款进行推测。

（三）有利于合同非起草人的解释原则

《保险法》第三十条规定:"采用保险人提供的格式条款订立的保险合同,保险人与投保人、被保险人或者受益人对合同条款有争议的,应当按照通常理解予以解释。对合同条款有两种以上解释的,人民法院或者仲裁机构应当作出有利于被保险人和受益人的解释。"这也是各国保险立法的惯例,其原因是,保险合同是附合合同,订立保险合同时,被保险人只能就保险人所制订的合同条款进行选择,不能提出修改意见,因而,被保险人对保险条款的选择处于相对弱的地位,而保险人则具有优势。因此,为了保证被保险人的利益,保险合同的解释,应当作有利于非起草人即被保险人和受益人的解释。

这里需要特别指出的是,我国商业保险的基本条款和保险费率,依法由保险监督管理部门审批或备案,且保险人在拟订保险条款时也必须贯彻国家关于保险事业的方针政策,充分发挥保险的经济补偿和社会稳定作用,因而不可能完全为自身利益而拟订保险条款。所以,人民法院或者仲裁机关在使用保险合同解释要有利于被保险人和受益人原则时须特别慎重,只有在保险合同条款含义不清,且不能适用上述原则解释的情形下才能使用这一原则。

二、保险合同的争议处理

保险合同争议是指在保险合同成立后,合同主体就保险合同内容及履行时的执行约定具体做法等方面产生不一致甚至相反的理解而导致意见分歧或纠纷。由于保险合同比较特殊,主体之间的争议不仅产生于投保人与保险人之间,有时还会产生于投保人与被保险人、被保险人与受益人以及上述主体与第三人之间。因此,如何采用适当的方式,公平合理地处理这些争议,对于投保人和保险人来说,直接影响到双方的权益,是一个十分重要的问题。按照惯例,对于保险业务中发生的争议,可采取和解、调解、仲裁、诉讼等方式予以解决。

（一）和解

和解是指保险当事人双方在互谅互让的基础上,本着合法和平等互利的原则,进一步磋商,对于合同不能履行的情况,实事求是地探讨可行的解决办法,在共同都能接受的条件下达成和解协议,消除纠纷。这种解决合同争议的方式,是节约费用和快捷、有效的解决争议的好办法,而且还能增进彼此的了解,气氛比较友好,有利于合同的继续执行。

（二）调解

调解是指在第三者主持下,根据自愿合法的原则,在双方当事人明辨是非,分清责任的基础上,互谅互让,达成协议,以解决纠纷的方式。根据调解时第三者身份的不同,保险合同的调解分为民间调解、仲裁调解和司法调解。

民间调解是由第三者充当调解人,这种第三者通常是双方当事人所信任并具有丰富实践经验,熟悉保险业务和法律知识的人。从法律效果来看,民间调解是非诉讼调解,没有强制执行的效力的调解,一方当事人不履行调解协议,另一方当事人只能就该争议提交仲裁机关或人民法院进行解决,不能直接请求人民法院强制执行调解协议。仲裁调解和司法调解则是在仲裁机关和人民法院主持下在仲裁和诉讼过程中的调解。仲裁调解和司法调解则具有强制执行的效力,对于已经生效的仲裁调解协议或司法调解协议,当事人必须严格履行,任何一方不履行调解协议,另一方当事人都可以申请人民法院强制其履行调解协议。当事人不得再就同一争议提交仲裁或提交诉讼。

(三) 仲裁

仲裁是由保险合同双方当事人在争议发生之前或在争议发生之后,达成书面协议,自愿把他们之间的争议交给双方同意的第三者进行裁决。仲裁的特点是有仲裁员参加,而且仲裁员是以裁判的身份而不是以调解员的身份对双方争议的事项作出裁决的。

我国国内的仲裁机构是在直辖市和省、自治区人民政府所在地的市设立的仲裁委员会。仲裁委员会由上述市的人民政府组织有关部门和商会统一组建,并经省、自治区和直辖市的司法行政部门登记。涉外经济贸易、运输和海事中发生的纠纷可由涉外仲裁委员会进行仲裁。涉外仲裁委员会可以由中国国际商会组织设立。我国仲裁实行"一裁终局"的制度,仲裁判决书自作出之日起即发生法律效力。对已发生法律效力的仲裁判决书,当事人应当按照规定的期限自动履行。一方逾期不履行的,另一方可向有管辖权的人民法院申请强制执行。

合同双方如订有仲裁协议,发生争议时应通过仲裁解决,仲裁协议是仲裁机构受理争议案件的依据。仲裁机构只能受理双方当事人根据仲裁协议提交仲裁的案件,而不能受理没有仲裁协议或者不在协议约定范围内的案件。

仲裁的优点在于,提交仲裁是双方自愿的,而不是一方强求另一方的行为;仲裁机构多为有丰富经验的专家组成,在仲裁时可以更多地考虑商业惯例,具有较大的灵活性,仲裁的裁决是终局性的,能保证受损方的利益;能比较及时地解决争议,提高工作效率;能在比较友好的气氛中解决争议,有利于保持双方今后的友好关系。

目前,国内保险合同纠纷很少采用仲裁方式解决,主要是因为保险条款中没有仲裁条款或者在纠纷发生后没有订立仲裁协议。许多保险条款中虽然有"在发生争议时提交仲裁或向人民法院起诉"的字样,但这不是仲裁条款,仅提示争议处理的方式。仲裁条款或仲裁协议要订明仲裁机构和仲裁地点。

(四) 诉讼

保险诉讼主要是指争议双方当事人通过国家审判机关——人民法院解决争端,进行裁决的办法。当保险合同双方的纠纷不能用前三种方式解决时,就会采取诉讼的方法。它是解决争议最激烈的方式。

保险合同的纠纷,应由保险标的物所在地或被告住所地的人民法院管辖。在审理过程中,人民法院应以事实为依据,以法律为准绳,在辨明是非、分清责任的基础上,对当事人之间的争议可以先行调解。调解不成,及时判决。

为确保人民法院判决的执行,当事人可以申请诉讼保全,要求扣押或冻结当事人的财产,以防止出现人民法院做出判决后已无法履行的情况;对当事人没有申请的,人民法院也可依职权做出诉讼保全,以保障当事人的权益。

我国现行诉讼制度实行公开审判和二审终审的制度。对于一审人民法院判决不服,当事人可以在收到判决书15日内,向上一级人民法院提出上诉,由上一级人民法院作二审审理。二审人民法院所做判决为终审判决。地方各级人民法院已超过上诉期限未起诉的一审判决、二审判决和最高的一审判决,是发生效力的判决,当事人必须执行。一方当事人不履行的,对方当事人可以申请人民法院予以强制执行。

本 章 小 结

(1) 任何法律关系都包括主体、客体和内容三个不可缺少的组成部分,保险合同的法律关系也是由这三大要素所组成的。保险合同的主体为保险合同的当事人、关系人和中介人,保险合同的客体为保险利益,保险合同的内容为保险双方当事人之间的权利义务关系。

(2) 保险合同的订立、变更与终止必须符合法定的程序和形式。

(3) 保险合同的解释一般要遵循文义解释的原则、意图解释的原则和有利于合同非起草人的原则。对于在保险业务中发生的争议,保险双方可采取和解、调解、仲裁、诉讼等方式予以解决。

关键概念索引

主体 客体 内容 当事人 关系人 中介人 保险利益 保险人 被保险人 受益人 代理人 经纪人 保险合同 订立 变更 终止 文义解释 意图解释 和解 调解 仲裁 诉讼

复习思考题

1. 试解释下列名词:保险合同,受益人,保险公估人,保险价值,要约和承诺,批单,合同解除,合同无效,文义解释的原则,仲裁和调解。

2. 保险合同有哪些特点?

3. 保险合同的当事人包括哪些人? 财产保险合同与人身保险合同的被保险人在合同中的地位可能有什么不同?

4. 什么是保险合同的客体?

5. 为什么财产保险单一般不能随财产所有权转移而自动转让? 为什么货物运输保险单是例外情况?

6. 有哪些原因导致保险合同终止?

7. 保险双方当事人应如何处理争议?

第四章　财　产　保　险

 **本章要点**

- 财产保险的概念、种类与特征
- 家庭财产保险
- 运输保险
- 责任保险
- 信用保证保险

财产保险通过各财产保险公司的社会化经营,客观上满足着人类社会除自然人的身体与生命之外的一切风险保障需求。它是当代社会向前发展必不可少的经济补偿制度,与人身保险并列为现代保险业的两大部类。人类社会越是向前发展,财产保险也越是成为人们控制或减轻各种灾害事故风险的重要手段。尤其是进入工业时代并发展到现在,财产保险业务主要发生了下列显著变化:一是保险公司大量出现,以股份公司形式组织的财产保险公司日益增加,表明了财产保险业务的经营主体走向现代化;二是承保范围急剧扩大,承保标的从只保海上运输中的船货和陆上建筑物扩大到一切有形财产以及无形的物质利益、责任,承保风险则从传统的海上风险和火灾风险扩大到一切自然灾害、意外事故及社会风险、工业风险等;三是保险经营技术和经营手段走向科学化,如大数法则和计算机技术得到广泛应用,尤其是进入 20 世纪中叶以后,各种法律、信用、高科技风险保险业务的开办,使现代财产保险进入了一个崭新的时代,传统的财产保险和新兴的责任保险、信用保险、高风险保险等均得到了全面的发展。

第一节　财产保险概述

一、财产保险的概念

财产保险,是指以各种财产物资和有关利益为保险标的,以补偿投保人或被保险人的经济损失为基本目的的一种社会化的经济补偿制度。作为现代保险业的两大部类之一,财产保险通过各保险公司的社会化经营,客观上满足着人类社会除自然人的身体与生命之外的各种风险保障需求,是当代社会不可缺少的一种风险管理机制和经济补偿制度。

根据经营业务的范围,财产保险可以分为广义财产保险与狭义财产保险。其中,广义财产保险是包括各种财产损失保险、责任保险、信用保证保险等业务在内的一切非人身保险业务。狭义财产保险则仅指各种财产损失保险,它强调保险标的是各种具体的财产物资。因此,狭义财产保险是广义财产保险的一个重要组成部分。

根据承保标的的虚实,财产保险又可以分为有形财产保险和无形财产保险。其中,有形财产保险是指以各种具备实体的财产物资为保险标的的财产保险,它在内容上与狭义财产保险基本一致。无形财产保险则是指以各种没有实体但与投保人或被保险人有利害关系的合法利益为保险标的的保险,如责任保险、信用保险、利益损失保险业务等。有形财产保险和无形财产保险共同构成了广义财产保险。

需要指出的是,由于一些国家对保险业的部类划分依据不一,亦造成了财产保险概念在内涵和外延上的不统一。例如,有的国家称为产物保险,有的称为损害保险,有的则称为非寿险。其中,产物保险强调以各种财产保险物资为保险标的,经营业务的范围较窄。损害保险则从产物保险扩展到有关的法律风险与信用保险业务,而非寿险则还将各种短期性的人身保险业务包括在内。根据各种保险业务的性质和经营规则,将整个保险业务分为非寿险和寿险是一种国际惯例。我国将保险业分为财产保险与人身保险,显然与国际通行的划分存在着一定的差异。不过,上述各种概念之间的差异,主要表现在业务经营范围的大小方面,而不会对认识财产保险性质及经营规则产生影响。

二、财产保险的业务种类

财产保险的分类方法很多,可按保险价值和保险金额的确定方法划分为定值保险和不定值保险,以及原值保险、实际价值保险、重置价值保险等;按保险金额与保险价值的数量关系可分为足额保险、不足额保险、超额保险等。在此主要介绍的是我国财产保险按财产保险标的的分类。

(一)财产损失保险

财产损失保险即以被保险人的有形物质财产及其相关利益的损失风险为保障内容的各种保险业务的统称,是财产保险业传统的,也是最主要的业务来源,通常将财产损失保险按承保对象的性质不同划分为以下几类。

1. 火灾保险

火灾保险,简称"火险",是指以存放在固定场所并处于相对静止状态的财产物资为保险标的,由保险人承担被保险财产遭受保险事故损失的经济赔偿责任的财产损失保险。因早期此类保单中基本承保风险为火灾、雷电、爆炸而得名"火险"。

2. 运输保险

运输保险是指以流动状态下的财产为保险标的的一种保险,通常包括运输货物保险和运输工具保险两类。

3．工程保险

工程保险是指以增值中的各种在建工程项目为主要承保对象的一种财产保险,基本可分为建筑工程险、安装工程险、科技工程险。

4．农业保险

农业保险是以生长中的农业财产为承保标的,以农业生产经营者为保险对象,承保其在种植业、养殖业生产经营中发生合同约定事故造成的损失承担赔偿责任的保险,一般划分为种植业保险和养殖业保险两类。种植业保险是各种农作物保险及林木保险的总称,养殖业保险是畜禽保险、水产养殖保险等险种的总称。农业保险的经营管理有自身的特色。由于农业保险的经济意义重要性、风险广泛性及经营高难度性的特点,在国外,农业保险基本上都有专门的农业保险立法保护。在经营形式上,可采取合作保险形式,或由政府对农业保险经营者实行减、免税政策,或采取政府分保,承担部分费用支出、超赔补偿、保费补贴等方式,并对部分险种实施强制保险,以体现政府对农业保险的扶持,促进农业保险的健康发展。在我国,《保险法》已将农业保险排除在适用范围之外,对于我国农业保险的发展方向,正需要单独的立法规范及市场管理制度。

（二）责任保险

责任保险是以被保险人的民事损害赔偿责任为保障对象的财产保险,是财产保险中发展较晚的险种。在西方发达国家,责任保险发展迅速,成为与传统财产保险相独立的一类重要业务。除了依附于运输工具保险的第三者责任险外,专门的责任保险品种主要有以下四种。

（1）公众责任保险:承保被保险人在固定场所进行生产、营业或其他各项活动中由于意外事件造成第三者人身伤害或财产损失,依法应承担的赔偿责任。

（2）产品责任保险:承保制造商或销售商因生产或销售有缺陷的商品致使消费者或用户遭受损害依法应承担的赔偿责任。

（3）雇主责任保险:承保雇主根据法律或雇佣合同对雇佣人员人身伤亡等应承担的经济赔偿责任。

（4）职业责任保险:承保各种专业人员因工作上的疏忽或过失造成他人损害的经济赔偿责任。

（三）信用保证保险

信用保证保险承保的主要是保险客户的各种商业信用风险,可分为信用保险和保证保险。

1．信用保险

信用保险是以在商品赊销和信用放款中的债务人的信用作为保险标的,在债务人未能如约履行债务清偿而使债权人遭受的损失,由保险人向被保险人(即债权人)提供经济赔偿的一种保险。信用保险的主要种类可分为国内信用保险和出口信用保险。国内信用保险包括贷款信用保险、赊销信用保险、预付款信用保险和个人贷款信用保险等。承保这些保险应对债务人的资信情况和偿债能力做细致的调查。出口信用保险主要承保出口商以商业信用付款方式签订的合同,因买方不付货款给卖方所造成的损失。承保的风险主要包括商业信用风险、政治风险、外汇风险等。出口信用保险不以营利为目的,目的在于鼓励本国出口,提高本国出口产品在国际市场上的竞争能力。出口信用保险一般由政府直接办理,或由政府投资成立经营实体或委托保险公司代理,由政府给予财政支持或免税优待。

2. 保证保险

保证保险是保险人为被保险人向权利人提供信用担保的一种保险,当被保险人违约不履行义务致使权利人遭受经济损失时,由保险人承担经济赔偿责任。保证保险的主要种类有忠诚保证保险、履约保证保险、投资保证保险。忠诚保证保险承保权利人因被保证人的不诚实行为,例如雇员的伪造、私用、非法挪用、故意误用等造成雇主的损失时,由保险人负责赔偿。履约保证保险承保因被保证人不按约定履行义务,从而给权利人造成的经济损失。投资保证保险亦称政治风险保险,它保障被保险人(投资人)的投资项目由于投资所在国的政治风险而遭受的资本和收益损失。投资保证保险的保险责任主要是战争行为、叛乱、罢工及暴动,政府有关部门征用或没收,政府有关部门汇兑限制等。

三、财产保险的特征

财产保险的特征主要体现在业务性质的补偿性,承保范围的广泛性,经营内容的复杂性,单个保险关系的不等性等方面。

(一)业务性质具有补偿性

投保人投保各种险别的财产保险,目的在于转嫁自己在有关财产物资和利益上的风险,当风险发生并导致保险利益损失时能够获得保险人的补偿。而保险人经营各种类别财产保险业务,则意味着承担起对保险客户保险利益损失的赔偿责任。尽管在具体的财产保险经营实践中,有许多保险客户因未发生保险事故或保险损失而得不到赔偿,但从理论上讲,保险人的经营是建立在补偿保险客户的保险利益基础之上的。因此,财产保险费率的制定,需要以投保财产或有关利益的损失率为计算依据,财产保险基金的筹集与积累,也需要以能够补偿所有保险客户的保险利益损失为前提。

(二)承保范围具有广泛性

财产保险业务的承保范围,覆盖着除自然人的身体与生命以外一切风险保险业务,它不仅包括各种差异极大的财产物资,而且包容着各种民事法律风险和商业信用风险等。

财产保险业务承保范围的广泛性,决定了财产保险的具体对象必然存在着较大的差异性。保险人在经营财产保险业务时,应当从稳健经营的原则出发,除非实力特别雄厚,否则不宜追求业务经营范围的"大而全",而是应当对所经营的财产保险业务范围主动地加以限制。

(三)经营内容具有复杂性

(1)投保对象复杂。财产保险的投保对象既有法人团体投保,又有居民家庭和个人投保;既可能只涉及单个保险客户,也可能涉及多个保险客户和任何第三者。

(2)投保标的复杂。财产保险的投保标的,包括从普通的财产物资到高科技产品或大型土木工程,从有实体的各种物资到无实体的法律、信用责任乃至政治、军事风险等。

(3) 承保过程复杂。在财产保险业务经营中,既要强调保前风险检查、保时严格核保,又须重视保险期间的防灾防损和保险事故发生后的理赔查勘等,承保过程程序多、环节多。

(4) 风险管理复杂。对每一笔财产保险业务,保险人客观上均需要进行风险评估、分析选择或风险限制,并需要运用再保险的手段来分散风险。

(5) 经营技术复杂。财产保险要求保险人熟悉与各类型投保标的相关的技术知识。

可见,财产保险的经营内容具有明显的复杂性,这种复杂性决定了财产保险经营的每一个业务领域均极富挑战性,保险人必须同时具备保险知识和与投保对象相关的各种技术知识。

(四) 单个保险关系具有不等性

保险人根据大数法则的损失概率来确定各种财产保险的费率,这就决定了保险人从保险客户那里所筹集的保险基金与所承担的风险责任是相适应的。因此,从整体上看,保险人和被保险人的关系是完全平等和等价的。

然而就单个的保险关系而言,却又明显地存在着交易双方在实际支付的经济价值上的不平等现象。一方面,在保险人承保的各种财产保险业务中,每一笔业务都是按照确定的费率标准计算并收取保险费,其收取的保险费通常是投保人投保标的的实际价值的千分之几或百分之几,而一旦被保险人发生保险损失,保险人往往要付出高于保险费若干倍的保险赔款;另一方面,在无数笔财产保险业务中,又有许多被保险人在保险期限内并未发生保险事故或保险损失,保险人即使收取了保险费,也不存在经济赔偿的问题,交易双方同样是不等的。

正是这种单个保险关系在经济价值支付上的不等性,构成了财产保险总量关系等价性的现实基础和前提条件,同时也促使着保险人在经营财产保险业务时,需要对保险客户投保的标的和风险进行选择和限制,以防止保险客户逆选择。

四、财产保险的作用

从共同海损分摊制度到现代财产保险制度,财产保险的发展壮大本身表明了社会经济发展过程中对风险保障需求的不断增长,也表明财产保险是一种能够对社会经济发展起重要促进作用的制度,从财产保险在现代社会经济生活中发挥的作用来看主要表现在以下几方面。

(一) 补偿财产的损失,维护社会再生产的顺利进行

由于各种自然灾害和意外事故是难以避免的,因此,财产保险在现代社会中是一种必要的经济补偿机制。建立和发展了财产保险制度,保险人可以对遭受灾害的被保险人进行及时的经济补偿,受灾单位或个人能够及时恢复受损的财产,从而保障生产和经营的持续不间断地进行,有利于整个国民经济有计划按比例地协调发展。

(二) 有利于企业经营,完善经济核算

随着企业经营自主权的进一步扩大,由企业自身承担的经济责任和风险也相对增大。企业通过投保财产保险可以把无形的不定的财产可能损失转化为固定的少量的保险费支

出。固定而均衡的保险费支出可以列入产品成本,从而为企业准确核算经营成果、产品成本和反映产品的实际价值提供基础,最终完善了企业的经济核算制度,加强了企业的经营管理。

(三) 有利于安定城乡居民的日常生活,稳定社会秩序

随着经济的持续发展,城乡居民的收入水平不断提高,家庭财富也日益增长。如果没有财产保险,灾害将给个人或家庭带来很大的经济损失。如果参加了财产保险,城乡居民的财产或利益损失就能够从保险人处获得补偿,从而消除了生产、生活方面的风险之忧,避免了灾后要依靠政府救济、单位扶持、亲友帮助、民间借贷的连锁反应,最终维护了社会秩序的稳定和城乡居民生活的正常化。

(四) 有利于提高社会防灾减损意识,减少灾害的发生和财产的损失

财产一旦发生损失,从整个社会来看,终究是社会总产品的减少和灭失。而财产保险制度的建立,首先是形成了一支专门从事各种灾害事故风险管理的专业队伍,其次是保险人从自身利益出发高度重视对被保险人的风险管理工作,并积极参与社会化的防灾防损工作,如加强对保险财产的安全检查、配合消防和防汛部门开展防火防汛工作等。因此,财产保险的发展,客观上使社会防灾防损的力量得到了壮大和强化,最终使灾害事故及其损害后果得以减轻。

五、个人与家庭面临的主要风险分析

个人与家庭面临着许多风险。从风险的载体来分析,每个人每个家庭都面临着三种风险:财产风险、责任风险和人身风险。这些风险会给个人和家庭造成财务困难,或者使将来的经济来源失去保障,而且这些风险都是典型的纯粹风险。

(一) 财产风险

财产风险是指个人和家庭的财产由于自然灾害和意外事故而发生的损失。例如,家庭财产被盗窃的风险、家庭自用汽车碰撞的风险等。因此,只要是家庭所拥有的财产,都存在着财产风险。一般而言,个人和家庭所拥有的财产包括房屋、房屋装修、室内物品及各种机动车辆。这些财产都存在着风险。而这些财产所面临的风险则包括火灾、爆炸、盗窃、雷击、洪水、暴雨、地震等多种灾害。

(二) 责任风险

责任风险是指由于人们在主观上有过错,而给其他人的财产或人身带来损害的,则应该按照法律规定承担赔偿责任的风险。我国法律规定,如果公民由于自己的过错行为而造成了他人的伤亡或财产损失,有过错的一方必须承担法律上的损害赔偿责任。因此,只要是个人和家庭自己拥有财产,在占有或使用过程中因主观上有过错,而使他人财产或人身造成损害,都要承担损害赔偿责任。

(三) 人身风险

人身风险是指人的身体和生命而存在的风险。在人生的旅途中,隐含了众多的风险。人身风险包括死亡、老年、疾病、残疾等各种风险。比如,人们由于发生了意外伤害事故而

残疾或死亡的风险,或者到了老年时缺乏养老金的风险,等等。以下就家庭面临的财产风险及责任风险的相关保险保障措施进行介绍与分析。

第二节 家庭财产保险

一、家庭财产保险的适用范围

家庭财产保险,是为城乡居民家庭开办的以其个人财产为保险对象的财产保险,它属于火灾保险范畴,简称"家财险"。凡属于城乡居民、个体工商户、家庭手工业者家庭成员或个人的自有财产、代他人保管财产或与他人共有的财产,都可以投保家财险。

在家财险实务中,凡是坐落在保险单上所载明的地点,属于被保险人自有或代保管或负有安全管理责任的财产,均可以投保家财险。家财险保单中将家庭财产划分为两种类型:可保财产和不保财产。

(一) 可保财产

家财险规定的可保财产主要有:自有房屋及其附属设备,各种家庭生活资料,农村家庭的农具、工具和已经收获的农副产品,个体劳动者的营业用器具、工具、原材料和商品,代保管财产或与他人共有的财产经特约后可予以承保。

(二) 不保财产

家财险的不保财产包括:金银、珠宝、首饰、有价证券、票证、邮票、古玩、字画、文件、账册、图表等价值难以确定的财产;正处于危险状态的财产,如危房、处于常年警戒水位以下的财产;应当投保其他专项财产保险的财产,如机动车辆、生长期的农作物等。

二、家庭财产保险的保险责任

家财险的责任范围主要有:

(1) 火灾、爆炸。

(2) 雷击、冰雹、雪灾、洪水、海啸、地面突然塌陷、崖崩、龙卷风、泥石流。

(3) 空中运行物体的坠落及外来建筑物和其他固定物体倒塌、砸坏保险财产的损失,但对保险建筑物在未发生灾害事故条件下自行倒塌所致损失不予赔偿。

(4) 暴风、暴雨使房屋主要结构倒塌造成保险财产的损失。

(5) 保险事故发生时,为防止灾害蔓延或因施救、保护所采取必要的措施而造成保险财产的损失和支付的合理费用。

家财险的责任免除主要有:

(1) 战争、类战争行为、军事行为或暴力行为。

(2) 被保险人及其家庭成员的故意行为。

(3) 电器、电机、电气设备因使用过度和超负荷等原因造成的本身损毁。

(4) 堆放于露天的保险财产。

（5）其他不属于保险条款所列保险责任范围的损失。

家财险基本险的责任范围并未将盗窃风险包含在内,但在家财险实务中,盗窃风险是城乡居民家庭或个人财产面临的一项主要风险,所以为满足广大投保人的需要,家财险开办了家庭财产盗窃保险,其保险责任主要是承保凡存放于保单所载明的保险地点室内的保险财产,因遭受外来的、有明显痕迹的盗窃行为所致的损失。对存放于保险地点室内、院内、楼道内的自行车遭到全车失窃或部分被盗的损失,保险人亦负赔偿责任。但凡是被保险人及其家庭成员、服务人员、寄居人员的盗窃或纵容他人盗窃所致保险财产的损失,保险人不负赔偿责任。

三、家庭财产保险的保额

家财险中家庭财产一般都无账可查,而且财产的品种、质量、新旧程度千差万别,所以保额一般由投保人根据财产的实际价值自行估价确定。保额应分项列明,一般可分为房屋及附属设备、室内家庭财产及代保管或与他人共有财产等项目。

四、家庭财产保险的赔款处理

在我国的家财险实务中,普遍采用第一损失赔偿的方式来承保家财险业务。所谓第一损失赔偿方式,是将被保险人的财产价值视为两个部分:投保的一部分为保险金额部分,也是保险人应当负责的第一损失部分;而超过的另一部分则为第二部分,应当由被保险人自己负责。当发生家财险损失时,无论是足额投保与否,凡在保险金额限度内的保险标的损失,均由保险人负责赔偿;凡超过保险金额的损失,均由被保险人自己负责。第一损失赔偿方式完全不同于财产保险业务中的不足额保险比例赔偿方式,这种做法显然有利于被保险人,因为愈是保额低,损失的可能性就愈大,实际上家财险实务中表现出被保险人遭受的多为小额或部分损失,真正导致倾家荡产的灾害事故并不多见。

五、家庭财产保险的主要险种

为满足不同投保人的需要,市场上常见的家财险险种主要有以下四种。

（一）保障型家财险

保障型家财险产品是单纯的具有经济损失补偿性质的险种,期限为1年,保险期满后,需要重新续保。主要保障因火灾、爆炸、自然灾害、意外事故等造成的家庭财产损失,又分普通家财险与组合型家财险。组合型家财险在普通家财险基础上,将附加条款、家庭成员意外伤害和居家责任、家庭雇佣责任等进行任意组合,保障范围更广,也更灵活,便于居民根据需要进行选择。

保障型家财险的保费一般较低,不会占用太多的家庭资金;但只有发生保险损失时才能得到保险公司的赔偿,没有投资收益。

（二）储金型家财险

储金型家财险产品也被称为"两全险",是居民通过向保险公司缴纳保险储金的形式获得保险保障,保险公司将被保险人所交保险储金的利息作为保险费,在保险期满时仍将原来所缴的保险储金全部退还被保险人。

与普通家财险不同的是,投保家庭财产两全保险在被保险人的财产遭受自然灾害或意外事故造成损失时,既能得到及时的经济补偿,而且在保险期满时,不论损失赔偿与否,都能足额领回原来交付的保险储金。但应当注意的是,相对于银行储蓄来讲,两全保险到期给付金额不及银行到期后连本带利拿的多,所以,千万不可把它当作银行储蓄,为拿利息而购买该产品。

 专栏 4-1

我国 4 亿户家庭的财产保护伞 搬家后要及时"上锁"

最近随着意外事故的频发,一个长期缺失的保障进入公众视线——家财险。

一直以来,家财险在中国市场缺位严重。而在西方发达国家,一般家庭无论是自有住房还是租住房,搬家后第一件事便是去保险公司"上把锁"。

事实上,如今一个百来元钱的家财险,就可为自己的家庭财产提供 10 万元左右的保障,足以覆盖家庭财产 90% 以上的事故。除了暴雨、火灾、水暖管爆裂、被盗被抢、电器故障等基础保障,还细致入微到马桶疏通、开锁服务、资金安全等种类的延伸服务。

然而,家财险产品虽丰却问津者少。有些人知道却不愿买,是因为老百姓风险意识太弱?有些人买了保险却理赔无门,是因为消费者没有看清条款?

在我国,家财险面对的是一个有着 4 亿户家庭的潜在市场,这不该是一笔可有可无的"糊涂账",而应成为一把挡灾避祸的"保护伞"。

保"家"护航的需求提高

眼下家财险呈现出一个升温趋势,高温、暴雨、火灾,以及已经到来的台风预警,这个"多事之夏"对杭州市民来说,着实有些难熬。谁都不知道,明天和意外哪个会先来。

"最近一些社会关注度极高的意外事故发生后,我们公司各个产险产品的问询率明显提升了,其中也包括家财险。"平安保险浙江分公司个财核保人蓝天(化名)表示,每当有重要的意外事故发生时,家财险的市场"存在感"往往是最高的。

然而如果用一个词来形容家财险的发展现状,"长衰不盛"似乎很贴切。据统计数据显示,我国家财险的投保率近 10%。人保财险财产保险部总经理助理杨秀瑾介绍,人保杭州家财险(不包括政策性农村住房保险)的投保率可能还不到 10%。而在西方发达国家,家庭财产的投保率平均在 70% 以上,美国甚至高达 95%。

陈小姐的丈夫是德国人,如今一家四口住在城西的别墅。她说:"我丈夫在德国汉堡的几处房产,都购买了家财险。在买房的时候,律师会主动提醒你购买家财险。丈夫一而再、再而三地督促我给城西的别墅保个家财险,此事却始终未果。看到意外事故频发的消息,我才感觉到自己对房屋和财产风险管理的意识不足。"

蓝天认为,导致家财险市场受阻的原因,除了民众对家财险的投保意识不到位外,其实还有推广渠道不足的问题。杨秀瑾也提到，家财险是一个纯商业险种，不像车险中的交强险是强制性购买的。再加上推广有限，大多数民众自然不了解可以通过保险的形式来守家产、避风险。

"不过，眼下家财险呈现出一个升温趋势。从我们平安浙江地区的家财险保费规模来看，今年比起去年同期上涨了 20％～30％。"蓝天的言下之意是，对于万千家庭来说，"保'家'护航"的需求一直都在。而如今在事故灾害频发的刺激下，购买家财险的意识被渐渐激活了。"而且这两年，杭州一些新楼盘在开盘时，开发商会把一年的家财险作为附加项目赠送给购房的业主。"

家财险除了传统主险 其附加险涵盖的内容也逐渐多元

据了解，目前市面上销售的家财险品种较为丰富，主要涵盖房屋、装修和室内财产三类。投保人还可以根据自己的家庭需要，设置室内财产盗抢险、水暖管爆裂损失险、第三者责任险等附加险种。

蓝天介绍，在家财险的选择上，分为单一风险或全方面覆盖，如果要全方面覆盖投保人需通过主险加附加险的方式来灵活搭配。以平安家财险为例，一年 265 元保费，可投保 100 万元房屋、10 万元房屋装修、10 万元室内财产，以及 2 万元室内盗抢保障险、2 万元的水暖管爆裂损失险。

结合几大保险公司的家财险销售情况来看，目前盗抢综合险和水暖管爆裂损失险是附加险种中卖得最好的。

最近，家住玉泉地区的戴小姐遇到了一件糟心事："我家楼上住着一对老夫妻，水管漏水一直不修。这几天，我家房子的天花板、墙面和靠墙床板等多处都受损发霉了。"面对戴小姐进退两难的邻里问题，杨秀瑾表示老夫妻的子女可以给父母购买一个涵盖第三方责任险的家庭财产综合保险。"像这种渗水导致邻居房屋损坏，或者家里玻璃坠落砸伤人，都可以被保。"

由此可见，除了传统主险，家财险的附加险涵盖的内容也逐渐多元，外延也越来越广。像电动自行车防盗险、个人账户资金安全保险、居家服务家财险（包括紧急开锁、水管疏通等）这些刚需产品，也属于家财险产品。

杨秀瑾介绍，以个人账户资金安全保险为例，保费最低只需要 6.2 元，而保额最高可达 100 万元。"被保人名下所有的银行卡、信用卡、第三方账户等都在该保单的保障范围之内，甚至包括支付宝。"不仅仅是人保，从支付宝保险服务平台上的家财险销量来看，卖得最好的也是与资金安全相关的险种，最便宜的一年只要 2.88 元。

消费者的服务体验才是未来险企拼差异化优势的重点

"不论是保前还是保后，我常常会被投保人问及：这种情况，赔不赔？那种情况，赔不赔？"蓝天表示，这就是消费者对家财险承保责任的理解不清晰，也因此会出现一些理赔投诉。"比如有投保人曾投诉，家里财产因下雨导致损坏，但却赔不了。那是因为承保范围是暴雨导致的财产损失，而一般下雨是不属于这个范围的。"

杨秀瑾也表示，投保家财险，搞清可保与不可保的范围很重要。"其实大部分家庭财产都是可保财产,险企对此都有明确规定。金银、珠宝、票证、邮票、古玩、字画、艺术品等这些无法鉴定实际价值的物品,则为不可保财产。"

记者随机调查发现,大多数投保人对于家财险的认知并不到位。一些民众虽投保了家财险,却是公司赠送福利或是银行理财连带产品,完全不了解其承保范畴。而且,随着互联网平台的飞速发展,有不少投保人是通过网络渠道购买家财险的,没有耐心去仔细阅读投保条款及细则,甚至会出现选择恐惧症。在蓝天看来,消费者的服务体验才是未来险企拼差异化优势的重点。"对于投保人来说,面对面的细致服务永远比便利快捷的技术手段重要。"

在理赔方面,蓝天强调,投保者在出险后一定要注意保留现场和拍摄受损照片,以作备案。同时准备好保险单、财产损失清单、发票、物业等部门的证明。"不久之前,一个投保人楼上装修的焊条掉到了他家阳台,导致通风屋顶着火,窗户和空调都被烧毁了。他第一时间提供了所有证明及凭证,在线上进行理赔。我们在远程查看和评估之后,很快赔给了投保人3 000元。"

总而言之,投保家财险就是为了给自己的家以足够保障。当灾难降临之时,将我们所承受到的损失降到最低。

(资料来源:2017年7月27日《杭州日报》。)

(三) 投资型家财险

投资型家财险是一种具有经济补偿和到期还本性质的险种,保险期限一般为2～5年(也有一年的短期产品)。该类型产品不仅有保障型家财险的保障功能,而且还兼顾投资的功效。投保此类险种除拥有相应的保障责任外,如遇银行利率调整,随一年期银行存款利率同步、同幅调整,分段计息,无论是否发生保险赔偿,期满均可获得本金和收益。

投资型家财险的优点是投保人可以达到转移风险和投资理财的双重保障;缺点是一次性交纳费用较高,资金流动性不强,投保时家庭应当确保有一定数量的闲置资金且在保险期限内不急用,否则一旦退保会造成一定的经济损失。

(四) 其他专项家财险

这类险种主要是由保险人在一张保单中承保被保险人某一种财产或某一种风险责任的保险,如家用煤气、液化气设备专项保险、家庭建房保险、家用电器专项保险等。

六、家庭财产保险规划

(一) 投保家庭财产保险注意事项

(1) 注意为哪些财产投保财产险。这既要看自身的保险需求和财产险所能发挥的作用,也要结合保险公司的要求。比如,并不是所有的财产都能投保财产险,保险公司对可承保的财产和不保的财产都有明确的规定。像房屋、家具、家用电器、文化娱乐用品等可以投保财产险,而金银、珠宝、字画、古玩等的实际价值不易确定,这类家庭财产必须由专门的鉴定人员作出鉴定,经投保人和保险公司特别约定后才能作为保险标的。另外,保险公司通常还对一些家庭财产不予承保财产险,具体包括:损失发生后无法确定具体价值的财产,如票证、现金、有价证券、邮票等;日用消费品,如食品、药品、化妆品之类。

(2)注意家庭财产险的保险责任。一般的家庭财产综合险只承担两种情形造成的损失,一种是自然灾害,另一种是意外事故。如果财产被偷,这不是财产综合险的责任范围,保险公司不会给投保人赔偿,所以投保人最好给财产投保盗窃附加险。此外,投保人还需要了解除外责任、赔付比例、赔付原则、保险期限、缴费方式、附加险种等内容,明确未来所能得到的保障。

(3)注意保险金额,避免超额投保和重复投保。按照保险公司的赔付原则,如果财产的实际损失超过保险金额,最多只能按保险金额赔偿;如果实际损失少于保险金额,则按实际损失赔偿。所以,在确定保险金额时,保险金额不要超出财产的实际价值,不然投保人就得白白地多缴保险费。有些人将同一财产向多家保险公司投保,这也是不可取的,因为财产发生损失时,各家保险公司只是分摊财产的实际损失,投保人得不到什么额外的好处。

(4)注意及时按约定缴保险费,妥善保存保险单。保险合同里已经约定好缴费方式,如果投保人没有遵照约定,保险公司是可以不承担赔付责任的。另外,财产一旦出险,投保人应在积极抢救的同时保护好现场,及时向公安、消防等部门报案,向他们索取事故证明,尽快向保险公司报案,向保险公司提供保险单、事故证明等必要单证。

(二)典型案例分析

老张夫妇的收入不高,每月的家庭收入为 2 000 元左右,在维持了基本的生活后所剩不多。目前居住在一套两居室的老公房内,房龄已有三十多年,楼房内居住的人员比较复杂,走道内也堆满了杂物,水管有时也会堵塞。而就老张夫妇的室内而言,装修一般,有一些普通家具,衣服及床上用品也多属于经济实用型。对于老张夫妇,他们应该为自己的家庭设计什么样的财产保险规划呢?

老张夫妇属于低收入阶层,经济实力不强,相对而言应对风险的能力比较差,一旦发生风险,整个家庭可能因此而雪上加霜。另外,他们的房屋比较陈旧,居住条件有限,房屋潜在的风险比较大。对于老张家庭,建议保险方案如下。

1. 基本险

房屋保险:仅保火灾和爆炸,保险金额 20 万元。

房屋装修保险:仅保火灾和爆炸,保险金额 5 万元。

家用电器保险:仅保火灾和爆炸,保险金额 1 万元。

服装家具保险:仅保火灾和爆炸,保险金额 5 000 元。

2. 附加险

室内财产盗抢险:保险金额为 2 万元即可。

管道及水渍险:保险金额 5 万元。

这样,老张每年只需要支出 150~250 元的保费,就能够给家庭一个基本的保障。

第三节 运 输 保 险

一、运输保险概述

运输保险是以处于流动状态下的财产为保险标的的一种保险。运输保险通常分为两大部分：一是运输货物保险，二是运输工具保险。运输货物保险是指保险人对货物在运输中所遭受保险责任范围内的损失承担补偿责任的保险。运输货物保险由于运输方式有海运、陆运、空运之分，所以根据运输方式不同，运输货物保险可分为：水路、陆路运输货物保险，海洋运输货物保险，航空运输货物保险，邮包保险，集装箱运输货物保险等。运输工具保险是指保险人对运输工具在使用过程中所受损失负赔偿责任的一种保险。

本节重点介绍与家庭和个人理财相关的机动车辆保险和机动车辆交通强制保险（以下简称"交强险"）。

二、机动车辆保险

（一）机动车辆保险的定义

机动车辆保险所承保的机动车辆是指汽车、电车、电瓶车、摩托车、拖拉机、各种专用机械车及特种车。机动车辆保险合同为不定值保险合同，主要险别包括车辆损失险、第三者责任险两种基本险和不计免赔等附加险。

（二）车辆损失险

车辆损失险简称"车损险"，承保的是车辆本身因各种自然灾害、碰撞及其他意外事故所造成的损失，以及施救费用。以 2007 年中国保险业协会机动车商业保险行业基本条款 A 款中家庭自用汽车损失保险条款为例，车辆损失险的主要内容如下。

1. 保险责任与除外责任

车辆损失险的保险责任主要包括以下情况。

（1）碰撞、倾覆、坠落。

（2）火灾、爆炸。

（3）外界物体坠落、倒塌。

（4）暴风、龙卷风。

（5）雷击、雹灾、暴雨、洪水、海啸。

（6）地陷、冰陷、崖崩、雪崩、泥石流、滑坡。

（7）载运被保险机动车的渡船遭受自然灾害（只限于驾驶人随船的情形）。

发生保险事故时，被保险人为防止或者减少被保险机动车的损失所支付的必要的、合理的施救费用，也由保险人承担，最高不超过保险金额的数额。

下列情况下，不论任何原因造成被保险机动车损失，保险人均不负责赔偿。

（1）地震。

（2）战争、军事冲突、恐怖活动、暴乱、扣押、收缴、没收、政府征用。

（3）竞赛、测试，在营业性维修、养护场所修理、养护期间。

（4）利用被保险机动车从事违法活动。

（5）驾驶人饮酒、吸食或注射毒品、被药物麻醉后使用被保险机动车。

（6）事故发生后，被保险人或其允许的驾驶人在未依法采取措施的情况下驾驶被保险机动车或者遗弃被保险机动车逃离事故现场，或故意破坏、伪造现场、毁灭证据。

（7）驾驶人有下列情形之一者：无驾驶证或驾驶证有效期已届满；驾驶的被保险机动车与驾驶证载明的准驾车型不符；持未按规定审验的驾驶证，以及在暂扣、扣留、吊销、注销驾驶证期间驾驶被保险机动车；依照法律法规或公安机关交通管理部门有关规定不允许驾驶被保险机动车的其他情况下驾车。

（8）非被保险人允许的驾驶人使用被保险机动车。

（9）被保险机动车转让他人，未向保险人办理批改手续。

（10）除另有约定外，发生保险事故时被保险机动车无公安机关交通管理部门核发的行驶证和号牌，或未按规定检验或检验不合格。

保险人对被保险机动车所发生的下列损失和费用也不负责赔偿。

（1）自然磨损、朽蚀、腐蚀、故障。

（2）玻璃单独破碎，车轮单独损坏。

（3）无明显碰撞痕迹的车身划痕。

（4）人工直接供油、高温烘烤造成的损失。

（5）自燃以及不明原因火灾造成的损失。

（6）遭受保险责任范围内的损失后，未经必要修理继续使用被保险机动车，致使损失扩大的部分。

（7）因污染（含放射性污染）造成的损失。

（8）市场价格变动造成的贬值、修理后价值降低引起的损失。

（9）标准配置以外新增设备的损失。

（10）发动机进水后导致的发动机损坏。

（11）被保险机动车所载货物坠落、倒塌、撞击、泄漏造成的损失。

（12）被盗窃、抢劫、抢夺，以及因被盗窃、抢劫、抢夺受到损坏或车上零部件、附属设备丢失。

（13）被保险人或驾驶人的故意行为造成的损失。

与商业性三责险相似，保险人的赔偿也是按照被保险人的事故责任比例计算而来的。保险负次要事故责任的免赔率为 5%，负同等事故责任的免赔率为 8%，负主要事故责任的免赔率为 10%，负全部事故责任或单方肇事事故的免赔率为 15%。

被保险机动车的损失应当由第三方负责赔偿的，无法找到第三方时，免赔率为 30%。

被保险人根据有关法律法规规定选择自行协商方式处理交通事故，不能证明事故原因的，免赔率为 20%。

投保时指定驾驶人,保险事故发生时为非指定驾驶人使用被保险机动车的,增加免赔率 10%。

投保时约定行驶区域,保险事故发生在约定行驶区域以外的,增加免赔率 10%。

2. 保险金额

车损险的保险金额由投保人和保险人选择以下三种方式之一协商确定:①按新车购置价确定;②按投保时实际价值确定;③由投保人与保险人协商确定。

车损险保费的计算公式为:基本保险费+保额×保险费率,其中基本保费是统一的,保额保费则由车辆价值不同而有较大差别。

采取此种计算方法主要是缩减新旧车因保险金额差别较大而造成的保费悬殊。因为承保汽车,不论车辆新旧,保额高低,其出险的机会或修理费用一般差别不大,有时旧车出险机会反而高,修理费用也不因旧车而低,故悬殊的保费存在一定的不合理性。保险车辆发生保险损失时,保险人根据其受损情况进行赔偿:当发生全损时,若保险金额高于实际价值时,以出险当时的实际价值计算赔偿;保险金额等于或低于实际价值时,按保险金额计算赔偿。当发生部分损失时,以新车购置价确定保额的车辆,按实际修理及必要的、合理的施救费用计算赔偿;保险金额低于新车购置价的车辆,则按投保比例赔偿。保险车辆损失赔偿及施救费用分别以不超过保额为限。如果保险车辆部分损失一次赔款金额与免赔额之和等于保险金额时,车损险保险责任即行终止。

(三) 机动车辆第三者责任险

机动车辆第三者责任险也是机动车辆险的基本险别之一,可选择单独承保。在绝大多数国家,机动车辆第三者责任险均是强制性保险,以维护广大公众的安全,因为各国每年因车祸而死亡、伤残的人数一直名列意外死亡的首位。机动车第三者责任险的经营原则与赔偿处理类同于其他责任保险。在承保第三者责任险业务时,因承保的风险是法律风险,承担的责任是不确定的民事损害赔偿责任,故保险人通常以赔偿限额的方式来控制自己的风险。即保险人规定若干等级的每次责任事故的赔偿限额或累计赔偿限额,投保人可以选择,其保费按不同的赔偿限额收取固定保费,与车辆新旧、价格高低无关。投保人可在投保第三者责任险的基础上加保车上责任险、无过失责任险、车载货物掉落责任险等三种附加险,以扩展承保第三者责任险的免责内容。另外在同时投保车损险和第三者责任险的基础上,还可加保不计免赔特约险。

(四) 机动车辆附加保险

在 2003 年进行了机动车辆保险改革之后,各公司纷纷推出了各种各样的附加险,扩大了消费者的选择范围,充分满足了不同消费者的需要。这些纷繁的附加险也构成了机动车辆保险中的一大亮点。这些附加保险都是附加在基本险基础之上的,必须先购买了车辆损失险或第三者责任保险之后才可以购买。这里,仅介绍一些购买率比较高的附加保险。

1. 不计免赔特约险条款

俗称"100%赔付险"。它是车辆损失险或第三者责任险的附加险。出现意外事故时,当你准备让保险公司为您"买单"的时候,本应该得到 200 元的赔偿,而只获得了 150 元。怎么回事？因为在保险公司的车险条款中,规定了按照事故责任,要扣一定比例的赔款(既免赔额)由你自己承担。那能不能全部由保险公司承担呢？当然可以。只要投保了不计免赔特约险,就可以满足你的要求。购买了不计免赔特约险的机动车辆发生保险事故造成赔偿,对其在符合赔偿规定的金额内按主险条款规定计算的免赔额或免赔率,保险人负责赔偿。但是,对于各附加险项下规定的免赔金额,保险人不负责赔偿。商业性"三责险"、车辆损失险和全车盗抢险都有免赔率,其他的附加保险也都设计了免赔额,因此要分别购买各个保险产品的不计免赔特约险。

2. 可选免赔额特约条款

与不计免赔特约险相似。特约了该条款的投保人在投保时可以与保险人协商确定一个绝对免赔额:按保险合同其他条款计算的保险人应负赔偿额度低于该绝对免赔额时,保险人不承担赔偿责任;高于该绝对免赔额时,保险人在扣除该免赔额后,对高于部分予以赔偿。也就是说,这个条款可以更改主险中有关免赔额的规定。

3. 车身划痕损失险条款

比如,一个调皮的小孩用钥匙或尖锐之物,把你的爱车从头到尾划上了一条痕迹,你必须重新喷漆才行。而这些费用在车辆损失险中是不赔的,你只有购买车身划痕损失险后,才能得到保险。车身划痕损失险又称为恶意行为险,必须在投保了车损险的基础上方可投保。其保障保险车辆因他人恶意行为造成车身人为划痕的损失。这类损失的前提是无明显碰撞刮擦的情况,一般是静止状态下出现的划痕。保险人将按实际损失计算赔偿。但是,被保险人或驾驶员的故意行为造成保险车辆的损失;他人因与被保险人或驾驶员及其家庭成员发生民事、经济纠纷造成保险车辆的损失;车身表面自然老化、损坏等原因造成的损失,保险人不负责赔偿。一般而言,对于停放在地面的车辆,由于与行人没有完全隔开,被行人刮擦的可能性比较大,建议购买该险种。

4. 自燃损失险条款

在投保了车辆损失险的基础上方可投保自燃损失险。其保障保险车辆在使用过程中,因本车电器、线路、供油系统发生故障及运载货物自身原因起火燃烧,造成保险车辆的损失;以及被保险人在发生本保险事故时,为减少保险车辆损失所支出的必要合理的施救费用,保险人在保险单所载明的保险金额内,按保险车辆的实际损失计算赔偿。如果发生了全部损失,则按出险时保险车辆实际价值在保单所载明的保险金额内计算赔偿。

5. 玻璃单独破碎险条款

当你驾驶爱车驰骋在笔直的高速公路上的时候,一个不明飞行物可能会击打到你爱车的前挡风玻璃上,使玻璃开裂破碎。这个损失在车辆损失险中是不赔偿的。但如果投保了附加玻璃单独破碎险,这种损失就可以让保险公司"买单"了。一般而言,必须在投保了车辆损失险的基础上方可投保玻璃单独破碎险,保障的是保险车辆在使用过程中,发生本车玻璃单独破碎的损失。玻璃单独破碎险中的玻璃是指风挡玻璃和车窗玻璃,不包括车灯、车镜玻璃,如果车灯、车镜玻璃破碎及车辆维修过程中造成的破碎,保险公司是不承担赔偿责任的。

6. 新增加设备损失险条款

当你为车辆加装了制冷、加氧设备、清洁燃料设备、CD 及电视录像设备、真皮或电动座椅等不是车辆出厂所配的设备时，应考虑投保新增加设备损失险。否则，这些设备因事故受损时，即使投保了车辆损失险，保险公司也是不赔偿的。你必须在投保了车辆损失险的基础上方可投保新增加设备损失险。其保障保险车辆在使用过程中，发生车损险中所列的保险事故，造成车上新增加设备直接损毁的损失。这里所指的新增加设备，是指保险车辆出厂时原有各项设备以外，被保险人另外加装的设备及设施。

然而，如果未发生保险事故，而新增加的这些设备单独损毁，如被盗窃、丢失、故障、老化、被破坏等，保险公司是不负赔偿责任的。

7. 车上人员责任险条款

车上人员责任险也称为"司机乘客意外伤害险"。车上人员责任险所保障的损失对象都不是第三者，因而是第三者责任险中的除外责任。车上人员责任险负责赔偿保险车辆发生意外事故，导致车上的司机或乘客人员伤亡造成的费用损失，以及为减少损失而支付的必要合理的施救、保护费。在投保车上人员责任险时，必须指明投保座位数，在出现保险事故时，保险公司仅承担投保座位数以内的责任。如果只投保了一个座位的车上人员责任险，不管发生事故时车内几个人受伤，保险公司都只赔偿一个人的损失。新版车险合同对车上人员责任险的条款也做了一定的修改，将车上人员责任险分为驾驶员和乘客座位，投保人可以购买单独承保驾驶员或者单独承保乘客的险种。

但是，因违章搭乘造成的人身伤亡，由于驾驶员的故意行为造成的人身伤亡，本车上的人员因疾病、分娩、自残、殴斗、自杀、犯罪行为所致的人身伤亡，车上人员在车下时所受的人身伤亡，以及其他不属于保险责任范围内的损失和费用，保险人不负责赔偿。

一般而言，这个附加险比较适合于营业用车，家庭用车没有必要购买这个产品。

三、机动车辆交强险

（一）交强险的定义及实施交强险的意义

机动车交通事故责任强制保险是我国首个由国家法律规定实行的强制保险制度。《机动车交通事故责任强制保险条例》（以下简称《条例》）规定：交强险是由保险公司对被保险机动车发生道路交通事故造成受害人（不包括本车人员和被保险人）的人身伤亡、财产损失，在责任限额内予以赔偿的强制性责任保险。

交强险是责任保险的一种。目前现行的商业机动车第三者责任保险（以下简称"三责险"），虽然一些地方交通管理部门规定机动车辆在上牌或验审时，要求必须投保，但由于缺乏法律相应的制约措施，在现实中商业"三责险"覆盖面不广，致使发生道路交通事故后，有的因为没有保险保障或致害人支付能力有限，受害人往往得不到及时赔偿，也造成大量经济赔偿纠纷。因此，实行交强险制度就是通过国家法律强制机动车所有人或管理人购买相应的责任保险，以提高"三责险"的投保面，在最大程度上为交通事故受害人提供及时和基本的保障。

建立交强险制度有利于道路交通事故受害人获得及时的经济赔付和医疗救治;有利于减轻交通事故肇事方的经济负担,化解经济赔偿纠纷;通过实行"奖优罚劣"的费率浮动机制,有利于促进驾驶人增强交通安全意识;有利于充分发挥保险的保障功能,维护社会稳定。

(二)交强险和现行商业"三责险"的差异

1. 赔偿原则不同

根据《中华人民共和国道路交通安全法》的规定,对机动车发生交通事故造成人身伤亡、财产损失的,由保险公司在交强险责任限额范围内予以赔偿。而商业"三责险"中,保险公司是根据投保人或被保险人在交通事故中应负的责任来确定赔偿责任。

2. 保障范围不同

除了《条例》规定的个别事项外,交强险的赔偿范围几乎涵盖了所有道路交通责任风险。而商业"三责险"中,保险公司不同程度地规定有免赔额、免赔率或责任免除事项。

3. 具有强制性

根据《条例》规定,机动车的所有人或管理人都应当投保交强险,同时,保险公司不能拒绝承保、不得拖延承保和不得随意解除合同。

4. 交强险实行"不盈利,不亏损"原则

根据《条例》规定,交强险实行全国统一的保险条款和基础费率,中国保险监督管理委员会(以下简称保监会)按照交强险业务总体上"不盈利,不亏损"的原则审批费率。

5. 交强险实行分项责任限额

交强险责任限额是指被保险机动车发生道路交通事故,保险公司对每次保险事故所有受害人的人身伤亡和财产损失所承担的最高赔偿金额。交强险责任限额分为死亡伤残赔偿限额 110 000 元、医疗费用赔偿限额 10 000 元、财产损失赔偿限额 2 000 元以及被保险人在道路交通事故中无责任的赔偿限额。其中,无责任的赔偿限额分别按照以上三项限额的 20% 计算。

交强险实行 12.2 万元的总责任限额,并不是说交通事故受害人从所有渠道最多只能得到 12.2 万元赔偿。除交强险外,受害人还可通过其他方式得到赔偿,如从商业"三责险"、人身意外保险、健康保险等均可获得赔偿。除此之外,交通事故受害人还可根据受害程度,通过法律手段要求致害人给予更高的赔偿。

专栏 4-2

车险改革倒逼险企竞争加剧 "避锋芒"或成中小财险出路

保监会近日决定下调商业车险费率浮动系数下限,这是在商业车险费率改革试点启动两年后,改革迈出的新一步。

对大部分车主而言,保费负担将进一步减轻。对保险公司而言,车险定价自主权再次扩大,让其拥有更多的市场竞争手段的同时,也对产品开发和客户服务能力提出了更高要求。

前期改革成效显著

2015年6月,商业车险费率改革在全国范围内试点实施,改革以保护消费者利益为出发点,意在稳步建立市场化的商业车险条款费率形成机制。

两年来,改革取得阶段性成效,通过扩大保险责任范围,以及完善商业车险定价方式,让保费与风险对接,解决了"高保低赔"问题,显著提高了消费者获得感。

保监会发布的数据显示,2016年,商业车险车均保费较改革前下降5.3%。车险产品"性价比"提高,吸引了更多消费者投保。2016年,商业车险投保率为77%,同比提升4个百分点;商业"三责险"平均责任限额达56万元,较改革前提升17%。

此外,车险保费收入稳步增长,承保利润稳中有升。数据显示,2016年,全国车险保费收入为6 834.55亿元,同比增加10.25%;商业车险实现承保利润95.04亿元,同比增加11.35%。

如果说前一阶段的商业车险改革主要着眼于条款优化和完善定价方式,那么本次深化改革则主要侧重扩大保费浮动范围。

记者了解到,在其他条件相同的情况下,自主核保系数和自主渠道系数越高,商业车险保费价格越高。目前,除深圳地区外,全国范围内自主核保、自主渠道系数浮动区间均为0.85~1.15,此次改革将进一步扩大两个系数的下浮空间,不同地区的系数浮动空间有所区别。比如,大部分地区自主渠道系数的浮动下限将从0.85下调到0.75,深圳地区这一系数则是从0.75下调到0.7。

系数下调意味着折扣下限进一步放宽。对大部分车主来说,车险产品价格将更优惠,尤其是拥有良好驾驶习惯和安全记录的车主,其缴纳的保费优惠力度更大。记者了解到,前一阶段改革试点工作完成后,大部分地区低风险车主享受商业车险最低折扣率已由改革前的0.7下调到0.433 5。而本阶段改革实施后,根据内部测算,最低折扣率将由0.433 5下调至0.382 5。部分地区连续三年不出险的车主在一家经营稳健的保险公司投保,保费可能下浮20%左右。

此次改革深化后,商业车险的社会管理功能还将进一步增强。驾驶习惯良好的车主获得更多优惠的同时,一些具有不良驾驶习惯的高风险车主则要面临保费上浮的风险。由于车险费率"奖优罚劣"的力度更大,将促使车主提高安全驾驶意识,在降低行业赔付成本的同时,提升道路交通安全水平。

专家表示,车主想获得更大的保费折扣,要控制一年内出险的次数。以往,一年内出险次数不超过两次,对次年保费影响不是很大,而改革后出险一次,次年将取消车险折扣,出险两次保费上浮25%,养成良好的驾驶习惯至关重要。

"放管结合"遏制不正当竞争

在放开车险价格形成机制的同时,为遏制"价格战"等不正当竞争,保监会还将重拳整治市场乱象。

近年来,部分保险公司为抢占车险市场份额,在销售端用高额手续费、高额赠送等方式换取保费增长,价格竞争导致车险综合费用率居高难下,而且看似实惠的价格背后是拖赔、惜赔等服务打折,不仅影响车险市场运行效率,也会损害消费者的合法权益。

为引导车险市场规范发展,保监会近日下发《关于整治机动车辆保险市场乱象的通知(征求意见稿)》,将重点打击车险市场套取费用、输送不正当利益等违法违规行为。

根据征求意见稿,财险公司不得盲目拼规模、抢份额;不得脱离公司发展基础和市场承受能力,向分支机构下达不切实际的保费增长任务;不得偏离精算定价基础,以低于成本的价格销售车险产品,开展不正当竞争;不得以直接业务虚挂中介业务等方式套取手续费;不得以虚列"会议费""宣传费""广告费""职工绩效工资""理赔费用"等方式套取费用。

此外,保监会还将加强保险公司车险综合成本率、综合费用率、未决赔款准备金提转差率等指标的回溯分析,打击市场违规套费等各种违法违规问题。

记者了解到,为防范商业车险定价风险和经营风险,保监会要求财险公司建立常态化的商业车险条款费率回溯和修订机制。产品获批使用后,如保险公司车险综合成本率、综合费用率、未决赔款准备金提转差率等指标的实际发生值与报送申请材料时的精算预期值发生重大偏离,财产保险公司应主动对费率方案进行修订并重新报送保监会审批。

"深化车险费率改革体现了'放开前端、管住后端'的监管思路。"东京海上日动火灾保险(中国)有限公司副总经理沙银华认为。定价自主权扩大后,车险产品优惠力度加大,将提升车险市场的活跃度,给消费者更多选择;而通过加强费用成本管控等措施,加大"管住后端"的力度,能有效遏制车险市场的不当竞争。

市场进一步成熟

对保险公司而言,此次改革可能更像是一把"双刃剑"。改革后,保险公司将获得更大的车险费率厘定自主权。但也有业内人士对此表示担忧,认为此次改革将降低车险保费增速,还可能加剧保险公司之间的市场竞争,尤其给中小财险公司带来更严峻的竞争压力。

某财险公司车险部门相关负责人认为,保险公司将面临车险业务经营压力增加、行业盈利更难的问题,整个行业的车险保费增速也会减缓。

记者从保监会了解到,此轮深化改革之前,保监会对可能造成的市场影响做了测算,认为改革后行业整体可接受度没有问题。事实上,自商业车险改革启动后,商业车险产品的吸引率增加、投保率上升,对保险公司来说,这将在一定程度上抵消车均保费下降带来的影响。

"深化改革后,预计综合赔付率小幅上升,综合费用率小幅下降。结果还需进一步观察,但是公司经营、行业发展应该可以保持稳定。"保监会财险部主任刘峰表示。

对于改革深化后给保险公司带来的影响,还有观点认为,改革后,大型保险公司通过品牌溢价和规模效应,将进一步提高市场份额,而相比大型财险公司,中小财险公司业务规模较小,难以摊薄经营费用等成本支出,加上服务网点不如大公司多,在定价和服务方面均处于劣势。

对于这一观点,刘峰认为,中小险企经营困难的现象在过去、现在、将来都将存在,新进入市场的险企若想获得发展空间必须付出努力。事实上,近两年来,大公司车险业务经营比较困难的现象也是存在的,中小险企也有在区域市场发展很快的代表。

专业人士认为,为在竞争中脱颖而出,保险公司需改变过于注重业务规模扩张的粗放经营思路,加强车险业务的精细化管理,提高车险产品和服务质量,增强创新能力。

在刘峰看来,中小险企的出路是"避其锋芒",选择大公司关注度不够、发展能力水平不强的领域发展,同时建议中小险企抓紧提升自身风险识别和定价能力、内部管控能力、客户满意度等。

华安财险总裁童清认为,面对商业车险改革继续深化的机遇和挑战,保险公司要增强产品定价能力,提升差异化经营管理能力,切实做好客户服务,并不断提升创新发展能力,不断优化经营模式和思路,从而逐步提高车险经营和盈利能力。

(资料来源:中华网。)

四、家庭用机动车辆的保险规划

有一些家庭或个人对车险缺乏了解,在购买车险时一味地追风或者仅根据汽车代理商的建议,往往就买一份"全保"了事。其实这做法是不可取的。因为正如我们前面分析的,每辆车的车型不同,车主的驾驶技术、行驶环境也不同,车辆面临的风险也就不同,比如汽车价值越高,或者是越流行的,被偷盗破坏的可能性就越大。此外,车辆发生被盗事故的概率还取决于车主所居住和工作的地域,不同地区的车辆失窃、交通事故或被破坏的概率也是不同的。所以,有的险种适合别人,就不一定适合自己。我们要根据自己的情况估计可能潜在的风险种类和出险概率,合理地确定险种组合。

另外,我们还应该就自己的情况估计损失程度,根据自己的经济承受能力合理地确定各险种的保险金额,还应该根据自己的经济承受能力合理地确定免赔额。让我们在得到足够保障的情况下,为自己省下几百甚至是上千元。

下面我们将分险种来介绍如何选择保险产品,确定保险金额和免赔额。当然,交强险是必须要购买的,任何一家保险公司的交强险都是一样的。这里就不再赘述了。

(一)第三者责任险保险金额的确定

一般来说如果驾驶机动车辆与其他车辆或行人发生事故,其所发生的赔偿金额多则六七十万元,少则上千元。相对而言,如果发生的损失仅仅是限于财产,那么损失金额可能不会很大;但是,如果发生的损失是人,而且还涉及多个人,那么,赔偿金额就不仅仅是六七十万元。这个数字就很难估计了。

在第三者责任方面,我们已经具备了基本的保障——交强险,其保险金额为12.2万元,其中包含了死亡伤残赔偿限额11万元,医疗费用赔偿限额1万元,财产损失赔偿2 000元。如果被保险人在交通事故中无责任,赔偿限额则分别为死亡伤残赔偿限额1.1万元,医疗费用赔偿限额1 000元,财产损失赔偿100元。那么,我们应当在交强险的基础上再考虑自己是否购买第三者责任保险,以及应当购买多少保险金额。

方案一:不购买商业性第三者责任保险——适用于安全层次的车辆与驾驶员。

如果是风险比较小的处于安全层次的车辆或驾驶员,那么就可以不购买商业性第三者责任保险。或者从经济承受能力方面来考虑,经济非常紧张的人也可以暂时不购买商业性第三者责任保险。

方案二:购买一定的商业性责任保险——适用于次安全层次的车辆与驾驶员。

如果是风险中等的处于次安全层次的车辆或驾驶员,那么就应当购买 10 万元或 20 万元的商业性第三者责任保险。或者,如果自己是风险比较小的处于安全层次的车辆和驾驶员,但是在性格方面比较厌恶风险,希望能得到一定程度的风险防范,那么也可以把自己定为处于次安全层次的驾驶员,购买一定的商业性"三责险"。再者,如果从经济承受能力方面来考虑,经济比较紧张的人可以恰当地少购买一些商业性责任保险。

方案三:购买充足的商业性第三者责任保险——适用于不安全层次的车辆与驾驶员。

如果是风险比较大的处于不安全层次的车辆和驾驶员,那么就应该购买充足的商业性第三者责任保险,保险金额至少在 50 万元以上。当然,购买这么高的商业性"三责险"的前提还是经济比较宽裕。

(二)第三者责任险免赔额的确定

目前,大多数保险公司的商业性"三责险"不计免赔附加保险的保险费为选择不计免赔特约条款对应险种保费的 15%。也就是说,如果保险金额为 20 万元的商业性"三责险"的保险费为 800 元左右,则不计免赔附加保险的保险费为 120 元。这个保费不高,基本上小于一次事故的免赔金额。也就是说。如果您在保险期限内哪怕只发生了一次赔偿事故,平均而言,所缴的不计免赔附加保险的保费都会小于应免赔的金额。

对于安全层次的车辆和驾驶员,既然商业性第三者责任险都不购买,那么也不用购买不计免赔附加保险了。

对于次安全层次的车辆和驾驶员,建议都应该购买,因为毕竟不计免赔附加保险的保险费也不高,可以低廉的保费换取充足的保障。而如果是安全层次的车辆和驾驶员,是出于万无一失的想法才购买商业性第三者责任保险,而且保险期限内基本上不会出险,那么可以不购买不计免赔附加保险,这样可以节约一些保费。

对于不安全层次的车辆和驾驶员,建议都应该购买。

(三)基本险——车损险保险金额的确定

车辆是家庭的财产,如前面的分析,其面临着众多复杂多变的风险,而且一旦风险发生之后,导致的修理费用等损失金额也比较高。所以,大多数车主都给自己的爱车购买了车损险。

方案一:不购买车损险——适用于安全层次的车辆与驾驶员

如果是风险比较小的处于安全层次的车辆或驾驶员,那么就可以不购买车辆损失保险。当然,仍然建议购买车辆损失保险。俗话说,人有旦夕祸福,即使驾驶经验再好也难保万无一失。

方案二:购买充足的车损险——适用于次安全层次和不安全层次的车辆与驾驶员

无论是风险中等的处于次安全层次的车辆或驾驶员,还是处于不安全层次的车辆或驾驶员,都应该购买充足的车损险。

（四）附加险的选择搭配

附加保险是机动车辆保险中比较具有人性化的地方,消费者应该根据自己的需求和各个附加保险的特征进行选择。

1. 全车盗抢险

全车盗抢险比较适合下列几种情况。

（1）新车。

（2）车辆比较昂贵、稀有。比如法拉利敞篷跑车等。

（3）车辆停放处不是非常安全。比如露天车位、无固定车位或城市治安不好的地方等。

2. 不计免赔附加保险

凡是购买了商业性"三责险"和车辆损失保险的都应该购买不计免赔附加保险。但是如果消费者的风险比较小,属于安全层次的车辆或驾驶员,购买保险仅仅是为了万无一失。那么,可以不购买不计免赔附加保险。

如果消费者因考虑自己经济情况比较紧张而不愿意购买不计免赔附加保险。那么,这种想法是错误的。因为除非不发生险情,否则一次事故赔偿金额中的免赔额基本上都会高于不计免赔附加保险的保费。所以,如果真是出于节约,最好还是购买不计免赔附加保险,这样才更加节约。

3. 车身划痕损失险条款

车身划痕损失险条款比较适合于下列情况:车辆的停放位置在露天,与行人和玩耍之人没有完全隔离,可能有些调皮之人会恶意损坏车辆。

4. 自燃损失险条款

自燃损失险比较适合旧车。由于旧车的性能不是非常稳定,自燃的风险比新车要大得多。

5. 玻璃单独破碎险条款

玻璃单独破碎险与车身划痕损失险相似,如果车辆的停放位置在露天,与行人和玩耍之人没有完全隔离,那么应当购买玻璃单独破碎险。一般情况下车辆正常行驶过程中的玻璃单独破碎可能性是比较小的。如果您的车辆比较昂贵,车窗玻璃也比较昂贵,则也可以考虑这个附加险,从而构筑全面的保障。

6. 新增加设备损失险条款

这个附加保险适合于那些为自己的车辆增加了许多新设备的消费者。比如,为车辆加装了制冷、加氧设备、清洁燃料设备、音响及电视录像设备、真皮或电动座椅等。

7. 车上人员责任险条款

这个附加保险一般不适合于家庭用车,而适合于公司用车。因为家庭用车上面的人员基本上是家庭自己的成员,即使发生交通事故也不存在责任的问题。所以家庭成员可以通过自己购买的人身意外伤害保险来得到保障。

8. 无过失责任险条款

这个附加条款比较适合那些需要构筑全面保障的人士购买。因为根据新的道路交通法,行人与机动车辆之间发生的事故,即使机动车辆无责也要承担赔偿责任。而商业性"三责险"中是不赔偿无责的损失的,则可以通过这个附加险来保障。但是,毕竟发生这种情况的可能性比较小,另外也有交强险作为基础保障了。

第四节　责任保险

责任保险是随着法律的发展而逐步发展起来的新兴险种,以被保险人的民事损害赔偿责任为保障内容。早期的责任保险出现于19世纪中期的英国。1885年,英国铁路乘客保险公司就向曼彻斯特和林肯铁路系统提供意外事故责任保险。进入20世纪以后,责任保险在世界各国迅速普及。从近几年的世界保费统计看,英、美、日等国的非寿险业务中,责任保险的保险费已占到了总保费的一半左右。而在我国,责任保险还处在起步阶段,在财产险业务中还处于小险种地位,多为涉外业务。除了运输工具第三者责任险之外,市场上较多的专门责任保险包括产品责任保险、雇主责任保险、职业责任保险与公众责任保险。近年来,由于我国经济的迅速发展,法律制度的不断完善,企业及个人的法律意识不断加强,我国保险市场上责任保险也取得了较快的发展,新的责任保险品种不断出现,如律师职业责任保险、建筑师职业责任保险等。

一、责任保险概述

(一) 责任保险的含义和特点

1. 责任保险的含义

责任保险是指以被保险人对第三者依法应负的赔偿责任为保险标的的保险。凡是根据法律规定,被保险人因疏忽或过失,造成他人的人身伤害或财产损失应负的经济赔偿责任,均可由保险人代为赔偿。

现实社会中,无论是企业、团体,还是家庭和个人,在日常生产经营和生活中,都可能由于自身的疏忽、过失、甚至在自身无过失的情况下,根据法律或合同的规定,对自身的行为引起的他人财产损失或人身伤亡承担起民事损害经济赔偿责任。这种责任风险是客观存在的,一旦发生,致害人将不得不承担一定甚至是巨额的赔偿金,对其生产和生活造成严重影响。尤其是西方发达国家对人身伤害的损害赔偿金没有上限限额的规定,一旦致害人造成受害人人身伤害,其赔偿金额是异常高的。如20世纪80年代初的美国石棉案,使美国最大的石棉制造厂家曼维尔公司面临巨额损害赔偿金而不得不根据破产法寻求保护。如果致害人无力承担该笔赔偿金,则受害人将无法实际获得一笔金钱来弥补自身的财产损失及满足自己伤残后的生活需要。在这种情况下,如果致害人购买了责任保险,则可将这一风险转移给责任保险人,由保险人承担致害人(即被保险人)应向受害人负责的民事损害赔偿责任。由于保险人通过提供风险保障积聚保费形成了充分的保险基金,因此可确保被害人获得经济补偿。从这点来看,责任保险具有积极的、重要的社会意义。虽然在责任保险的发展初期,责任保险因对被保险人的违法行为提供保障而遭遇过社会的非议,但在长期的实践中其对社会的稳定作用,对受害人的保护作用功不可没,并借此得到了迅速稳步的发展。随着我国民事法律制度的不断完善,公民法律意识的不断增强,我国社会对责任保险的需求也在不断增长。

2. 责任保险的特点

责任保险独立于普通财产保险,虽然它也是损失补偿性险种,但同其他财产保险比较,具有以下特点。

1)法律制度的发展完善是责任保险产生与发展的基础

责任保险产生的基础不仅是民事责任风险的客观存在和社会生产力发展到了一定的阶段,而且是由于人类社会的进步带来了法律制度的不断产生和发展。正是因为人们在社会中的行为都在法律的一定规范之内,所以才可能因触犯法律造成他人的损害而承担经济上的赔偿责任。如近年来在我国受害人对其精神损害要求赔偿金的索赔权不断为法律所承认,民事损害赔偿金里逐渐包括了对受害人精神损害的赔偿内容。再如因为有了环境保护法,造成环境污染的人才会对受害者承担赔偿责任。可见,法律制度尤其是民事法规的发展完善是责任保险产生和发展的基础。因此,目前在世界上,民事法规最发达、最完善的国家也是责任保险最发达的国家,如美国。

2)责任保险的保险标的是被保险人承担的民事损害赔偿责任

责任保险的保险标的是被保险人承担的民事损害赔偿责任,因其不是实体财产,故责任保险不存在保险价值和保险金额。在责任保险中,保险人根据被保险人缴费能力和可能损失的规模大小在保单中规定赔偿限额作为保险人的最高赔偿责任。被保险人的赔偿责任若超过限额,超过部分仍由自己负责。

3)责任保险受益范围广

责任保险的受益方形式上是被保险人,而最终的受益人是受损害的第三人。故责任保险直接保障被保险人的利益,间接保障第三者的利益,受益范围广。

4)责任保险的赔偿金额确定方式特殊

责任保险的赔偿责任产生后,被保险人承担的赔偿金额通常是由法院根据责任的大小及受害人的财产或人身实际损害程度裁定的,其中对财产损失的赔偿取决于该财产的损失程度和财产价值。对人身伤害的经济补偿部分是有客观依据的,如医药费、丧葬费、收入损失补偿等,其他部分则具有主观色彩。

(二)责任保险承保责任类型

责任保险是以被保险人的民事损害赔偿责任为承保对象的,但从保险的本意出发,由于被保险人故意行为而导致的责任不可获得保障。同时被保险人由于同一行为而导致的刑事责任及由其承担的非财产性的民事责任(如恢复名誉、消除影响等)也不予负责。从法律实践而言,被保险人的民事损害赔偿责任可分为两类:侵权责任和合同责任。

侵权责任,指被保险人侵害他人的财产权利或人身权利而使他人遭受损失时依法应对受害人负责赔偿损失的民事责任。这种法律责任,一般分为过失责任和绝对责任两种。过失责任是指被保险人因疏忽或过失违反法律应尽义务或违背社会公共准则而致他人遭受损失而承担的责任。如司机因违反交通规则撞伤行人而承担的赔偿责任。绝对责任是指不论致害人有无过失,根据法律规定均须对他人受到的损害负赔偿责任。在绝对责任下,损害后果或事实是确定民事责任的关键。即在一起民事损害事故中,受害人只要不是自己故意所为,其人身伤害或财产损害就须由致害人承担赔偿责任,而无须过问致害人是否存在过失。如《中华人民共和国民法通则》(以下简称《民法通则》)规定:饲养动物造成他人损害的民事责任是过失责任,因环境污染造成损害的民事责任是绝对责任。

合同责任,指订立契约的一方(被保险人)根据契约规定对所致另一方或其他人的损害应负的赔偿责任。合同责任并不是责任保险的主要承保对象,一般除非经过特别约定,责任保险人是不负责被保险人的契约责任的。责任保险特别承保的合同责任多为运输合同责任、雇佣合同责任与建筑工程、安装工程合同责任。这些承保的契约责任可分为直接责任与间接责任两种。合同一方(被保险人)违反合同规定的义务造成对方的损害应承担的赔偿责任是直接责任,如承运人对托运人的货物或旅客损害的赔偿责任。合同一方(被保险人)对另一方造成他人的损害后根据合同规定应负的赔偿责任是间接责任,如工程合同中规定业主对承建人的过失在施工期间造成他人损害应负的赔偿责任。

(三) 责任保险的赔偿条件

责任保险的赔偿条件包含以下三个方面的要求。

(1) 被保险人因自己的行为而受到第三者客观财产损失和人身伤害的赔偿请求。

(2) 依据法律或合同,被保险人对第三者的损害必须承担民事赔偿责任。

(3) 被保险人该项民事损害赔偿责任属于责任保险单承保责任范围。

(四) 责任保险的承保方式

责任保险的承保方式大体包括以下几种形式。

1. 法定责任保险和自愿责任保险

法定责任保险即通过制定有关法律、法规而强制实施的责任保险。如很多国家都将汽车第三者责任险、雇主责任险作为法定保险。我国从 2006 年 7 月 1 日开始也将机动车辆第三者责任保险实行法定投保。确定为法定责任保险的品种大都是具有重大社会意义,影响全社会公众利益的责任风险。如每年都有成千上万的人丧命于交通事故,因而规定车主必须投保汽车第三者责任保险后才能取得汽车牌照,以确保车祸受害人可以从保险人处获得赔偿。

自愿责任保险是企业和个人根据自己的需要及缴付保费的能力选择投保相应的责任保险。在责任保险中,绝大多数都是自愿保险。

2. 附属责任保险和专门责任保险

附属责任保险,即作为财产保险的基本责任之一或附加责任予以承保的责任保险。这类责任保险实际上是从属于某种财产保险而不作为一种独立的责任保险,也不为其制订专门保单。属于这种承保方式的责任保险主要有飞机保险中的旅客责任保险,船舶保险中的碰撞责任保险和油污责任保险以及建工险、安工险中的第三者责任险。只要投保了该类财产的某一险种,与其相关的责任风险则作为财产险的基本责任包含在责任范围内了。而机动车辆第三者责任保险甚至是作为单列的一项基本责任,可以选择单独投保,不依附于车身险。

专门责任保险,即指保险人单独设计专门保单以承保的责任保险。它与上述附属责任保险的不同之处主要在于它与特定的物质标的没有保险意义上的直接联系,如我国目前开办的产品责任保险、展览会责任保险等即属于此类。这类责任保险是保险人为满足投保人需求而特制条款,设计保单以专门承保被保险人的责任风险的。目前国际保险市场上存在的专门责任保险基本上可以划分为四类:产品责任保险、雇主责任保险、职业责任保险与公众责任保险。一般所指的责任保险即指这四类责任保险。

二、产品责任保险

(一) 产品责任的概念及法律规范

产品责任是指因销售、供应、修理、保养或试验任何有缺陷的产品致使用户或他人遭受人身伤害或财产损失,有关方依法应承担的赔偿责任。产品责任的概念是在20世纪初才以法律形式确定的一种赔偿依据。由于现代商品交换的高度发展以及消费者索赔意识日益增强,产品责任风险发生频频,使产品责任保障也愈来愈重要。

针对产品责任纠纷频繁发生的状况,目前,主要发达国家已经有专门的产品责任法,我国现行处理产品责任纠纷的法律基本上是以《民法通则》《中华人民共和国产品质量法》以及一些专门的产品责任法规,如《中华人民共和国食品卫生法》《中华人民共和国药品管理法》等为基础。各国的产品责任法规都强调保护消费者权益,规定了归责原则、产品概念、主体范围、缺陷种类、赔偿范围及限额、举证责任和诉讼时效等内容。从各国的产品责任法规对产品责任的归责原则的适用上看,在20世纪的发展过程中也存在一个责任趋于严格的趋势。例如在美国的产品责任法规发展过程中产生过以下几种原则。

1. 合同关系原则

在1916年以前美国的产品责任法遵循的是"合同关系原则"。按照该原则,产品事故的受害人必须同生产商或销售商订有生产或销售合同,才能向生产商或销售商提起诉讼,且只能在合同规定的范围内向被告索赔。众所周知,产品的消费者往往和生产商或销售商没有合同关系,因而无权向生产商或销售商索赔。即使受害人是合同的一方,通常也只能获得合同规定范围内的不超过产品价值的赔偿,这远远不足以补偿受害人所遭受的损失,所以这一原则是从维护生产商和销售商的利益出发的,对受害人极为不利。

2. 疏忽责任原则

1916年从麦克弗森诉别克汽车公司一案后,美国的产品责任法废弃了合同关系原则,代之以疏忽责任原则。根据此原则,用户在使用产品过程中受到损害就可以向生产商或销售商提出索赔。但受害人以疏忽责任控告致害人必须负举证责任,证明:第一,致害人在产品的设计或制造中存在缺陷;第二,该缺陷直到受害人受害时保持原状;第三,受害人对该缺陷是未知的;第四,受害人对产品的使用与产品的用途一致。对受害人而言,疏忽责任原则比合同关系原则大大有利,这项原则目前在某些种类产品的责任处理中还被应用。

3. 严格责任制

1944 年的埃斯科勒诉可口可乐瓶装公司一案标志着美国法院开始采用严格责任制,也称绝对责任原则。按照该原则,客户因使用某种产品造成损害,即使未能证明制造商或销售商有过失,制造商或销售商也要负赔偿责任,而且不能引用其在销售合同项下的免责规定来推脱对受害人的赔偿责任。目前,美国各州法院几乎都把严格责任原则作为产品诉讼案的判案依据。由于该原则使生产商责任过重,也遭到代表中小生产商利益的人反对,但该项原则的影响力仍已扩大到许多国家,严格责任原则在产品责任领域被广泛应用。

(二) 产品责任保险的责任范围

我国产品责任保险的责任范围包括以下两项。

(1) 在保险有效期内,由于被保险人所生产、出售的产品或商品在承保区域内发生事故,造成使用、消费或操作该产品或商品的人或其他任何人的人身伤害、疾病、死亡或财产损失,依法应由被保险人负责时,保险人根据保单规定,在约定的赔偿限额内负责赔偿。

(2) 除上述责任范围外,对被保险人为产品责任事故而支付的必要诉讼、抗辩费用及其他经保险公司书面同意的费用,也可由保险公司负责。如果赔偿中含有非保险责任赔偿时,保险公司将按比例承担所发生的此类费用。有时由于预计中的诉讼费用、律师费用很高,保险人为避免或减少这项支出,对一些索赔金额不大、责任比较明确的案件,常常与受害者协商解决或通融赔付。有时生产厂家或销售商为了避免在法院诉讼影响其对外声誉,也愿意和受害人私下协商解决索赔问题,保险人也可同意承担有关费用的补偿。

(三) 产品责任保险的除外责任

(1) 被保险人根据与他人的协议应承担的责任,即使没有这种协议,被保险人仍应承担的责任不在此限。也即产品责任保险承保的只是法律责任,而不负责合同责任。

(2) 根据劳动法应由被保险人承担的责任。

(3) 根据雇佣关系应由被保险人对雇员应承担的责任。

(4) 保险产品本身的损失。

(5) 产品退换回收的损失。产品责任保险是不承担因产品事故导致的产品损坏损失以及由此引起的调换、修理责任的,这两条属于产品质量保证保险的范畴。产品质量保证保险是以被保证人因制造或销售的产品丧失或不能达到规定的效能而应对买主承担经济赔偿责任为保险标的的保险,是以保险产品本身的损失为保障对象的,是保险人针对产品质量违约责任提供的带有担保性质的保证保险。在实务中,产品质量保证保险常与产品责任保险同时担保。

(6) 被保险人所有、保管或控制的财产损失。因被保险人不是第三者,故其自身财产损失不能列入产品责任赔偿范围,包括被保险人未出售的产品。被保险人可对此标的投保财产险取得保障。

(7) 被保险人故意违法生产、出售的产品造成任何人的人身伤害、疾病、死亡或财产损失。

(8) 保险产品造成的大气、土地及水污染及其他各种污染所引起的责任。

（9）保险产品造成对飞机或轮船的损害责任。

（10）由于战争及类战争行为、敌对行为、武装冲突、恐怖活动、谋反、政变直接或间接引起的任何后果所致的责任。

（11）由于罢工风险直接或间接引起的任何后果所致的责任。

（12）由于核风险所引起的直接或间接的责任。

（13）罚款、罚金、惩罚性赔款。

（14）保单中规定的免赔额。

（四）产品责任保险的赔偿条件

保险人处理产品责任保险的索赔案时，所要求的赔偿条件必须满足下列几条。

（1）事故必须是偶然、意外发生的，被保险人预先无法预料的。原因是保险人只承担偶然的产品缺陷而并非必然的产品缺陷所引起的索赔。

（2）产品事故必须在被保险人制造或销售场所以外的流通领域并在规定的期限内发生。如果存在缺陷的产品在被保险人的生产场所内发生事故，不属于产品责任险范围。如生产烟花爆竹的工厂发生爆炸导致人员伤亡、财产损失，不属产品责任险事故。但是如果烟花在消费者燃放时突然爆炸致使其受伤，受害者向制造商提出的索赔则属产品责任险范畴。

（3）产品的所有权必须已转移至用户或消费者手中，经被保险人同意赊欠或分期付款的产品视同所有权转移。

（4）索赔的首次提出必须是在保单有效期内，因为产品责任险的责任是以索赔发生制为基础的，也即对保单期限内的索赔事故负责，而不论引起该事故的有缺陷产品是否是在保险期限内生产或销售的。

三、雇主责任保险

（一）雇主责任保险的含义

雇主责任是指雇主对其雇员在受雇期间执行任务时，因发生意外事故或因职业病而造成人身伤残或死亡时依法应承担的经济赔偿责任。雇主责任保险则是以被保险人的雇主责任为保险标的的保险。投保了雇主责任险，雇主对雇员在受雇期间发生的责任事故依法应承担的赔偿责任，就可转嫁给保险人负责。

（二）雇主责任保险的保险对象

中国人民保险公司1999年推出的国内雇主责任保险条款规定，三资企业、私营企业、国内股份制公司、国有企业、事业单位、集体企业以及集体或个人承包的各类企业都可为其所聘用员工（包括正式在册职工、短期工、临时工、季节工和徒工）依照保险条款的规定向中国人民保险公司投保雇主责任保险。所称"所聘用员工"是指在一定或不定期期限内，接受被保险人给付薪金、工资而服劳务，年满十六周岁的人员及其他按国家规定和法定途径审批的特殊人员。

（三）雇主责任保险的保险责任范围

凡被保险人所聘用的员工，于保险有效期内，在受雇过程中（包括上下班途中），从事与保险单所载明的被保险人的业务工作而遭受意外或患与业务有关的国家规定的职业性疾病,所致伤、残或死亡,对被保险人根据劳动合同和中华人民共和国法律、法规,须承担的医疗费及经济赔偿责任,保险人依据保险单的规定,在约定的赔偿限额内予以赔付。对被保险人应付索赔人的诉讼费用以及经保险人书面同意负责的诉讼费用及其他费用,保险人亦负责在约定的分项赔偿限额内赔偿。

在保险期限内,保险人对保险单项下的各项赔偿的最高赔偿责任之和不得超过保险单明细表中列明的累计赔偿限额。

(四)雇主责任保险的责任免除

保险人对下列各项不负赔偿责任。

(1)战争、军事行动、罢工、暴动、民众骚乱或由于核辐射所致被保险人所聘用员工伤残、死亡或疾病。

(2)被保险人所聘用员工由于职业性疾病以外的疾病、传染病、分娩、流产以及因这些疾病而施行内外科治疗手术所致的伤残或死亡。

(3)由于被保险人所聘员工自加伤害、自杀、违法行为所致的伤残或死亡。

(4)被保险人所聘用员工因非职业原因而受酒精或药剂的影响所发生的伤残或死亡。

(5)被保险人的故意行为或重大过失。

(6)除有特别规定外,在中华人民共和国境外发生的被保险人所聘用员工的伤残或死亡。

(7)直接或间接因计算机 2000 年问题造成的损失。

(8)其他不属于保险责任范围内的损失和费用。

四、职业责任保险

(一)职业责任保险的含义

职业责任保险是承保各种专业技术人员因工作上的疏忽或过失造成第三者损害的赔偿责任保险。职业责任保险产生于 19 世纪末西方保险市场上的医生职业责任保险。20 世纪初又产生了独立的会计师责任保险业务。职业责任保险虽已有百余年的历史,但在 60 年代以前并没有得到注意。自 60 年代以来,因职业过失而引起的诉讼案在西方国家日益增多,职业责任保险的业务量也随之大大增加,品种也从单一的医生职业责任发展到包括医生、律师、会计师、建筑师、工程师等在内的数十种不同职业责任保险。在我国,近几年部分发达地区也出现了某些职业责任保险业务,如目前开办的律师执业责任保险,说明我国的职业责任保险也有了一定的发展,存在巨大潜力。

职业责任保险之所以在近几十年获得迅速发展是和职业责任诉讼案迅速增加相联系的。在国外,职业诉讼案涉及的行业愈来愈广,导致的赔偿金也与日俱增。职业责任诉讼案增加的原因主要有以下几点。

1. 原材料或产品缺陷

这一点在医生、美容师职业中体现最明显。药品及美容品往往存在一些副作用或过敏反应,在临床应用中会发生损伤人体事故。

2. 从业人员专业知识、技术和经验的局限

随着社会生产力的长足发展,现代社会中对从业人员专业技能的要求越来越高,而从业人员自身的认识力与经验是有限的,往往会发生失职事件。

3. 主观上的疏忽或过失

工作中出现疏忽或过失是任何人也难以避免的。如药剂师可能会因为药物名称太接近而发生混淆,长时间值班造成疲劳过度也可能会发生失误,建筑设计师可能考虑不周而设计有缺陷,而这种错误一旦发生将导致严重后果。

由此可见,客观原因的存在使职业责任的产生不可避免,因而除采取各种防范措施避免风险产生之外,有必要通过保险方式转移风险,以保证从业人员及受害方的共同利益,促进各行各业稳定发展。

(二) 职业责任保险种类

(1) 根据投保方式不同可将职业责任保险划分为普通职业责任保险和个人职业责任保险。普通职业责任保险多以单位为投保人,以在投保单位工作的个人为被保险人;个人职业责任保险是个人投保以自身为被保险人的职业责任保险。

(2) 根据承保责任不同将职业责任保险划分为期内发生式责任保险与期内索赔式责任保险。

期内发生式责任保险,是指保险公司对保单有效期内发生的事故所引起的损失负责,而不论原告是否在保险有效期内提出了索赔。期内发生式责任保险的优点是被保险人支付的保费与其保险期内的风险责任相适应。其缺点是往往会形成"长尾巴"保险,即保险合同终了后,保险人仍可能面临索赔。且保险人在保单项下承担的赔偿责任常常拖很长时间才能确定,在货币贬值环境下最终赔偿的数额可能大大超过事故发生当时的水平。这个缺点甚至使美国20世纪70年代中期的医疗责任险发生危机。因而目前保险人已不出售这种保单。

期内索赔式责任保险,是指保险人仅对在保险有效期内提出的索赔负责,而不管导致索赔的事故是否发生在该保险有效期内。期内索赔式责任保险避免了"长尾巴"风险,可以使保险人确切的把握该保单项下应支付的赔款。但在此类保单下,保险人有可能承担合同订立以前的职业事故。为了便于控制风险责任,各国保险人普遍采用追溯期的规定来限制责任,即保险人只对追溯期开始后发生的疏忽行为并在保单有效期内提出的索赔负责。例如,保单有效期为2006年1月1日至2006年12月31日,追溯期为3年,则只有在2003年1月1日起发生的责任事故并在2006年内提出的索赔,保险人才予负责。期内索赔式责任保险保单是目前保险人主要采用的承保方式。

(3) 根据职业种类不同可将职业责任险划分为医疗失职保险、律师执业责任保险、建筑师/工程师职业责任保险、会计师职业责任保险、保险经纪人代理人错误和疏忽保险等。这些只是已经发展起来的职业责任保险品种,随着职业种类的不断增多,职业责任风险不断加强,职业责任保险的品种还会持续增长。

五、公众责任保险

(一) 公众责任保险的含义

公众责任保险的概念起源于英国,是指保险人对法人或公民因疏忽过失行为致使公众利益受到损害而承担经济赔偿责任提供保障的责任保险。公众责任保险也用来承保人们在日常生产生活中的法律责任,或扩展承保被保险人按契约规定承担的赔偿责任。实际上国外的公众责任保险是指除了交通工具责任保险、雇主责任保险、产品责任保险、职业责任保险以外的所有责任风险。

公众责任保险在国外相当发达。以美国为例,公众责任保险主要以普通责任保险和综合个人责任保险的形式出现。普通责任保险是用以承保不同行业的企业、团体及个人在生产经营等活动中因意外事故造成他人人身伤亡、财产损失而引起的赔偿责任。为了满足不同投保人的不同需要,一般在一张规定共同条件的普通责任保险总保单下设计若干具体保险项目,被保险人可自愿进行选择。每份具体保险项目下都订有特殊条款,并可分别订明各自赔偿限额及保费。美国的普通责任保险包括制造商、承包商责任保险,店主、承租人责任保险,业主和承包商责任保险等。

(二) 公众责任保险的保险对象

中国人民保险公司于 1999 年 7 月推出的《公众责任保险条款》规定:凡依法设立的企事业单位、社会团体、个体工商户、其他经济组织及自然人,均可作为被保险人。

(三) 公众责任保险的保险责任

(1) 在本保险有效期内,被保险人在本保险单明细表中列明的地点范围内依法从事生产、经营等活动以及由于意外事故造成下列损失或费用,依法应由被保险人承担的民事赔偿责任,保险人负责赔偿。

(2) 第三者人身伤亡或财产损失。

(3) 事先经保险人书面同意的诉讼费用。

(4) 发生保险责任事故后,被保险人为缩小或减少对第三者人身伤亡或财产损失的赔偿责任所支付的必要的、合理的费用。

前两项每次事故赔偿总金额不得超过本保险单明细表中列明的每次事故赔偿限额;第三项每次事故赔偿金额不得超过本保险单明细表中列明的每次事故赔偿限额。

(四) 公众责任保险的责任免除

下列原因造成的损失、费用和责任,保险人不负责赔偿。

(1) 被保险人及其代表的故意或重大过失行为。

(2) 战争、敌对行为、军事行为、武装冲突、罢工、骚乱、暴乱、盗窃、抢劫。

(3) 政府当局的没收、征用。

(4) 核反应、核辐射和放射性污染。

(5) 地震、雷击、暴雨、洪水、火山爆发、地下水、龙卷风、台风、暴风等自然灾害。

(6) 烟熏、大气、土地、水污染及其他污染。

（7）锅炉爆炸、空中运行物体坠落。

（8）直接或间接由于计算机 2000 年问题引起的损失。

（9）被保险人的下列损失、费用和责任,保险人不负责赔偿:被保险人或其代表、雇佣人员人身伤亡的赔偿责任,以及上述人员所有的或由其保管或控制的财产的损失。

（10）罚款、罚金或惩罚性赔款。

（11）被保险人与他人签订协议所约定的责任,但应由被保险人承担的法律责任不在此限。

下列属其他险种保险责任范围的损失、费用和责任,保险人不负责赔偿。

（1）被保险人或其雇员因从事医师、律师、会计师、设计师、建筑师、美容师或其他专门职业所发生的赔偿责任。

（2）不洁、有害食物或饮料引起的食物中毒或传染性疾病,有缺陷的卫生装置,以及售出的商品、食物、饮料存在缺陷造成他人的损害。

（3）对于未载入本保险单而属于被保险人的或其所占有的或以其名义使用的任何牲畜、车辆、火车头、各类船只、飞机、电梯、升降机、自动梯、起重机、吊车或其他升降装置造成的损失。

（4）由于震动、移动或减弱支撑引起任何土地、财产、建筑物的损害责任;被保险人因改变、维修或装修建筑物造成第三者人身伤亡或财产损失的赔偿责任。

（5）被保险人及第三者的停产、停业等造成的一切间接损失。

（6）未经有关监督管理部门验收或经验收不合格的固定场所或设备发生火灾、爆炸事故造成第三者人身伤亡或财产损失的赔偿责任;因保险固定场所周围建筑物发生火灾、爆炸波及保险固定场所,再经保险固定场所波及他处的火灾责任。

（7）下列原因造成的损失、费用和责任,保险人不负责赔偿:①被保险人因在本保险单列明的地点范围内所拥有、使用或经营的游泳池和停车场发生意外事故造成的第三者人身伤亡或财产损失;②被保险人因在本保险单列明的固定场所内布置的广告、霓虹灯、灯饰物发生意外事故造成的第三者人身伤亡或财产损失;③被保险人因出租房屋或建筑物发生火灾造成的第三者人身伤亡或财产损失的赔偿责任;④本保险单列明的或有关条款中规定的应由被保险人自行负担的免赔额,其他不属于本保险责任范围内的一切损失、费用和责任,保险人不负责赔偿。

六、个人与家庭责任风险的保险规划

如前所述,大多数责任保险产品的特征在于保险责任比较狭小。因此,在购买家庭与个人责任保险产品时,需要注意下面一些问题。

（一）明确保险标的

责任保险产品的保险责任比较狭小,基本上是仅仅保障单一风险。例如宠物风险、高空坠物风险等。另外,责任保险的保单上要明确写明被保险房产的具体地址。因此,我们在投保责任保险时,应该注意考虑自己所拥有的房产数目,建立全面的保障。并且,还要考虑房产的用途。如果这些房产是用于自己居住的,那么就购买一个一般的家庭第三者责任保险,如果这些房产是用于出租的,则还应该考虑购买出租人责任险。如果所有的房产都是用于自己居住的,那么在投保时应该明确写明需要保障的房产范围和地址。

(二)保险产品的选择

只有明确了个人与家庭面临的责任风险种类,才能有针对性地购买责任保险产品。比如说,如果在高楼上,那么高空坠物风险比较大,可以考虑购买高空坠物责任风险来规避;如果您家里有宠物,可以考虑购买宠物责任保险;如果家里雇用了家政人员,则可以考虑购买家政人员责任保险;如果是一个普普通通的家庭,则可以考虑购买一个一般的家庭第三者责任保险即可。所以,购买哪些产品,应该根据自己的家庭所面对的风险种类来选择。

(三)赔偿限额的确定

赔偿限额是当保险事故发生时,保险公司所赔付的最高金额。在考虑应该购买的赔偿限额时,我们应该充分考虑下面这些因素。

(1)当前的医疗费用水平和生活费用水平,可以借鉴相关的法院判决来恰当地考虑。

(2)自己的风险状况。

另外,购买责任保险产品时,应该注意险种的合理搭配与有效组合。通过购买主险再搭配附加险的方式,其总保费一般来说相对较低。保险公司提供的个人与家庭责任保险产品一般都是以附加险的形式出现的。其主险基本上都是家庭财产保险,在购买主险的基础上再选择附加个人与家庭的责任风险,也有少部分保险公司单独提供居家责任保险、宠物责任保险、家政服务险等。

所以,没有什么固定的定量方法来计算某个家庭应该需要的赔偿限额,只能够由各个家庭根据具体情况自己估算了。

目前,在我国责任保险的保险制度中,一般以附加险形式出现的个人与家庭责任保险的赔偿限额是不高的。例如,高空坠物责任保险的保险金额最高为5万元,家政服务人员责任保险的赔偿限额最高为5万元,宠物责任保险的赔偿限额为5 000元,家庭第三者责任保险的赔偿限额最高为2万元左右。如果觉得保障不足,就应该选择单独购买某种责任保险,或者与保险公司特别约定比较高的赔偿限额。通常单独的责任保险赔偿限额就会高一些。所以,各种模式都是有利也有弊。

另外,保险条款里还有对每次事故赔偿限额和累计赔偿限额的规定,因此,在购买保险产品的时候需要考虑这些因素。

第五节　信用保证保险

一、信用保证保险概述

信用保证保险是随着商业信用的发展而产生的一类新兴保险业务。信用保证保险分为信用保险和保证保险,信用保险是保险人根据权利人的要求担保义务人(被保证人)信用的保险;保证保险是义务人(被保证人)根据权利人的要求,要求保险人向权利人担保义务人自己信用的保险。信用保险和保证保险都是保险人对义务人(被保证人)的作为或不作为致使权利人遭受损失负赔偿责任的保险,即都是保险人对义务人信用的担保。但两者又存在差别,主要表现有以下四点。

(1) 投保对象与投保人不同。信用保险是权利人要求保险人担保义务人的信用,保证保险是义务人要求保证人向权利人担保自己的信用;前者由权利人投保,后者由义务人投保。

(2) 承保方式的区别。信用保险是填写保险单来承保的,而保证保险是出立保证书来承保的。该保证书同财产保险单有本质的区别,其内容通常很简单,只规定担保事宜。

(3) 信用保险合同除保险人外只涉及权利人和义务人两方,而保证保险因为往往要求义务人提供反担保,因此,保证保险除保险公司外,还涉及义务人、反担保人和权利人三方。

(4) 在信用保险中,被保险人缴纳保险费是为了可能因义务人不履行义务而使自己受到损失的风险转嫁给保险人,保险人承担着实实在在的风险。在保证保险中,义务人缴纳的保险费是为了获得向权利人保证履行义务的凭证。保险人出立的保证书,履行的全部义务还是由义务人自己承担,并没有发生风险转移,在义务人没有能力承担的情况下,才由保险人代为履行义务,因此经营保证保险的风险小于信用保险。

二、信用保险

(一) 国内信用保险

国内信用保险,是随着商品的交易而发展起来的信用保险。它主要承担当商品交易采取延期或分期付款时,卖方因买方不能如期偿还全部或部分贷款而遭受的经济损失,商业信用保险的保证人是买方,被保证人通常是卖方,保险人向卖方提供信用的保障。包括个人抵押贷款保险、赊销信用保险等。

(二) 出口信用保险

1. 出口信用保险的概念

出口信用保险是国家建立政策性风险基金,通过保险经济合同形式,承保出口商在经营出口业务过程中,因买方的商业风险或政治风险而遭受的损失。

2. 出口信用保险承保的风险

出口信用保险主要包括商业风险和政治风险两类,商业风险主要包括以下三个方面。

(1) 买方由于破产或其他债务原因而无力支付贷款的风险。

(2) 买方收到贷款后,长期拖欠贷款的风险。

(3) 买方违背贸易合同,在卖方发货后提出拒收货物并拒付罚金的风险。

政治风险主要包括以下四个方面。

(1) 买方所在国发生战争、内战、暴乱、革命、敌对行为或其他政治性动乱。

(2) 买方所在国颁布法律、命令或条约,阻止、限制买方汇出发票上规定的货币或其他自由兑换货币。

（3）买方所在国颁布法律、命令或条约，突然撤销了买方的进口许可证或禁止买方的货物进口。

（4）由于买方无法控制的其他政治事件，使买方无法履行合同。

出口信用保险不承保在卖方出口货物前已经存在的风险，或由于卖方或其代表的故意违反行为而违约带来的风险。对于汇率变动引起的风险和其他风险中承保的风险也不予承保。

（三）投资保险

投资保险也称政治风险保险，保险人承保本国在外国进行投资的投资者在投资期间，因对方国家的政治风险所造成的投资损失。其承保对象一般是海外投资者。投资保险是在 20 世纪 60 年代欧美国家形成的，第二次世界大战后，美国于 1948 年 4 月根据《对外援助法》制定了《经济合作法案》，开始实施"马歇尔计划"。同时设立了经济合作署，专门管理外援及海外事务，并开始实行投资风险保险制度。我国自 1979 年以来，为了适应对外开放和引进外资的需要，也开办了投资保险。但我国的投资保险保障的是我国投资者的利益，被保险人是我国投资者。

1. 保险责任

（1）战争险，包括战争行为、叛乱、罢工及暴动。

（2）征用险，又称国有化风险，是投资者在国外的投资资产被东道主政府有关部门征用或没收的风险。

（3）汇兑险，即外汇风险，是投资者因东道国的突发事件而导致其在投资国与投资国有关的款项无法兑换货币转移的风险。

2. 除外责任

（1）被保险人投资项目受损后造成被保险人的一切商业损失。

（2）被保险人没有按照政府有关部门所规定的汇款期限汇出汇款，所造成的损失。

（3）被保险人及其代表违背或不履行投资合同或故意违法行为导致政府部门征用或没收造成的损失。

（4）由于原子弹、氢弹等核武器造成的损失。

（5）投资合同范围外的任何其他财产的征用、没收所造成的损失。

三、保证保险

（一）保证保险的概念与特点

保证保险，是在被保险人的作为或不作为致使被保险人（权利人）遭受经济损失时，由保险人来承担经济赔偿责任的保险。

（二）保证保险的种类

保证保险的种类很多，归纳起来主要分为确实保证保险与诚实保证保险两大类。

1. 确实保证保险

确实保证保险，是被保险人不履行义务而使权利人损失时，由保险人承担赔偿责任的保险。其保险标的是被保险人的违约责任。确实保证保险的投保人是被保证人自己，它承保的风险是被保证人履行一定义务的能力和意愿。确实保证保险分为以下四类。

(1) 合同保证保险。合同保证保险承保因被保险人不履行各种合同义务而造成权利人的经济损失,常见的险种有:履约保证保险、投标保证保险、预付款保证保险、维修保证保险。

(2) 司法保证保险。司法保证保险是因法律程序而引起的保证业务,按其内容分为诉讼保证和受托保证。

(3) 许可证保证保险。许可证保证保险,是担保从事经营活动领取执照的人遵守法规或履行义务的保险。在有些国家,从事某一活动或经营的人在向政府申请制造或许可证时,往往需要提供此种保证。

(4) 产品保证保险,也称产品质量保险,它承保的是产品责任保险的保险单下不承保的被保险人因制造或销售的产品质量有缺陷而产生的赔偿责任。在欧美国家,制造商或销售商一般同时投保产品责任保险和产品保证保险以得到充分保障。

2. 诚实保证保险

诚实保证保险又称雇员忠诚保证保险,承保雇主因雇员的不诚实行为,如盗窃、贪污、侵占、非法挪用、伪造、欺骗等而受到的经济损失。这种保险一般由雇主投保。它的承保方式包括以下五种。

(1) 指名保证保险,即以特定的雇员为被保证人的保证保险。

(2) 职位保证保险,是指保险人承保某一职位上的若干被保险人,但可不列明被保险人的姓名,并按职位确定保证金额,凡担任该职位的人,都按约定的保证金额自动承保。

(3) 总括保证,是指在一个保险合同内承保雇主所有的正式雇员。在总括保证中,一个企业的所有雇员都是被保证人,新的雇员在没有通知保证人之前就属于被保证人。这种保证可以避开因选择被保证人或职位而引起的猜疑。

(4) 伪造保证保险,是承保因伪造或篡改背书、签名、收款人姓名、金额等造成损失的保证保险。

(5) "三 D 保单",是指不诚实(dishonest)、损毁(destruction)及失踪(disappearance)的综合保单,包括诚实保证和盗窃保险,承保企业因他人的不诚实、盗窃、失踪、伪造或篡改票据遭受的各种损失。其内容包括五部分,被保险人可选择投保部分或全部。

三、个人家庭信用风险及保险规划

个人信用的表现形式多种多样,工商企业可以直接以赊销的方式,特别是分期付款的赊销方式,对个人提供信用;银行以及其他金融机构也可直接贷款给个人用以购买耐用消费品、住房以及支付旅游等费用,以及对个人提供信用卡,持卡人便可以在接受该种信用卡的商店购买商品,定期与银行结账,等等。可以通过购买下述风险加以防范和规避。

(一) 个人房屋贷款保证保险

通常包含个人贷款抵押房屋保险和个人房屋抵押贷款还贷保证保险,也被称为个人房屋贷款综合保险。

　　个人贷款抵押房屋保险,是指借款人(抵押贷款购房人)以作为抵押物的房屋为标的,向保险人(保险公司)投保,当抵押房屋因自然灾害、意外事故或第三人责任等原因遭受毁损而致损失时,由保险人承担赔偿责任的保险。

　　个人房屋抵押贷款还贷保证保险,指保险公司承保的是房屋抵押贷款的贷款人(商业银行等金融机构)因借款人(房屋抵押贷款购房者)不能按期偿付债务而面临的风险。

(二)个人抵押贷款定期人寿保险

　　个人抵押贷款定期人寿保险是指借款人(抵押贷款购房者)本人或对其有保险利益的人作为投保人,以借款人为被保险人,向保险人投保的定期寿险。

(三)消费信贷保证保险

　　消费信贷保证保险是指由借款人作为投保人与保险人约定,当投保人不能按时缴纳贷款时,由保险人负责向被保险人赔偿未偿还的贷款本金及利息。

本 章 小 结

　　(1)财产保险,是指以各种财产物资和有关利益为保险标的,以补偿投保人或被保险人的经济损失为基本目的的一种社会化的经济补偿制度。根据经营业务的范围,财产保险可以分为广义财产保险与狭义财产保险。其中,广义财产保险是包括各种财产损失保险、责任保险、信用保证保险等业务在内的一切非人身保险业务。狭义财产保险则仅指各种财产损失保险。

　　(2)个人与家庭面临的财产风险主要是指个人和家庭的财产由于自然灾害和意外事故而发生的损失,或指由于人们在主观上有过错,而给其他人的财产或人身带来损害的,则应该按照法律规定承担赔偿责任的风险。承保这类风险的险种有家庭财产保险、机动车辆保险、各种责任保险等。

　　(3)家庭财产保险承保凡属于城乡居民、个体工商户、家庭手工业者家庭成员或个人的自有财产、代他人保管财产或与他人共有的财产,主要有普通型家财险、储金型家财险和投资型家财险等类型。家庭财产保险规划不仅要注意选择适应的险种,还要注意风险责任对应、保险金额确定、保费的缴纳方式、避免重复投保等问题。

　　(4)机动车辆保险的保险规划要与交强险相结合。交强险是强制保险,其实施有利于道路交通事故受害人获得及时的经济赔付和医疗救治,有利于减轻交通事故肇事方的经济负担,化解经济赔偿纠纷。但是由于该险种分项负担财产损失、人员伤亡补偿和医疗费用支出,尤其在财产损失和医疗费用方面的补偿不足,因此,投保人往往需要在投保交强险的基础上选择一定额度的商业"三责险"进行补充。同时,根据被保险人的不同风险状况,选择车辆损失保险和一些必需的附加险进行配置。

　　(5)责任保险的险种较多,只有明确了个人与家庭面临的责任风险种类,才能有针对性地购买责任保险产品。另外,购买责任保险产品时,应该注意险种的合理搭配与有效组合。通过购买主险再搭配附加险的方式,其总保费一般来说相对较低。还应根据家庭实际情况合理确定赔偿限额。

关键概念索引

财产保险　火灾保险　家庭财产保险　运输保险　运输货物保险　运输工具保险 机动车辆保险　第三者责任保险　互联网车险　责任保险　侵权责任　合同责任　严格 责任制　产品责任保险　职业责任保险　雇主责任保险　公众责任保险

复习思考题

1. 简述财产保险的分类。
2. 火灾保险采用什么赔偿方式?
3. 家庭财产保险的适用范围。
4. 家庭财产保险规划应考虑哪些因素?
5. 机动车辆保险采用什么赔偿方式?
6. 如何为家庭安排机动车辆保险?
7. 责任保险产生和发展的基础是什么?
8. 产品责任保险的法律规则有哪些?
9. 雇主责任保险是如何确定限额与保费的?
10. 公众责任保险的保险责任与除外责任有哪些?
11. 如何通过保险转嫁个人或家庭面临的信用风险?

第五章　人　身　保　险

 **本章要点**

- 人身保险的特征
- 人身保险合同常用标准条款
- 人寿保险的种类
- 人身意外伤害保险的概念与特征
- 健康保险的概念与特征

　　人身保险是处理人身风险的对策之一,它起源于古代的互助团体,随着商品经济的发展及寿险精算技术的产生逐步演化为比较完善的近代人身保险制度,1762 年在英国创办的公平人寿保险公司(the society for equitable assurance on lives and survivorship),因其第一次依据生命表,采用均衡保险费的理论科学地计算保险费,在保险单中有关于缴纳保险费宽限期以及保险单失效、复效的规定而被认为是近代人身保险制度形成的标志。人身保险业务形成以来获得迅速发展,在保险业务中占有重要地位。据统计,2016 年,我国保险市场寿险业务一马当先,实现原保险保费收入 17 442.22 亿元,同比增长 31.72%,同时,健康险业务高速增长,实现原保险保费收入 4 042.50 亿元,同比增长 67.71%。人身保险市场的不断发展使人身保险产品不仅能满足人们的保障需要,而且也逐渐演变为个人或团体投资理财的工具。

第一节　人身保险概念及特征

一、人身保险的内涵

　　人身保险是指以人的生命与身体作为保险标的的一种保险。人身保险的投保人按照保单约定向保险人缴纳保险费,当被保险人在合同期限内发生死亡、伤残、疾病等保险事故或达到人身保险合同约定的年龄、期限时,由保险人依照合同约定承担给付保险金的责任。从上述定义中,我们可以看出人身保险具有以下基本特征。

(1) 人身保险的保险标的是人的生命与身体。人的生命是一个抽象的概念,当生命作为保险保障的对象时,以生存和死亡两种状态存在。人的身体作为保障对象时,以人的健康、生理机能、劳动能力等状态存在。人身意外伤害保险、健康保险保障的就是被保险人由于身体上的伤害而完全或部分丧失劳动能力时所产生的经济需要。

(2) 人身保险的保险责任是人们在日常生活中以及生命的成长过程中可能遭受到的种种不幸事故或疾病、衰老等原因造成的人的生、老、病、死、伤、残。

(3) 人身保险的给付条件是保险期内保险事故发生,造成人的伤残、死亡、丧失劳动能力等,或是保险期满,被保险人生存。

对于人身保险的概念,还可以从多个角度理解。从经济的角度看,人身保险是分摊人身风险损失的一种财务安排;从法律角度看,人身保险是一种合同行为,体现了民事法律关系主体之间的权利和义务关系;从社会的角度看,商业人身保险是社会保障制度的重要组成部分,是社会的稳定器和经济的助动器;从风险管理的角度看,人身保险是人身风险管理的一种方法,通过人身保险起到分散风险、分摊损失的作用。

二、人身保险的特征

(一) 人身保险合同特征

人身保险和财产保险是我国保险业务的两大分类,由于人身保险是对人的生命和身体提供保障,而人的生命、身体不同于一般的可用货币来衡量的财产,因而人身保险与财产保险相比在合同上具有下列一些特征。

1. 保险金额确定方法的特殊性

人身保险是以人的生命及身体作为保险标的的一种保险,保障的是人的生命及身体遭受的损害,其保障对象是不能用货币量化衡量的,因而,人身保险业务不能像财产保险那样依据标的物的货币价值来确定保险金额。人身保险的保险金额是依据被保险人对保险的需求程度和投保人的缴费能力与保险人协商订立的。为防范道德风险,保险人对投保人所提出的投保金额要求按生命价值理论进行合理的限制,通过核保程序最终确定适当的保险金额。另外,在一些保险中还存在没有确定的最高给付总金额,而只规定由保险人在一定时期内定期给付保险金的数额的情况。例如养老金保险,受益人通常在约定的领取期开始后,一直领取保险金到被保险人死亡,其领取总额是不确定的。

2. 人身保险的保险金支付属于约定给付

与财产保险的补偿赔付方式不同,人身保险通常采用约定给付方式。人身保险合同为给付性合同。作为定额保险的人身保险,当发生保险事故时,保险人按照合同约定的保险金额、给付方法承担保险金给付责任,而不存在依据实际损失金额进行赔偿一说。因此,人身保险合同的给付不参照损害赔偿原则进行,不实行比例分摊,不实行代位追偿原则。

但需要注意的是,人身保险中的医疗费用保险是个特例。因其对被保险人发生的确定货币量的医疗费用进行补偿,所以既可以约定采用损害补偿原则,也可以约定为定额给付合同。当医疗保险采取补偿合同方式时,适用损害补偿原则:保险人对被保险人赔付的医疗保险金不超过被保险人实际支出的医疗费用;如果是第三者责任导致医疗费用支出,适用于代位追偿原则;如果医疗保险出现重复保险,适用重复保险的比例分摊原则。

3. 人身保险合同多属于长期合同

人身保险,特别是人寿保险一般都是长期合同,保险期限一般都在二三十年,长的品种保险期限则可以从人的出生至人的最终死亡。而财产保险合同的保险期限多为一年或一年以下的短期业务。由于人身保险合同的长期性,因而导致合同的条款中具有了不同于财产保险合同的特殊规定,如人身保险中,除短期意外险、短期健康险等短期性业务外,长期性业务人身保险合同的保费通常可以选择采用趸缴或期缴方式。同时由于合同的长期性,因而合同的保全服务和业务管理更加复杂严格,保单有宽限期、中止、复效等一系列特殊的合同规定。

(二) 人身保险业务经营管理上的特征

1. 人身保险业务通常采取均衡费率制度

死亡率是人寿保险费率厘定的基本要素之一。依据人的生命经验,人的死亡风险随着人的年龄逐年增加。在寿险业务中如果按每一年度来办理保险,按照当年的死亡率收取自然保费,就会出现年轻人的保费负担轻,年老人保费负担重。而从人的收入规律看,随着年龄的增大,收入能力下降。所以当其年老时,保费负担相对于个人经济收入过重,从而造成人老年最需要保险保障时却因丧失缴费能力不能获得保障。同时寿险业务中也容易出现逆选择,身体健康的人考虑到保费上升、负担加重而选择退出保险,体弱多病的人考虑到风险程度高而坚持投保,从而使正常情况下计算出的保险费率难以维持。

自然保费的这种特点必将阻碍寿险业的开展。为解决此中的矛盾,寿险业对身故保障摒弃了一年期业务,改变了按自然费率即按被保险人当年死亡率厘定保险费率逐年收取的方法,大量地采用了长期业务和均衡保费(见表5-1)。寿险业将保单设计为几十年的长期业务,在保单设计的缴费期内,将整个保险期内各年所需的自然保费进行平均,每年交付数额相等的均衡保费。均衡保费不反映被保险人当年死亡率,在保单早期高于自然费率,在保单后期低于自然费率,从而使被保险人每年缴费负担均衡,年龄增大时保费并不增长。保险人用保单前期多交的超出自然费率部分的超额保费积累起来用以弥补保险后期不足自然费率的保费。这种技术手段使投保人保费负担合理化,年轻时未雨绸缪,多缴保费,保证其晚年能享受到充分的保险保障。

表5-1　自然保险与均衡保费
(35岁男子参加保险金额为1 000元、年利率为3%的寿险)

年龄(岁)	死亡率	自然保费(元)	均衡保险(元)
35	2.51‰	2.44	16.29
40	3.53‰	3.43	16.29

续表

年龄(岁)	死亡率	自然保费(元)	均衡保险(元)
45	5.35‰	5.19	16.29
50	8.32‰	8.08	16.29
55	13.00‰	12.62	16.29
60	20.34‰	19.75	16.29
70	49.79‰	48.33	16.29
80	109.98‰	106.77	16.29
90	228.14‰	221.49	16.29

2. 寿险保单具有储蓄性和投资性

寿险具备非寿险的保障性的同时，也具有储蓄性。寿险业的储蓄性，一方面是由险种本身特性决定的，如生存险本身就是在生存至期满时得到一笔保险金，这笔保险金实质上是被保险人群体储蓄性保费的积存；另一方面也是由其长期性业务性质决定的，保户分期交付保费，保费由保险人按复利计算，体现出储蓄性。同时，在寿险合同中，由于风险保费采纳的均衡保费制度，保费前期高于实际业务给付所需的自然保费，因而超额部分及其生息实际上是投保人的储蓄。由于寿险保单的储蓄性，因而其通常具备一定的货币积存值，即现金价值，寿险保单成为有价证券的一种。

寿险虽然有储蓄性，但并不等同于银行储蓄。首先，储蓄是一种自助行为，依靠自身力量来解决自己的困难。保险则是互助与自助的结合，储蓄性以保障性为基础，被保险人得到的保险金不是自己所缴保费的本利和，而是现金价值，包含了他人的分摊，也扣除了分摊他人保险事故的成本。其次，储蓄较为灵活自如，可以随时改变储蓄计划。人身保险一旦投保，被保险人不能随意变更合同内容，因而人们往往称人身保险是一种半强制性的储蓄。

在寿险保单具有储蓄性的同时，衍生了保单的投资性功能。现在我国所销售的分红保险、投资连结保险以及万能寿险等使投保人不仅能享受到保险保障，更可以享有保险人在运用保险基金投资和保险业务经营过程中所产生的收益。

3. 人身保险业务的经营管理方式不同

相比较财产保险多是一年期业务，保单经营效益年内可以确定，人身保险由于其业务多是长期业务，其业务的经营效益不能在一年内确定，因而其保费厘定方法、责任准备金提留方法、偿付能力计算及资金运用方面都不同于财产保险，法律及政府保险监管机关对人身险业务的监管体系和标准也不同于财产保险。

4. 人身保险业务经营稳定性影响因素不同

保险经营数理基础是大数法则与概率论。人身保险的经营建立在生命表基础上，保险事故发生率相对稳定，而财产保险业务由于标的数量、质量不均衡，标的损失率的稳定性较差，不时会发生较大的风险损失。但人身保险业务中寿险业务费率核算中受利率因素影响，而利率在长期业务持续期中常受客观金融环境的影响不断波动，因而寿险经营稳定性受利率影响程度较大，常会导致业务经营的盈亏波动。

三、人身保险的分类

人身保险合同由于人们人身保障需求的多样性及可变性，决定了人身保险险种的多样性及新险种的层出不穷。因而，实务中人身保险险种的归类，在不同的场合，根据不同要求，从各个角度，可以有不同的划分方法，如按实行方式不同分为强制保险和自愿保险，按业务期限分为长期保险和短期保险。下面我们对人身保险特有的一些分类方法进行介绍。

（1）按保障范围分类，人身保险可以划分为人寿保险、人身意外伤害保险和健康保险。

人寿保险是以人的生命为保险标的的保险，保险合同的给付条件是被保险人的生存、死亡或生死两全。人寿保险是人身保险的主要和基本的种类，由于其自身的特性，通常在做保险业务统计及业务监管中，一般将其单列为寿险业务，而人身保险中的意外险及健康险则与财产险业务并列为非寿险业务。

人身意外伤害保险是以被保险人因遭受意外伤害造成的死亡或残疾为保险事故的人身保险，其主要特征不同于寿险，具有保费低、保障性强的特点，通常不具备储蓄性。

健康保险是以被保险人因意外事故、疾病所致的医疗费用支出和工作能力丧失、收入减少及护理费用支出为保险事故的人身保险。健康保险包括医疗保险、疾病保险、失能收入保险及长期护理保险四个品种。

（2）按投保方式分类，人身保险可以划分为个人人身保险、团体人身保险及联合人身保险。

个人人身保险是以个人为投保者，一张保险单承保一个被保险人的人身风险的人身保险。满足个人对保险保障的需求。

团体人身保险是以团体为投保人，一张总保险单承保一个团体的全部或大部分成员的人身风险的人身保险。团体保险包括团体人寿保险、团体意外保险和团体健康保险。

联合人身保险通常是把有一定利害关系的两人或两人以上的人视为一个被保险人整体，如父母、夫妻、子女或合作人等，用一张保单对多人提供人身风险保障的人身保险。

（3）按保障的风险程度分类，人身保险可以划分为标准体保险和次健体保险。

标准体保险是指被保险人的风险程度与保险人订立的正常标准费率相适应。标准体又称健体，是指身体健康状况、职业、道德等各方面没有明显的缺陷，可以用正常费率来承保的被保险人。

次健体保险就是不能用正常费率来承保，而只能用特殊条件如加费、增龄或限制保障范围等方式加以承保的人身保险。次健体也称为弱体或非标准体，往往当被保险人的风险程度如健康状况、职业等要素超过标准体的风险条件时，办理次健体保险。

（4）按人身保险的作用分类，人身保险可以划分为保障型、储蓄型和投资型人身保险。

保障型人身保险是指主要体现保险保障功能、基本不含储蓄性的人身保险业务，如定期寿险、意外险和短期的健康险等。

储蓄型人身保险是指主要体现保险长期半强制性储蓄功能的人身保险业务，如年金保险、子女教育金保险等。

投资型保险是指在基本保障功能基础上凸显保险投资功能,可以享受保险人经营的业务利润或投资利润的人身保险业务,如分红保险、万能险和投资连接保险。

四、人身保险的作用

(一) 对个人和家庭提供经济保障和投资理财渠道

每个个人及家庭都面临着人身风险存在的客观事实,疾病或意外伤害的发生将会导致家庭沉重的经济打击,而婴儿的诞生、子女的成长也会引起家庭必要的可观的抚养费及教育费的开支,因而无论是出生、衰老、疾病、死亡或残疾都是在个人和家庭安排收入和开支计划时必须要考虑的问题。人身保险既可对意外伤害、身患疾病提供强大的经济保障,又可通过寿险计划的安排为子女教育、婚嫁及成年人口的养老做好预先的储蓄准备,所以在现代社会中,购买人身保险是为个人和家庭提供经济保障,获得家庭"保护伞"和"安全网"的重要渠道。随着人身保险的发展,人身保险业务又逐渐发展出投资型新型寿险产品,从而使购买人身保险对个人和家庭来说不仅成为获得经济保障的渠道,也成为投资理财的重要渠道。

(二) 有利于企业稳定经营

劳动力和人才是推动企业发展的重要因素,吸引劳动力与人才的一个重要方法是完善企业的员工保障制度与福利制度。对于企业来说,通过办理团体人身保险为员工提供生、老、病、死、残等人身保障,充分利用保险制度解除员工后顾之忧来稳定员工队伍,提高员工福利,充分调动其劳动积极性,更可促进企业的迅速发展,稳定企业的支出。而企业为员工办理企业年金,更能够为员工在享受基本养老之外提供更多的养老福利,从而增加员工的凝聚力,激发创造力。

(三) 发展商业人身保险大力支持了我国社会保险制度改革

我国随着经济体制改革的不断深入,劳动就业制度改革、社会医疗制度改革、养老制度改革等社会保险制度改革都在不断深入。我国经济体制改革使社会公众生活压力逐步加大,个人与家庭经济生活不稳定因素大大增加,各项人身风险对家庭生活的破坏作用日趋显著,而社会保险现状难以全面解决这些风险。因而,我国经济体制改革的深入,需要商业人身保险的配套服务,以补充社会保险制度的不足,解决一部分社会问题,保障劳动者的基本生活。

(四) 实现融资职能,促进经济发展

人身保险在经营中通过收取保费形式积聚巨额的保险基金。由于人身保险风险发生的不确定性,因而在保费收入与保险金给付之间必然存在一定的时间差和规模差。保险业可利用其间的时间差,通过国家规定的各种渠道将闲置中的保险基金汇入金融市场,直接或间接投资于生产领域,从而弥补社会总资金的不足,促进经济的发展。

五、人身保险合同的常用条款

保险条款是保险合同的核心,是当事人履行合同义务、承担法律责任和享受合同权利

的依据。人身保险合同在长期的发展过程中,逐步形成了一些内容固定、文字形式较为规范的常用条款,充分表现出人身保险合同的特色。

（一）犹豫期条款

长期人身保险合同中存在犹豫期条款。犹豫期也叫"冷静期",即投保人在收到保险合同后的一定期间(目前我国规定为保单签收日次日起 10 天,银行保险产品的犹豫期为 15 天)。在犹豫期内投保人如不同意保险合同内容,可无条件撤销已订立的保险合同,保险人则应退还全部已收保费,除收取一定保单工本费(10 元)以外,不得扣除任何费用。规定犹豫期条款,是由于保险产品条款复杂、涉及知识面较广的特点,同时为了防止保险代理人误导客户购买,达到保护投保人和被保险人的合法权益的目的。

（二）不可争条款

不可争条款也称为不可抗辩条款,其基本内容通常是:自人身保险合同订立时起,超过一定时限(通常为一年或两年)之后,保险人将不得以投保人在投保时违反最大诚信原则,没有履行如实告知义务等理由主张合同无效。不可争条款也用于保单失效后的复效,即对于申请复效的保单只有在复效两年后才可以成为不可抗辩的合同。

人身保险合同订立时,有关被保险人的年龄、健康状况、职业等因素将影响保险人决定是否承保及相应费率,因此,根据最大诚信原则投保人或被保险人应履行如实告知义务,不得有任何隐瞒或欺骗,否则保险人有权解除合同。但由于人身保险合同的长期性,如果不加以时限限制,可能会造成保险人滥用此项权利,在合同订立多年以后,以此为理由要求解除合同,而这将使被保险人的利益无法得到保障,并会造成更多的纠纷。因而各国在保险法规中对此确定了保险人的可抗辩期,逾期后,保险人将丧失此抗辩权。但一般也规定有一些例外,如当投保人欠费时,或当被保险人在可抗辩期内死亡时等情况下,保险人在抗辩期满后仍有权解除合同。

我国《保险法》第十六条规定了不可争条款内容如下。

（1）订立保险合同,保险人就保险标的或者被保险人的有关情况提出询问的,投保人应当如实告知。

（2）投保人故意或者因重大过失未履行前款规定的如实告知义务,足以影响保险人决定是否同意承保或者提高保险费率的,保险人有权解除合同。

（3）前款规定的合同解除权,自保险人知道有解除事由之日起,超过 30 日不行使而消灭。自合同成立之日起超过两年的,保险人不得解除合同;发生保险事故的,保险人应当承担赔偿或者给付保险金的责任。

（4）投保人故意不履行如实告知义务的,保险人对于合同解除前发生的保险事故,不承担赔偿或者给付保险金的责任,并不退还保险费。

（5）投保人因重大过失未履行如实告知义务,对保险事故的发生有严重影响的,保险人对于合同解除前发生的保险事故,不承担赔偿或者给付保险金的责任,但应当退还保险费。

（6）保险人在合同订立时已经知道投保人未如实告知的情况的,保险人不得解除合同;发生保险事故的,保险人应当承担赔偿或者给付保险金的责任。

保险事故是指保险合同约定的保险责任范围内的事故。

(三) 年龄误告条款

年龄误告条款是处理因被保险人年龄申报错误而订立的人身保险合同的条款。我国《保险法》第三十二条第一款规定:"投保人申报的被保险人年龄不真实,并且其真实年龄不符合合同约定的年龄限制的,保险人可以解除合同,并按照合同约定退还保险单的现金价值。保险人行使合同解除权,适用本法第十六条第三款、第六款的规定。"也即当人身保险合同成立两年后,保险人不得以被保险人真实年龄不符合保单规定的范围而解除合同,而在两年内则有权行使因投保人违反如实告知义务而享有的合同解除权,但需退还保单现金价值。同时,该条款还规定,如果被保险人真实年龄符合合同规定的投保范围,但投保人申报被保险人年龄不真实时,保险人需按被保险人真实年龄对保险费或保险金进行调整。我国《保险法》第三十二条第二、三款规定:"投保人申报的被保险人年龄不真实,致使投保人支付的保险费少于应付保险费的,保险人有权更正并要求投保人补交保险费,或者在给付保险金时按照实付保险费与应付保险费的比例支付。""投保人申报的被保险人年龄不真实,致使投保人支付的保险费多于应付保险费的,保险人应当将多收的保险费退还投保人。"

(四) 宽限期条款

宽限期条款的基本内容是:对合同约定分期支付保险费的,投保人支付首期保险费后,未按时缴纳续期保险费的,在宽限期内,保险合同仍然有效,如发生保险事故,保险人仍予负责,但要从保险金中扣除所欠的保险费和利息。宽限期一般为30天或60天,自应缴纳保险费之日起计算。

在人身保险单中设立宽限期条款,主要是因为人身保险合同期限长,在长期缴费过程中,时常会有投保人一时疏忽或现金周转困难或其他客观原因使投保人没能在约定的期限按时交付保险费的情况,为避免由于上述原因造成投保人、被保险人常常面临保险合同失效的困境,因而法律上规定了对投保人缴纳续期保费给予一定的宽限时限。我国《保险法》第三十六条规定:"合同约定分期支付保险费,投保人支付首期保险费后,除合同另有约定外,投保人自保险人催告之日起超过30日未支付当期保险费,或者超过约定的期限60日未支付当期保险费的,合同效力中止,或者由保险人按照合同约定的条件减少保险金额。""被保险人在前款规定期限内发生保险事故的,保险人应当按照合同约定给付保险金,但可以扣减欠交的保险费。"

(五) 中止、复效条款

保险法给予投保人缴纳续期保费以一定的宽限期,当超过宽限期后,投保人未支付当期保险费的,除非合同有特殊约定,否则合同效力中止,被保险人不再享受保险保障。按我国《保险法》规定,除合同另有约定外,投保人自保险人催告之日起超过30日未支付当期保险费,或者超过约定的期限60日未支付当期保险费的,合同效力中止。

为保障投保方利益,投保方有权在一定期限内申请恢复保险合同效力,称为复效。但若在规定的中止期限届满时,投保人仍未办理复效的,保险人则有权解除保险合同。我国

《保险法》规定:"合同效力依照本法第三十六条规定中止的,经保险人与投保人协商并达成协议,在投保人补交保险费后,合同效力恢复。但是,自合同效力中止之日起满两年双方未达成协议的,保险人有权解除合同。"即保险合同中止期限为两年。投保人申请保单复效时需提交复效申请书和可保证明,同时需补交所欠款项、保费和利息。申请保单复效时,保险人对于复效申请要进行审查,审查的内容主要是在中止期间被保险人的健康情况,当被保险人危险程度在中止期内显著增加时,保险人有权拒绝复效,该规定的目的是为了防止被保险人的逆选择。同时,投保方需重新履行如实告知义务,而保险人在复效两年内拥有因客户违反如实告知义务而解除合同的权利。

一般说来,投保人申请复效较重新购买一份新的保险单更为有利。首先,由于被保险人年龄增大,新保险单的费率一般较旧保单高;其次,新的保险单要在合同生效一两年后才会有现金价值。

(六) 自杀条款

自杀条款一般规定:在保险合同生效后的一定时期内(一般为一年或两年),被保险人因自杀死亡属于除外责任,保险人不给付保险金,仅退还保单现金价值。在此规定时期之后被保险人因自杀死亡,保险人要承担保险责任,按照约定的保险金额给付保险金。

采用自杀条款主要是为了避免蓄意自杀者通过保险方式谋取保险金,防止道德危险的发生。但一般认为蓄意自杀意图通常不能持续较长时间并最终实施,因而被保险人在投保一两年后自杀可认定非恶意投保。所以为确实保障投保人及其受益人的利益,对于规定时期以后的自杀行为保险人同样向受益人给付保险金。

我国《保险法》第四十四条规定:"以被保险人死亡为给付保险金条件的合同,自合同成立或者合同效力恢复之日起两年内,被保险人自杀的,保险人不承担给付保险金的责任,但被保险人自杀时为无民事行为能力人的除外。""保险人依照前款规定不承担给付保险金责任的,应当按照合同约定退还保险单的现金价值。"

所谓自杀,是指主观上明知死亡的危害结果,而客观上实施了终结自己生命的行为,并导致死亡的结果。因此,只有同时具备主客观两个条件,才能认定为自杀,所以误服毒药、玩枪走火或者儿童错误实施的危险举动,不能认定为自杀,保险法中也明确规定了无民事行为能力人的自杀行为保险人不能免责。

(七) 不丧失价值条款及相关选择权条款

此条款规定,长期寿险合同的投保人享有保险单现金价值的权利,不因保险合同效力终止而丧失。

现金价值实际上是寿险公司在投保人退保时应退还的部分责任准备金,这基本上由三项来源构成:①均衡保费制下,投保人早期超缴的保费;②保费累计所生的利息;③生存者利益(即在保险期内死亡的被保险人放弃的保费及利息,由生存的被保险人来享受)。在实务中,除较短的定期死亡保险外,每一张长期保险单在积累保费一段时间后,都会形成现金价值。我国保险法规定缴费满两年的人身保险合同产生现金价值。

人身保险合同中规定不丧失价值条款,实际上是保障投保方的利益。从来源上说,现金价值虽然由保险人运用保管,但所有权仍应为投保方所有,相当于投保人在保险人处的储蓄(不发生给付的情况下)。为使投保人明了现金价值数额,人身保险合同中一般附有现金价值表。

人身保险合同有效期限内,如果投保人不愿意或没有能力继续缴费时,投保人有权根据保单中规定的不丧失权益选择权条款规定,选择有利于自己的方式来处理保单的现金价值。条款中规定的常见选择权如下。

1. 办理退保,领取退保金

投保人停止缴费时,可以选择退保,并以现金方式领取退保金。但是投保人在退保时获得的净现金价值不完全等于保单中所列明的现金价值。保险人要在现金价值基础上针对累计红利、增额缴清保险的现金价值、预缴保费以及保单贷款等因素进行调整。

2. 申请办理减额缴清保险

办理减额缴清保险是指当投保人停止缴付保险费后,投保人可以选择办理缴清保险来延续保险保障。减额缴清保险是以保单所累积的净现金价值作为趸缴保费购买与原保单设计相同的保险,但所有的附加险和补充给付都将除外。保费根据申请办理时的被保险人的年龄计算。减额缴清保险的保险责任和保险期限与原保单一致,但其保险金额的大小由保单的净现金价值大小决定。

3. 申请办理展期定期保险

办理展期定期保险是指当投保人停止缴付保险费后,投保人可以选择展期保险来延续保险保障。展期保险是以保单所累积的净现金价值作为趸缴保费购买与原保单具有相同保额的定期保险,保险期限的长短取决于保险金额、净现金价值、被保险人的性别以及投保人申请办理时被保险人所达到的年龄(见表5-2)。

表 5-2　每 1 000 美元的最低不丧失价值

(根据 1980 CSO 生命表,利率 7.5%,普通寿险,男性,35 岁)

当年	现金价值(美元)	缴清保险(美元)	展期定期保险	
			年	天
1	0	0	—	—
5	14	112	3	295
10	·56	344	10	64
15	108	517	13	28
20	171	646	13	343

注:依据 1980 年保险监督官展期定期表。

(八) 保单贷款条款

保单贷款条款的基本内容是:人寿保险合同生效满一定时期(一般是一年或两年)后,投保人可以以保单向保险人申请贷款,贷款金额以该保单的现金价值的一定比例(如 70%或 80%)为限。投保人应按期归还贷款并支付利息。如果在归还本息前发生了保险事故或退保,保险人则从保险金或退保金中扣还贷款本息。当贷款本息达到现金价值的数额时,保险合同效力丧失。保单贷款实际上是保险人提供给投保人融通资金的机会,借以提高寿险保单的使用价值,激励投保人投保。而对保险人来说,利用保单贷款,可以有一定的贷款利息收入,同时也维持了保单的续保率,因而具有储蓄性的人身保险合同大多有贷款条款的规定。

(九) 保单质押转让条款

人寿保险单的投保人可以将保单的某些权益转让给银行或其他债权人为贷款或借款提供担保,称之为保单质押转让,这也是寿险保单发挥有价证券功能的另一方式。经过保单质押转让,质押权人即债权人享有了保单的一定权利,如在被保险人死亡时获取已转让权益的以债权金额为限的那一部分保险金,或行使退保权利,取得退保金或现金价值。需要注意的是,在寿险保单质押转让中,对于投保人,其义务一般不变,仍有缴纳保费的义务。为了保障被保险人的生命安全,我国保险法规定,包含死亡保险金支付条件的人寿保险单转让必须要经过被保险人同意。对于受益人,条款一般规定在质押转让中,受益人必须在质押转让表上签字,这是为了防止事后受益人和债权人对死亡保险金发生争议,也使得债权人在行使相关保单权利时,不必征求受益人的同意。保险人在保单质押转让中也起着重要作用,保单转让必须通知保险人,在保单上批注,并在保险人处存档备案。

(十) 自动垫缴保费条款

自动垫缴保费条款的基本内容是:保险合同生效满一定时期(通常是两年后),如果投保人过了宽限期仍没有缴纳保险费,保险人则自动以保单的现金价值垫缴保费,在垫缴保费期间如果发生了保险事故,保险人从应给付的保险金中扣除垫缴的保险费和利息。当垫缴的保险费和利息超过了保单的现金价值时,保险合同效力丧失。

自动垫缴保费条款设计的目的是为了维持保险合同的效力,当合同存在现金价值,并列有自动垫缴保费条款时,保险人在逾期不缴费的情况下才会自动垫缴。

(十一) 保费豁免条款

保费豁免,是在保险合同规定的某些特定情况下,保险公司同意投保人可以豁免缴纳未缴保险费的义务,而保险合同维持原有效力的一种人性化的选择性条款。保费豁免最早出现在少儿险中,当作为投保人的父母遭遇不幸死亡或丧失工作能力而保单仍处缴费期时,缴费义务豁免,没有经济收入的孩子仍可继续获得保险的保障。对成年人保险而言,一般因被保险人在缴费期内因为意外、疾病等原因导致重残或完全丧失工作能力,投保人可以免缴其后的保费,被保险人的保障仍然有效。

第二节　人　寿　保　险

人寿保险,是指以被保险人的生命为保险标的,以被保险人死亡或生存至合同约定的年限时,由保险人给付保险金的保险。

人寿保险通常简称"寿险",是人身保险中产生最早的一个险种。早期由于人们认为死亡是其面临的最大的人身风险,因而起初寿险专指以被保险人死亡为给付条件的死亡保险。但随着社会的发展,家庭日益小型化,人的寿命不断延长,人们也越来越多地考虑起维持个人老年生存、家庭生活开支的经济负担,因而人的生存也成为需要保障的一项人身风险,寿险品种也从单一的死亡保险发展到生存保险及两者兼顾的两全保险。

寿险业的发展在现代社会中具有重大意义,对于安定人民生活、促进社会稳定起着重要作用。随着社会经济的不断发展,寿险业的地位在整个保险业中也是愈发重要。从各国保险业的统计资料中表明,经济越发达的国家,其保险业中寿险保费收入的比例越趋向于超出财产保险保费收入的比例。

一、普通人寿保险

(一) 死亡保险

死亡保险,是指以被保险人在保险有效期内死亡为保险金给付条件的人寿保险。死亡保险按照保险期限的不同分为定期寿险和终身寿险。

1. 定期寿险

定期寿险提供特定期间的死亡保障。按特定期间表示不同分为以特定的年数表示(如5 年期)和以特定的年龄表示(如保至 50 岁)。无论以哪种方法表示期间,只有被保险人在保险有效期内死亡,保险人才承担保险金给付责任。如果被保险人生存至保险期限届满或合同约定的年龄,保险合同即告终止,保险人不承担任何给付责任。

定期寿险由于保障期限较短,通常没有现金价值,不具备储蓄因素。由于定期寿险是在短期内死亡给付保险金,所以投保此险种的被保险人有较为严重的逆选择,即死亡风险概率高于标准风险的人倾向于投保定期寿险。为防止逆选择,定期寿险一般要求办理承保时经过严格体检和核保选择。相比较其他寿险险种,定期死亡险的保费较低,此险种适宜于经济能力较差的个人与家庭,或在特定期间内对被保险人的生命具有经济利益关系的人投保,如合伙人之间,雇主为特殊雇员等。同时因其强调保障功能,偏重死亡保障的人也倾向于购买定期寿险。

2. 终身寿险

终身寿险是一种不定期的死亡保险。保险单签发后除非应缴的保险费不缴,否则被保险人在任何时候死亡,保险人都给付保险金。由于人固有一死,因此终身寿险的给付必然会发生,受益人最终会得到一笔保险金。终身寿险的保险单都具有现金价值,带有储蓄性。该险种适宜于有一定经济能力,有储蓄倾向,考虑为子女积累遗产的投保人。

终身寿险按其保费缴纳的方法可分为以下三种。

(1)连续缴费的终身寿险,又称普通终身寿险,这是投保人一直缴费至被保险人死亡为止的终身寿险。

(2)限缴保费的终身寿险,该险种与普通终身寿险类似,只是保险费限定在特定期间内缴付。缴费期的长短可视投保人的需求及具体情况而定。它适宜于收入期间有限而又需要长期死亡保障的人投保。

（3）趸缴保费的终身寿险，是指投保人在投保时一次将全部保险费交付完毕的终身寿险。趸缴保费的终身寿险具有较高的储蓄性，因此，对于偏重储蓄的人较有吸引力。在国外，它还常被用来抵销遗产税的税负问题。

（二）生存保险

生存保险是指被保险人如果生存至保险期满（如至一定年限或至一定年龄），保险人给付保险金的一种保险。如果被保险人在保险期限内死亡，则保险人不给付保险金。生存保险这个险种设计的目的是为了满足被保险人生存至保险期满后的各项费用开支，如成年人的养老金准备，未成年子女的教育金或婚嫁金准备等。相比较死亡保险，生存保险保费较高，储蓄性最强。实践中，生存保险的被保险人在保险期限内死亡时，保险人一般会退还保费。

生存保险的一类分支是现代社会中很重要的寿险品种，即年金保险。所谓年金保险同样是以被保险人期满生存为保险金给付条件，但其保险金是按合同规定的，在被保险人生存期间内，每隔一定的周期（通常为一年或一个月）支付一定的保险金给被保险人，而非一次性给付的一种生存保险。生存保险设计成年金保险，主要优点有：一是分期支付，可避免被保险人使用不当，而造成保险金不能充分保障其整个生存期间的生活需要；二是年金保险只要被保险人生存，每年均可领取，因此无论寿命多长，都可获得保险金保障老年生活，保险金领取总额也不受固定金额的限制，保障充分。

年金保险一般有如下分类。

1. 按年金给付的期限可分为定期年金保险和终身年金保险

定期年金保险是指保险人在合同规定的期限内，被保险人如果生存，保险人按期给付约定的年金额；若期限届满或被保险人在约定的期限内死亡，则保险人停止给付（以两者先发生的日期为准）。

终身年金保险的年金给付没有期限的规定，保险人给付年金额至被保险人死亡时为止。

2. 按年金给付是否有保证可分为保证年金保险和非保证年金保险

保证年金保险是为防止被保险人在领取年金的早期死亡所带来的损失而设计的年金品种，具体分为两种：一种是期间保证年金，是指无论被保险人寿命长短，年金的给付都有一个保证期，若被保险人在保证期内死亡，保险人继续给付年金给其受益人，直到保证期届满时为止；另一种是金额保证年金，是指如果被保险人死亡时，其所领的年金数额不足所缴的年金现金价值，余下的由其受益人领取。

非保证年金保险是指年金给付以被保险人生存为条件，死亡则停止给付。

3. 按年金给付开始期的不同可分为即期年金保险和延期年金保险

即期年金保险是指投保后满一个年金周期立即开始领取年金，其年金现价采取趸缴的形式。

延期年金保险是指合同订立后，经过长于一个年金周期以上的时期后才开始进入年金的领取期。延期年金通常有两种：一种情况是缴费期结束后立即进入领取期，另一种情况是在缴费期结束后先经历等待期再进入领取期。

4. 按被保险人的人数可分为个人年金保险、联合生存者年金保险、联合最后生存者年金保险

个人年金保险是指被保险人只有一人的年金,通常这种年金的被保险人就是年金受领人。

联合生存者年金保险,是指两人或两人以上的被保险人联合投保的年金保险。即当联合被保险人全部活着时,年金全数给付;如果其中任何一个被保险人死亡,保险人即停止年金给付。

联合最后生存者年金保险是指两人或两人以上的被保险人联合投保的年金保险。在约定的给付开始日,只要有一个被保险人生存,保险人就全数给付保险金,直至被保险人全部死亡,保险人才终止给付保险金。

5. 按年金给付额是否变动可分为定额年金和变额年金

定额年金,是指每次按固定数额或固定增额给付的年金。这种年金的给付额在保单订立时已经在合同中约定数额,不随保险人投资收益水平的变动而变动。

变额年金,是指年金给付按资金账户的投资收益水平进行调整。这种年金产品的设计主要用来克服定额年金在通货膨胀下保障水平降低的缺点。变额年金也即下文介绍的与新型变额寿险产品对应的年金产品。

(三) 两全保险

两全保险是被保险人无论在保险期内死亡还是生存至期满,保险人都给付保险金的一种人寿保险。两全保险都是定期的,可用一定年数或一定年龄来限制。两全保险与终身寿险相同,保险金的给付是确定的,必将发生的。两全保险可以保障被保险人死亡给家庭经济生活带来的困难,也可保障被保险人生存至期满后所需的日后经济开支需要,保障最全面,同时保费最高,相当于定期寿险与生存保险两者保费之和。保费当中既有保障的因素,又有储蓄的因素。所以两全保险适应于经济能力强的投保人的全面保险需求。

二、新型人寿保险

普通寿险产品在厘定保单费率时都设立确定的预定利率因素,对人寿保险公司的经营有着诸多不利因素。在市场实际利率低于保单的预定利率时,寿险公司就必将承担利率差异所导致的利差损,威胁到保险公司的经营安全;而在市场实际利率高于保单的预定利率时,投保人为追求更高的资金收益率,往往会集体性地退保,或以保单贷款来灵活使用保单的现金价值,影响到保险公司的经营稳定性。因而,我国市场上,在1999年以后逐步由各家寿险公司推出了分红寿险、变额寿险和万能寿险等新型人寿保险。

(一) 分红寿险

分红寿险(life insurance with dividend)最早出现在18世纪的英国,其推出的目的是为抵御通货膨胀和利率波动风险,分红保单中投保人通常要缴纳略高于非分红保单的保费,被保险人在可获得固定现金价值的同时,还可获得保险公司在经营此项业务过程中发生的

盈余,保险公司以分红的方式返回给投保人。分红寿险可分配的红利主要来源于死差益、利差益和费差益三个方面。

$$死差益 =(预定死亡率 － 实际死亡率)\times 风险保额$$
$$利差益 =(实际资金运用收益－预定利率)\times 责任准备金$$
$$费差益=(预定费用率 － 实际费用率)\times 保险金额$$

寿险公司分红寿险的红利除了上述盈余来源之外,其他还有解约益、投资收益及资产增值、残疾给付、意外加倍给付及年金预计给付额与实际给付额之间的差额等。每一会计年度末,分红寿险业务的盈余计算结果由公司董事会讨论决定当年的可分配盈余,并在分红保单持有人和公司股东之间进行分配。按照我国保险监督管理委员会的规定,保险公司每一会计年度向保单持有人实际分配盈余的比例不低于当年可分配盈余的70%。

保险公司可以以现金分红或保额分红方式分配保单红利。现金分红保单的所有人领取红利的方式主要有以下几种:现金领取、累积生息、抵交保险费和缴清增值保险(根据被保险人当时的年龄将红利作为趸交保险费购买非分红保险,此方式不适用于次标准体保单)。保额分红方式也称增额红利,指在整个保险期限内保险人以每年增加保额的方式分配红利。增加的保额一旦作为红利公布,则不得取消,同时按我国规定,采用增额红利方式的保险公司可在合同终止时以现金方式给付终了红利。

分红保单每年派发的红利是不可预见和不可保证的,会随保险公司的实际经营绩效而波动,与保险公司业务经营水平相关,因而投保人与保险公司共担风险。分红保单由于可以提供高于非分红保单的收益,因而在寿险业中的比重上升很快。

(二) 变额寿险

变额寿险(variable life insurance)是一种终身寿险,其保险金额随其保费分立账户中投资基金的投资绩效不同而变化。该险种于20世纪70年代初出现在欧洲和加拿大,在英国被称为投资连结保险(unit-linked insurance),1976年,变额寿险首次在美国市场上销售。该险种目前已是国外保险市场上重要的销售品种,被认为可以抵消因通货膨胀导致人寿保险死亡给付不足的问题,因为该保单投资的股票价值会随通货膨胀而上升。在我国,该类型的产品均被称为投资连结保险。我国市场上最先推出销售的该类寿险产品是1999年10月由中国平安保险公司推出的"平安世纪理财投资连结保险"。

按照我国保险相关法规规定,投资连结保险是包含保险保障功能,并至少在一个投资账户拥有一定资产价值的人身保险产品。投资连结保险及投资账户均不得保证最低投资回报率。按照目前有关精算规定,投资连结保险可以并且仅可以收取以下几种费用。

(1)初始费用,即保险费进入投资账户之前扣除的费用。

(2)买入卖出差价,即投保人买入和卖出投资单位的价格之间的差价。

(3)死亡风险保险费,即保单死亡风险保额的保障成本。风险保险费应通过扣除投资单位数的方式收取,其计算方法为死亡风险保额乘以死亡风险保险费费率。保险公司可以通过扣除投资单位数的方式收取其他保险责任的风险保险费。

(4)保单管理费,即为维护保险合同向投保人或被保险人收取的管理费用。保单管理费应当是一个与保单账户价值无关的固定金额,在保单首年度与续年度可以不同。保险公司不得以保单账户价值一定比例的形式收取保单管理费。

(5) 资产管理费,按账户资产净值的一定比例收取。

(6) 手续费,保险公司可在提供账户转换、部分领取等服务时收取,用以支付相关的管理费用。

(7) 退保费用,即保单退保或部分领取时保险公司收取的费用,用以弥补尚未摊销的保单获取成本。

变额寿险产品与传统寿险产品相比较,具有以下特点:第一,其保费的缴纳与传统寿险产品相同,是固定的,但保单的保险金额在保证一个最低限额的条件下,却是可以变动的,变额寿险产品因此而得名。变额寿险的保险金额的变动取决于投保人所选择的投资账户的投资收益。第二,开设分立账户或投资账户。对应于普通终身寿险的保单责任准备金的资产都记入保险公司的综合投资账户,为得到较为稳定的资产回报率,其被投资于一系列的较为安全的项目。而对应于变额寿险保单责任准备金的资产则单独开立一个或多个分立账户,由投保人或保单所有人自由选择,投保人缴纳的保费在减去初始费用及保障保费后被存入选择的投资分立账户,由保险公司本身或委托资产管理公司专业经营。第三,变额寿险保单的账户价值随着所选择的投资组合中投资业绩的状况而变动,某一时刻保单的账户价值决定于该时刻其投资组合中分立账户资产的市场价值。在这种保单的死亡给付中,一部分是保单约定的固定最低死亡给付,一部分是其分立账户的投资收益额。保险人根据资产运用状况,对投资分立账户的资产组合不断进行调整;保单所有人也可以随时在各种投资产品中自由选择调整组合。所选择的投资分立账户的投资收益高,则保单的账户价值高,死亡保险金即保险金额也高;反之,则保单的账户价值低,死亡保险金即保险金额也低。

变额寿险产品的投资风险是由保单所有人承担的,保险人只是负责管理投资账户。保单的账户价值可能因投资账户的收益下降而为零。正是如此,在美国,变额寿险产品被认为是一种有价证券投资产品,经营变额寿险产品的保险公司须作为投资公司经纪商在美国证券交易委员会注册,同时,在美国出售的各种变额寿险保单也必须在美国证券交易委员会注册,而且只有根据联邦证券法取得经纪人或交易商许可证的销售代理人才有资格销售这类产品。

(三) 万能寿险

万能寿险(universal life insurance),是一种缴费灵活、保险金额可调整的寿险。自1922 年始,精算学界不断有精算师发表论文、推导公式,逐步形成设计万能寿险的成熟想法。随着电脑科技的进步,为弹性保费保单创造了销售的条件。1975 年,美国一名名为安德生的精算师在第七次太平洋保险会议上提出"万能寿险保单"的设想方案。1979 年,美国加利福尼亚州的寿险公司开始销售万能寿险保单。

该保单的出现是为了满足保费支出较低、缴纳方式要求灵活的消费者的需求。万能寿险的保费缴纳方式很灵活,保险金额也可以调整,而且保险人的经营费用非常透明。投保人在缴纳首期保费后可选择在任何时候缴纳任何数量的保费,而且只要保单的账户价值足以支付保单的相关费用,投保人还可以选择停缴保费,而保单继续有效。投保人还可以在具有可保性的前提下,提高保额或降低保额。

万能寿险的运行模式是,投保人在缴纳首期保费后,首期的各种费用、当年死亡保障保费等从首期保费中扣除,剩余部分为保单最初的账户价值。该部分价值按保险公司定期公布的结算利率复利累积升值,成为期末账户价值,同时也是下一周期的期初账户价值。在第二个周期,投保人根据自己的情况缴纳或不缴纳保费,若该周期的期初账户价值足以支付第二期的费用及死亡保障保费,投保人就不用缴费;若账户价值不足,投保人不缴纳保费时,保单会因此而失效。若投保人在第二期期初缴纳了保费,则第二期的期初账户价值为上期末账户价值加上第二期保费减去费用和死亡保障保费。第二期的期初账户价值按新的利率计息累积到期末,成为第二期的期末账户价值。该过程不断重复,一旦其保单的账户价值不足以支付保单的费用及死亡保障保费,投保人又未缴纳新的保费,则保单失效。通常情况下,保险人规定的首期保费较高,一方面是为了支付足够的首期费用和死亡给付,另一方面也为了避免保单因为对保费缴纳没有严格的限制而导致保单过早失效。

万能寿险具有很大的灵活性,不仅表现在保费的缴纳方式上,还表现在可以在一定的限制范围内选择所需要的保额。万能寿险的客户可以在任意时候减少或增加保险金额(增加保险金额时需要重新核保),所以能适应客户对保险的个性化需求。例如,客户可以在结婚、生子、买房时申请提高死亡保障金额,而在子女长大成人、还清债务时申请降低死亡保额,由于保障金额可随着客户需求灵活变动,因而实现了一张保单提供一生保障需求的设计思想。

按照我国相关精算规定,万能寿险所收取的费用基本同于投资连结保险,但不得收取投资连结保险中的买入、卖出差价和资产管理费。

保险公司应当为万能寿险设立单独账户进行资产管理,客户缴纳保费扣除相关初始费用和保障费用后进入万能寿险账户。万能寿险保单可以提供一个最低保证利率,但客户的实际收益率由保险人定期公布的结算利率决定,结算利率浮动,但不得低于保单设定的最低保证利率。在万能寿险单独账户中,不得出现资产小于负债的情况。一旦资产小于负债,保险公司应当立即补足资金。

三、人寿保险金信托

(一)人寿保险金信托的概念

1. 人寿保险金信托的定义

人寿保险信托是信托和保险紧密结合形成的财富管理工具,在国际上应用非常广泛,但目前我国暂时只发展出了人寿保险信托的雏形——人寿保险金信托。

人寿保险金信托,是以人寿保险金请求权为信托财产而设立的信托。一般是投保人和信托机构签订保险信托合同书,由投保人作为委托人指定信托公司为人寿保单的保险金的受领人,于保险事故发生时由信托公司受领人寿保险金,将之交付给委托人指定的受益人;

或由信托公司受领保险金后,暂不将保险金交付受益人,而由其依信托合同约定的方式为受益人利益予以管理和运用,并于信托期间终止时,将信托资产及运作收益余额交付信托受益人。

设立人寿保险信托的目的在于使受益人免受财务管理之累,并能获得更多利益。在现实生活中,当保险事故一旦发生时,保险受益人常常会因为如下情形不能妥善处理保险金:年纪太小或心智有障碍、对法定监理人或监护人妥善保管保险金能力有质疑、各受益人间利益相冲突等。由此,保险受益人虽然形式上拥有保险金,但实际上有可能非但享受不到保险金的利益,反而有可能造成保险金的挥霍浪费或受益人彼此间的对立,甚至引来歹徒的觊觎。正因如此,国际上产生了将人寿保险金与信托相结合的做法,不仅能使保险受益人享受到应有的权益,而且还能获得人寿保险金信托带来的其他好处。

根据信托的定义,它是指拥有财产权的一方(委托者)向另一方(受托者)转移其财产权,并使其按照一定的目的(信托目的),为委托者本人或第三者(受益人)对其财产进行管理或处理。随着信托的设定,财产所有权依法从委托者的财产中分离出来转至受托者(变成受托者的名义),成为委托者的债权者不能触及的权益部分。由此可知,保险金一旦成立信托后,原则上,无论是投保人、受益人的债权人或是任何人,都不能再对信托财产强制执行,这也被称之为信托财产的独立性。也就是说,不论受益人是不是未成年人,或者其法定监护人现在或以后是否可能和受益人的利益相冲突,将保险金成立信托后,即可确保受益人依照投保人的意愿享受到保险金的利益。同时,信托公司还可以提供专业化的资产管理服务,并享受到信托财产特殊的税收优惠政策,从而起到使保险金实现保值增值,达到受益人利益最大化的目的。

2. 人寿保险金信托的种类

依据保单的不同类型,人寿保险金信托分为生存保险金信托和死亡保险金信托两种。

生存保险金信托是指将具有生存给付功能的保险与私人信托进行结合,包括年金保险和两全保险等。其优势在于:第一,部分生存类保险的生存保险金领取含有保证领取年限,若被保险人在此期限内身故,则未领取部分进入私人信托,充分发挥私人信托的优势;第二,将保险给付的年金通过信托架构进行二次分配,实现更灵活的分配安排;第三,生存保险金信托能让人寿保险金信托更早地进入实质运营管理阶段,不同于死亡保险金信托往往在若干年甚至几十年后才实际发生保险给付进入实质运营,有利于提高受托人的积极性和主动性。

上述优点中除了第一个优势之外,与大额财产直接设立私人信托相比,生存保险金信托并没有太大的优势。主要原因在于:一方面,每年给付的生存金额度有限,其发挥私人信托的各项理财及税收管理功能的意义因此而大打折扣;另一方面,如要提高每年给付的生存金额度,则意味着所缴保费不菲,使生存保险金信托的门槛大大提高。

死亡保险金信托是指将以死亡为给付条件的保险与私人信托进行结合,主要包括终身寿险和定期寿险等。相较于生存保险金信托,死亡保险金信托的意义和价值更大,对于私人信托功能的运用也更充分。因此,在不作特别说明的情况下,下文中所说的人寿保险金信托都特指死亡保险金信托。

（二）人寿保险金信托的主要适用范围

在国际保险业务实践中，人寿保险金信托的适用范围如下。

1. 受益人是未成年人或属于社会弱势群体

如果当受益人是未成年人、心智障碍者，甚至是浪费成习惯的人时，就会出现无法妥善管理、支配保险金，或者挥霍掉保险金的情况，结果必然不能达到投保人的投保意愿。当投保人将寿险的保险金成立信托后，并于信托中限定子女仅能将信托财产用于教育费、生活费、医疗费等支出，除可避免保险金遭他人不当挪用，亦可使受益人最大限度地享受到保险金的利益。

2. 当保险金额较大，存在多个受益人可能存在争议时

因为信托财产具有其独立性特征，也就是说，一旦把保险金成立信托后，受益人就可依照信托的内容，享受信托财产的利益，任何人都不能再对信托财产强制执行。由此，在保险金额较大的情况下，投保人可以通过人寿保险信托，依照自己的规划，把保险金分配给各个受益人或是其下一代子孙，既可避免多个受益人之间因利益冲突而发生纠纷，同时可以确保各个受益人都可以享受到信托财产的利益，也避免受益人的财产风险。

（三）人寿保险金信托的主要优势

人寿保险金信托相对单纯的运用保险或者信托工具，具有很多方面的优势。

1. 人寿保险金信托相对保险的优势

1）可以更加灵活地安排受益人和给付条件

相比较保险，运用保险金信托可以突破保险受益人的限制，例如保险必须要有明确的受益人，但信托的受益人除了可以是明确的人之外，还可以是确定的范围，包括尚未存在的家族后代。人寿保险金信托还可以灵活安排受益人获得相应保险金的给付条件，通过保险金信托对于受益人及信托利益分配的详细规划，包括受益人认定的标准和增减的程序，受益比例调整的方法和原则，信托利益分配的金额、时点、方式和频率等的设定，来保障家族成员的生活和个人发展，例如以受益人的高等教育入学为条件，当受益人录取指定范围内高校时可以获得单独一笔受益金作为奖励，可以约定家族成员从某年龄开始每月可以领取固定的养老金，每年安排家族成员数次的休闲之旅，遇到大病可以凭一定证明领取医疗金等。

2）可以预防受益人理财能力不足风险

从保单角度而言，大额保单虽然能够保证受益人享有保险金的利益，但无法考虑受益人如何才能切实享有其合法权益。有时候，保险受益人并不具备合理处理保险金的能力和条件，例如，年龄太小、太大、身心有障碍或者受益人挥霍过度，甚至由于各继承人或监护人间利益冲突使合法权益受到危害。但在人寿保险金信托架构下，委托人可以利用保险金信托的架构设计，保险金进入信托之后，受托人会依据委托人生前所定原则分配信托利益，能够切实保障保险金用于子孙后代的实际生活所需，避免保险受益人的无度挥霍，可以非常完美地解决"败家子"问题；同时，也能够通过人寿保险金信托的设计，为每一位家族成员或受益人继续购买人寿

保险,并以该信托为所有保单的受益人,保障每隔一段时间,都会有一笔流动资产进入信托,从而保障信托的活力与持久,为实现家族财富传承提供坚实的物质保障。

3) 保证保险金在受益人财产中的独立性

保险金信托使得理赔和给付的保险金有了信托财产的独立性。如果是单纯的保险,保险金给付给受益人后,将成为受益人的财产,届时可能无法规避受益人的债务风险,也可能会被认定为受益人的夫妻共同财产而无法规避婚姻变动造成的分割;在受益人意外身故后,若没有提前规划则可能导致家庭纠纷等。而在人寿保险金信托下,保险金进入信托之后,利用信托的独立性等功能,则能够避免以上的各种不确定性风险,让保险金真正为受益人所用,实现委托人的财富目的。

4) 人寿保险金信托在灵活给付的同时还可以保值增值

保险金直接赔付给受益人,则受益人的财产管理风险比较高。因此只适用大额保单作为理财工具,受益人获得保险金后,财产的管理运用面临投资风险和存在收益较低的问题。设立人寿保险金信托后,则受托人基于信托责任必须妥善打理信托资产,且国内的受托人都是信托公司,其一般具备较强的资管能力。因此,相比较受益人个体的理财能力,人寿保险金信托可以更好地保障保险金的保值增值,从而达到保障家族后代生活的最终目标。

2. 人寿保险金信托相对信托的优势

这里并非说保险金信托可以代替信托,而且保险金信托是属于信托的一种,且在整个信托资产规模中占比比较小,但利用人寿保险金设立信托,与单纯基于委托人财产设立信托,人寿保险金信托也有相应的优势。

1) 人寿保险金信托具有杠杆性,降低了私人家族信托门槛

人寿保险最核心的内涵就是杠杆,投保人可以通过缴纳较低的保费而获得较高的保险金给付,从而实现风险的转移,是财富管理中风险管理的重要工具,保险金信托的杠杆功能是单纯信托不具备的。

市场上家族信托分为两种:一种为最低 300 万～600 万元的标准化家族信托,一种是3 000万元以上的私人订制的家族信托。而保险金则不同,由于保费与保额之间往往存在杠杆,所以只要保额能够达到家族信托的门槛就可以,这就变相地降低了设立家族信托的门槛,有些甚至低至只需要 100 万元的保费即可。举个例子来说,30 岁不吸烟的女性,买一份500 万元保额的终身寿险,其保费也许只要 100 万～200 万元。而如果未来能够实现以定期寿险为主设立家族信托,则门槛更低,此女性购买一份 30 年期、保额为 500 万元的保险,保费可能只需要每年 1 万元左右,甚至更低。正是因为人寿保险保单的杠杆性,使家族信托的门槛变相大大降低,扩大了享受信托服务的人群。

2) 人寿保险金信托具有收益确定性

人寿保险信托还具有收益锁定功能,以目前国内常见的终身型年金险为例,目前预定利率一般为 3.5%～4.025%,合同一旦签订,收益将锁定直至被保险人终身。单纯的信托中,虽然受托人能够通过其资管能力为信托资产保值增值,但存在一定的不确定性,可能收益很高,也有可能很低,甚至出现亏损。

专栏 5-1

我国人寿保险金信托业务发展状况

在国内,人寿保险金信托业务还处于发展的萌芽状态。2014 年,信诚人寿保险股份有限公司和中信信托在国内率先推出"传家"品牌保险金信托的服务,目前"传家"系列保险金信托服务从 2014 年的不足 60 个保险金信托服务,经过两年多的发展,到 2017 年 1 月已有累计超过 500 个高净值客户签署保险金信托意向书,除身故保险金信托外,也提供年金类保险中的生存金进入信托账户的方式。

除此之外,2016 年 12 月,平安信托与平安人寿联合推出人寿保险金信托业务,标准型准入门槛为 100 万元。该业务模式中,平安人寿投保人与平安信托签订保险金信托合同,以保险合同的身故保险金请求权作为信托财产,并指定平安信托为保险合同唯一身故保险金受益人。当发生投保人身故理赔时,平安人寿将身故保险金交付平安信托,由后者依信托合同约定进行操作。此外,身故保险金进入信托账户后,平安信托将根据客户的不同风险承受程度,设计三种资产配置方案。

（资料来源:2017 年 3 月 22 日《第一财经日报》。）

第三节　人身意外伤害保险

一、人身意外伤害保险的概念

人身意外伤害保险是当被保险人因遭受意外伤害使其身体残疾或死亡时,保险人依照合同规定给付保险金的人身保险。

人身意外伤害保险概念中的意外伤害是确定给付条件的前提,明确意外伤害保险定义的重点即是明确意外伤害。意外伤害由意外和伤害两层含义构成。

伤害是指外来的致害物以一定的方式破坏性地接触致使身体受到伤害的客观事实。伤害由致害物、侵害对象和侵害事实三个要素构成,三者缺一不可。

（1）致害物,即直接造成伤害的物体或物质。在意外伤害保险中,致害物必须是外来的,即外界的器械伤害、自然伤害、化学伤害及生物伤害,而在体内形成的疾病对被保险人身体的侵害不认为是伤害。

（2）侵害对象,是致害物致害的客体。在意外伤害保险中,只有致害物致害的对象是被保险人的身体,才构成伤害。也即意外伤害保险中所指的伤害,是指生理上的伤害,而非精神上或人身权利上的侵害。

（3）侵害事实,即致害物以一定的方式破坏性地接触、作用于被保险人身体的客观事实。致害方式可以是碰撞、坠落、淹溺、中毒等。

人身意外伤害保险中意外是确定其给付条件的第二层定义。"意外"是就被保险人的主观状态而言的,伤害的发生是被保险人事先没有预见到的或伤害的发生违背被保险人的主观意愿。

被保险人事先没有预见到的伤害,包括两种情况:① 伤害的发生是被保险人事先所不能预见或无法预见的;② 伤害的发生是被保险人事先能够预见到的,但由于被保险人疏忽而没有预见到的。被保险人事先没有预见到的伤害,必须是偶然发生的事件或突然发生的事件。

伤害的发生违背被保险人的主观意愿,也包括两种情况:① 被保险人预见到伤害即将发生时,在技术上已不能采取措施避免;② 被保险人已预见到伤害即将发生,在技术上也可以采取措施避免,但由于法律或职责上的规定,不能躲避。如警察在执行任务时的伤亡属于意外伤害。

 专栏 5-2

突然死亡——一起看似"意外"的保险案件

2005 年 9 月,马某在光大永明人寿保险有限公司北京分公司为其父投保永宁康顺综合个人意外伤害保险,保额 5 万元人民币。依照条款约定,当被保险人遭受意外事故并且因此导致身故或高度残疾时,保险公司应承担保险责任。2006 年 3 月 26 日,老人在超市购物时倒地经抢救无效身故,北京市海淀区公安分局刑侦大队介入此案并对尸体进行了检验。尸检报告结论为"马某尸体全身未见重要外伤,心血中未检出常见毒物,可排除外伤及中毒。结合案情,不排除猝死。此类疾病,可因过度劳累、情绪激动以及外伤等作为其诱发因素"。光大永明保险公司经过调查后,认为被保险人身故原因不属于合同约定的"意外事故",因此作出了拒赔决定。

(资料来源:中国保险网。)

二、人身意外伤害保险的特征

人身意外伤害保险与人寿保险同属人身保险,都以人的生命与身体为保障对象,因而两者在订立合同原则上是一致的,如确定保额的方法与原则,但人身意外伤害保险业务在经营方式上与人寿保险有重大区别,因而,人身意外伤害保险也可由财产保险公司经营。

(一) 承保风险不同

人寿保险承保的是人的生死,无论正常衰老、疾病、意外致亡都属人身保险的保障内容。影响其死亡的最主要的风险因素是被保险人的年龄。而意外伤害保险保障的是外来的、剧烈的、突然的事故对人体造成的伤害,对每个被保险人来说,意外风险的发生与年龄关系不大而与被保险人从事的职业与生活环境密切相关。相比较而言,意外伤害的承保条件一般较宽,高龄者也可投保意外险,对被保险人也不进行严格的体格检查。

（二）厘订费率的依据不同

人寿保险在厘订费率时按人的生死概率，选择不同的生命表进行计算。不同年龄、不同性别的人购买寿险所缴保费不同。意外伤害保险费率的厘订则是根据过去各种意外伤害事故发生概率的经验统计计算，注重职业危险，一般将不同风险的职业划分为五个等级，每一等级采取不同的费率。

专栏 5-3

意外保险中为什么有职业分类表

被保险人的职业性质是影响人身险尤其是意外险定价的重要因素，职业风险越高，费率也就越高，因而确定意外险的费率都需要有职业分类表。由中国保险行业协会组织编制的《保险行业职业分类标准（征求意见稿）》中，将职业归为 21 个职业大类、251 个职业中类、1 793 个细分类职业。如同样是金融业，就被分为银行信贷员、证券交易员、保险推销员等 16 个细分类职业。制造业分类最细，职业中类数量有 54 个，职业细类数量多达 665 个。每一职业大类、中类和细类均赋予一个对应的代码，以方便保险公司进行系统开发、职业识别和校验。《保险行业职业分类标准（征求意见稿）》不包含具体职业的风险分类，各公司可以根据不同险种风险类型、职业具体风险对每个职业细类赋予风险等级。保险行业协会也将根据后期收集的行业数据，结合实际经验数据对不同职业风险等级进行规范。

（资料来源：中国保险协会网。）

消费者需要注意的是，购买保险时，对于职业类别的说明不能忽略，它不但关系到保费的高低，而且可能和事后的理赔相联系。当职业发生变化后，应主动向保险公司进行告知，办理相应的职业变更手续，再由保险公司作出是否加费、不变或拒保的决定。

（三）经营方式不同

人寿保险一般是长期性业务，采取均衡保费，因而，为满足将来的死亡给付或期满给付的储蓄保费，连同其按复利方式所产生的利息构成人寿保险的责任准备金，以保证将来履行保险责任。意外伤害保险一般为一年期限，多数为短期业务，如飞机、火车旅客意外伤害保险等，保险期限可短至十几个小时甚至几小时。因而，其责任准备金按法律规定相同于非寿险业务。

三、意外伤害保险的分类

（一）按实施方式划分

（1）自愿意外伤害保险，即投保人根据自己的意愿和需求，投保的各种意外伤害保险。

（2）强制意外伤害保险，即国家机关通过颁布法律、行政法规、地方性法规强制实行的意外伤害保险。如铁路旅客意外伤害保险等。

（二）按承保风险划分

（1）普通意外伤害保险，即承保在保险期限内（多为一年）由于普通的一般风险而导致的各种意外伤害。如学生团体平安保险、个人意外伤害保险等。普通意外伤害保险中除将违反社会公德和法律的一些犯罪风险、吸毒意外风险排除为不可保风险之外，一般也将一些特殊风险排除在承保范围之外，如战争风险，从事登山、跳伞、滑雪等剧烈体育活动或比赛中遭受的意外伤害，医疗事故意外伤害等。这一些在普通意外伤害保险中不可获得保障的风险往往可以特约承保。

（2）特种意外伤害保险，即以特定时间、特定地点或特定原因而导致的意外伤害事件为保险事故的意外伤害保险。如保障在游泳池或游乐场所发生的意外伤害，在江河漂流、登山、跳伞、滑雪等剧烈体育活动或比赛中遭受的意外伤害的保险品种等。

四、意外伤害保险的保险责任及给付方式

意外伤害保险的保险责任是在保险期限内被保险人由于意外伤害而在责任期限内造成的死亡或残疾，也即保险人将在此条件下进行死亡给付或残疾给付。意外伤害保险不同于寿险，存在责任期限的特有概念。所谓责任期限，是指自被保险人遭受意外伤害之日起的一定时间期限（如90天、180天）。只要被保险人在保险期限内遭受意外伤害，并在责任期限内确定死亡或残废程度，则被保险人可享受到保险单规定的保险金给付。设定责任期限的概念，对被保险人受到伤害后最终确定伤害后果规定了时间界限：只要在保险期限内致害，无论死亡是否在保险期限内均可获得保险保障；而保险人在责任期限终止时也可依据当时被保险人的伤残程度进行给付，并且若在责任期限后伤残程度发生减轻或加重，保险人也不再进行残疾保险金的追偿或给付。

意外伤害保险的保险金给付也具有一定的特色。意外伤害保险属定额保险，保单确定的保额一般是死亡时给付的保险金额。但当被保险人未致死亡而发生残疾时，给付保险金的数额则按保单的具体规定。一般情况下，意外伤害保险的残疾保险金的给付金额是由保额和残疾程度两个因素决定的，即残疾保险金＝保额×残疾程度。残疾程度是指人体永久完全丧失生理机能或身体功能状态的程度，通常用百分比表示。在订立意外伤害保险的保险合同时，合同都事先约定各类残疾程度的百分比。我国目前使用的是2013年《人身保险残疾程度与保险金给付比例表》，如表中规定"一上肢腕关节以上缺失或一上肢的三大关节全部机能永久完全丧失的"残疾程度为50％，则如果被保险人购买的保额为50万元，发生该程度残疾时，保险人给付25万元保险金。

第四节 健 康 保 险

一、健康保险的概念

健康保险是以人的身体为对象，保障被保险人在疾病或意外事故所致伤害时的医疗费

用或收入损失获得补偿的一种保险。我国自 2006 年 9 月 1 日起施行的《健康保险管理办法》将健康保险业务划分为四个种类:疾病保险、医疗保险、失能收入损失保险和护理保险。

健康保险所承保的意外风险相同于意外伤害保险中的概念。不同的在于意外伤害保险负责的是死亡与残疾的定额给付,而健康保险负责的则是医疗费用(门诊费、住院费、药费、手术费等)及收入损失补偿。

健康保险所承保的疾病风险则应符合以下三个条件。

1. 由于被保险人自身内在原因引起的

疾病应当是由于人体内在的原因所致精神或肉体上的痛苦或不健全。当然某些疾病可以由外界原因诱发,如细菌传染、误服药物等。但这些外来的感染必然要在身体内部潜伏并酝酿一段时间后才会形成明显的病症,因而还是内在原因引发的,属疾病范围。

2. 由于非先天性的原因造成

保险合同订立前既已先天存在的疾病或器官性能上的残缺不全或畸形应排除在健康保险范围之外。健康保险负责的仅是由健康状态转入疾病状态。

3. 由于偶然因素而非长寿的原因造成的

人的生命周期都要经历成长和衰老的过程,在趋于衰老期间的一些功能衰退是必然的生理现象,这不属于疾病。因此,为了增强体质、延缓衰老的保健费用不能纳入健康保险的范围。但衰老的同时,诱发其他疾病具有偶然因素,此类疾病仍属于健康保险保障对象。

二、健康保险的特征

健康保险虽然以人的身体为保障对象,但由于其所承保的内容与一般人寿保险不同,因而,健康保险在保单内容上与其他人身险合同相比有以下几个不同点。

(一)保险金额和期限

人寿保险中保险人给付的保险金额一般是固定的,在保险事故发生时,按规定的金额进行给付。而健康保险是对被保险人因医疗所发生的医疗费用支出和由此而引起的其他损失进行补偿,因此,健康保险既可采取定额给付保险金的方式,也可采取对实际发生的医疗费用和收入损失进行补偿的方式。健康险不同于长期性的寿险,存在大量一年期的短期业务,按我国规定,产险公司也可以经营短期健康保险业务。

(二)保单续保方式

健康保险合同中一般都在条款中对保单续保方式做特殊规定,注明保单在什么条件下失效,在什么条件下可自动续保。其主要采取的方式大致有以下几种。

(1)可撤销保单,即保险人可在任何时候提出终止合同或改变保费、合同责任范围,保单成本低,承保条件要求不严格。由于在合同期限内,保险人一般不享有合同解除权,我国不存在可撤销保单。

(2)可选择续保单,允许保险人在合同约定的特定日期发出通知终止保险合同的续保,特定日期通常是指保单期满日一定时期前(如提前 15 天),即保险人不提供任何续保保证。

（3）有条件续保保单，允许保险人在合同所列明的某些特定条件达成时终止续保合同。这些条件不能与被保险人的健康状况相关，通常是与被保险人就业状况有关。

（4）保证续保保单，即只要被保险人继续缴费，其合同继续有效，直至规定年龄，但保险人在续保时可根据被保险人的健康状况调整费率或变更承保责任。

（5）不可撤销保单，即只要被保险人继续缴费，其合同继续有效，直至规定年龄，并且保险费率也在保单中约定，保险人不可以增加保险费。这种保单保险人承担风险最大，投保人成本最高。

（三）等待期条款

健康保险的承保条件一般比寿险要严格，由于疾病是健康保险的主要风险，因而对疾病产生的因素需要相当严格的审查，一般是根据被保险人的病历来判断。同时，为防止已经患有疾病的被保险人投保的逆选择倾向，保单中常规定一个等待期。等待期多为90天或180天，被保险人在等待期内因疾病支出医疗费及收入损失，保险人不负责任。等待期结束后，保单才正式提供保障。

（四）成本分摊

对于健康保险，特别是其中的医疗费用保险，为了避免保险人的赔款成本过高，通常健康保险通过规定以下三种条款，达到被保险人和保险人共担的目的。

1. 免赔额条款

为了避免小额的经常性的医疗费用赔款的支出，节省理赔费用，医疗保险一般都有免赔额的规定，即规定保险人只负责超过免赔额的部分。免赔额一般有三种：针对每次赔款的单一赔款免赔额；针对全年总赔款的全年免赔额；针对团体健康险的集体免赔额。

2. 比例给付条款

多数健康险合同，对超过免赔额以上的医疗费用，均采用保险人与被保险人共同分摊的比例给付方法，如保险人承担70%～90%，被保险人承担其余部分，以促进被保险人对医疗费用的节约。

3. 给付限额条款

给付限额即在合同中规定最高保险金额，医疗费用实际支出超过部分，由被保险人自己负担，以此控制总支出水平。

（五）费率厘订

健康保险的保险费率的决定因素比一般寿险要多，主要包括：疾病发生率、残疾发生率、疾病持续时间、费用率、利息率、死亡率、失效率等，另外还有一些其他因素，如销售渠道、承保习惯、理赔原则及其公司的主要目标等。同时，还有一些因素，如医院管理和医疗方法、经济发展、地理环境等条件的变化同样给对将来赔款的预测带来影响。这些因素不容易被客观地、完整地、准确地预测，因此，健康保险的费率计算方式与一般寿险有着明显的不同。健康保险在厘订保险费率时有下列四种基本的计算原则。

1. 统一费率原则

根据统一费率原则，保险费的收取不以年龄的变化而变化，或在较大的年龄档次间（如所有在职职工)，所有被保险人适用统一的费率。这种方法一般被团体健康保险采用。

2．阶梯费率原则

根据阶梯费率原则，规定被保险人在不同的年龄段内缴纳不同的保险费，一般来说，保险费在达到规定的年龄时逐级增加。例如，费率每10年增加一次，其费率随年龄段呈现阶梯形式。

3．逐年变动费率原则

逐年变动费率原则规定了费率每年都发生变化，即每年都采用新费率。这种方法一般是适用于医疗保险单。

4．均衡费率原则

均衡费率原则规定了每年收取相等的保险费，这与一般寿险的均衡保险费原理基本相同，要求逐年建立准备金以支付将来责任。适用于长期健康保险保单。

健康保险中对于不能达到标准条款规定的身体健康要求但有条件承保的被保险人，可以按照次标准体保单来承保。在制订费率时往往采用的方法有：①减少保单收益支付期，如住院天数的限制等；②减少保单收益，如支付金额等；③提高等待期；④规定除外责任或者进行限制保障等。

三、健康保险的主要险别

（一）医疗保险

医疗保险以保险合同约定的医疗行为的发生为给付保险金条件，为被保险人接受诊疗期间的医疗费用支出提供保障，是健康保险的主要内容之一。在医疗保险中，保险事故为意外和疾病，保险人的责任是对被保险人支出的医疗费用提供保障。医疗费用是指被保险人在医疗机构接受各种医治而发生的费用。

医疗保险按照保险金的支付方式分为费用补偿型医疗保险和定额给付型医疗保险。费用补偿型医疗保险，是指根据被保险人实际发生的医疗费用支出，按照约定的标准确定保险金数额的医疗保险。费用补偿型医疗保险的给付金额不得超过被保险人实际发生的医疗费用金额。按医疗服务的特性可将医疗费用划分为：门诊费、药费、住院费、护理费、医院杂费、手术费用、各种检查费用等。不同的健康保险所保障的费用一般是其中的一项或若干项的组合。定额给付型医疗保险是指，当特定的医疗行为发生时按照约定的数额给付保险金的医疗保险。如按住院天数给付住院日额保险金，而不论实际发生的医疗费用。医疗保险既可设计成主险，也可以附加于寿险或意外险。

1．普通医疗保险

普通医疗保险是指保险人对被保险人因意外事故或疾病所致的一般性医疗费用，承担给付责任的保险。这些费用主要包括门诊费用、医药费用、检查费用等。由于医药费用和检查费用的支出难以控制，因此，此险都有免赔额和共保比例。

2．住院保险

住院保险又称住院费用保险，是指保险人承担被保险人因住院而发生的各项费用的疾病保险。住院费用主要包括每天住院的床位费、住院期间的医生费用、使用医院设备费用、手术费用、医药费用等。由于住院时间的长短直接影响费用的高低,一般此险种都对每次住院的时间作了限制,并且也有每日限额以及共保比例的规定。

3. 手术保险

手术保险承担的责任是被保险人因疾病或意外事故需做必要的手术而发生的、所有的手术费用,一般都规定了给付限额和给付期间。

4. 综合医疗保险

综合医疗保险是保险人为被保险人提供的一种全面的医疗费用保险,其费用范围包括医疗和住院、手术等的一切费用。这种保单的保费较高,一般确定有免赔额和共保比例。

(二)疾病保险

疾病保险是指以保险合同约定的疾病的发生为给付保险金条件的保险,保险人仅以保险合同中订明的疾病为依据给付医疗保险金,属定额给付合同。疾病保险一般承保重大疾病,即那些较为严重的、难以治疗的疾病,如癌症、中风等。通常这种保险的保险金额较高,以满足特种疾病对各种医疗费用支出的需要。重大疾病的给付方式一般是在确诊为重大疾病后,立即一次性支付保险金。

重大疾病保险最先于 1983 年正式由南非的一家保险公司推出,在南非销售成功后,于 1985 年起在英国、澳大利亚推广,并在两地成功后,经过主要再保险公司不断的协助与支持,销售推向了世界各地。重大疾病保险也是目前国内健康保险市场上最受欢迎的险种之一。

疾病保险责任免除一般包括投保前已患有的疾病,自杀自残导致的疾病,各种整容外科手术,牙科治疗,视听检查及眼镜、助听器,怀孕及产科费用,及可由社会医疗保险支付的医疗费用等。

 专栏 5-4

哪些疾病是"重大疾病"

重大疾病保险产品都要规定本产品负责的具体"重大疾病"范围,对罹患约定范围内"重大疾病"的被保险人按保单约定一次或多次给付保险金。因此,哪些病种纳入保单保障范围,由保险合同条款明确规定病种,并对该种疾病进行定义解释。

为了保障重大疾病保险业务中投保方的利益,中国保险行业协会与中国医师协会于 2007 年合作制定了我国首个保险行业统一的《重大疾病保险的疾病定义使用规范》。该规范根据成人重大疾病保险的特点,对我国重大疾病保险产品中常见的 25 种疾病的表述进行了统一。同时根据我国相关法律规定,我国成人重大疾病保险的保险责任至少包括规范定义疾病类型中的前 6 项重大疾病。因此,目前市场上重大疾病保险大部分都是在规范定义范围内的 25 种大病基础上增加若干种保险公司自行定义的疾病提供保障。以下为我国成人重疾保险必保的 6 种大病。

（1）恶性肿瘤（不包括部分早期恶性肿瘤）。

（2）急性心肌梗死。

（3）脑中风后遗症（永久性的功能障碍）。

（4）重大器官移植术或造血干细胞移植术。

（5）冠状动脉搭桥术（或称冠状动脉旁路移植术）。

（6）终末期肾病（或称慢性肾功能衰竭尿毒症期）。

（资料来源：中国保险行业协会网。）

（三）失能收入损失保险

失能收入损失保险是指以因保险合同约定的疾病或者意外伤害导致工作能力丧失为给付保险金条件，对被保险人在一定时期内的收入减少或者中断提供保障的保险。

失能收入损失保险的给付一般有以下特点。

（1）给付方式，一般不按年或一次性给付，而是按月进行补偿，以便及时观察被保险人的实际残疾状况的变化，同时也更好地维持被保险人生活开支。

（2）给付期限，可以是短期或长期的。短期补偿是为了补偿在身体恢复前不能工作的收入损失，一般为一至两年；长期补偿则规定较长的给付期限，一般是补偿全部残疾（永久丧失全部劳动能力）而不能恢复工作的被保险人的收入损失，通常规定给付到 60 岁或退休年龄或被保险人死亡。

（3）免责期，发生残疾后的前一段时间称为免责期，在免责期内保险人不提供补偿，免责期一般为三个月或半年。这是由于在短时间内，被保险人还可以维持一定的生活，同时，通过取消对短期残疾的补偿可以减少保险成本。

（4）给付金额，在完全残疾下，残疾给付一般只补偿原来实际收入水平的 75%～90%，以鼓励残疾人积极寻求力所能及的劳动达到自我补偿。在部分残疾下，按残疾前后收入差额进行比例给付。

（四）护理保险

护理保险是指以因保险合同约定的日常生活能力障碍引发护理需要为给付保险金条件，为被保险人的护理支出提供保障的保险。它的一个重要品种为长期护理保险（long term care insurance，LTCI），是为因老年、疾病或伤残导致日常生活能力丧失，需要长期照顾的人群而设计的。这是一种以主要承担由专业护理、家庭护理及其他相关服务项目而产生费用支出的健康保险产品。长期护理保险是适应老龄化社会发展趋势的保险产品，在欧美等发达国家已经成为健康保障的潮流和热点。

我国国内第一家专业健康保险公司——中国人民健康保险股份有限公司，于 2006 年 6 月 15 日在全国范围内推出了"全无忧长期护理个人健康保险"，这是国内首个具有全面保障功能的长期护理保险，具有填补国内保险市场空白的重要意义。"全无忧长期护理个人健康保险"为客户提供长期护理、老年护理、癌症、老年疾病、身故等全方位、多层次的综合保障，使被保险人在患上难以预料的疾病以及意外时得到经济上的援助。

本 章 小 结

(1) 人身保险是商业保险的重要组成部分。由于人身保险的保险标的是人的寿命和身体,因而在承保的风险性质和业务经营管理上存在着特殊性。人身保险合同多为长期性合同,在具有保障性的同时,还具有储蓄性,并随着新型寿险品种的推出,具备了投资性。

(2) 人身保险合同在长期经营中,各国保险法都形成了一些常用的标准条款,如犹豫期条款、不可抗辩条款、年龄误告条款、宽限期条款、中止复效条款等。人身保险最主要的品种包括人寿保险、人身意外伤害保险和健康保险。

(3) 人寿保险以人的生存、死亡作为给付条件。意外伤害保险指被保险人在保险期限内,因遭受意外伤害而在责任期限内死亡或残疾时,保险人按照合同约定比例给付保险金。健康保险对被保险人因疾病或意外所发生的医疗费用或收入损失给予补偿。

关键概念索引

人寿保险 均衡保费 分红保险 死差益 利差益 费差益 万能寿险 投资连接保险 人身意外伤害保险 责任期限 健康保险

复习思考题

1. 简述人寿保险的分类。
2. 人寿保单中常用条款有哪些?
3. 比较人身保险与财产保险的异同点。
4. 简述人身意外伤害保险的保险给付条件。
5. 简述健康保险的含义及特点。

第六章 社会保险

 **本章要点**

- 理解社会保险基本概念、特点与功能，以及在社会保障体系中的定位
- 了解社会保险产生与发展历程
- 掌握社会保险基本内容

作为保险理财的基础，社会保险意味着每个人的工资性收入都被强制性在税前扣除了一部分，因此，本章介绍社会保险的相关基础知识，包括社会保险概念的内涵与外延，各国社会保险的产生与发展历程，社会保险的基本内容——这与理财主体息息相关。

第一节 社会保险内涵与外延

一、社会保险的概念

社会保险涉及政治学、经济学、社会学、财政学、法学等多个学科，可以从不同学科侧重下定义。在不同国家的政策、文献和论著中，对社会保险概念的理解与表述亦不尽相同。社会保险还是一个动态的概念，即便在同一个国家，其社会保险制度亦随着社会经济的变迁而不断进行改革。根据不同时期各国社会保险理论与实践的发展，可以对社会保险作出一个一般意义上的定义：社会保险是由国家强制实施，为遭遇年老、伤残、失业、疾病、生育等风险的劳动者提供基本生活需要保障的一种社会和经济制度。

（一）社会保险的实施方式

立法是社会保险得以建立、实施的依据和保证，社会保险制度具有强制性。社会保险

制度由国家依据法律法规强制实施,只要符合与社会保险相关法律法规的规定,劳动者都必须参加社会保险。国家同样立法规范政府、企业与个人等社会保险主体之间的权利与义务,明确社会保险制度的缴费标准和待遇给付,确定社会保险管理机构的职能、责任、工作程序,社会保险制度的运作实施法制化。

(二) 社会保险的保障对象

从各国社会保险发展历程与现状观之,社会保险的保障对象主要是劳动者。社会保险是工业化的产物,从社会保险制度诞生之日起,社会保险就以保障劳动者的相关风险为目的。劳动者是一个国家或社会人口中比重最大、贡献最大的部分,同时也是承担责任最重、承载风险最多的主体。

(三) 社会保险的应对风险

劳动者通过劳动与工作获得劳动报酬,为个人及其家人提供生活保障,因此,工作或者说拥有劳动能力是劳动者与家庭的收入来源。一旦失业、生病、生育或者年老,都可能使劳动者中断或完全失去收入,生活限于困境。社会保险覆盖劳动者从工作到退休整个生命周期中可能面临的所有风险,包括生、老、病、伤、残、失业风险。

(四) 社会保险的保障水平

基于生存权这一人的基本权利,社会保险的目标在于满足基本生活需要,使劳动者能够维持生存,不至于因为丧失劳动能力或失去劳动机会而面临生存危机。通过建立社会保险制度,给那些生活陷入困难的劳动者提供生活保障,帮助其走出困境。倘若社会保险的保障水平定得过高,势必会影响劳动者的工作积极性,出现"养懒汉"现象,国家甚至患上"福利病"。

二、社会保险的特点

社会保险制度具有强制性、互济性、补偿性、权利与义务相结合四个显著特征。

(一) 强制性

社会保险制度具有强制性,是国家通过立法强制要求劳动者个人及其雇主必须依法参加的一种社会制度。除了参保的强制性,在缴费标准、待遇项目等方面,均由法律法规作出规定。劳动者及其雇主无权选择是否参保,亦不能选择参保哪些项目、更改待遇标准。这有别于商业保险,后者属于自愿保险,遵循谁投保谁受益、不投保不受益的原则,在险种设计、保费缴纳、保险期限、保险责任等各方面都按照保险合同履行实施,一旦合同终止,保险责任即消除。个别商业保险采取强制投保要求,如机动车第三者责任险,但投保人可以选择在哪家保险公司投保,有权决定保险金额大小。

(二) 互济性

社会保险源起商业保险,同样具有互济性特点,并且社会保险把这种互助共济功能上升到社会和国家高度,形成保障社会安全的社会制度。国家通过建立社会保险制度,要求劳动者定期缴纳保费,积累起社会保险基金,当其中部分劳动者遭遇风险发生经济损失时,对其发放一定数量的保险金。由此,社会保险把集中在某个劳动者身上的风险所致的经济损失平均分摊给所有劳动者,实现风险共担、互助共济。相较于商业保险,社会保险因为能通过国家强制力实现风险在全社会劳动者之间共同承担,有效克服了商业保险中普遍存在的逆向选择问题,互济性更为广泛。

（三）补偿性

社会保险制度重在提供经济补偿,从经济上对劳动者提供生活保障,通过现金给付或援助的方式解决劳动者生活困难时的经济来源问题。社会保险制度提供经济保障,未包括服务保障与精神保障。社会保险给予劳动者的帮助限于收入损失补偿,仅在劳动者收入中断或完全丧失时才能得到给付。给付金额往往是劳动者工资性收入的一定比例,与其工资不完全相等,用以弥补劳动者遭遇风险所发生的损失,保障劳动者基本生活需要。提供经济补偿是社会保险制度得以发挥功效的核心和关键。

（四）权利与义务相结合

社会保险采用权利与义务相结合,具体体现为权利义务双向性和权利义务不对等性。在社会保险制度中,权利义务不是单向的,而是具有双向性。在社会救助制度中,权利义务则是单向的。受助者只要符合条件,就有资格无偿获得援助。社会保险则不然,其待遇给付要以劳动者履行缴费义务为前提,要享受社会保险权利,就必须承担一定义务。社会保险制度中,权利义务不仅具有双向性特点,还具有不对等性特点,缴费多的劳动者获得的给付不一定更多,比如患大病的劳动者获得的医保给付就高于患小病以及没有患病的劳动者。这一点明显有别于商业保险,商业保险中"多投多保、少投少保、不投不保",严格遵循权利与义务对等的原则。

三、社会保险的功能

社会保险是社会的安全网、稳定剂和经济的助推器,具有保证基本生活、维护社会稳定、促进经济发展多重功能。

（一）安全网——保证基本生活

现代社会里,与生产的高度社会化和分工化相伴而至的是劳动者面临的风险日益普遍,影响面广、危害程度深。社会保险使劳动者在年老、失业、生病、伤残、生育时,基本生活水平有保障,不因丧失劳动能力或失去工作时完全中断收入来源,摆脱生存危机。社会保险提供的收入来源解除了劳动者的后顾之忧,为劳动者铺就了一张确保生存的安全网。

（二）稳定剂——维护社会稳定

社会保险从诞生之日起就具有调节劳资双方利益、缓和社会矛盾的功效。一旦劳动者普遍面临种种劳动风险,收入损失得不到及时弥补,就很可能因面临生存危机导致社会冲突,引发社会动荡和不安。社会保险制度通过调节收入分配实现转移支付,缩小社会贫富差距,从而有效地减弱社会不安定因素的产生,从机制上防范政治动荡。在一个互助共济的社会里,良好的社会风气使劳动者充分感受到来自雇主、他人、政府和整个社会的帮助与关爱,有利于社会保持稳定、和谐发展。

（三）助推器——促进经济发展

社会保险在劳动者中断收入来源时提供经济补偿，帮助劳动者保存和恢复劳动力，为社会经济发展提供人力资源保证。与此同时，社会保险能消除不同企业在职工年龄结构、性别差异等方面背负的用工成本负担，使企业更平等地参与社会竞争，创造更多财富。通过征缴社会保险费或税，社会保险亦可以影响消费与积累，调节经济运行。积累起来的社会保险基金，可以参与国家重大基础建设项目、投入资本市场运作，有力支援一国经济建设，促进经济发展。

四、社会保险的外延

（一）社会保险与社会保障

社会保险是社会保障的核心组成部分。社会保障是一个庞大、复杂的系统，由多个层次、许多项目构成。社会保险是其核心，社会保险基金在社会保障基金中的比重往往最大。除了社会保险项目，还有社会救助、社会福利，各国社会保障体系有多有少，但大体上都包括上述三个基本组成部分。此外，还有面向军人的独立保障系统、补充社会保障项目，如企业员工福利、慈善事业、企业补助、社会互助等社会措施。

社会保障体系除了按照项目进行划分，还可以按照政府介入程度划分为制度化的社会保障与非制度化的社会保障，社会保险制度属于制度化的社会保障；根据主次划分为基本社会保障与补充社会保障，社会保险制度可归于基本社会保障；根据是否需要受益人缴费划分为缴费型社会保障与非缴费型社会保障，社会保险制度可归于缴费型社会保障。

（二）社会保险与社会救助、社会福利

社会救助是国家和社会依法向无法维持最低生活水平的低收入个人与家庭提供帮助的一些社会保障制度。社会救助的资金主要来源于国家财政预算与拨款，救助对象是社会成员中的特殊弱势群体，救助目标在于维持最低生活需要，权利义务具有单向性。按照收入水平划分，救助对象包括无收入来源者、低收入者和有劳动能力有收入但暂时生活困难者；按照区域划分，救助对象包括一国内的贫困地区和国际上的救助最不发达国家。社会救助的内容相当丰富，包括生活救助、灾害救助、失业救助、住房救助、医疗救助、教育救助、法律援助、扶贫开发等。

社会福利有广义与狭义之分。广义的社会福利是社会保障的同义语，是国家和社会对全体社会成员提供的全部物质、文化、教育、卫生、体育设施和服务的保障与福利。狭义的社会福利是社会保障的从属概念，与社会保险、社会救助同为社会保障体系的子系统。国家或社会免费或减费向社会成员提供改善其生活的设施、服务或现金。社会福利具有保障对象全民性、保障项目多样性、资金来源广泛性、保障水平高层次四个特点。

社会保险与社会救助、社会福利共同为社会成员提供社会保障，这三者关系密切，但在保障对象、保障目标、资金来源、保障水平等方面存在明显区别，总结归纳如表 6-1 所示。

表 6-1　社会保险与社会救助、社会福利对比表

项目	社会保险	社会救助	社会福利
保障对象	劳动者	贫困者	全体公民
实施目的	补偿损失	减轻贫困	提高生活质量
资金来源	个人和企业缴纳为主、政府财政支持	政府财政拨款和社会捐赠	财政拨款、企业利润、社会自筹与捐赠
保障水平	基本生活水平	最低生活水平	较高生活水平
给付依据	劳动者缴费额大小	资产与收入调查	平均分配
主办机构	政府专设机构	政府和社会团体	政府、社会组织、行业
服务方式	津贴为主、服务为辅	资金与物资并重	提供设施和服务为主、货币为辅

(三) 社会保险与商业保险

社会保险与商业保险既有联系，又有区别。两者的相同之处主要体现在原理与功能两方面。原理的相同之处在于两者皆基于大数法则，实现互助共济；功能的相同之处在于两者皆为应对社会成员生、老、病、死、残等风险，帮助劳动者渡过难关。两者的区别体现在如下六方面。

(1) 目的不同：商业保险以盈利为目的，社会保险不以经济效益高低好坏衡量和决定社会保险项目的取舍。

(2) 性质不同：商业保险属于自愿性保险，交易双方均按合同约定履行权利义务；社会保险属于强制性保险，各方主体需要依法履行义务，享受权利，不需要签订合同。

(3) 对象不同：商业保险的保险对象是投保人，保险合同中的被保险人，不符合投保条件的保险公司可以拒绝投保；社会保险以劳动者及其供养的直系亲属为对象，保险公司往往会拒绝投保的老弱病残者则是社会保险的保障对象。

(4) 待遇不同：商业保险的待遇水平取决于保险合同中的保险金额的大小，待遇通常比社会保险高；社会保险具有普遍性，待遇不高，保证社会成员的基本生活需要。

(5) 内容不同：商业保险提供的风险保障包括人身、财产、责任等，而社会保险主要针对人身，不包括财产、责任保险。就人身而言，商业保险一般只提供疾病或养老保障，而社会保险不仅包括养老、医疗、生育，还包括失业、工伤，涵盖的内容更为全面。

(6) 权利与义务对等性不同：商业保险严格按照保险合同奉行权利与义务对等原则，投保人有缴纳保费义务，在保险事故发生后有获得赔付或给付的权利；社会保险中待遇给付与个人贡献并不直接关联，是一种缩小社会贫富差距的收入转移分配机制。

第二节 社会保险发展历程

一、社会保险制度的产生与发展

(一) 社会保险制度的产生阶段

现代意义上的社会保险制度诞生于德国,诞生于19世纪80年代。1881—1889年,德国先后制定了三部社会保险法律:1883年颁布的《疾病保险法》、1884年颁布的《工伤事故保险法》和1889年颁布的《老年和残疾保险法》,后于1911年将这三部法律确定为德意志帝国统一的法律文本,另增《孤儿寡妇保险法》,形成了著名的《社会保险法典》。在1923年和1927年,德国先后又制定了《帝国矿工保险法》和《职业介绍和失业保险法》,德国由此基本确立起较完整的社会保险体系。

当时的德国并不是世界上最先进的国家,之所以第一个建立起社会保险制度,与德国工业与经济的发展、工人阶级的运动、理论思潮的盛行三大因素密不可分。

工业与经济的发展对社会保险制度在德国产生起到了重要作用。19世纪末的德国完成了帝国统一,获得普法战争的胜利和战争赔款,国家有实力、有决心加快发展国民经济,进一步扩大殖民范围。随着工业化进程的不断加速,德国仅用30年时间就完成从一个农业国家向工业国家的转变。处于资本原始积累时期的德国经济发展迅速,从而使国家有能力提供物质援助,使社会保险制度的产生具备相应的经济基础。

工业和经济的快速发展促使工人阶级运动日益高涨,而工人阶级运动有力地推动国家建立社会保险制度。在工业化过程中,大量机器设备和新技术的使用使工伤事故、疾病的发生难以避免,在工人的生产安全和合理需求难以得到保障的情况下,工人阶级团结起来争取权益,社会民主党人数和力量的增长使政府感到恐慌,在靠一味镇压手段无法彻底解决问题的情况下,政府认识到应当采取措施调和日益尖锐的劳资矛盾,给工人生存和发展的权利。有"铁血宰相"之称的时任德国宰相俾斯麦就公然宣称"社会保险是一种消除革命的投资""一个期待养老金的人是最本分也是最容易统治的"。德国社会保险制度的出台确实起到为工人提供风险保障、改善劳资关系的效果,因此,工人阶级运动的高涨推动了德国社会保险制度的产生。

理论思潮的兴盛为社会保险制度的诞生奠定了理论基础。在19世纪70年代初期,德国的新历史学派主张国家直接干预经济,担负起促进文明和福利的职责,鼓吹劳资合作和实行社会政策,新历史学派的学术主张对当时德国的统治阶级产生了巨大影响,从而为社会保险制度的诞生在理论上奠定了基础。

其他欧洲国家纷纷效仿德国,于19世纪末到20世纪30年代先后建立起自己的社会保险制度。例如,法国在1898年出台工伤保险、1905年推出失业保险、1910年建立养老保险;英国在1908年实行养老保险、1911年推出失业和疾病保险;瑞典于1891年实行基本保险、1901年实行工伤保险、1913年实行养老保险。值得一提的是美国在1933年罗斯福任总统后,为走出经济衰退、稳定社会秩序,于 1935 年通过《社会保障法》,成为首个提出"社会保障"概念的国家,美国《社会保障法》的颁布也成为社会保险制度从产生阶段进入发展阶段的标志性事件。

(二) 社会保险制度的发展阶段

社会保险制度的发展阶段以美国罗斯福新政时期的《社会保障法》的颁布为起点,于第二次世界大战后在世界各国得到广泛普及,至 20 世纪 70 年代这段时间可以划为社会保险制度的发展阶段。

第二次世界大战后,各国在迅速抚平战争创伤后大力发展国民经济,世界经济得以复苏并平稳快速增长。英国在著名的《贝弗里奇报告》的基础上,于 1946 年颁布了《社会保险法》,后于 1948 年正式宣布第一个建成"福利国家",建立起一套"从摇篮到坟墓"的社会福利制度。

"福利国家"的诞生影响了瑞典、挪威、丹麦、芬兰等北欧国家,各国争相宣布实施普遍福利政策,瑞典提供广泛而优厚的福利制度,除现金津贴外,还提供医疗、护理等多项服务,保障内容涵盖生育、疾病、伤残、失业、养老、住房、教育、培训等,保障对象不仅包括劳动者和老人,还包括儿童、遗属、单亲家庭等,因此被誉为"福利橱窗"。

除了"福利国家"模式和传统的现收现付模式,在社会保险制度的快速发展阶段,还出现了国家保险型和强制储蓄型社会保险制度。德国的现收现付模式也被称为投保资助型。

国家保险型以前苏联为代表,中国及东欧一些计划经济体制的社会主义国家都采取这种模式。在国家保险型制度下,政府负责全民的保障,受益人不需要缴纳社会保险费。保险待遇往往与劳动贡献挂钩,保障待遇普遍较高,往往由工会组织代表国家管理社会保险事务。

强制储蓄型以新加坡为代表。新加坡在独立后,于 1955 年开始建立中央公积金制度,采取完全积累方式,雇主与雇员缴纳的公积金全部存入雇员个人账户,其个人账户资金属于雇员个人所有,故缺乏共济性。中央公积金从最初的养老单一功能已发展为兼具住房、医疗、健康等多重功能。

在 1949 年,至少建有一项社会保险项目的国家仅为 58 个,到 1977 年增长 1.22 倍,增加到 129 个。在各社会保险项目中,增长最快的是养老保险,从 1949 年的 49 个增加到 1977 年的 114 个。各社会保险项目中,工伤保险普及率最高,129 个国家全部建立了工伤保险。医疗保险和失业保险的建立国家相对较少,分别为 72 个和 38 个[①]。

社会保险制度在此期间得到全面发展,新型社会保险制度得以出现,世界上四种社会保险模式基本形成,即投保资助型、福利国家型、国家保险型与强制储蓄型。社会保险制度从单项保险向综合保险转变,社会保险体系基本发展成熟。社会保险制度从欧洲扩展至美洲、亚洲、非洲甚至全球,保障对象从特定阶层、特定行业劳动者扩大到全体劳动者乃至全社会公民。随着政府干预的增强,社会保险从自愿保险向强制保险转变。

---

① 　美国社会保障署. 全球社会保障—1995.北京:华夏出版社,1996.

二、全球社会保险制度危机与改革

(一) 社会保险制度显现危机

进入 20 世纪 80 年代以后,西方发达国家经济开始出现衰退,无力支付庞大的社会保险和福利开支,社会保险制度开始显现危机,由此进入改革调整时期,直到现在。

庞大的社会保障开支导致国家财政负担加重,政府财政赤字累累。例如,英国社会保障开支占国内生产总值的比重从 1970 年的 15.9% 增加到 1980 年的 23.5%,政府财政赤字在此期间从 39 亿英镑增加至 120 亿英镑。西欧国家的社会保障支出均呈现迅猛增长。与此同时,劳动力工资水平不断上涨,资本投资下降,经济增长放缓,经济衰退造成失业比率显著上升,进一步导致社会保险开支增加。在出生率下降、平均预期寿命提高的同时,居住与医疗卫生条件日益改善、科学技术日新月异、人口结构发生变化、赡养率不断攀升。如何有效缓解社会保险制度的财务危机成为各国社会保险制度改革与调整的重心。

(二) 全球社会保险制度的改革

各国改革社会保险制度的具体措施主要包括以下内容。

1. 提高法定退休年龄

提高法定退休年龄延长了劳动者的缴费时间,缩短了劳动者的退休期限,既可以增加社会保险缴费人数,又可以减少领取养老金人数,有助于缓解养老金资金供求矛盾。不少老年型国家都调高了本国的法定退休年龄,如日本将男女职工的法定退休年龄从 60 岁与 55 岁调整为男女同龄 60 岁退休,意大利将男女同龄退休年龄从 60 岁提高到了 65 岁。

提高法定退休年龄虽然能有力缓解社保基金的支付缺口,但是其负面影响亦十分重大。在失业率居高不下的情况下,提高退休年龄势必加剧劳动力市场供求矛盾,甚至引发社会动荡。有鉴于此,各国都十分谨慎对待退休政策的调整,用相对较长的时间来提高法定退休年龄,尽量避免政策变化过于剧烈。如美国在 1983 年通过法案,决定根据人口出生时间动态设定其法定退休年龄。1937 年及以前出生的人口退休年龄为 65 岁,其后出生的人口出生每晚 1 年则推迟 2 个月退休,其中 1943—1954 年的出生人口 66 岁退休,1960 年及以后出生人口均统一在达到 67 岁时退休,这样美国计划用 22 年的时间将法定退休年龄从 65 岁提高至 67 岁。

2. 实行弹性退休制度,鼓励推迟退休

随着劳动者受教育程度的普遍提高,劳动者进入劳动力市场的年龄不断加大,与此同时,人口预期平均寿命也在不断提高,劳动者实际退休年龄晚于法定退休年龄的现象开始变得普遍。劳动者的个体身体差异和主观就业意愿使得弹性退休制度应运而生。弹性退休制度不仅体现了对劳动者的人本关怀,而且极大提高了社会养老保险制度的效率与公平。

实行弹性退休制度允许劳动者自愿选择退休年龄,通常设置法定正常退休年龄、法定最早退休年龄和法定最迟退休年龄三档退休年龄,并在退休方式和退休收入方面具有弹性和灵活性。例如在加拿大,60~70 岁的劳动者可以自愿选择退休时间,若未达到法定正常退休年龄(65 岁)就选择退休,每月领取的养老金将降低 0.5%,超过 65 岁退休则逐月增加 0.5%。

3. 延长缴费期限

大多数实施收入关联型的国家计发社会保险待遇的条件之一是必须满足最低缴费年限，多数国家一般规定最低缴费年限为 10～15 年。在人均寿命不断提高的情况下，退休后的平均余寿大大延长，超过其最低缴费期限，因此，一些国家上调了最低缴费期限。如日本提高到 25 年，英国提高到 20 年。部分国家调整了领取全额保险金必须缴费的年限，从之前的 35～40 年上调到 44 年或 45 年，如奥地利与瑞士。

4. 提高缴费水平

提高缴费水平是直接增加社会保险基金收入的重要手段，特别是在现收现付制度下，通过提高缴费水平增加收入，不仅有助于应对当年的支出，还可以提留资金形成积累。在调整社会保险缴费水平中，增长较快的国家有美国、日本、荷兰、加拿大、奥地利等国。

5. 调低待遇给付水平

尽管社会保障有刚性，在巨大的财务收支平衡压力下，仍然有不少国家通过调低待遇给付水平减少支出。这种调整主要通过调整待遇给付公式和运用养老金指数调节机制来完成。例如，日本在 1986 年实施普遍保障与收入关联相结合的养老保险制度后，调整了给付公式以降低给付水平。在指数调节机制上，有的国家变换了调节指标，如芬兰将工资指数调整为平均工资与价格指数；有的国家推迟指数调整期限，不少国家对其进行了不同程度的修正和调整，以此控制支出的过度膨胀。

6. 转变社会保险制度运作模式

在老龄化进程不可逆转的背景下，现收现付制社会保险制度面临前所未有的困境，将现收现付制转变为完全积累制或部分积累制已成为当前改革的趋势之一。例如，社会保险的发源地——德国进行社会保险制度改革的核心是建立完全积累制的养老保险计划。秘鲁和乌拉圭完全放弃了现收现付制，取而代之的是以个人账户为特征的完全积累制。

7. 大力发展企业年金与私营保险

不少国家认识到发展企业年金与私营保险对解决社会保险制度危机的重要性，在 20 世纪 80 年代之后开始鼓励和刺激其发展。例如，瑞典在 1972 年修宪，规定所有雇主有义务为雇员提供规定缴费的企业年金；德国也在 1975 年制定《企业退休金法》；澳大利亚在 20 世纪 90 年代立法强制雇主为雇员建立积累制企业年金。国家不仅从立法上予以保证，并从税收方面提供优惠，企业年金与私营保险发展迅速，在资本市场上举足轻重，成为提供老年经济保障的重要力量。

三、我国社会保险制度历史沿革

我国社会保险制度的发展历经四个阶段：1949—1966 年的建立期，1966—1978 年的停滞期，1978—1986 年的恢复期，1986 年以来至今为改革期。

（一）建立期

新中国成立初期，在着手恢复国民经济的背景下，我国在军人优抚、失业救助等方面制定了相关法律和政策。1951 年，政务院颁布《中华人民共和国劳动保险条例》（以下简称《劳动保险条例》),是新中国第一部社会保险法律,并经 1953 年和 1956 年两次修订之后,全面确立了适用于城镇职工的劳动保险制度。1952 年,公费医疗制度建立;1955 年,农村合作医疗制度建立,国家机关和事业单位职工退休退职制度确立;同年还建立了面向机关、事业单位人员的生育保险制度;1956 年,农村"五保"制度确立。由此,在新中国成立初期,我国初步建立起面向城镇职工、国家机关和事业单位职工,以及面向农村的社会保险制度。

随着三大改造任务的完成,我国开始全面进行社会主义经济建设,与之相适应,国家在其后的十年着手调整社会保险制度。在退休待遇方面,统一城镇职工与机关、事业单位的退休规定。在医疗保险制度方面,为了遏制公费医疗费用的迅猛上升,国家颁布一系列的法规,详细规定公费医疗的报销范围、明确公费与自费的界限、限制药品的使用等。在劳保医疗方面,明确附加费的计提情况和会计处理,增加工人出资比例。除此之外,卫生部和全国总工会还颁布职业病相关管理办法,规定职业病范围和职业病患者待遇管理规定。

(二) 停滞期

"文化大革命"的十年,我国的社会保险制度陷入停滞。1968 年,主管救灾救济与社会福利的内务部被撤销,负责劳动保险事务的工会陷入瘫痪状态,社会保险的征缴、管理和调剂使用制度随之停止。财政部于 1969 年 2 月发布《关于国营企业财务工作中几项制度的改革意见(草案)》,规定国营企业一律停止提取劳动保险金,原来由劳动保险金开支的劳动保险费用改在企业营业外列支,待遇标准按照国家政策规定执行,所需费用由企业实报实销。劳动保险丧失统筹调剂功能,演变成企业或单位保险。社会保障制度的责任主体从国家转变为企业或单位,城镇企事业单位办社会的现象迅速扩大,社会保险演变为封闭的企事业单位保险。

(三) 恢复期

党的十一届三中全会召开后,国家重设民政部主管救灾救济、优抚安置与社会福利,劳动部门的工作也开始恢复正常。国务院在 1978 年先后颁布《关于安置老弱病残干部的暂行办法》和《关于工人退休、退职的暂行办法》,恢复被破坏的退休养老制度。1980 年,国务院发布《关于老干部离职休养的暂行规定》,建立起待遇特殊的退休制度,即离休制度。1982年通过的《中华人民共和国宪法》对公民的社会保障权益做出了相当广泛的规范,第四十三条规定国家发展劳动者休息与休养的设施及休假等福利,第四十四条规定国家机关与企事业单位职工的退休保障,第四十五条规定公民在年老、疾病或者丧失劳动能力的情况下有从国家和社会获得物质帮助的权利,第四十八条规定了妇女权益,第四十九条规定了对老人、妇女、儿童的保护。

(四) 改革期

我国从 1978 年进行经济体制改革,而社会保险制度的改革期却要确认到 1986年,这是因为 1986 年发生了三起标志性事件:一是我国在"七五"计划中首次提出了社会保障这一概念,并单独阐述了社会保障的改革与社会化问题,社会保障社会化首次载入国家发展计划;二是国务院发布《国营企业实行劳动合同制暂行规定》和《国营企业职工待业保险暂行规定》,初步构成了我国失业保险制度框架;三是劳动人事部颁发《关于外商投资企业用人自主权和职工工资、保险福利费用的规定》,由此开始消除社会保障单位化的烙印。

1998 年之前,社会保险制度的改革是国企改革的配套措施。在国家经济体制改革的目标模式是建立市场经济体制的背景下,社会保险制度的改革开始向社会化迈进。这个阶段的改革以养老保险改革和医疗保险改革为重点,在养老保险制度方面引入了个人账户,在医疗保险制度方面开始推行大病统筹,由社会医疗保险取代公费医疗和劳保医疗,试点城镇职工医疗保险制度改革。

1998 年以来,社会保险制度逐渐成为一项基本的社会制度。国家新组建劳动和社会保障部主管社会保险事务,建立独立于企事业单位之外的社会保险体系,实现筹资渠道多元化、管理服务社会化成为社会保险制度改革建设的目标,社会保险制度本身的发展得到重视,成为一项基本的社会与经济制度。国务院先后颁布《关于实行企业基本养老保险省级统筹和行业统筹移交地方管理有关问题的通知》(1998 年)、《关于建立城镇职工基本医疗保险制度的决定》(1998 年)、《中华人民共和国失业保险条例》(以下简称《失业保险条例》)(1999 年)、《社会保险费征缴暂行条例》(1999 年)、《中华人民共和国工伤保险条例》(以下简称《工伤保险条例》)(2003 年),在 2000 年成立全国社会保障基金理事会。2004 年,我国宪法修正案中正式将"建设同经济发展水平相适应的社会保障制度"写入宪法,标志着社会保障制度正成为国家发展必要的基本制度安排。2010 年 10 月 28 日,我国颁布了《中华人民共和国社会保险法》(以下简称《社会保险法》),该法的颁布实施,是中国人力资源社会保障法制建设中的又一个里程碑。

第三节　社会保险基本内容

社会保险制度通常由养老社会保险、医疗社会保险、工伤社会保险、失业社会保险、生育社会保险等构成,其中,养老社会保险因金额大、影响深远,在社会保险体系中居主要地位。当然,各国设置的社会保险项目具体不尽相同,如有的国家把生育保险和疾病保险合并,在我国这两者是分开的。

 专栏 6-1

何谓"三险一金"

所谓"三险",其实是对社会保险费的简称。"三险"指养老保险、医疗保险和失业保险。"一金"即住房公积金。

社会保险既然是由五大项目构成,为何有"三险"一说?这是因为社会保险费由企业与个人共同负担。其中,个人需要缴纳养老保险、医疗保险和失业保险保费,不需要缴纳工伤保险与生育保险保费。因此，个人工资单上扣除的是三大社会保险费。除了缴纳法定的社会保险费，个人往往还需要缴纳住房公积金，因此，有"三险一金"之说。企业缴纳的是"五险"，即养老保险、医疗保险、工伤保险、失业保险和生育保险，并且也要替员工缴纳部分住房公积金，因此又有"五险一金"之说。由此可见，"五险一金"往往针对企业而言，"三险一金"则是对个人而言。

五大险种中，企业与个人均按工资的一定比例进行缴费，但各自负担的比例有所不同，不同地区有所差异，如表6-2所示。

表6-2　我国社会保险制度的缴费比例①

险种	总缴费比例	企业	个人
养老保险	28%	20%	8%
医疗保险	8%	6%	2%
失业保险	1%	0.5%	0.5%
工伤保险	行业差别费率	0.5%～2%	0
生育保险	地方自定	1%	0

一、基本养老保险

(一) 含义

养老社会保险是国家和社会根据法律法规，在劳动者达到法定退休年龄，或因丧失劳动能力退出劳动领域后时，采取一定的方式为其提供收入来源、保障其基本生活的一种社会保险制度。

可以从如下几方面认识和理解养老社会保险：①养老保险具有法律强制性，是国家进行的一种制度安排；②养老保险的受益对象是符合规定的老年人；③养老保险的保障水平是保障老年人基本生活所需；④养老金以货币形式支付，养老金是劳动者退休后从养老保险制度中获得的收入；⑤不管采用何种方式为老年人提供养老金，养老保险制度都要求劳动者在工作期间缴费或是纳税，以建立养老保险基金。

(二) 特点

养老社会保险具有以下特点。

1. 普遍性

几乎所有实行社会保险的国家都设置了养老保险，因为每一个人都会步入年老，养老保险制度是确保老年人口实现"老有所养"和社会稳定的重要制度安排。

---

① 《人力资源社会保障部　财政部关于阶段性降低失业保险费率有关问题的通知》：从2017年1月1日起，失业保险总费率为1.5%的省(区、市)，可以将总费率降至1%，降低费率的期限执行至2018年4月30日。在省(区、市)行政区域内，单位及个人的费率应当统一，个人费率不得超过单位费率。具体方案由各省(区、市)研究确定。失业保险总费率已降至1%的省份仍按照《人力资源社会保障部 财政部关于阶段性降低社会保险费率的通知》(人社部发〔2016〕36号)执行。

2. 重要性

养老保险在整个社会保险体系中占据最重要的位置,是社会保险子系统中最重要的项目。1986—1994年,美国、德国、澳大利亚、巴西等国养老金支出占全部社会保险支出的50%以上,英国、法国、意大利等国的这一比例也均在40%以上。

3. 广泛性

年老退休几乎是每个劳动者都无法回避的事实,养老保险的保障对象是退休后的老年人,但也涉及工作中的劳动者,因为他们需要在年轻时缴纳保费,因此,养老保险涉及全体劳动者,在社会保险各大项目中涉及对象最为广泛。

4. 周期长

从养老保险制度层面而言,养老保险制度涉及同一时期的各代人甚至几代人的社会福利分配。就劳动者个体而言,从缴费到受益,养老保险关系到劳动者整个生命周期,时间跨度相当长。从开始缴费到年老退休有长达20～40年的时间间隔,退休后领取养老金的年限往往也有数年,随着人均预期寿命的不断提高,受益期限也在不断延长。

二、基本医疗保险

(一) 含义

医疗社会保险是国家通过立法形式确定的,当法定范围内的社会成员患病时,为其提供医疗服务和费用补偿的社会保险项目。

可以从如下几方面认识和理解医疗社会保险:①医疗保险的作用在于避免社会成员患病后无法获得基本的医疗服务,而使健康受损的情况;②医疗保险通过提供技术性强的医疗服务和患病后的医疗费用补偿实现保障功能;③患病期间的间接经济损失一般不包括在医疗保险范畴内;④医疗保险的发展方向是健康保险,后者涵盖直接与间接经济损失,并包括疾病预防、卫生保健及其宣传教育等内容。

(二) 特点

医疗社会保险具有以下特点。

1. 高频率

人在一生之中面临失业、工伤风险,但这些风险完全有可能不发生在个体身上。疾病风险则不同,所有人不论年龄、性别、职业、地位,都难以回避疾病风险的侵害,而且同一个人有可能多次遭遇疾病风险。从保障对象总体和个体而言,疾病风险的发生频率都比较高,由此导致医疗社会保险的给付次数多,具有高频率特点。

2. 差异性

疾病风险具有随机、突发特点,不同个体的身体条件存在较大差异,医疗费用支出的多少肯定存在差异。即便是同一个体,每次患病的轻重程度不同,获得的医疗保险也可能有较大差别。

3. 复杂性

医疗保险的复杂性在于涉及的主体多,形成错综复杂的利益关系。在医疗社会保险中,至少涉及患者、企业、政府、社保机构以及医疗服务的提供者,后者又包括医院、医生、药店、医药厂家等。医疗费用的支付结算在制度设计中需要平衡各种利益,以合理使用、引导和控制医疗资源。

三、失业保险

(一) 失业

1. 失业的含义

我国《失业保险条例》和国际劳工组织对失业的界定是一致的,只是表述有所不同。国际劳工组织对失业是这样界定的:一定年龄范围之内的劳动年龄人口,同时满足下列三个条件视为失业:本人无工作、具有劳动能力、本人正在采取各种方式找工作。我国对失业的界定如下:劳动者在有劳动能力并确实在寻找工作的情况下不能得到适宜职业而失去收入的状态。由此可见,失业具有四个特点:①在劳动年龄范围内;②有劳动能力;③有就业意愿;④没有找到任何工作。

2. 失业的类型

根据失业者的主观意愿,失业可以分为自愿性失业与非自愿性失业。非自愿性失业主要包括摩擦性失业、结构性失业、周期性失业与季节性失业。根据失业表现形式,失业可以分为显性失业与隐性失业。根据失业程度,可以分为完全失业与部分失业。根据失业期限,失业又可以分为长期失业与短期失业。

3. 失业程度衡量指标

衡量一个国家或地区失业程度有两大指标:失业率与失业持续时间。失业率是失业人数在全体劳动力总人数中的比重,反映劳动力市场总量平衡问题。失业持续时间是劳动者从失去工作到重新就业的时间间隔,反映劳动力市场结构平衡问题。

(二) 失业保险

1. 含义

失业保险是指由国家和社会通过建立基金,对非因本人意愿中断就业而失去工资收入的劳动者提供限定时期的物质帮助及再就业服务的一项社会保险制度。

失业保险具有保障生活和促进再就业双重职能。失业者从失业保险制度中获得的资金称为失业保险金,或失业津贴。

2. 获得失业津贴的资格

(1) 必须是非自愿性失业。非因本人原因引起的失业,才有资格申请失业保险。自动离职者、因本人过失而失业者均不属于非自愿性失业,不在合格者之列。

(2) 处在法定劳动年龄。未达到法定劳动年龄者,即使有就业经历,亦无权享受失业保险。超过法定劳动年龄的劳动者,即便退休后仍然劳动,如果被解聘原则上也不具有资格。

(3) 有就业意愿。确认一个失业者有就业愿望有一定难度。失业者到规定的就业管理部门登记失业、接受合适的就业安置、参加职业培训,可视为有就业愿望。

(4) 依照法规履行义务。比如缴费时间达到最低期限,失业前有就业经历,并达到就业时间的规定下限等。

3. 失业津贴的给付期限

失业津贴给付期限包括失业津贴等待期和给付期。给付等待期的规定使得失业者不能在失业后马上领取失业津贴,而是必须在等待期满后方可开始领取。多数国家规定等待期为 7 天,个别国家的等待期较长,如阿根廷规定为 120 天。给付期有上下限,国际劳工组织规定在任何情况下不能少于 78 个工作日,多则 36 周,甚至长达两年,一般为 26 周。

津贴给付期往往与参保缴费时间长度或者失业时间长度相关联。我国采用第一种方式,具体规定为:失业前所在单位和本人累计缴费时间满 1 年不足 5 年,最长可以领取 12 个月失业津贴;满 5 年不足 10 年,最长可以领取 18 个月失业津贴;累计缴费时间 10 年以上的,领取期限最长为 24 个月。重新就业后再次失业的,缴费时间重新计算。

4. 失业津贴待遇水平

失业津贴要适度,以确保基本生活和有利于促进再就业。如果过低,失业者的收入损失得不到适当补偿;如果过高,在职者心理不平衡,对失业者而言容易造成"养懒汉"。

失业津贴标准的基数有四种选择:基数为失业者失业前本人的工资、基数为社会平均工资、基数为法定最低工资、基数为最低生活保障标准。我国的失业津贴按照低于当地最低工资水平,高于最低生活保障标准的水平确定。

5. 停止支付失业津贴

各国均规定了停止支付失业津贴的各种情况,包括:①达到领取期限;②失业者不愿接受或故意失去职业介绍机构提供的工作;③拒绝再就业所必需的职业培训;④已经或企图骗取失业津贴。

我国对停止支付失业津贴的具体规定是:①重新就业的;②应征服兵役的;③移居境外的;④享受基本养老保险待遇的;⑤被判刑收监执行或者被劳动教养的;⑥无正当理由,拒不接受当地人民政府指定的部门或者机构介绍的工作的;⑦有法律、行政法规规定的其他情形的。有上述七种情形之一,就停止支付失业保险金。

四、工伤保险

(一) 工伤

1. 工伤的含义

工伤也称职业伤害,指劳动者在工作或者其他职业活动中因意外事故和职业病造成的伤残或死亡。该定义中的"意外事故"必须与劳动者从事的工作或职业的时间和地点相关,"职业病"必须与劳动者从事的工作或职业的环境、接触有害有毒物质的标量和时间有关。

2. 工伤的认定

工伤的认定必须同时满足三个条件:①双方存在劳动法上的劳动法律关系。劳动关系不等同于劳务关系,劳动关系的成立并非以双方签订劳动合同为前提。②劳动者因工作原因受到人身伤害或者患职业病。包括工作原因过程中的意外事故、工作中的日常侵害,以及为工作原因而在交通或出差过程中的意外事故。③劳动者受到伤害不是由劳动者故意造成。犯罪、醉酒、自残、自杀都属于故意行为,不能认定为工伤。

（二）工伤保险

1. 工伤保险的含义

工伤保险是国家或企业在劳动者因工作而负伤、致残、死亡时,给劳动者本人及其供养直系亲属提供物质帮助的一种社会保险制度。

实施工伤保险的目的在于保障因工作遭受事故伤害或者患职业病的职工获得医疗救治和经济补偿,促进工伤预防和职业康复,分散用人单位的工伤风险。

2. 工伤保险实施原则

各国在实施工伤保险时,普遍遵循八大原则,具体是:①补偿不究过失原则;②个人不缴费原则;③保障与赔偿相结合原则;④直接经济损失与间接经济损失相区别原则;⑤补偿与预防、康复相结合原则;⑥区别因工与非因工原则;⑦一次性补偿与长期补偿相结合;⑧确定伤残和职业病等级原则。

3. 工伤范围的认定

工伤范围的认定包括工伤事故和职业病的认定。

我国对法定职业病的范围在 1957 年时划定了 14 种,1987 年时扩大到 9 类 99 种,2002年时扩展至 115 种。2013 年 12 月 23 日,国家卫生和计划生育委员会、人力资源和社会保障部、国家安全生产监督管理总局、中华全国总工会 4 部门联合印发《职业病分类和目录》。该目录将职业病分为职业性尘肺病及其他呼吸系统疾病、职业性皮肤病、职业性眼病、职业性耳鼻喉口腔疾病、职业性化学中毒、物理因素所致职业病、职业性放射性疾病、职业性传染病、职业性肿瘤、其他职业病共 10 类 132 种。《职业病分类和目录》自印发之日起施行,2002 年 4 月 18 日原卫生部和原劳动保障部联合印发的《职业病目录》予以废止。

我国对工伤事故的范围界定包括三方面内容:可认定为工伤、可视同认定为工伤以及不可认定或视同认定为工伤。

可认定为工伤的 7 种情形:①在工作时间和工作场所内,因工作原因受到事故伤害的;②在工作时间和工作场所内,从事与工作有关的预备性或者收尾性工作受到事故伤害的;③在工作时间和工作场所内,因履行工作职责受到暴力等意外伤害的;④患职业病的;⑤因工外出期间,由于工作原因,受到伤害或者发生事故下落不明的;⑥在上下班途中,受到非本人主要责任的交通事故或者城市轨道交通、客运轮渡、火车事故伤害的;⑦法律、行政法规规定应当认定为工伤的其他情形。

可视同认定为工伤的 3 种情形:①在工作时间和工作岗位,突发疾病死亡或者在 48 小时之内抢救无效死亡的;②在抢险救灾等维护国家利益、公共利益活动中受到伤害的;③职工原在军队服役,因战负伤致残,已取得革命伤残军人证,到用人单位后旧伤复发的。

不可认定或视同认定为工伤的 3 种情形:①故意犯罪的;②醉酒或者吸毒的;③自残或者自杀的。

4. 工伤鉴定

工伤鉴定指劳动者因工伤事故或职业病致残后,由国家法律规定的工伤鉴定机构对其丧失劳动能力的程度进行鉴定以确定伤残等级的法定检验与评价。工伤鉴定结果是决定劳动者遭受伤害后能否享受工伤待遇以及享受哪一等级待遇的直接依据。

国际劳工组织根据劳动能力丧失程度,把因工伤造成的劳动能力丧失结果分为四类:永久完全丧失劳动能力、永久部分丧失劳动能力、暂时部分丧失劳动能力、暂时完全丧失劳动能力。

我国从劳动功能障碍程度和生活自理障碍程度两方面进行工伤鉴定,其中,劳动功能障碍程度有十个等级,一级最重、十级最轻;生活自理障碍程度有三个等级,即生活完全不能自理、生活大部分不能自理、生活部分不能自理。

五、生育保险

(一) 含义

生育保险是国家和社会为保障妇女生育期间的健康和基本生活需要,向生育妇女提供物质帮助的社会保险制度。

1. 生育保险的对象主要是生育期间的女性劳动者

社会保险五大险种中,生育保险的保障对象最窄,仅限于女性劳动者,而且是处于生育期间的女性劳动者,其覆盖范围较窄。一些国家还规定了享受生育保险的若干条件,从而进一步缩小了覆盖范围,如符合法定婚龄、已婚、符合本国相关生育规定等。有的国家则放宽了享受生育保险的条件,将范围扩大到男职工的配偶、所有生育的妇女;有的国家甚至把男性也纳入其中,给予男职工假期,让其照顾妻儿。

2. 生育保险的风险是正常的生理活动造成的风险

生育活动会导致生育妇女暂时丧失劳动力退出劳动领域,面临收入中断的风险,但这种风险不是失业、工伤等社会因素造成的风险,也不是非正常的生理变化,如疾病、残疾风险。和年老的养老风险亦有所区别,年老虽然也是正常的生理现象,但年老的过程不可逆,退出劳动领域则永久性的丧失收入来源。生育妇女在经过一段时间的休息调养后可重返工作岗位,相较于几十年的劳动时间而言比较短暂。

3. 生育保险的时间涵盖生产前后

生育保险涵盖生育发生的前和后,不是仅仅涵盖生育发生之后。生育之后的妇女既要承担起母亲的职责照顾婴儿,又要恢复身体,当然需要一定的休养时间。处于怀孕期的妇女同样需要得到很好的保护,因为孕妇发生诸多生理变化,不宜过度劳累,特别是在产前行动不便,难以正常工作。妇女生育时则面临较大的风险,有可能发生某些疾病甚至死亡。因此,只有从产前、产中和产后全面给予生育妇女应有的保护,才能保护母婴健康,提高人口质量。

4. 生育保险的产生时间较晚

生育保险作为一个独立的险种,建立和实行的时间相对最晚。这是因为生育保险是妇女大规模参加社会化劳动的产物。1883年,德国的《劳工基本保险法》中虽然有对女性生育问题的制度性规定,但是直到1953年,世界工联维也纳会议才明确指出,真正的社会保险应当包括生育保险。

（二）内容

1. 生育医疗服务

生育医疗服务是由医疗服务机构向生育妇女提供的包括妊娠、分娩及产后一系列医疗保健和住院治疗服务，新生儿的保健服务也涵盖其中，生育医疗服务的费用由生育保险基金支付。生育医疗服务是生育保险的主要内容，旨在鼓励生育妇女进行常规医学检查，尽早发现孕产期的异常，减少孕产妇和新生儿死亡率，提高人口质量。

2. 生育津贴

生育津贴也称生育补助，是对生育妇女的收入补偿，目的在于弥补生育期的女性劳动者的工资收入损失，维持生育妇女及其婴儿的正常生活水平。发放生育津贴也有利于维护家庭和谐稳定，不因生育期间的收入中断而中断妊娠或引发家庭矛盾。

3. 生育假期

生育假期又称产假，一般是给生育女职工一定时期的带薪假期。产假的设置能保证女职工产前身体健康和产后恢复劳动能力，让新生婴儿得到母亲的悉心哺育与照顾。有的国家不仅给生育妇女放产假，还给其配偶设置了法定的生育假期，例如日本。

 专栏 6-2

日本：爸爸也休产假

日本为提高年轻夫妇生育率，强迫男子休产假 40 天。

日本太田市的工作男性在自己小孩出生第一年中必须在家待满 40 天。年轻爸爸必须分期休假，每次不超过一星期。休假结束后必须递交报告，还要向同事"传授"自己学到的育儿经验。

日本法律规定，男性在孩子出生之后可以享受长达 1 年的假期。休"产假"的男士只能拿到平时薪水的小部分。日本厚生劳动省的统计数字显示，一年中只有 0.4% 的新爸爸们享受了全部或部分假期。

日本人口出生率已降至 60 年来最低水平，年轻人越来越专注于工作，每对夫妇平均只有 1.29 个孩子。强迫父亲履行职责旨在使爸爸们熟悉如何培养儿童，并使妈妈们不再惧怕多生宝宝，从而提高人口出生率。

（资料来源：中国时报网。）

（三）案例

1. 案情介绍

2008 年 4 月 23 日，解放网报道，上海市闵行区某学校为避免出现扎堆生育、人手紧缺状况，与初婚、初育女教师签订《计划生育责任书》。除要求员工上报预备怀孕时间，还规定如果违反计划怀孕生育，造成当事人请假期间影响学校正常教学秩序、学校必须另聘老师上课的，产假期满学校将不保证提供原工作岗位，视情况予以转岗、待岗处理，并在合同期满后不再续约。

该校女教师对此很不满,但敢怒不敢言。"连生孩子都要领导同意,还要签协议,这也太没道理。""我们当时第一反应是认为荒唐,但觉得饭碗更重要,也就忍气吞声算了。"

学校则对女教师怀孕很被动与无奈,认为这样的规定合乎情理。"如果老师不打招呼就怀孕,尤其是担任班主任的女教师突然'有喜',最被动的是学校。""这份责任书还在征求意见中,并不强迫老师签署。""老师频繁更换,对学生最不利。""教师将生育计划报备学校,学校才能有计划地提前做好工作安排,以免措手不及"。

2. 案例分析

学校的规定其实既不合理,也不合法。

责任书名义上是自愿协议,实际上是将不对等的条款强加给对方。这纸协议违背公序良俗,也是无效的。上海市卫生和计划生育委员会、女职工劳动权益求助热线、妇联等相关机构均表示,执行责任书中的相关规定找不到任何法律支持。

那么,如何解决女职工生育对企业与单位正常生产与管理的负面影响呢?

解决问题不能靠一纸冰冷的责任书,而应在双方相互理解的基础上共同协调。就本案而言,学校在拟定教学计划时,应当主动与未育的女青年教师充分沟通,了解有无怀孕生产计划,在安排教学任务时充分考虑到生育的可能影响。对于意外怀孕的女教师,应当表示理解与尊重,并积极调整教学任务,避免让其承担过重的教学任务。事实上,高校有相当多的女教师在得到院系领导的理解与关照后,并没有选择蜗居在家休养,而是坚持在教学一线,甚至坚守到预产期前离开工作岗位,令人敬佩与感动。

本 章 小 结

(1) 社会保险是由国家强制实施,为遭遇年老、伤残、失业、疾病、生育等风险的劳动者提供基本生活需要保障的一种社会和经济制度,具有强制性、互济性、补偿性、权利与义务相结合四个特点,是社会的安全网、稳定剂和经济的助推器,具有保证基本生活、维护社会稳定、促进经济发展等多重功能,与社会保障、社会救助、社会福利、商业保险既有联系,又有区别。

(2) 现代意义上的社会保险制度诞生于 19 世纪 80 年代的德国,于二战后在世界各国得到广泛普及,出现了福利国家型、投保资助型、国家保险型和强制储蓄型四种类型的社会保险制度。进入 20 世纪 80 年代以后,社会保险制度显现危机,步入改革调整期。我国社会保险制度的发展历经建立期、停滞期、恢复期和改革期四个阶段。

(3) 社会保险制度通常包括五大项目:养老社会保险、医疗社会保险、工伤社会保险、失业社会保险、生育社会保险。

关键概念索引

社会保险　基本养老保险　基本医疗保险　失业保险　工伤保险　生育保险

复习思考题

1. 社会保险制度具有哪些特点？
2. 指出社会保险与社会救助、社会福利的区别。
3. 社会保险与商业保险有何区别与联系。
4. 指出当前世界各国社会保险制度改革的具体举措。
5. 社会保险制度包括哪五大项目？

第七章 养老保险

 **本章要点**

- 养老保险的概念、层次与意义
- 世界上养老保险制度的历史沿革
- 养老保险制度的具体运作模式划分
- 我国城镇养老保险制度发展历程和现存问题
- 我国农村养老保险制度发展状况和最新进展

为年老退休后的生活提供收入来源是个人理财的重要内容。养老保险是国家做出的有关老年收入保障的制度安排,随着人口老龄化的全球化,各国养老保险制度正面临挑战。掌握养老保险的基本理论、了解我国城乡养老保险制度现状及面临的问题,无论是对个人、民族还是国家,其必要性和重要性都不言而喻。

第一节 养老保险概述

一、养老保险的概念

在本书第六章第三节中,我们曾给出养老社会保险的定义,指出养老社会保险是国家和社会根据法律法规,在劳动者达到法定退休年龄,或因丧失劳动能力退出劳动领域后时,采取一定的方式为其提供收入来源、保障其基本生活的一种社会保险制度。

养老保险不等同于养老社会保险,养老保险是一个更为宽泛的定义。虽然在提及养老保险的时候,人们往往指的是社会养老保险,然而,养老保险实际上不仅仅包括社会养老保险,还包括商业养老保险,这两者都涵盖在养老保险概念之内。因此,要给养老保险下定义,需要既能反映社会养老保险内涵,又能反映商业养老保险的内涵,将其本质在概念中体现出来。基于此,本书给出如下的定义:养老保险是利用保险原理,通过相应的制度安排,为解除劳动者年老后的后顾之忧,采取一定的方式为退休者提供收入保障的制度。

二、养老保险的层次

养老保险有三个层次:第一层次是基本养老保险,第二层次是补充养老保险,第三层次是个人储蓄性养老保险。养老保险的三个层次通常又称为"三支柱",意在通过这"三支柱"为劳动者老年生活提供保障,解除其后顾之忧。世界银行于1994年在《防止老龄危机》报告中首次提出养老保险"三支柱",并向各国推广提倡养老保险"三支柱"的理念,这一理念在世界各国特别是发展中国家中得到了广泛的接纳。世界银行在2006年进一步拓展了"三支柱"理念,扩充了"两大支柱",提出应建立养老保险"五大支柱"。我国目前正致力于"三支柱"的建设。

(一)养老保险的第一层次——基本养老保险

基本养老保险是指按国家统一政策规定,强制实施的国家公共养老保险计划,是养老保险的第一层次。该层次的目标在于为社会成员或一定范围内的退休者提供基本生活保障,强调公平性与普及性。

(二)养老保险的第二层次——补充养老保险

补充养老保险又称企业年金、职业年金或私人养老金计划,是企业在国家政策与法规的指导下,根据本企业经营发展需要建立的,为本企业职工提供老年后收入保障的制度。补充养老保险计划一般由企业或雇主创立,通常不具有强制性,但是有的国家政府通过立法强制企业雇主为雇员建立。补充养老保险是国家基本养老保险之外的有益补充,主要目的在于提高退休者的养老金水平,并且是企业人力资源与福利制度中的重要举措,可以提高企业的凝聚力,吸引人才、留住员工。

(三)养老保险的第三层次——个人储蓄性养老保险

个人储蓄性养老保险是个人或家庭通过储蓄与购买商业养老保险方式自愿建立的补充退休收入保障,可以积累个人退休后的资金,从而弥补国家举办的养老保险计划的不足,并且促进一国商业养老保险的发展,同时为经济发展积累更多的资金。

三、养老保险的重要性

养老保险在社会保险中的地位最重要,是社会保险的核心。

(一)养老保险涉及人数多

人们步入年老是必然的,由此可以认为养老风险是不可避免的风险。其他社会保险项目的风险不一定会发生在个体身上,尽管这些事件导致的劳动能力丧失的程度可能比年老丧失劳动能力的程度更严重,如工伤保险,但是其涉及的人数大大少于养老保险。

(二)养老金支出数额大

养老金支出历来是一国社会保险乃至社会保障支出的主要份额,这一比例甚至高达50%以上。例如,德国统一后,其社会保障总支出7 000亿德国马克中,有超过1/3为养老金支出。美国在 1979—1983 年期间的养老金支出占全部社会保障支出的 50.3%～55.1%。2016 年,我国五项社会保险基金收入 5.3 万亿元,其中养老保险基金收入为 3.51 万亿元,占比高达 66%,养老保险基金收入是医疗保险基金收入的 2.8 倍,是失业保险基金收入的 25 倍,是工伤保险基金收入的 66 倍,是生育保险基金收入的 67 倍。随着我国人口老龄化程度的不断加深,养老金支出逐步提高,2016 年,我国职工基本养老保险总支出为 3.19 万亿元,今后养老保险支出占社会保险乃至占国民生产总值的比重还将快速上升。

(三) 养老保险是一个复杂的运行系统

养老保险跨度时间长、涉及人数多、资金数额大,制度设计、实施与管理监督相当重要,受到全社会的密切关注。

第二节 养老保险制度历史沿革

一、养老保险制度的建立

(一) 我国古代社会的养老社会保障

我国古代几千年的农耕社会向来以家庭养老为主,是一种代际反馈模式,除此之外也存在一些具有社会因素的养老方式,比如立法规定子女亲属的抚养义务,如若不供养老人则按不孝罪论处。很多朝廷为了救济年老无依无靠老人,设立了"悲田院""养济院"等收养所。北魏在法典上规定"使父子无异财",保证家产的管理处置权由尊长负责。

除了从法律上规定抚养义务,从财产制度上对老年人提供物质保障,我国古代还在官吏中实行了一定的退休制度。官员退休制度最早出现在春秋战国时期,即"致仕"制度。汉唐之后逐渐形成了比较完备的官员退休制度,规定年满七十以上均应退休,或者虽然未满七十,但形态衰老者必须退休,退休后的俸禄按照原官职高低、贡献大小而定,以示尊贤。明清两代,退休制度有了变化,退休年龄从原来的七十岁提前到六十岁,并且可以提前自愿退休。对于有突出贡献的退休官员,朝廷给予他们的退休待遇一般比较优厚。

(二) 欧洲古代社会养老传统

西欧古代也有某些社会养老的传统。在古代瑞典,有传递"仁杖"的互助习俗。在一根长约三尺的木杖上刻有"乡邻们,当仁杖传到您家时,请对贫困疾病者给予帮助和照顾"的字样。得到"仁杖"的家庭就要承担起帮助和照顾邻里的义务。"仁杖"传统后来发展为"保健储蓄箱",由乡邻们每月从收入中拿出少许钱投入其中,用途是救助贫穷年老者和病患者。

欧洲还出现过小范围的退休供养做法。富有的老人在年老后进入修道院养老,以示其高贵;农民和手工业家庭的老人在年老之前与子女签订契约,规定子女在继承财产之后必须保证老人晚年的生活,得到子女的赡养。

(三) 德国养老保险立法标志着养老保险的正式建立

现代意义上的养老保险制度的建立以德国 1889 年 6 月 22 日颁布的《老年和残疾保险

法》为标志。在此之前,法国、奥地利、比利时等国在部分劳动者中推行了养老保险制度,如法国于 1869 年在《年金法典》中明确规定,对于不能继续从事海上工作的老年海员发放养老金;奥地利和比利时分别在 1854 年和 1868 年实施了矿山劳动者养老金制度。德国的养老保险制度规定 70 岁以上的老人可以获得养老金,在一定程度上解决了老年生活保障的社会问题,与法国、奥地利、比利时等国实行的小范围的社会保险制度相比具有更广泛的普遍性,其产生标志着人类文明的发展和社会的进步。

二、养老保险制度的发展

养老保险制度自德国建立以来,在随后的几十年间得到了快速、全面的发展,诸多国家都纷纷效仿德国建立起本国的养老保险制度,在其后的发展中,许多国家根据本国国情建立了新的养老保险模式,养老保险制度呈现多样化发展。

(一)建立社会养老保险制度的国家数量快速增加

德国建立养老保险制度之后的几十年间,养老保险制度在全球得到了快速全面的发展,许多国家紧随其后建立起本国的养老保险制度。丹麦于 1891 年、挪威于 1894 年、新西兰于 1898 年、瑞典于 1903 年、奥地利于 1906 年、澳大利亚于 1908 年、俄国于 1922 年、智利于 1924 年、加拿大于 1927 年、南非于 1928 年分别建立了自己的养老保险制度。美国在 20 世纪 30 年代的经济大萧条后颁布了《社会保障法》,成为首个使用社会保障的国家。《社会保障法》作为"罗斯福新政"的重要措施之一,对促进美国社会安定、帮助经济走出萧条发挥了重要作用。"十月革命"胜利之后,苏联和一些东欧国家曾先后建立了覆盖范围广泛的由国家承担全部责任的养老保险制度,我国在新中国成立之后也很快建立起类似前苏联的养老保险体系。联合国统计资料表明,1940 年,全世界有 57 个国家和地区建立了养老保险制度;到 20 世纪 80 年代初期,建立养老保险制度的国家以较快速度增长,达到 127 个;1987年增长为 142 个;到 1995 年进一步增长为 165 个,养老保险制度成为建立国家最多、在社会保险项目中最主要的项目。

(二)养老保险制度呈现多样化发展

随着建立养老保险制度国家的增多,养老保险制度的具体形式开始逐步丰富起来,各个国家根据本国实际情况建立了迥异或相似的养老保险制度。德国作为第一个建立社会养老保险制度的国家,其类型采用的是雇主和雇员共同供款的现收现付型养老保险制度。随着第二次世界大战后英国宣布建成"福利国家",同时意味着新型社会保障制度的诞生,开创了世界上第一个不用个人缴费的养老金制度的先河,得到了瑞典、挪威等北欧国家的效仿。

20 世纪 50 年代,新加坡在考察国外养老保险制度之后,决定建立一种有别于既有养老保险制度的新制度,由此建立起储蓄积累模式的中央公积金制度。智利在 20 世纪 80 年代进行养老金改革后,也采用了与新加坡类似的养老保险制度,被称为养老金私有化改革。储蓄积累型模式由于不具有互助共济性,在建立之后的相当长时间里没有得到国际社会的认可,随着现收现付型养老保险制度逐步出现支付危机,储蓄积累型养老保险开始得到学术界和各国的认可。

三、养老保险制度的改革

世界各国的养老保险制度主要采用的是现收现付制度,是在代与代之间进行养老风险的分担,制度的设计基于相对稳定的人口寿命预测和经济社会发展情况。在人口老龄化日益加剧、人口寿命不断延长的发展趋势下,工业化国家从 20 世纪 70 年代以来进入经济滞涨时期,经济发展速度趋缓、失业率居高不下、通货膨胀攀升,在这样的情况下,西方国家普遍面临社会保障制度危机。养老保险制度在经历近百年的发展之后,面临严重的体制危机,但在发达国家、发展中国家与经济转轨国家有所区别。

(一)发达国家养老保险制度的改革内容

养老金的快速增长令国家不堪重负,为此,许多国家进行养老保险制度改革首要着手于减少养老金支出,发达国家在养老保险制度上采取的措施主要包括下述三方面。

1. 修改养老金计发办法

为降低养老金支付水平,不少国家对养老金计发公式进行了改革。例如,法国将养老金计发基数从按照收入最高的 10 年计算改为按照退休前 25 年的平均收入计算;葡萄牙将养老金计发基数从按照退休前 10 年中最高 5 年的收入平均值改为按退休前 15 年中最高 10 年的收入平均值。

2. 调整养老金待遇变动方法

养老金的调整在过去是根据工资和其他经济因素的变化进行调整,改革后随消费价格指数进行调整,以此保证养老金不贬值。

3. 提高养老金领取年龄

尽管推迟退休年龄是一项影响未知的改革举措,在养老金支付资金越来越大的压力下,仍然有不少国家选择推迟退休年龄。如意大利从 1994—2000 年将退休年龄提高了 5 岁,男性推迟到 65 岁退休,女性推迟到 60 岁退休;英国计划在 2010—2020 年将女性的退休年龄提高到和男性同龄退休,提高了 5 岁,且英国人领取退休金年龄将在 21 世纪 30 年代中推迟至 68 岁,还将在 21 世纪 40 年代末将退休年龄进一步推迟至 69 岁;葡萄牙也将女性领取养老金的支付年龄从 62 岁提高到 65 岁,与男性持平。美国用 22 年的时间将退休年龄提高了两岁,从 2009 年开始,法定退休年龄提高到 66 岁。

(二)发展中国家养老保险制度的改革内容

发展中国家普遍存在二元经济结构,占人口较大比例的农村人口由于各种原因往往没有纳入养老保险体系,加之金融市场不发达、管理体制不健全等因素,使其养老保险制度的改革面临与发达国家不同的困难。其中,智利在 1980 年开始的养老金私有化改革较为突出,改革的主要内容如下。

1. 建立个人账户

智利原本实行现收现付制,但从 1980 年改革开始起不再沿用,转而采用储蓄积累制。建立起个人账户,规定新参加工作的员工必须加入,老职工可以选择留在旧制度还是加入新制度。制度转轨的成本通过政府发行的债券来解决。

2. 成立多个竞争的基金管理公司

智利成立了 12 个基金管理公司,由其管理个人账户资金。个人账户的所有者可以选择将其账户资金交给哪家基金管理公司进行投资运营。管理机构之间因此展开竞争。

3. 逐步放开基金投资渠道

既然基金交由基金管理公司投资运作,就必须提供一定的基金投资渠道。智利政府于 1986 年放开养老金投资股票,于 1994 年进一步放开基金投资海外市场。在改革的最初 10 年里,基金的投资收益较为可观,但随后的年度里,基金投资收益的波动起伏比较大,个别年份甚至出现负增长。与此同时,基金管理成本开始超出预期,给养老金的改革带来了困扰。

智利养老金的私有化改革是否成功还不能下结论,但其改革方向得到了部分国家的认同,秘鲁就在 1993 年学习智利开始养老金的私有化改革。

(三) 经济转轨国家养老保险制度的改革内容

经济转轨国家是指由计划经济向市场经济体制转变的国家,其中以前苏联和东欧国家为代表。在倚重公平忽视效率的制度下,养老保险的成本与负担日趋严重。伴随经济体制的转变,包括养老保险在内的社会保障制度也发生了变革,主要体现在以下两方面。

1. 建立个人和企业缴费机制

在计划经济体制下,这些国家实行的是高度统一的国家保障,劳动者的养老待遇完全由国家规定,劳动者个人不需要缴纳保费。改革的一大显著变化是员工个人需要缴纳相应的费用。由于国家的养老负担过重,国家提高了企业的缴费率,从而建立起个人和企业共同缴费的机制。

2. 建立补充养老保险体系

在世界银行的帮助下,众多国家开始认识到由国家提供的养老金不足以满足年老后的养老需求,从而开始大力发展补充养老保险制度,从而建立起多层次的养老保险体系。例如,捷克在 1994 年颁布了新的养老保险法,鼓励人们参加补充养老保险,由国家进行资助。补充养老保险由依法设立的养老保险基金组织承办,国家对其进行严格监管。在新的养老保险法中,基本社会养老保险由国家和个人共同承担。

第三节 养老保险制度运作模式

一、现收现付制

(一) 现收现付制的含义与本质

现收现付制是按照一个较短的时期内收支平衡的原则确定费率筹集养老保险基金,筹集的资金仅满足同期养老金给付的需要。这个时期通常为一年,最多 2~3 年。

现收现付制遵循基金横向平衡,满足"以支定收,略有结余"。所谓基金横向平衡,是指当年或近几年内某社会保障项目所提取的基金总和应与其所需支付的费用总和保持平衡。

在现收现付制养老保险模式下,当年养老金收入来支付当年养老金支出,即同一个时期正在工作的一代人的缴费来支付已经退休的一代人养老金的制度安排。由此可见,现收现付制的实质是"代际赡养",下一代人抚养上一代人,下一代人又由下下一代人抚养,世代交替,不断延续。

(二) 现收现付制的优点

1. 一经建立就可以及时给付

现收现付制养老保险制度一经建立,当年就可以用筹集到的资金支付当年的养老金,这是现收现付制的一大优点。不管是什么国家,社会上总会存在一定数量、一定比例的已退休老人,因此,在初建养老保险制度时马上就会面临给付养老金的问题,如何妥善解决该问题涉及老人的生活水平和福利状况,会引起广泛关注,甚至会影响到社会秩序与稳定团结。现收现付制养老保险制度一经建立,不会面临无法发放已退休老人养老金的问题,资金来源有保证,有利于制度的顺利建立与运行。

2. 可以根据需求的增长及时调整征缴比率

现收现付制养老保险制度是一种短期收支平衡,因此,在确定当期缴费率时,一旦影响缴费率高低的相关经济、人口等指标发生变化,可以迅速相应地调整当期的征缴比率,从而保证养老金的实际购买力,让退休老人分享社会经济发展的成果。

3. 能有效避免物价上涨造成的基金贬值的风险

在现收现付制养老保险制度下没有大量长期的资金积累,即便有结余,也遵循的是"略有结余",结余资金的数额不大,结余的时间不长。正因为没有大量储备资金,因此,基金不会受通货膨胀因素的影响,基本上不会面临贬值风险。

4. 体现互助互济

现收现付制养老保险制度本质上是一种代际赡养模式,充分体现了社会保险的互助互济功能。

(三) 现收现付制的缺点

1. 基本没有储备和积累,资金筹集的抗风险能力弱

由于现收现付制下基本没有储备和积累,养老金的发放主要依赖于筹集资金,一旦筹集资金时面临困难,无法筹集到足额养老金,就会导致入不敷出,基金自身不能实现收支平衡。在这种情况下,如果没有其他渠道注入资金,就会产生支付危机,造成恶性循环。政府为了保证制度的稳定性,必须动用财政收入进行扶持,保证养老金的及时足额发放。

2. 存在代际转移矛盾

作为一种"代际赡养"制度,现收现付制养老保险制度中,这种"代际赡养"是向下传递的:甲代人由乙代人供养、乙代人由丙代人供养。但是不同代人之间的赡养率不同,这使得不同代人的养老负担不同。在人口老龄化发展趋势下,下一代人的养老负担在不断加重,这使得现收现付养老保险制度面临代际转移矛盾,年轻人更愿意对自己负责,而不愿意承担上一代人的养老。

3. 在人口老龄化趋势加快形式下,缴费比率不断上升

养老金的给付具有刚性特点。在人口老龄化趋势加快形式下,为保证养老金的发放,只能采取提高缴费率来解决这个问题。而对于处于缴费期的劳动者而言,要经历几十年的缴费期后才能退休领取养老金,面对不断上升的缴费比率,必然会产生动摇和抱怨,严重时可能导致支付危机。

二、完全积累制

(一) 完全积累制的含义与本质

完全积累制也称基金积累制或基金制,是对退休率等相关指标进行宏观长期预测后,把被保险者在享受养老待遇期间的养老金支出总和分摊到其整个投保期,并对积累期的养老金进行有计划的投资运营的一种养老保险模式。

现收现付制遵循基金纵向平衡。所谓基金纵向平衡,是指某社会保险项目的被保险者在投保期间提取的基金总和(包括本息与投资收益)应与其在享受该项保险待遇期间所需支付的费用总和保持平衡。

完全积累制的本质是"同代自养",参保人在年轻时缴费积累资金,用积累起来的资金支付退休后的养老金,权利与义务完全对等,参保人之间没有互助共济,因此是自己养老。

(二) 完全积累制的优点

1. 能应对人口老龄化危机

在采用基金制下,每个参保人都建立了一个个人账户,该账户上积累的资金就是领取养老金的资金来源,因此,完全积累制能抵御人口老龄化危机。人口老龄化是人口中老年人口比重不断上升的趋势与过程,在此过程中,尽管一个国家或地区的老年人口增加了,但是由于采用的是基金制,每个人都有个人账户,因此,养老保险制度不会受到人口老龄化的影响。

2. 社会成员的权利义务明晰,能提高缴费积极性

完全积累制将劳动者在年轻时的部分资金直接转移到年老时进行支付,年轻时缴纳得更多,年老后的养老金水平就更高,缴费多少与养老金高低正相关,社会成员的权利义务明晰,有助于增强劳动者的自我保障意识,鼓励人们延长工作年限,提高缴费金额,形成较好的激励机制。

3. 积累的基金能促进经济发展

完全积累制能形成巨额、长期基金,这笔体量庞大的基金对一个国家的资本市场会产生极大的影响,可以将其投资于国家重大基础设施建设,有力地推动国民经济发展。

(三) 完全积累制的缺点

1. 缺乏互济性

完全积累制的特点在于缴费与受益具有关联性,互济性则较差。这使得完全积累制在注重效率的同时无法兼顾公平。低收入者在工作期间缴费水平低,以致退休后能够领取的养老金只能是低水平的,甚至无法满足基本生活需要。

2. 无法应对长寿风险

虽然完全积累制能够抵御人口老龄化危机,但是难以应对长寿风险。即便人口年龄结构没有发生改变,对于寿命长于预期测算寿命的这部分老人而言,账户里积累的资金不足以满足一生支出所需,有可能在他死亡之前个人账户里的资金就已全部支取,账户资金为零。长寿风险是完全积累制难以有效应对的风险。

3. 难以有效应对通货膨胀风险

完全积累制采用个人账户,该账户的资金要经过跨度长达十几年甚至几十年的积累才进行给付,因此,作为一项长期计划,该基金很容易受到通货膨胀的影响,有可能贬值。

4. 基金管理水平要求高

如何保证基金不贬值,做到保值增值,是完全积累制下基金管理的一个重点,这对基金管理提出了更高的要求。除了投资运营方面的要求,日常的管理、缴费的测算等同样需要很强的专业性。

三、部分积累制

(一) 部分积累制的含义与本质

部分积累制养老保险又称部分基金制、混合积累制,是一种按照当前的保险费支出加上一定的储备来提取保险基金的模式,筹集的资金一部分用于支付当期的社会保险金,一部分作为积累,综合体现横向平衡原则与纵向平衡原则。

部分积累制力图吸收现收现付制与完全积累制的优点,克服其缺点,是一种折中的筹资方式。现收现付制是短期平衡,基金制是长期平衡,部分基金制则是中期平衡。

(二) 部分积累制的优点

1. 基金稳定性较好

由于预留了一部分基金,部分积累制可以在较长时间保持基金的收支平衡,同时由于预留的积累基金规模有限,基金的贬值压力较小。

2. 具有一定的灵活性

当特定年度基金出现养老金给付缺口时,部分积累制可以从预留下来的基金中提取资金用于弥补缺口,或者采取提高费率的方式筹集资金,较之现收现付具有较好的灵活性与抗风险能力。

(三) 部分积累制的缺点

1. 难以测算缴费率

由于部分积累制是现收现付制与完全积累制的修正混合,因此,其模型比较复杂,影响这两种模式的因素都会影响部分积累制,因此,如何科学合理地确定积累率成为部分积累制面临的难题,管理的成本相应加大。

2. 储备的资金相对有限

部分积累制通常由两部分组成:社会统筹的部分通常采用现收现付,用于满足当前支出的需要;个人账户部分采用基金积累制,满足未来开支需要。既要满足当前支出,又要积累资金,这部分的资金总量数额是相当庞大的,这就决定了个人账户部分积累的资金非常有限,这部分储备资金的压力将随着人口老龄化、生活水平的提高、养老金给付水平的刚性而越来越大。

 专栏 7-1

香港的"强积金"与"生果金"

一、香港的人口老龄化

香港是一个老龄化地区。港人寿命整体延长,男性平均寿命 79 岁,女性平均寿命高达 84 岁。与此同时,人口出生率呈现负增长,负增长率达到 0.9%。此外,人口流动无助于改善人口年龄结构。香港与内地之间人口无法自由流动。现在每年从内地到港定居的 4.5 万人中,大部分是为家庭团聚的妇女儿童,对改善香港人口结构作用有限。在这三个因素作用下,香港的人口老龄化程度不断加深。到 2030 年,香港每 4 个人中,就有 1 个寿命在 65 岁以上。

二、香港的"强积金"

"强积金"是强制性公积金(mandatory provident fund,MPF)的简称。这是在 2000 年 12 月开始实施的一项养老金制度。参保对象为受雇于同一雇主满 60 日或以上的全职或兼职人员;流动性高行业的临时雇员不论受雇多久都必须参加。参保对象为年龄 18~65 岁的在职人员和 65 岁以下的所有自雇人员。

雇主、雇员缴纳雇员月收入的 5%。月收入高于 2 万港元,只缴纳 2 万元的 5%,超额部分可以选择是否缴费;月收入低于 5 000 港元,雇员本人无须供款,也可选择供款。香港特区政府于 2008 年首度为每个个人账户注资 6 000 港元。给付年龄为年满 65 岁的法定退休年龄,给付方式为一次性全数提取。若要提前领取,需满足以下条件:年满 60 岁;宣誓永久性停止工作;移民永久性离开香港;雇人死亡、残疾或完全丧失行为能力;小额结余,即个人账户内资金余额不超过 5 000 港元。香港的强积金类似于新加坡的公积金,建立个人账户,采用的是完全积累制。

三、运作与监督

1. 服务提供者

强积金制度是由私营机构管理的退休保障制度。强积金受托人是强积金计划的主要营办商,而其他参与强积金制度的服务提供者则担当不同角色。

2. 核准受托人

核准受托人(又称为强积金受托人)是获积金局核准成为受托人的公司或自然人。

强积金受托人在营办强积金计划时,必须履行受信责任,保障计划成员的利益。强积金受托人除非已符合作为强积金资产保管人的准则,否则必须委任保管人保管计划资产,并须委任独立的投资经理管理强积金计划资金的投资。

3. 计划管理人

计划管理人是强积金受托人的代表,负责处理强积金计划的日常行政工作。例如保存强积金计划的纪录、处理转移及提取累算权益的申请,并为参加计划的雇主及计划成员提供其他客户服务。

4. 保管人

保管人是指获核准受托人授权管理计划资产的机构或公司。保管人实质上持有资产,并必须是认可财务机构或香港注册信托公司。保管人必须独立于投资经理。

5. 投资经理

投资经理负责管理强积金计划资金的投资,他们与强积金受托人签订投资管控合约,并必须独立于强积金受托人及保管人。

6. 强积金中介人——强积金主事中介人

强积金主事中介人是获积金局注册为可从事强积金销售及推销活动的商业实体。他们可以是根据《证券及期货条例》(香港法例第 571 章)获注册的认可财务机构或法团,亦可以是根据《保险公司条例》(香港法例第 41 章)获授权的保险人或长期业务保险经纪。

7. 强积金附属中介人

强积金附属中介人隶属于强积金主事中介人,并获积金局注册,代表主事中介人进行强积金销售及推销活动。该人士可以是根据《证券及期货条例》获发牌以进行证券交易或就证券提供意见的个别人士;根据《银行业条例》(香港法例第 155 章)获注册进行证券交易或就证券提供意见的个别人士;根据《保险公司条例》获委任的长期业务保险代理人;或获授权的长期业务保险经纪的行政总裁/业务代表。

四、香港的"生果金"

在粤语中,生果指水果。"生果金"是从提着水果看望老人演变而来的,成为高龄津贴的俗称。"生果金"是香港特区政府有条件给予老人的收入津贴,有普通高龄津贴和高额高龄津贴两种。其领取年龄、月津贴额、领取条件如表 7-1 所示。

表 7-1 "生果金"类别 单位:港元

种类	普通高龄津贴每月津贴金额 (65～69 岁)	高额高龄津贴金额 (70 岁及以上)
领取条件	资产审查、入息审查、在港时间	在港时间
2008 年 12 月 31 日前	625	705
2009 年 1 月 1 日至 2011 年 1 月 31 日	1 000	1 000
2011 年 2 月 1 日至 2012 年 1 月 31 日	1 035	1 035
2012 年 2 月 1 日至 2013 年 1 月 31 日	1 090	1 090
2013 年 2 月 1 日至 2013 年 3 月 31 日	1 135	1 135
2013 年 4 月 1 日至 2014 年 1 月 31 日	—	1 135
2013 年 2 月 1 日起	—	1 180

"生果金"资产和入息审查规定如表 7-2 所示。

表7-2 "生果金"资产和入息审查　　　　　单位:港元

种类	资产限额	每月入息限额
单身人士	169 000	5 910
夫妇	254 000	9 740

经过多年酝酿,广东于2013年10月1日正式推行香港特区政府推出的香港"生果金"。对于在穗养老的港人来说,这项"福利"使他们无须再每年回港定居60天,也能领取香港特区政府派发的每月1 135港元高龄津贴。

虽然"生果金"能够缓解CPI上涨及人民币升值的压力,但医疗问题仍是香港长者在穗养老的最大负担。自2010年起"回流"香港生活的长者中,多数是因为就医需要。

第四节　我国城镇职工养老保险制度

一、目前我国离退休条件与待遇规定

(一) 离退休条件的规定

(1) 普通劳动者的正常退休年龄男女有别,男性为年满60周岁,女工人年满50周岁,女干部年满55周岁,连续工龄满10年(1997年规定企业职工累计缴费满15年),可以享受退休待遇。

(2) 特殊劳动者的正常退休,如从事井下、高空、高温、特别繁重体力劳动或其他有害身体健康的工作,男性年满55周岁,女性年满45周岁,连续工龄满10年,可以享受退休待遇。

(3) 普通劳动者的提前退休。男性年满50周岁,女性年满45周岁,连续工龄满10年,由医院证明并经劳动鉴定确认完全丧失劳动能力,可提前退休。

(4) 特殊劳动者的延期退休。国家高级干部退休年龄可延长至65周岁;教授、研究员等高级专家可延长最高至70周岁退休。

(二) 离退休待遇的规定

(1) 退休待遇。工人与干部,根据工龄长短,按月领取养老金,待遇标准一般为工资的60%~75%。特殊行业,工龄满30年,领取100%工资。特殊贡献者,可高于一般退休标准的5%~15%。

(2) 离休待遇。享受离休待遇的对象是为新中国成立作出特殊贡献的老干部,离休待遇较高,可以获得100%工资水平的离休金。国家还分别不同时期加发生活补贴,以示对突出贡献者的补偿和奖励。

(三) 延迟退休

延迟退休,也称延迟退休者的退休年龄,简称"延退",是指国家结合国外有些国家和地区正在讨论或者已经决定要提高退休的年龄来综合考虑中国人口结构变化的情况、就业的情况而逐步提高退休年龄或延迟退休的制度。截至 2016 年末,我国 60 岁以上的老年人口已达 2.4 亿,反之,劳动力人口却在下降。提高退休年龄的目的是为了缓解劳动力总量减少的速度,应对人口老龄化加速所带来的未来养老金缺口。2017 年延迟退休方案出台,设定 5 年左右的"缓冲期",2022 年正式开始实施,直至 2045 年完成。

二、我国城镇职工养老保险制度改革历程

从新中国成立至今,城镇社会养老保险制度发生了巨大变化,旧的体制正在解体,新的制度正在形成和完善,根据制度特征划分为三个阶段:传统体制阶段、社会统筹阶段和统账结合阶段。

(一) 传统体制阶段

1. 传统体制阶段养老保险制度的内容

新中国成立伊始,本着"一切空话都是无用的,必须给人民看得见的物质福利"的思想,我国着手建立社会保险制度。1951 年,《劳动保险条例》颁布,这是我国首个社会保险法规,据此建立起企业职工退休养老制度;1955 年,《国家机关工作人员退休处理暂行办法》出台,建立了机关事业单位退休养老制度;1958 年,在《关于工人、职员退休处理的暂行规定》中,国家提出适当放宽退休条件、提高待遇标准、统一退休办法。

"文化大革命"使我国社会养老保险制度失去社会统筹功能,倒退为企业养老保险,恢复重建后,这种体制一直延续到 20 世纪 80 年代初期。1978 年,国家通过《关于安置老弱病残干部的暂行办法》和《关于工人退休、退职的暂行办法》开始恢复重建养老保险制度;1980 年,在《关于老干部离职休养的暂行办法》中明确了有别于退休制度的离休制度;1982 年,《关于军队干部离职休养的暂行规定》确立了军队干部的离休制度;1985 年,《关于发给离休退休人员生活补贴费的通知》中提出要提高离休退休人员的养老待遇。

2. 传统体制阶段养老保险制度的特点

(1) 覆盖面逐渐扩大,但仍只包括城镇劳动者。1951 年的《劳动保险条例》规定只在 100 人以上的国营、公私合营和合作社(集体经济组织)经营的厂矿、铁路、航运、邮电及其附属单位中实行。1953 年,修订后的《劳动保险条例》把范围扩大到所有工厂、厂矿及交通事业的基本建设单位和国营建筑公司。1955 年,范围扩大到全体国家机关和事业单位的工作人员。尽管范围在逐渐扩大,但是只惠及国有企业员工、部分集体企业员工、国家机关事业单位人员等城镇劳动者,覆盖面窄。

(2) 资金来源上,职工个人不需要缴费,经费来自企业和国家财政。国家机关、事业单位职工的养老经费完全来自国家财政,企业单位职工的经费来自企业生产收益并在企业营业外列支。

(3) 给付方式上,采用现收现付制。国家机关、事业单位职工的养老经费列入国家财政预算,企业单位职工的经费来自企业年度经营成本的开支项目。

(4) 给付水平上,待遇普遍较高。给付金额取决于工龄长短和退休前工资,养老金替代

率在 60%～100% 之间。享受离休待遇的养老金发放金额为退休前工资的 100%,还享受生活补贴。

(5) 运作方式上,企业封闭运作,缺乏互济性。各企业只承担本企业退休人员的养老金支出,实质上是一种以企业为风险分散单位的代际转移。企业负担苦乐不均,养老经费没有积累和保障。

(6) 管理体制上,从统一管理转向多头管理。"文化大革命"前由工会对资金统一征集、统一调剂。1978 年后,城镇国营、大集体企业职工的养老保险由劳动部管理,1984 年改由多个管理机构负责。中国人民保险公司管理集体经济组织的养老保险,人事部管理国家机关和事业单位的养老保险,组织部管理离休人员的养老保险。

3. 传统体制阶段养老保险制度的评价

传统体制阶段的养老保险制度与传统的计划经济相适应,与当时的城镇保证就业的劳动制度密切相关,更多地强调公平,但由于覆盖面窄,整个养老保险体系并不能充分体现公平。在单一的企业职工养老保险制度下,国家和企业包揽过多,职工的自我保障意识相当薄弱,留下非常明显的后遗症。1984 年,我国开始经济体制改革,随着城镇国有企业改革的推进,在"独立核算,自负盈亏"的新体制下,企业养老保险亟待改革。

(二) 社会统筹阶段

1. 社会统筹阶段养老保险制度的内容

国有企业从计划体制走向市场,要求剥离企业承担的职工养老保险,实行社会统筹。1984 年,广东江门等地开始进行养老保险社会统筹地区试点,统筹区域内的企业之间实行养老金的统一收缴发放。1986 年,《国营企业实行劳动合同制暂行规定》颁布,国有企业新招工人一律实行劳动合同制,劳动合同制工人实行个人缴费制度。1991 年,《关于企业职工养老保险制度改革的决定》提出实行养老保险社会统筹,确立个人缴费原则,建立社会保险基金,建立多层次养老保险体系。

2. 社会统筹阶段养老保险制度的特点

(1) 养老保险事务从企业逐步剥离,主要涉及国有经济单位职工。

(2) 资金来源于国家、企业和个人,其中个人负担相当轻(不超过工资的 3%)。

(3) 资金筹集仍然采用现收现付制,以"以支定收,略有结余,留有部分积累"为原则。

(4) 统筹层次不高,主要在市县级别,行业统筹和地方统筹并存。

(5) 政府部门负责养老金的统一收缴和发放(多为劳动部门)。

(6) 提出随着经济的发展,逐步建立起基本养老保险与企业补充养老保险和职工个人储蓄性养老保险相结合的多层次养老保险体系。

3. 社会统筹阶段养老保险制度的评价

建立多层次养老保险体系,基本养老保险实行社会统筹的体制改变了企业和国家包揽养老保障的局面。尽管在制度设计上解决了新、老企业养老负担不均衡的问题,但是存在企业欠缴、拖欠保费的问题。非国有经济基本没有纳入制度化的养老保障体系。由于统筹层次低且行业和地方条块分割,管理水平和抗风险能力薄弱,未能真正缓解企业养老压力。

（三）统账结合阶段

随着经济体制改革的深化,经济主体的多元化、劳动力的市场化,养老保险体制面临巨大挑战。

1995 年,国务院颁布《关于深化企业职工养老保险制度改革的通知》,确定引入个人账户制度,在全国范围内实行社会统筹和个人账户相结合的基本养老保险制度。1997 年,国务院颁布《关于建立统一的企业职工基本养老保险制度的决定》,提出全国统一的方案,逐步实行省级统筹。1998 年,在《关于实行企业职工基本养老保险省级统筹和行业统筹移交地方管理有关问题的通知》中,明确将 11 个行业统筹移交地方管理。劳动和社会保障部同年成立。2000 年,国务院出台《关于完善城镇社会保障体系的试点方案》,提出统账分离,做实个人账户,并在同年开始筹建全国社会保障基金,作为国家社会保障战略储备基金。2005 年,国务院颁布《关于完善企业职工基本养老保险制度的决定》,调整缴费标准。2008 年,劳动和社会保障部在和人力资源部合并后成立了人力资源和社会保障部。2010 年 10 月 28 日,我国颁布了《社会保险法》,并于 2011 年 7 月 1 日实施,标志着我国社会保障制度发展全面进入法制化轨道。该法规范了社会保险关系,规定了用人单位和劳动者的权利与义务,强化了政府责任。

三、我国城镇职工养老保险待遇给付

（一）缴费基数与费率

1. 企业缴费及费率

企业缴费基数为经有关部门核定的上年度单位职工工资总额。工资由以下六部分组成:计时工资、计件工资、奖金、津贴和补贴、加班加点工资、特殊情况下支付的工资。

用人单位缴费费率一般不超过 20%。从 2016 年 5 月 1 日起,企业职工基本养老保险单位缴费比例超过 20%的省(区、市),将单位缴费比例降至 20%;单位缴费比例为 20%且 2015 年年底企业职工基本养老保险基金累计结余可支付月数高于 9 个月的省(区、市),可以阶段性将单位缴费比例降低至 19%,降低费率的期限暂按两年执行。具体方案由各省(区、市)确定。

2. 个人缴费及费率

职工本人的缴费基数一般为上一年度本人月平均工资(有条件的地区也可以本人上月工资收入为个人缴费工资基数)。本人月平均工资低于当地职工平均工资 60%的,按当地职工月平均工资的 60%缴费;超过当地职工平均工资 300%的,按当地职工月平均工资的 300%缴费,超过部分不作为缴费工资基数,也不记入计发养老金的基数。缴费费率为 8%。在职企业职工缴费由所在企业代扣代缴。

3. 灵活就业人员缴费基数及费率

城镇个体工商户和灵活就业人员参加基本养老保险的缴费基数为统筹地上年度在岗职工平均工资,缴费比例为 20%,其中 8%计入个人账户。自由职业人员、城镇个体工商户业主由本人直接向征缴部门缴纳,个体工商户从业人员缴费由其业主代扣代缴。

- 565

(二) 相关政策解释

（1）基础养老金，即由社会统筹支付的生存年金。

（2）个人养老金，即个人账户储存额/计发月数。

（3）过渡性养老金，基于建立养老保险个人账户前的视同缴费年限，根据系数或年功，或者地方政府规定考虑的其他因素进行测算，来补偿"中人"养老金不足部分。

（4）指数化月平均缴费工资，是指职工本人的平均缴费工资指数乘以职工退休时上一年统筹地职工社会月平均工资（在实践中一般按照地方规定执行）。

（5）缴费年限，是指履行缴费义务的具体期限，即个人的权益记录；缴费12个月＝1个缴费年。

（6）视同缴费年限，是指按有关政策承认的缴费年限，是对职工参加社会养老保险前工龄的认可和补偿，是对制度"中人"的政策倾斜。

（7）计发月数。计发月数是与员工退休年龄相对应的，是个人账户养老金计发的依据（通常根据城镇人口平均寿命等因素计算形成，见表7-3）。

表7-3　38号文件规定的个人账户养老金计发月数

退休年龄	计发月数	退休年龄	计发月数	退休年龄	计发月数
40	233	51	190	62	125
41	230	52	185	63	117
42	226	53	180	64	109
43	223	54	175	65	101
44	220	55	170	66	93
45	216	56	164	67	84
46	212	57	158	68	75
47	208	58	152	69	65
48	204	59	145	70	56
49	199	60	139		
50	195	61	132		

注：表中"_"为我国目前实行的男女法定退休年龄及对应的计发月数。

(三) 计发公式

根据《国务院关于完善企业职工基本养老保险制度的决定》（国发〔2005〕38号）规定，领取城镇职工基本养老保险待遇的条件，一是达到国家法定退休年龄，二是截至退休累计缴费满15年。到达退休年龄但缴费年限累计不满15年的人员，不发给基础养老金；个人账户存储额一次性支付给本人，终止基本养老保险关系。具体计发公式如下：

$$基本养老金＝基础养老金＋个人账户养老金＋过渡性养老金（制度"中人"）$$

$$基础养老金＝\frac{退休时当地上年度在岗职工月平均工资＋本人指数化月平均缴费工资}{2}×累计缴费年数×1\%$$

$$个人账户养老金＝个人账户累积额÷计发月数$$

（四）基本养老金计算案例

案例：C女士1981年1月参加工作，其工作单位于1991年1月参加了养老保险，2006年1月，C女士年满55岁在该市办理了退休手续。

已知条件：C女士缴费年限（含视同缴费年限）累计为25年。当地对"中人"的过渡性养老金政策为参加社会养老保险以前的"全部年功补偿法"（参加养老保险之前的全部工龄，1年＝15元）。退休时其个人账户储存额为54 060元。2005年该地职工年平均工资为24 000元；其本人月平均缴费工资指数为2。

问：C女士退休后第一个月的基本养老金为多少元？

解：$(2\,000＋2\,000×2)÷2×25\%＋54\,060÷170＋(1\,991－1\,981)× 15＝750＋318＋150＝1\,218$（元）

四、我国城镇职工养老保险制度现存问题

从我国城镇养老保险制度的发展历程可知，我国正处在从现收现付制向统账结合的部分积累制转轨的过程中，城镇养老保险制度面临较多的问题，改革的难度大，面临严峻的挑战。

（一）转轨中的隐性债务问题

养老保险隐性债务是指现收现付养老保险制度下参保人员所拥有的未来领取养老金的权利。

从现收现付制向统账结合的部分积累制转轨过程中涉及三类主体：老人、中人与新人。所谓"老人"是指新制度实行时已经退休的人员；"中人"指新制度实行时参加工作的在职职工；"新人"指新制度实施后参加工作的新职工。转轨对不同主体带来的影响是不同的。正是由于"老人"缺乏个人账户积累部分，"中人"个人账户积累额有限，但他们都要按照新制度领取养老金，由此导致庞大的养老金缺口。

隐性债务是制度转轨的内在成本，转轨使得隐性债务显性化。因其数额庞大，可能高达几万亿元，如何平衡度过支付高峰期，成为转轨成功与否的关键。

（二）个人账户"空账"运转的问题

空账的产生源自隐性债务问题。隐性债务的存在使得社会统筹部分的资金不足以支付"老人"的退休金，只好动用"新人"的个人账户资金，导致个人账户里的资金只是名义金额，个人账户实质上是"空账"。个人账户成为空账，使得养老保险体系仍然沿用现收现付制，从根本上动摇统账结合模式的根基，降低改革信誉，蕴含巨大的资金风险。2016年年末，中国社会科学院社会保险研究所所长郑秉文执笔的《中国养老金发展报告2016》中提出，2015年，城镇职工基本养老保险个人账户累计记账额（即"空账"）达到47 144亿元，而当年城镇职工养老保险基金累计结余额只有35 345亿元，这表明城镇职工基本养老保险制度资产和负债之间缺口会越来越大，预计在不久的将来，基金累计结余将会被耗尽。

在理论上,解决了"老人"和"中人"的个人账户欠债问题,"新人"的个人账户就不会成为空账。解决空账问题需要将社会统筹资金与个人账户资金分开管理,杜绝混用,扩大资金来源,做实个人账户。

(三) 养老金资金困难

养老金资金困难成为我国养老保险制度改革的核心问题,隐性债务与空账运转实质上也是资金问题。之所以仍然把养老金资金困难单列为第三个问题,还在于如下几方面。

(1) 我国人口快速老龄化,养老金支出快速增长。制度设计的 10 年平均余寿假定失去合理性,当前 60 岁男性的平均余寿已经为 19.69 岁,55 岁女性的平均余寿为 26.5 岁。

(2) 制度设计没有解决企业缴费的"逆选择"问题。退休职工与在职职工多的老企业参保积极性高,年轻员工多的新企业没有积极性。

(3) 资金管理运行效率低下,管理费用居高不下,且尚未建立起安全可靠的保值增值机制。

(四) 统筹层次低,区域严重不平衡

在地方统筹背景下,存在基金存储分散、规模小和贬值问题。2009 年年底,各省均出台了基本养老保险省级统筹制度,截至 2010 年年底,有 25 个省通过了省级统筹验收。尽管基本养老保险基金实行省级核算,但结存基金受托存储在市(地)县一级,形成了 1 000 多个小规模基金,缺少保值增值机制和手段,贬值严重。根据统计,2007—2008 年的养老保险基金的平均利息率分别为 1.79% 和 2.16%,低于一年期存款利息率水平。

在基本养老保险基金地方统筹的背景下,存在地方制度各行其是的问题。调查表明,各地在基本养老保险覆盖范围、缴费费率、待遇计发办法等方面有很多不同,制度碎片化现象严重,难以实现各地制度之间的有效衔接。

在基本养老保险基金地方统筹的背景下,存在养老负担畸轻畸重和基金使用效率低下问题。一些地区基金结存过多,缴费费率下调,征缴力度放缓,养老待遇随意增加;另一些地区基金缺口较大,难以自求平衡,在高费率的情况下,每年仍然需要中央政府大量的转移支付。如果这种状况长期下去,就会出现基本养老金的两极化现象。一方面一些地区基金大量结存沉淀,这不但可能导致懈怠征缴,随意降低费率和提高待遇,而且凭一个地区的力量也难以管好用好基金;另一方面一些地区基金严重不足,不但征缴费率居高不下,增大了当地企业成本,而且需要中央财政、地方财政大量补贴,进而出现严重的苦乐不均,违背了基金互助共济的保险规律,降低了基金的使用效率。因此,实现基本养老保险基金在全国范围的统筹使用,提高基金使用的规模效应,是基本养老保险全国统筹要解决的核心问题。

五、全国统筹

基本养老保险全国统筹,是指在科学发展观的指引下,以全国范围内统一制度规定、统一调度使用基金、统一经办管理、统一信息系统为主线,实现全国基本养老保险事业的统筹协调发展。基本养老保险全国统筹包括基本养老保险制度全国统筹、基本养老保险基金全国统筹、基本养老保险管理全国统筹、基本养老保险技术全国统筹等层面。其核心是基本养老保险制度在全国范围内规范统一与基本养老保险基金在全国范围内统筹使用。基本

养老保险全国统筹的基础工作,就是要统一规范各地的基本养老保险制度,实现基本养老保险制度的全国统筹。

(一) 必要性

之所以要进行基本养老保险全国统筹改革,就是要解决因统筹层次低带来的制度不够规范统一、各地的养老负担畸轻畸重、基金规模效应低、养老保险关系转移接续不够顺畅等突出问题。解决以上问题,是基本养老保险全国统筹改革的直接目标。

在基本养老保险基金地方统筹的背景下,仍然存在基本养老保险关系转移接续不畅问题。尽管已经出台了基本养老保险转移接续办法,但由于各地养老保险制度不统一,业务规程不规范,数据不标准,信息网络不健全等,转移接续仍然面临较大困难。通过基本养老保险基金的全国统筹,就可以在全国范围内只转移养老保险关系,不转移养老保险基金,从而简化转移手续,方便转移接续工作的开展。因此,实现基本养老保险基金全国统筹,是解决基本养老保险权益全国衔接的关键环节。

养老保险基金结存金额占到五项社会保险基金结存金额的 60% 以上,是面向全体劳动者的保障项目,在整个社会保险体系中占据重要地位,搞好基本养老保险制度建设具有重要意义。为了解决基本养老保险制度不够规范统一、各地的养老负担畸轻畸重、基金规模效应低、养老保险关系转移接续不够顺畅等突出问题,进行基本养老保险全国统筹改革具有必要性。

(二) 必然性

实行基本养老保险全国统筹是适应生产力发展的客观要求,具有内在必然性。养老保险制度作为分配制度的重要内容,应当是生产关系的组成部分。生产关系应当适应生产力的发展,这是经济发展的基本规律。农业领域由人民公社到家庭承包,再到适度规模经营,反映出了生产关系适应生产力发展规律。由最初的人民银行政事合一,到后来成立中央银行、商业银行、政策银行,也是反映出了生产关系适应生产力的发展规律。养老保险制度由新中国成立初期的总工会负责的全国调剂到单位保障、行业统筹、地方统筹、省级统筹,再发展到更高的统筹层次——全国统筹,也是生产关系适应生产力发展规律的内在要求。以上历史过程有其内在的发展规律,这就是生产力的发展水平决定着生产关系的调整方向及其力度。在用工形式多样化、劳动力流动频繁化、城乡发展一体化的历史进程中,由于基本养老保险统筹层次低,转移接续困难,影响了劳动力在全国范围内的顺畅转移,影响了人力资源的优化配置,因而影响了生产力的发展。同时,基金存储分散,贬值严重,规模效应低,没有充分发挥基金使用效率,从一定意义上也影响了生产力的发展。因此,通过提高统筹层次,实现养老保险关系无障碍对接,发挥基金的规模效应,也是生产力发展的客观要求。

(三) 逻辑性

在劳动力全国性频繁流动的大背景下,基本养老保险基金全国统筹具有内生逻辑性。劳动者不论在哪里参加养老保险,不论把钱缴到哪个地区,所形成的养老保险基金都是劳动者的权益。这些权益应当随劳动者的转移而转移,应当在全国范围内享有。各地的养老保险基金结存,不是任何一个地区或者部门的权益,应当是全体参保劳动者的权益。基本养老保险全国统筹,就是要实现基本养老保险权益全国共享,基本养老风险全国共担,这是事物发展的内在要求。

(四) 紧迫性

《社会保险法》规定:"基本养老保险基金逐步实行全国统筹,其他社会保险基金逐步实行省级统筹,具体时间、步骤由国务院规定。"《中华人民共和国国民经济和社会发展第十二个五年(2011—2015年)规划纲要》规定:"全面落实城镇职工基本养老保险省级统筹,实现基础养老金全国统筹,切实做好城镇职工基本养老保险关系转移接续工作。"因此,实现基础养老金全国统筹,是"十二五"期间的工作任务,时间紧迫,任务艰巨,必须抓紧研究落实。

(五) 可行性

在经济快速发展、中央政策明确、各地在省级统筹方面积累大量经验的基础上,实现基本养老保险全国统筹(制度统一、管理统一、技术统一、基金运转统一)具有可行性。根据经济学家预测,未来20年我国经济仍然处在快速增长的黄金发展时期,也是乡村城镇化、农业工业化、农民市民化发展的历史时期,各类劳动者的工资收入水平和参保意识会不断提高,参加基本养老保险的人数和缴费水平也会有较大增加。因此,即便在基本养老保险基金全国统筹的背景下,制度内的缴费能力也会不断增强,为养老保险待遇的支付提供保障。同时,中央多次明确要提高基本养老保险统筹层次,若干省份已经取得了基本养老保险省级统筹的丰富经验,应当有信心、有能力做好基本养老保险全国统筹工作。尽管在全国统筹方面具备了一定条件,但应当充分估计到此项工作的难度。回顾历史,1992年就开始探索基本养老保险省级统筹制度,但直到2009年年底,才基本建立了养老保险省级统筹的制度框架。说明制度推进之慢,面临困难之多。经济原因应当是地区发展极不平衡,管理原因应当是财政"分灶吃饭"体制。一些落后地区、中央财政转移支付力度大的地区,在推进统筹层次提高方面的进展要快一些;一些发达地区、中央财政没有转移支付的地区,在推进统筹层次提高方面的进展要慢一些。在省级统筹没有完全到位的情况下,推进基本养老保险全国统筹工作会遇到较大困难,应当不断巩固省级统筹成果,稳步推进全国统筹。

 专栏7-2

人社部:2016年研究制定基础养老金全国统筹方案

中国证券网讯4月14日,全国养老保险工作座谈会在湖北省武汉市召开。人社部副部长游钧强调,2016年是"十三五"规划的开局之年,一要全力推进机关事业单位养老保险制度改革;二要精心组织基本养老金调整工作;三要认真组织实施降低养老保险费率工作;四要研究制定养老保险顶层设计方案,以及基础养老金全国统筹方案、渐进式延迟退休年龄方案、完善个人账户政策等。

据中国劳动保障报18日消息,游钧充分肯定了"十二五"时期养老保险工作的巨大成就。一是制度建设取得重大突破,构建起覆盖城乡的养老保险基本制度;二是实施机关事业单位养老保险制度改革,破解了"双轨制"突出矛盾;三是连续提高基本养老金水平,广大退休人员分享经济社会发展成果;四是基金收支规模不断扩大,多渠道筹资格局初步形成;五是基本实现省级统筹,为推进全国统筹奠定了基础;六是关系转续政策及时跟进,打通制度衔接的"梗阻";七是补充养老保险初具规模,多层次保障作用渐显。

游钧要求,准确把握"十三五"时期养老保险工作的形势任务,以养老保险顶层设计为统领,以"全覆盖、补短板、建机制"为重点,建立与全面建成小康社会相适应的更加公平、更可持续的养老保险制度。在战略思维上,要坚持道路自信,实现制度定型;要坚持公平正义,健全"四梁八柱";要坚持完善机制,实现可持续发展。

第五节 我国农村养老保险制度

一、我国农村养老保险制度发展历程

1992 年,民政部印发《县级农村社会养老保险基本方案(试行)》(以下简称"民政部方案"),在全国农村开展了农村养老保险。尽管方案的名称冠有试行二字,但它是我国农村养老保险史上执行时间最长、参保人数最多、影响最为广泛、至今仍具效力的农村养老保险制度,是中国历史上第一个正式面向农民的养老保险制度。部分省市虽然也推出了农村养老保险制度,但是仅面向区域内,覆盖范围有限,影响程度不大。民政部推行的农村养老保险可分为萌芽、推广和整顿三个时期。

(一)试点时期(1956—1986 年)

1949 年的《中国人民政治协商会议共同纲领》和 1954 年的《中华人民共和国宪法》都规定:劳动者在年老、疾病或者丧失劳动能力的时候,有获得物质帮助的权利。1949 年 11 月内务部成立,直接管理农村救灾、社会救济和社会优抚安置等社保工作。这期间,尚未出现针对农村人口的养老保障政策,完全是"家庭养老",政府对"无依无靠又无生活来源的困难群体"给予照顾。

1960 年,通过的《1956—1967 年全国农业发展纲要》,第十三条规定:"农业合作社对于社内缺少劳动力、生产没有依靠的鳏寡孤独的社员,应当统一筹划,制定生产队或者生产小组在生产上给以适当安排,使他们能够参加力能胜任的劳动,在生活上给予适当的照顾,做到'保吃、保穿、保烧、保教、保葬',使他们生养死葬都有依靠。"从此,"五保户"的供养制度就载入中国史册。自此,中国农村形成了"以家庭保障为主,'五保'制度并行"的养老保障模式。

十一届三中全会以后,农村社会经济发生了巨大的变化,主要表现在:首先,家庭联产承包责任制的推行,使农民家庭取代了经济组织成为农业生产经营的主体,家庭收入逐年增多,不仅增强了家庭保障功能,还为农村社会保障事业的发展准备了重要的物质基础。其次,城镇的发展和实施经济体制改革为农民进城务工创造了大量就业机会,农民工成为城镇经济发展的重要力量,但也冲击了农村固有的家庭保障。

（二）传统农村社会养老保险制度发展阶段（1986—2002 年）

1. 探索阶段（1986—1990 年）

（1）贫困地区以搞好社会救济和扶贫为主。

（2）中等地区以完善"五保"制度、兴办福利工厂、建立敬老院为主。

（3）经济发达和较发达地区主要任务是建设以社区（即乡镇、村）为单位的农村社会养老保险。

2. 曲折发展阶段（1991—2002 年）

1992 年 1 月，民政部规定了《县级农村社会养老保险基本方案（试行）》，该方案是中国历史上首个专门针对农民制定的正式社会保险法规。

1）基本原则

（1）养老保障水平是保基本。

（2）个人缴纳为主、集体补助为辅、国家予以政策扶持。

（3）坚持农村务农、务工、经商等各类人员社会养老保险制度一体化方向。

（4）坚持由点到面，逐步发展原则。

2）具体内容

（1）采取完全基金制的个人账户模式，缴费全部计入个人账户。

（2）参保对象为 20～60 岁的本地农民。

（3）基金实行县、乡、村三级管理。

表 7-4　1994—2002 年传统农保参保率变化　　　单位：万人

年份	1994	1995	1996	1997	1998	1999	2000	2001	2002
年末参保人数	4 361	5 143	6 594	7 452	8 025	6 460	6 172	5 995	5 461
农村人口数	85 681	85 947	85 085	84 177	83 153	82 038	80 837	79 563	78 241
参保率	5.09%	5.98%	7.75%	8.85%	9.65%	7.87%	7.64%	7.53%	6.98%

1992 年 1 月 3 日，"民政部方案"印发，农村养老保险由试点推向全国。1994 年，民政部成立农村社会保险司和全国农保管理中心，地方的县级农保管理机构也相应逐步建立。至 1997 年，全国 30 个省、自治区、直辖市的近 7 500 万名农民参加了农村社会养老保险，积累资金近 140 亿元。[①]

从表 7-4 可以看出，1994—1998 年我国农村社会养老保险参保率逐年上升，但是从 1999 年以后，参保率却呈下降趋势，主要是因为在快速扩张的同时，巨大的财务风险也在悄然形成。随着 1997 年东南亚金融危机的暴发，国内金融风险防控也得到重视。农村养老保险成为国务院 1997 年底成立的 12 个金融秩序整顿小组中负责整顿保险业小组的专题之一。1998 年 6 月，劳动与社会保障部成立，农村养老保险工作划归该部门的农村社会保险

① 数据来源：《中国民政统计年鉴 1998》。

司统一管理。同年 8 月,整顿保险业小组向国务院上报《对农村养老保险的不同意见》,时任国务院副总理温家宝阅后批示:"农村目前尚不具备普遍实行社会养老保险的条件,对这个问题应该十分慎重。"时任总理朱镕基批示:"农村实行社会养老保险不具备条件,同意家宝同志意见,要逐步过渡到商业保险。"

(三) 新型农村社会养老保险制度发展阶段(2002—2013 年)

2002 年,党的"十六大"提出,有条件的地方要"探索建立农村养老、医疗保险和最低生活保障制度"。"十七大"又进一步提出了"建立覆盖城乡居民的社会保障体系"的战略构想,要探索建立适合中国国情、具有中国特色的农村社会保障制度。在这一阶段中各地涌现出不少有代表性的模式,如表 7-5 所示。

表 7-5　主要代表模式

比较项目	北京模式	中山模式	宝鸡模式
缴费基数	年缴费基数:上年农民人均纯收入	月缴费基数为 300 元、500 元或参照城镇职工社会养老保险的缴费标准	年缴费基数:上年农民人均纯收入
缴费比例	9%～30%	16%	9%～30%
参保对象	城乡所有未参加或未享受城镇养老保险的男:16～59 岁;女:16～54 岁的居民	城乡所有未参加或未享受城镇养老保险的男:18～59 岁;女:16～54 岁的居民	除参加被征地农民养老保险外的城乡所有未参加城镇养老保险的 18～59 岁所有居民
财政补贴阶段	财政补出口(补贴养老金)	财政补两端(缴费补贴和养老金补贴)	财政补两端
财政补贴方式及力度	财政仅补基础养老金 280 元/(人·月),不补个人账户(集体有能力的补)	补社会统筹和缴费补贴	补老人基础养老金 600 元/(人·月),分级别补个人账户
缴费激励机制	没有	缴费基数为 300 元、500 元时,市级财政分别补贴 6 元/(人·月)和 10 元/(人·月)	缴费比例提高一个档次,定额财政补贴相应增加 10 元/(人·年),45 周岁以下农民的缴费年限达到 15 年后,每多缴一年,基础养老金每月就增加 2 元;未参保农民领取养老金的条件是其子女、配偶必须正常参保缴费
参保性质	个人自愿	参保单位为村集体,且可自由选择参保和缴费,但村内农民则强制	个人自愿

1999 年 7 月,国务院下达《国务院批转整顿保险业工作小组〈保险业整顿与改革方案〉的通知》,决定整顿和规范农村养老保险。具体要求如下:"目前我国农村尚不具备普遍实行社会保险的条件。对民政系统原来开展的'农村社会养老保险',要进行清理整顿,停止接受新业务,区别情况,妥善处理,有条件的可以逐步将其过渡为商业保险。整顿和规范农村养老保险的具体办法,由劳动和社会保障部、民政部会同保监会等有关部门另行制定。"

根据国务院的指导精神,劳动和社会保障部此后提出三套整改方案,但都没有得到各部委和国务院的认可。1999 年 12 月拿出的第一个整顿方案主要思路是:对不具备条件的地区进行清退等善后工作;对有条件的地区继续探索;对尚未开展的地区不再开展。但该方案由于没有体现国务院关于向商业保险过渡的精神而搁浅。2000 年 10 月的第二个整顿方案提出了向商业保险过渡的设想,主导思路是政府定政策,市场化运作,具体经办机构与政府主管部门脱钩,或者由一家国有商业人寿保险公司接管,或者单独组建农村养老保险公司,由于有关部门未达成共识,该方案没有对外公开。2001 年第三个方案提出,有条件的地区继续完善规范农村养老保险制度,政府主管部门要转变职能、调整政策、加强监管,业务经办和基金管理运营逐步市场化,不具备条件的农村地区可视情况决定退保,各部委对该方案仍未达成一致意见。

尽管劳动和社会保障部的具体整改方案未能出台,中央的"清理整顿"没有明确的配套方案,但地方政府依然遵照"清理整顿"的要求对开展的农村养老保险采取了不尽相同的处理方式。有的地区停办了业务,将农民交的保费和利息退还给农民;有的地区仅把保费一次性退还农民,利息却没有支付;大部分地区的农村社会养老保险处于进退两难的停滞状态,许多省份基层"农保"陷入无人管理的境地。

"民政部方案"虽然陷入困境,但为农民提供养老保险保障确有必要。2002 年 11 月,中共"十六大"报告提出:"在有条件的地方探索建立农村社会养老保险制度",再次把农村养老保险建设提上议程,从 2004—2009 年的 6 个一号文件都提到农村养老保险的建设问题,农村养老保险从全国性的发展转为部分省市的试点,再次进入寻求适合我国农村社会经济发展水平的养老保险模式的探索状态阶段。不过,在劳动和社会保障部的官方主页上,"民政部方案"仍然处于"有效"状态。截至 2006 年年底,全国 31 个省(自治区、直辖市)的 1 887 个县(市、区)不同程度地开展了农村社会养老保险,5 374 万人参保,积累保险基金 354 亿元,约 355 万参保农民领取了养老金。[①]

(四) 城乡居民养老保险制度(2014 年至今)

按照党的"十八大"精神和十八届三中全会关于整合城乡居民基本养老保险制度的要求,依据《社会保险法》有关规定,在总结新型农村社会养老保险(以下简称"新农保")和城镇居民社会养老保险(以下简称"城居保")试点经验的基础上,国务院决定,将"新农保"和"城居保"两项制度合并实施,在全国范围内建立统一的城乡居民基本养老保险(以下简称"城乡居民养老保险")制度(国发〔2014〕8 号)。

二、我国"新农保"的基本政策与创新

(一)"新农保"的基本政策

根据国发〔2009〕32 号文件,我国新型农村养老保险的政策内容如下。

1. 参保对象

年满 16 周岁(不含在校学生)、未参加城镇职工基本养老保险的农村居民。可以在户籍

---

① 数据来源:《中国统计年鉴 2007》。

所在地自愿参加"新农保"。

2. 资金筹集

"新农保"资金来源包括个人缴费、集体补助、政府补贴三部分。

1）个人缴费

参加"新农保"的农村居民应按照规定缴纳养老保险,个人标准,国家设置了100～500元,每百元为一个缴费档次,共5个档次,地方可以根据情况自设缴费档次。参保人应按年缴费,自主选择缴费档次,多缴多得。

2）集体补助

有条件的村集体应当对参保人缴费给予补助,补助标准由村民委员会召开村民会议民主决定。鼓励其他经济组织、社会公益组织、个人为参保人缴费提供资助。

3）政府补贴

(1) 对个人缴费的补贴(进口补),包括省、市、县三级政府对参保人进行补助。缴费标准不低于每人每年30元,逐档增加缴费5元,直至缴纳500元以上,政府补贴50元。

(2) 对基础养老金的补贴(出口补)。中央确定基础养老金最低标准为55元/人/月,由国家财政全额支付,实行非缴费型普惠制发放。对中西部地区全额发放,对东部地区给予50%的发放补助。会随物价以及经济的发展水平适时调整,鼓励有条件的地方政府适度增加基础养老金标准。

4）对特殊群体补贴

(1) 对农村重度残疾人、农村低保户、农村计生对象中独生子女死亡或伤残等缴费困难群体,政府为其代缴不低于50%的最低标准的保险费,所需资金由市县政府承担。

(2) 对农村参加"新农保"的45～59周岁生育两个女孩或生育一个子女的夫妻,在每人每年不低于30元缴费补贴的基础上,省财政再增加20元缴费补贴。

表7-6为江西省财政对"新农保"的补贴情况概览。

表7-6　江西省财政对"新农保"的补贴

环节	补贴对象		补助情况		
			中央财政	省财政	县区财政
缴费环节（入口）	参保农民养老保险个人账户	普通缴费群体	不补	24元	6元
		农村重度残疾人		代缴80元	代缴20元
给付环节（出口）	最低标准基础养老金		中央财政补助	不补	不补
	提高和加发部分养老金		不补	不补	补助100%

3. 个人账户

国家为每个参保农民建立终身记录的养老保险个人账户。

(1) 个人缴费、集体补助、政府补贴、利息收入都计入个人账户。可转移、可继承。

(2) 基金管理。大多实行县级管理,今后逐步提升至省级统筹。新农保基金纳入社会保障基金财政专户,实行"收支两条线"管理,单独记账、核算。

4. 领取条件

年满 60 周岁、未享受城镇职工养老保险待遇或机关事业单位养老保险待遇的农村户籍老年人,可以按月领取养老金。"新农保"制度实施时已年满 60 周岁、未享受其他养老保险待遇的,不用缴费,可以按月领取基础养老金(55 元/月)。但其符合参保条件的子女应当参保缴费。

符合条件的子女是指年满 16 周岁、未参加其他养老保险,具有当地农业户籍的子女,但不包括已出嫁的女儿。原则上符合条件的子女参保后,其年满 60 周岁的父母才能发放基础养老金。

在制度实施时,年满 45 周岁,距离退休年龄不足 15 年的,应按年缴费,也允许补缴,累计缴费不超过 15 年;年龄 45 周岁以下,距离退休年龄超过 15 年的,应按年缴费,累计缴费不少于 15 年。

5. 养老金待遇

"新农保"养老金待遇＝基础养老金＋个人账户养老金

中央确定的基础养老金标准为每人每月 55 元。地方政府可以根据实际情况提高当地基础养老金标准;对于长期缴费的农村居民,可适当加发基础养老金,加发部分由地方政府支出。

(二)"新农保"的创新

养老金待遇实行基础养老金加个人账户养老金相结合的方式,此外实行个人缴费、集体补助、政府补贴相结合的筹资模式。

(1)"新农保"强调中央和省级政府的财政责任,弥补了地方"新农保"财政责任主体层级过低的制度缺陷。

(2)制度设计的弹性和灵活性有利于地方政府的创新和"新农保"制度的迅速推广。

(3)"新农保"为农村现行社会保障制度提供了整合的制度平台。

(4)"新农保"试点加快了养老保险制度的城乡一体化。

三、城乡居民养老保险制度

(一)城乡居民养老保险制度统一

2014 年 2 月 21 日,国务院出台了《关于建立统一的城乡居民基本养老保险制度的意见》(国发〔2014〕8 号),提出到"十二五"末,在全国实现"新农保"与城镇居保制度的合并实施,并与职工基本养老保险制度相衔接。2020 年前,全面建成公平、统一、规范的城乡居民基本养老保险制度,这标志着我国迈向了城乡统一的社会养老保险制度的第一步。

1. 参保范围

年满 16 周岁(不含在校学生),非国家机关和事业单位工作人员及不属于职工基本养老保险制度覆盖范围的城乡居民,可以在户籍地参加城乡居民养老保险。

2. 基金筹集和管理

1)个人缴费

城乡居民养老保险的缴费标准目前设为每年 100 元、200 元、300 元、400 元、500 元、600

元、700 元、800 元、900 元、1 000 元、1 500 元、2 000 元 12 个档次。省级人民政府可以根据实际情况增设缴费档次。最高缴费档次标准原则上不高于当地灵活就业人员参加城镇职工基本养老保险的年缴费额。

2) 政府补贴

中央财政对中西部地区按中央确定的基础养老金标准给予全额补助,东部地区给予50%的补助。地方人民政府应当对参保人缴费给予补贴。对选择最低档次标准的,补贴标准不低于每人每年 30 元,档次越高,补贴的标准越高,选择 500 元及以上档次缴费的参保人,应给予每人每年不低于 60 元的补贴,具体标准由各级人民政府制定。

3) 基金管理

基金管理纳入社会保障基金财政专户,实行"收支两条线"管理,单独记账、独立核算,逐步推进城乡居民养老保险基金省级管理。

3. 建立个人账户

国家为每个参保人员建立终身记录的养老保险个人账户,个人缴费、地方人民政府对参保人的缴费补贴、集体补助及其他社会经济组织、公益慈善组织、个人对参保人的缴费资助,全部记入个人账户。个人账户储存额按国家规定计息。

4. 待遇及调整

城乡居民养老保险待遇由基础养老金和个人账户养老金构成,支付终身。

(1) 基础养老金。中央确定基础养老金最低标准,建立基础养老金最低标准正常调整机制,根据经济发展和物价变动等情况,适时调整全国基础养老金最低标准。地方人民政府可以根据实际情况适当提高基础养老金标准;对长期缴费的,可适当加发基础养老金,提高和加发部分的资金由地方人民政府支出,具体办法由省(区、市)人民政府规定,并报人力资源社会保障部备案。

(2) 个人账户养老金。个人账户养老金的月计发标准,目前为个人账户全部储存额除以 139(与现行职工基本养老保险个人账户养老金计发系数相同)。参保人死亡,个人账户资金余额可以依法继承。

5. 城乡居民基本养老保险制度领取条件

(1) 参加城乡居民养老保险的个人,年满 60 周岁、累计缴费满 15 年,且未领取国家规定的基本养老保障待遇的,可以按月领取城乡居民养老保险待遇。

(2) "新农保"或"城居保"制度实施时已年满 60 周岁,在本意见印发之日前未领取国家规定的基本养老保障待遇的,不用缴费,自本意见实施之月起,可以按月领取城乡居民养老保险基础养老金;距规定领取年龄不足 15 年的,应逐年缴费,也允许补缴,累计缴费不超过15 年;距规定领取年龄超过 15 年的,应按年缴费,累计缴费不少于 15 年。

(3) 城乡居民养老保险待遇领取人员死亡的,从次月起停止支付其养老金。有条件的地方人民政府可以结合本地实际探索建立丧葬补助金制度。社会保险经办机构应每年对城乡居民养老保险待遇领取人员进行核对;村(居)民委员会要协助社会保险经办机构开展工作,在行政村(社区)范围内对参保人待遇领取资格进行公示,并与职工基本养老保险待遇等领取记录进行比对,确保不重、不漏、不错。

6. 城乡居民基本养老保险制度衔接

参加城乡居民养老保险的人员,在缴费期间户籍迁移、需要跨地区转移城乡居民养老保险关系的,可在迁入地申请转移养老保险关系,一次性转移个人账户全部储存额,并按迁入地规定继续参保缴费,缴费年限累计计算;已经按规定领取城乡居民养老保险待遇的,无论户籍是否迁移,其养老保险关系不转移。

城乡居民养老保险制度与职工基本养老保险、优抚安置、城乡居民最低生活保障、农村"五保"供养等社会保障制度以及农村部分计划生育家庭奖励扶助制度的衔接,按有关规定执行。

7. 城乡居民基本养老保险制度基金管理和运营

将"新农保"基金和"城居保"基金合并为城乡居民养老保险基金,完善城乡居民养老保险基金财务会计制度和各项业务管理规章制度。城乡居民养老保险基金纳入社会保障基金财政专户,实行"收支两条线"管理,单独记账、独立核算,任何地区、部门、单位和个人均不得挤占挪用、虚报冒领。各地要在整合城乡居民养老保险制度的基础上,逐步推进城乡居民养老保险基金省级管理。

城乡居民养老保险基金按照国家统一规定投资运营,实现保值增值。

(二) 统一城乡居民养老保险的重要意义

中国是老年人口最多的国家,人口老龄化呈现逐步加速趋势。建立统一的城乡居民基本养老保险制度,使全体人民公平地享有基本养老保障,是中国经济社会发展的必然要求和推进"新四化"建设的需要。

城乡居民养老保险的统一是中国的基本养老保险制度改革迈出的重要一步。国务院常务会议决定合并新型农村社会养老保险和城镇居民社会养老保险,建立全国统一的城乡居民基本养老保险制度。在此制度改革之前,已经有十多个省份建立了统一的城乡居民基本养老保险制度。这一次的改革,进一步在全国范围内实现了基本养老保险的城乡无差别,其意义非同寻常。

统一城乡居民养老保险这一举措可谓是中央人民政府送出的一份民心"大礼包"。这意味着改革的背后一定有财政的支持。在基本养老方面破除"城乡二元"的局面,需要政府拿出真金白银。当然,这一改革的含义,绝不只是拿钱这么简单。这样的改革,自上而下进行顶层设计,从中央的角度进行全盘考虑,是对全国所有居民的基本养老需求进行"兜底"设计。

要求要整合资源,推动城乡居民基本养老保险制度与其他社会保障制度相衔接。优化财政支出结构,加大财政投入。大力推行全国统一的社会保障卡,改进管理服务,做到方便利民。要严格基金监管,严肃查处虚报冒领、挤占挪用等违法违规行为,发挥制度的保障作用,让亿万老年人心中有底、基本生活无忧。

城乡居民养老保险的统一,不仅让亿万老年人能够"老有所依"、生活无忧,更增强了全社会的安全感和凝聚力。此外,它还有利于促进人口纵向流动,对于拉动消费、鼓励创新创业,同样具有重要意义。

从公平的市场经济看,尽管不少地方已经率先推进了城乡公共服务制度的并轨,但在全国层面启动公共服务体制并轨,其意义仍不容低估。中央人民政府此次下决心进行并轨,而非停留于口头上,表明对这一社会福利制度改革的高度重视,也是对改革效应抱有期许。在中国迅速步入老龄化社会的背景下,基本养老保险制度城乡并轨,将有助于应对老龄化社会的挑战。全体人民能够公平地享有基本养老保障,无疑将是值得铭记的一页。

养老保险制度并轨的核心,在于企业养老保险制度的完善,要与其他群体的养老保险制度的破局结合在一起,最终实现相融。通过增量改革,加快不同群体之间养老保险制度的并轨,以解决现行养老保险体制的碎片化问题。

本 章 小 结

(1) 养老保险是利用保险原理,通过相应的制度安排,为解除劳动者年老后的后顾之忧,采取一定的方式为退休者提供收入保障的制度。养老保险有三个层次,包括第一层次的基本养老保险,第二层次的补充养老保险,第三层次的个人储蓄型养老保险。

(2) 德国养老保险立法标志着养老保险的正式建立。其后经历快速发展,并步入改革期。发达国家、发展中国家以及经济转轨国家养老保险制度皆在改革,但内容有所不同。

(3) 养老保险的运作模式有三种:现收现付制、完全积累制、部分积累制,三种模式各有其优缺点。

(4) 我国城镇养老保险制度经历三个阶段:传统体制阶段、社会统筹阶段和统账结合阶段,在从现收现付制向统账结合的部分积累制转轨的过程中,面临四大主要问题,即转轨中的隐性债务问题、个人账户"空账"运转的问题、养老金资金困难以及统筹层次低、区域严重不平衡的问题。

(5) 1992 年,民政部面向全国推行储蓄积累模式的农村养老保险制度,是我国农村养老保险史上执行时间最长、参保人数最多、影响最为广泛、至今仍具效力的农村养老保险制度。该制度的效果体现在:参保人数增长快、比重小,投保金额档次多、金额少,发放人数增长快、比例低,发放金额增幅快、数额小。该制度的缺点体现为:保险基金累积多、不安全,账户利率变动频,地区差异不平衡。

关键概念索引

企业年金 职业年金 个人储蓄型养老保险 统筹基金 个人账户 现收现付制 完全积累制 部分积累制 城镇职工基本养老保险 缴费基数 全国统筹 城乡居民养老保险

复习思考题

1. 养老保险制度包括哪三个层次?
2. 什么是基本养老保险? 与补充养老保险有何不同?

3. 什么是现收现付？与完全积累有何区别？

4. 指出部分积累制的优缺点。

5. 请评价我国城乡居民养老保险制度运作效果。

6. 冯先生，个体工商户，2006 年 1 月初参加了社会养老保险计划，每年年底一次性缴纳当年应缴养老保险费，费率为 20%。已知，2005 年该市年在岗职工平均工资为 32 808 元，假设该市职工平均工资年增长率为 3%，个人账户年投资回报率为 4%。2021 年 1 月，冯先生年满 60 岁并办理了退休手续。如果他退休时经社保部门测算，本人月平均缴费工资指数为 1。

请计算：冯先生退休后第一个月的基本养老金是多少？

第八章　医疗保险

 **本章要点**

- 医疗保险的定义、特征及其产生发展的历史
- 医疗保险的主要体系构成
- 医疗保险的基金管理、费用偿付、行政管理
- 我国城镇职工医疗保险制度的现状、问题及改革的情况
- 我国农村医疗保险的历史及新型合作医疗保险制度

　　医疗保险是社会保障的一项重要内容,这是因为疾病风险对人们的生活影响颇大,疾病也是造成现代贫困的一个重要原因,为了维持健康,医疗费用是现代家庭的一项重要的支出,而且,随着人口老龄化及医疗技术的发展,医疗费用也不断地增长。个人理财离不开医疗支出问题,因此,本章主要介绍社会医疗保险。社会医疗保险是现代社会对付疾病风险的一项重要手段,也是一种政府主导运行的强制手段。本章主要介绍社会医疗保险的内容体系及我国主要的医疗保险政策。

第一节　医疗保险概述

一、疾病风险、健康与医疗服务

1. 健康与疾病

　　健康与疾病是人类生活中的一对矛盾的统一体,"天有不测风云,人有旦夕祸福"。在人的一生中,或大或小的疾病几乎不可避免。可以说,从生命开始到生命结束,人们就一直在健康与疾病这两种状态中生活。健康是"一个有机体或有机体的部分处于安宁状态,以及没有疾病",即人体器官发育良好和各项机能正常,而疾病简单地说就是不健康。疾病的存在是医疗保险产生的前提,但是每个人都应该关心自己的健康,增强预防意识,因为真的

等到大病来临的时候,再好的医疗保险都是无能为力的。医疗保险只是后馈式调解,而预防保健、健康教育才是保障人类健康的主导方式。

2. 疾病风险

疾病风险是风险的一种,是指人们因疾病而遭受损失的不确定性状态。疾病风险的特点如下。

(1)疾病风险危害的对象是人,而不是财产物资。

(2)疾病风险具有较大的不可避免性、随机性和不可预知性。

(3)疾病风险不仅可因自然灾害、意外事故发生,而且生理、心理、社会、环境、生活方式诸因素均可导致或表现为疾病风险。

疾病风险往往与其他风险紧密相连,互相交错、相互影响,从而加重风险带来的危害和损失;其他风险可以通过采用经济上的定额补偿的方法,减轻和消除风险带来的损失;而疾病风险因人而异,因病而异,不能定额经济补偿。健康的损失不一定能够用经济补偿,疾病造成的损失不仅仅影响患者个人或家庭,还具有社会外溢性。

疾病风险是人类面临的重大风险之一,一般我们把疾病风险分为狭义的风险与广义的风险。狭义的疾病风险是指由于人体所患疾病引起的风险;广义的疾病是指除了疾病引起的风险以外,还包括生育以及意外伤害等方面所引起的风险。疾病风险具有社会性,所以人类的疾病风险往往靠个人的力量难以防范,尤其在现代社会医疗水平提高的同时,医疗费用也不断增长,因此,需要一种社会制度的安排来加以解决。现代社会,社会成员的身体健康是社会发展的重要标志之一。这种人类社会为解决医疗费用的制度安排,如果采用了保险机制来加以实现的话,这就是我们通常说的医疗保险制度。

二、社会医疗保险的基本概念和内容

(一)社会医疗保险的基本概念

社会医疗保险是国家保障社会成员医疗及健康的一项重要的公共制度。在国家的法律保证和政策规范下,医疗保险制度承担着保障社会成员疾病治疗、医疗服务以及恢复健康的重任。医疗保险制度是国家、企业对劳动者因为疾病、受伤等原因需要接受医疗诊断、检查和治疗时,提供必要的治疗费用和医疗服务的一种社会保险制度。

医疗保险又可以被分为广义与狭义。广义的医疗保险又称健康保险,它不仅包括补偿由于疾病给人们带来的直接经济损失(医疗费用),也包括预防、健康维护以及对分娩等的补偿。狭义的医疗保险仅指医疗费用保险。

(二)社会医疗保险的基本内容

医疗保险体系包括医疗保险、互助保险、社区医疗、合作医疗以及商业医疗保险等内容,其中,由于社会医疗保险具备以政府为主体、覆盖广泛的优势,因此,它在整个医疗保险制度中占据着核心地位。

(三)社会医疗保险的特点

医疗保险问题是一个世界性的难题。同养老、失业等其他的社会保障项目相比,医疗保险还具有一些特殊性：一是医疗保障覆盖的人群涉及所有的参保人群，并且受益的时间与参保的时间相同，比其他任何险种受益的时间都要长；二是每个参保人的医疗风险具有不确定性，个体差异性、疾病发生的频率、医疗费用的高低都不同，且不能准确预见，医疗保险不能像养老保险和失业保险那样实行标准的定量支付管理，且比工伤保险和生育保险有着更高的风险概率；三是医疗保险涉及雇主、雇员、医疗机构。医疗保险制度是社会保障制度的重要组成部分，是保证公民健康生活并获得必要医疗服务的保险制度。

三、社会医疗保险的功能与作用

（一）社会医疗保险的功能

无论是通过社会医疗保险的形式还是国家卫生医疗服务的形式，比较完善的医疗保险制度体系是由承担三个功能所构成：第一是对由于疾病而暂时或永久丧失劳动能力造成的收入损失的补偿制度；第二是对治疗疾病发生的医疗费用的补偿制度；第三是对治疗、预防、保健服务、护理康复等内容的综合健康保障制度。

（二）社会医疗保险的作用

医疗保险的作用主要体现在两个方面：第一是保障公民的基本权利，基本的医疗保险待遇是社会成员应当享受的一项基本权利，也是基本人权保障的重要内容，公民的这种权利已经得到了各国的法律和一些国际法的确认。第二是社会的稳定器，医疗保险制度通过对医疗费用的筹集和各种形式的医疗费用补偿，实行收入再分配，调节了劳动者的收入和生活差别，在一定程度上体现了社会公平；对患病者给予费用补偿，维持了这些人的正常生活，消除了因疾病而带来的社会不安定因素，有利于维护社会问题。

第二节　医疗保险制度的历史及主要模式

一、医疗保险制度的历史

（一）医疗保险制度的产生

从医疗保险的历史来看，国外的医疗保险制度始于 17 世纪西欧国家的民间医疗保险，虽然这种保险最初是不完整和不稳固的。直至 18 世纪末、19 世纪初，在欧洲许多国家才逐渐兴起了相对稳固的民间保险形式，即以一个行业或一个地区为基础，参保者以自愿的形式组成各种基金会、互助救济组织等，共同集资，以应付突如其来的疾病风险。

医疗保险制度的真正发展则归功于 19 世纪的工业革命。随着工业化的进程和社会化大生产的发展，社会财富逐步积累到少数人手中，广大劳动人民的生活日益贫困，阶级矛盾日益加剧。为了缓解劳资矛盾，维护资产阶级的统治，1883 年，德国率先颁布了《疾病社会保险法》。1887 年，德国政府又将生育保险纳入《疾病社会保险法》。德国的医疗保险制度影响了其他工业化国家，奥地利、比利时、荷兰、匈牙利等欧洲国家先后出台了有关医疗保险的法案。从此，医疗的社会保险制度在世界各国先后确立起来。

（二）医疗保险制度的发展

进入 20 世纪 30 年代,国家不干预的自由经济理论逐步被以凯恩斯理论为基础的国家干预经济理论所替代,主张通过建立高水平的社会保障制度,消除国民的后顾之忧,拉动经济增长。特别是在第二次世界大战后,西方发达国家较大规模地推行健康保险或医疗保险制度,把它直接纳入社会保险的内容之中,成为社会保障系统的重要组成部分。从目前世界上的医疗保险制度的特点来分类,大体形成了三大类的医疗保险制度:英国实施的全民卫生服务制度;德国、法国的社会保险医疗服务制度和美国实施的多元的、非组织化的医疗保险制度。

二、医疗保险的制度模式

根据医疗保险制度体系在综合考虑各种制度对不同收入人群的覆盖情况、政府在各种制度中承担的责任、制度保障的不同功能的基础上,可以将各国的医疗保障制度归纳为以下四种制度模式。

1. 国家医疗保险制度模式

国家医疗保险制度模式是指政府直接举办医疗保险,通过税收形式筹措医疗保险基金,采取预算拨款给国家医疗机构的形式,向居民直接提供免费医疗服务。代表性国家:英国。

2. 社会医疗保险制度模式

社会医疗保险制度模式是指由国家通过立法形式强制实施的一种医疗保障制度形式。

社会医疗保险基金主要来源于雇主和雇员,按单位工资总额和个人收入的一定比例筹措,政府酌情给予补贴。代表性国家:德国、日本、韩国等。

3. 市场医疗保险制度模式

市场医疗保险制度模式是指由商业保险机构提供的,居民自愿购买的医疗保险。商业性医疗保险的特点是自由、灵活、形式多样,适应社会多层次需求。代表性国家:美国。

4. 个人储蓄医疗保险制度模式

个人储蓄医疗保险制度模式筹集医疗基金是根据法律规定,强制性地储蓄医疗基金。其主要特点是以家庭为单位的"纵向"筹资。代表性国家:新加坡。

第三节　医疗保险的体系

一、医疗保险体系概述

各国的医疗保险体系都是由以下几个主要方面构成:一是制度体系,即由国家法律、法规和规章制度所规范的各种医疗保险政策的集合;二是供给体系,即由医疗机构、医药机构和医生、药师提供医疗服务的系统;三是财政体系,包括医疗保险费用的筹集、分配、支付和营运;四是管理监督体系,包括行政管理、经办管理和监督检查。

　　医疗保险体系是指政府和社会承担责任,以广大社会成员为对象,并由多个层次、多种形式共同构成的医疗保障网络、制度和政策等。从广义上说,它除了直接的医疗保险外,还应包括公众卫生、预防保健和社区医疗服务等。但是,其核心内容主要还是由基本医疗保险、补充医疗保险和商业医疗保险组成的,三个层面的地位、功能和适用对象各不相同,但共同构筑的是一个能够覆盖所有社会成员、满足社会不同需要的医疗保险体系。

二、基本医疗保险

　　基本医疗保险是国家、企业对劳动者因为疾病、受伤(非因工受伤)等原因需要去医疗机构进行诊断、检查和治疗时,提供必要的治疗费用和医疗服务的一种社会保险制度。基本医疗保险的有以下主要特征。

　　1. 强制推行

　　基本医疗保险一般通过立法的形式强制推行,是法定的医疗保险制度。即使尚未立法,一般也由政府通过行政或经济手段强制推行。政府有保障国民享有基本医疗保险的义务,国民有纳税或缴纳基本医疗保险费的义务。

　　2. 保障基本医疗

　　基本医疗保险只能解决大多数人普遍现存的疾患,保障大多数人的基本医疗。面对发生概率相对较小的疾病,以及特殊人群不同层次的医疗需要,只能通过补充医疗保险等途径来实现。基本医疗保险保障的基本医疗范围,包括基本用药、基本诊疗、基本设施和基本服务等。

　　3. 统一规范

　　即在一国或一个地区内实施的基本医疗保险保障项目和待遇标准相统一。

　　4. 普遍保障

　　基本医疗保险具有适用对象广泛、普遍保障的特点,一般实行统一的制度、统一的费率、统一的管理。参加基本医疗保险的人群范围一般不受年龄、健康状况、生活习惯等的限制。

　　5. 政府承担最终责任

　　基本医疗保险是一项社会保险制度,不同于一般的商业医疗保险与补充医疗保险制度,当医疗保险基金发生困难的时候,由政府来承担最终的责任,体现了政府对社会成员的医疗保险承担责任。

三、补充医疗保险

　　补充医疗保险泛指一切基本医疗保险之外的医疗保险内容。狭义的补充医疗保险是专指单位补充医疗保险,即特定的企业、行业在基本医疗保险之外,再筹资建立的医疗保险计划。我们这里所说的补充医疗保险是泛指在基本医疗保险制度之外存在、发展,并对基本医疗起补充作用的各种医疗保障措施的总称,是建立在社会多层次医疗需求基础上的。

补充性医疗保险不是一个规范的概念,一般是指除了国家法定的强制性医疗保险之外的所有其他形式的保险,这时的"补充"是相对于"基本"而言。按照这种补充的含义,我国的补充性医疗保障应该包括职工个人在参加基本医疗保险之后,再参加的任何形式的医疗保险,如社保机构经办的医疗保险、工会经办的医疗互助计划、单位举办的补充医疗保险、保险公司经营的团体医疗保险等。

补充医疗保险制度主要包括以下内容。

1. 社保机构经办的医疗保险

社保机构经办的医疗保险是由社会医疗保险机构在强制性参保的基本医疗保险的基础上开办的补充医疗保险,其目的是对部分遭遇大额医疗费用的职工给予相应的补偿,减轻企业和患病职工医疗负担的压力。如北京的大额医疗互助制度,就要求用人单位按职工缴费工资基数之和的10%缴纳,其中9%纳入基本医疗保险费(高于国家标准),1%纳入大额医疗互助费。在职职工个人按缴费工资基数的2%加3元缴纳,其中2%纳入基本医疗保险费,3元纳入大额医疗互助费;退休人员每月只缴纳3元的大额医疗互助费。参保职工发生医疗费用后可以享受部分医疗费用的报销。上海的地方医疗附加基金也属于社保机构经办的医疗保险。

2. 工会经办的医疗互助计划

工会经办的医疗互助计划属于社会互助性的医疗保障计划,职工群众自愿参加,资金以职工个人缴费为主,各方资助为辅,在职工及其家属发生疾病风险时给予一定物质帮助的一种保险。工会经办的医疗互助保险作为职工群体内部成员之间相互援助的一种社会性的保障机制,体现的是职工之间的一种社会责任,职工医疗互助保险不是基本医疗保险,也不是商业医疗保险,而是一项群体性保障事业,是国家基本医疗保险的补充,是我国多层次医疗保障体系的重要组成部分。它的目的不是为了营利,而是为配合医疗保险制度改革,进一步解除职工的后顾之忧,增进职工福利并完善新型社会保障制度。工会经办的互助医疗计划具有自愿和非营利的特征,其资金主要来源于社会捐赠和成员自愿交费,政府往往从税收等方面给予支持。

3. 单位举办的补充医疗保险

为了提高员工福利水平,更大程度地减轻患病职工的医疗费用负担,在用人单位可承受的范围内,许多单位在缴纳了基本医疗保险的基础上还会给员工投保商业医疗保险,如万科集团的团体医疗综合险门急诊、住院、安心住院补贴、大病医疗费用、疾病身故保险等。单位举办的补充医疗保险不仅帮助职工分担医疗风险,还能增加员工的企业归属感,增强工作积极性,提高工作效率。

4. 保险公司经营的团体医疗保险

由于大部分基本医疗保险(包括团体医疗费用保险)对于药品、器材、假肢、假牙、血或血浆、诊断服务、预防性药物、门诊治疗、护理及其他很多费用均不予承保,而且,基本医疗保险(包括团体医疗保险)对于各种医疗费用也有许多限制(包括时间以及金额的限制),这使得团体补充医疗保险这种以排除基本医疗保险中的诸多限制为目的的团体健康保险产品开始出现。团体补充医疗保险又称团体高额医疗保险,是以团体为投保人,团体成员为被保险人,当被保险人因疾病住院时,保险人负责给付保单限额下、保险责任范围内的各项费用的一种团体保险。

团体医疗保险险种,大致可以归为以下六类。

(1) 住院医疗保险。因疾病或意外伤害事故住院,由保险公司负责住院医疗费用。

(2) 住院补贴保险。因疾病或意外伤害事故住院,由保险公司负责按住院天数给付补贴金和按手术等级支付手术津贴。

(3) 重大疾病保险。因患保险合同规定的重大疾病,由保险公司负责给付保险。

(4) 团体防癌保险。员工因癌症住院,保险公司按日支付住院保险金,按治疗次数给付手术保险金和放疗保险金。

(5) 补充医疗保险。员工住院医治期间,在社保有关规定范围内发生费用,需要企业和员工个人承担的部分,由保险公司按规定给予赔偿。

(6) 意外伤害附加医疗保险。因意外伤害事故而就医治疗(含门诊和住院)时,由保险公司支付医疗费用。

四、商业医疗保险

从性质上说,商业医疗保险不属于社会保险的范畴,但它却是基本医疗保险制度的一个重要补充。由于我国基本医疗保险制度中统筹基金的支付是"上有封顶",有最高支付额的限制,对于超出最高限额的费用需要由其他方式来解决,商业保险已成为一种可供选择的有效方式。目前,不少商业保险公司已推出了各种类型的健康保险险种,其中还包括一些与基本医疗保险衔接的项目,企业单位和职工可以根据自身经济能力和具体情况投保。这样,能够弥补基本医疗保险制度低水平之不足,而且,商业医疗保险作为一种商业运作模式,也能够为投保者带来投资回报。

商业医疗保险可以分为报销型和赔偿型。从医疗保险的给付形式上又可以分为津贴给付型和费用型。

1. 报销型医疗保险

报销型医疗保险(普通医疗保险)是指患者在医院里所花费的医疗费由保险公司来报销。一般分门诊医疗保险与住院医疗保险。

2. 赔偿型医疗保险

赔偿型医疗保险(专项医疗保险)是指患者明确被医院诊断为患了某种在合同上列明的疾病,由保险公司根据合同约定的金额来给付患者治疗及护理。一般分单项疾病保险(如癌症保险)与重大疾病保险(10 种、20 种及 30 种等重大疾病保险)。

上述两类医疗险有相同点但又有不同点,相同点是患病才能获得保险给付,不同点主要是:普通医疗险属全类型,即各类疾病都能获得保险给付;专项医疗保险属专项类,即某项在保险合同中明确列明的疾病或手术才能获得保险给付。

保险公司推出的医疗保险常常会综合上述两大类保险的一部分来组合成。

3. 津贴给付型医疗保险

简而言之,津贴给付型医疗保险是保险公司按照合同规定的补贴标准,向被保险人按次、按日或按项目支付保险金的医疗保险。理赔与实际发生的医疗费用无关,无须提供发票。

无论得了什么病,在治疗中花了多少钱,赔付标准不变。如果在多家公司投保,就能从多家公司得到理赔金,不管投保多少份都进行给付。这部分津贴可以对因住院产生的医疗费用之外的其他损失进行补偿,如因病假所产生的收入损失、交通费用等。

"锦上添花"的津贴给付型医疗保险通常来说,如果已经参加了社会医疗保险,则比较适合选择重大疾病保险搭配津贴给付型医疗保险。津贴给付型医疗保险与社会保险没有直接联系,只要住院或者手术,保险公司就必须赔偿。津贴型医疗保险最大的特点是只与住院的天数相关,不跟医疗费用产生任何关系。

4. 费用型医疗保险

费用型医疗保险则是根据客户实际发生的医疗费用支出按保单约定的保险金额给付保险金。目的是补偿客户的医疗费,理赔时需要客户出具门诊或住院发票,理赔范围与"社保"基本一致。

无医保购买方案:应先投保费用型医疗保险,因为根据现在的医疗水平,一般的疾病住院治疗时间为 10 天左右即可,投保费用型产品,合理住院医疗费用若按 80％ 的比例报销,就可以报销大部分医疗费用。若投保津贴型医疗保险产品,通常只能在第 4 天获得理赔,如果住院天数是 10 天的话,按每日津贴 250 元,可赔付 1 500 元,相对而言,理赔的金额较少,而被保险人在住院 10 天内的开支应该远远大于这个数字,所以建议先投保费用型医疗保险,其次再考虑购买津贴型医疗保险。

有医保购买方案:可购买津贴型医疗保险和费用型医疗保险互补的类型。我国目前现行的社会医疗保险政策分为两个部分,一是门急诊费用,二是住院费用。一般来说,门急诊费用约有 80％ 由自己承担。一笔万元左右的住院费用,一般自己承担比例约为 30％,而一笔 10 万元左右的大病住院费用,20％ 由自己承担。

此外,社会医疗保险还有严格的限制。新药、进口药、贵药都不在社会医保报销范围之内。对于交通事故所造成的医疗费用,社会医保是不报销的。除此之外,在疾病期间经常发生的费用,比如营养费、护工费、误工费等也不在报销范围之内。

所以,有医保的人投保住院医疗保险,可考虑购买费用型和津贴型互补的类型。

第四节　医疗保险的管理及运作

一、医疗保险管理概述

医疗保险管理,是指通过一定的机构和程序,采取一定的方式、方法和手段,对医疗保险活动进行计划、组织、指挥、协调、控制及监督的过程。按照管理层次来划分,它可以分为国家的宏观管理和医疗保险机构的微观管理两个层面。

医疗保险的管理是通过一定的管理模式实现的,这主要是指医疗保险行政与服务管理的组织制度,其内容包括各级医疗保险管理机构的主体、职责权限的划分及其相互间的关系。

(一) 医疗保险行政管理

社会保险的行政管理主要包括以下几个方面的内容。

(1) 医疗保险的立法。

(2) 制定医疗保险的具体政策。

(3) 研究制定医疗保险长远发展规划。

(4) 督促检查医疗保险政策的落实情况。

(5) 医疗保险组织机构的设置。

(6) 医疗保险人员的配备与培训。

(7) 对医疗保险法令、规章制度实施的监督和检查。

(8) 受理社会保险方面的申诉,进行调解和行政性仲裁。

(二) 医疗保险服务管理

医疗保险区别于其他社会保险的一个显著特点,就是保险经办机构不能直接向参保人提供保险服务,而必须借助于医疗机构提供医疗服务。由于双方存在利益上的冲突,医疗服务机构可能会出现损害医疗保险部门利益的行为。目前,医疗保险在全球范围内遇到了很严重的问题,即医疗资源严重匮乏,医疗费用居高不下,国家财政和企业不堪重负,医疗质量不高,影响了患者的需求。之所以出现这些问题,主要原因就是对医疗服务的管理不够。为此,各国纷纷采取措施,加强对医疗服务的管理。通过对医疗服务管理的加强,可以有效地控制医疗保险费用支出,遏制医疗资源的浪费。医疗保险服务管理包括以下几方面的内容。

(1) 定点医疗机构的管理。定点医疗机构审查和确定的原则是:方便参保人员就医并便于管理;兼顾专科与综合、中医与西医,注重发挥社区卫生服务机构的作用;促进医疗卫生资源的优化配置,提高医疗卫生资源的利用效率,合理控制医疗服务成本和提高医疗服务质量。劳动保障行政部门要组织卫生、物价等有关部门加强对定点医疗机构服务和管理情况的监督检查。对违反规定的定点医疗机构,劳动保障行政部门可视不同情况,责令其限期改正,或通报卫生行政部门给予批评,或取消定点资格。

(2) 定点零售药店的管理。定点零售药店审查和确定的原则是:保证基本医疗保险用药的品种和质量;引入竞争机制,合理控制药品服务成本;方便参保人员就医后购药和便于管理。愿意承担城镇职工基本医疗保险定点服务的零售药店,应向统筹地区劳动保障行政部门提出申请,并提供规定的材料。劳动保障行政部门根据零售药店的申请及提供的各项材料,对零售药店的定点资格进行审查。统筹地区社会保险经办机构在获定点资格的零售药店范围内确定定点零售药店,统发定点零售药店标牌,并向社会公布,供参保人员选择购药。

(3) 基本医疗保险用药目录的管理。基本医疗保险用药范围通过制定《基本医疗保险药品目录》(以下简称《药品目录》)进行管理。确定《药品目录》中药品品种时既考虑临床治疗的基本需要,也要考虑地区间的经济差异和用药习惯,中西药并重。纳入《药品目录》的药品,应是临床必需、安全有效、价格合理、使用方便、市场能够保证供应的药品,并具备下列条件之一:①《中华人民共和国药典》(现行版)收载的药品;②符合国家药品监督管理部门颁发标准的药品;③国家药品监督管理部门批准正式进口的药品。

二、医疗保险基金及管理概述

(一) 医疗保险基金的概念及其特征

医疗保险基金是指通过法律或合同的形式,由参加医疗保险的企事业单位、机关团体或个人在事先确定的比例下,缴纳规定数额的医疗保险费汇集而成的一种货币资金。它是医疗保险经办机构组织运营和管理,用于偿付保险合同规定范围内的参保人因疾病、伤残或生育等全部或部分医疗费用的专项资金。医疗保险基金的特征体现在以下几个方面。

(1) 医疗保险基金是以法律的形式向参保单位或劳动者个人征集的医疗保险费。在保险关系中,一方为保险机构,另一方为参保人。参保人必须按法律或合同条款规定向保险机构缴纳一定数量的医疗保险费,才能享有相应的医疗保险待遇。医疗保险基金是由无数个被保险的单位或个人缴纳的医疗保险费汇集而成的一种货币资金。

(2) 医疗保险基金是由医疗保险经办机构组织经营和管理的、用于偿付参保对象基本医疗费用的基金。经办机构是医疗保险基金的组织和经营管理者,并执行费用偿付职能。其偿付水平应符合医疗保险合同规定的范围。

(3) 医疗保险基金的筹集与医疗费用的偿付均采用货币形式。

(二) 医疗保险基金筹集的对象和渠道

1. 医疗保险基金筹集的对象

根据社会共同负担的筹资原则,医疗保险基金的筹资对象应包括被保险人(雇员)、所在单位(雇主)。国家是特殊的资金补助对象。除了个人、单位和国家作为医疗保险基金的主要筹资来源以外,还可以利用社会团体和个人赞助渠道筹集医疗保险基金。这是世界通行的做法。在我国,按照《国务院关于建立城镇职工基本医疗保险制度的决定》(国发〔1998〕44 号)(以下简称《决定》)规定:城镇所有用人单位,包括企业(国有企业、集体企业、外商投资企业、私营企业等)、机关、事业单位、社会团体、民办非企业单位及其职工,都要参加基本医疗保险。因此,城镇所有用人单位及其从业人员(包括单位离退休人员)均为医疗保险基金的筹集对象。同时,《决定》又规定:乡镇企业及其职工、城镇个体经济组织业主及其从业人员是否参加基本医疗保险,由各省、自治区、直辖市人民政府决定。目前从城镇职工基本医疗保险制度运行发展的情况来看,部分经济发达地区或经济效益好的乡镇企业及其职工、城镇个体经济组织业主及其从业人员也纳入了医疗保险的筹资范围。而且,参照城镇职工基本医疗保险运作机制和技术试点运作新型农村合作医疗制度,把部分农民也纳入了医疗保险基金的筹集范围。

2. 医疗保险基金筹集渠道

根据社会共同负担的筹资原则要求,医疗保险基金筹集的渠道多元化,主要由雇主(单位)、雇员(个人)、国家三方共同负担。此外,医疗保险基金的保值增值收入、区域调剂收入、转移收入、滞纳金等也属于医疗保险的收入渠道。按照我国现行的城镇职工基本医疗保险制度安排,医疗保险基金渠道主要包括用人单位、职工个人和国家补贴。其中用人单位和职工个人的缴费是医疗保险基金筹集的主要渠道。

1) 雇主(用人单位)资助

雇主(用人单位)资助指雇主或职工所在的企业按照职工工资的一定比例为职工缴纳一定数量的保险费。从经济学角度来看医疗保险费用属于必要劳动,是劳动力再生产费用的一部分,因此,企业职工缴纳大部分的保险费,以体现其用人责任。大部分实行社会医疗的国家,如德国、日本、韩国,医疗保险费的缴纳是雇主、雇员各占一半。用人单位是医疗保险基金最重要的筹资渠道。《决定》中规定其缴费比为工资总额的 6% 左右,其中企业在税前提取的医疗保险基金一般列入生产成本或营业外支出。

2) 雇员(职工个人)出资

雇员(职工个人)缴费是医疗保险基金的重要部分,它可作为个人或家庭的健康投资。实行个人缴费制度有三个明显的优点:一是扩大了医疗保险的待遇水平;二是减轻了国家财政的负担,有利于国民收入的合理使用和再分配;三是增强了职工的节约意识,让职工感到是在花自己的钱,这对于遏制卫生资源浪费,促进医疗保险制度的可持续发展具有十分重要的意义。事实上,新实行的医疗保险制度的核心问题之一就是要建立医疗费用的共同分担机制,分担机制最主要的思想就是要职工本人也承担部分的医疗费用。个人出资的比例在不同的国家有所不同,日本雇员缴纳的保险费占到本人工资的 4%～5%;法国个人缴纳的保险费占个人工资的 5.5%;新加坡的健康储蓄计划中雇员缴纳个人工资的 3%。在我国,《决定》中规定:职工缴费率一般为本人工资收入的 2%,今后随着经济发展适当调整。

3) 国家补贴

国家补贴是医疗保险基金来源的又一重要渠道,其数额取决于该国的医疗制度、福利政策、社会制度和经济状况等因素。在英国、加拿大及北欧实行国家(政府)医疗保险型的国家,国家补贴占医疗保险基金的绝大部分。如英国医疗保险费用的 86.2%(1987 年)来自于国家税收。德国、日本等医疗保险型的国家根据各保险组织的人员组成状况给予一定补助,但比例不高,主要还是由雇主及雇员承担医疗费用。以商业医疗保险为主体的美国则仅对 65 岁以上的老人、穷人等特殊人群给予一定补贴。我国现行的医疗保险制度作为由国家举办的一项社会保险,主要负担以下医疗保险费用:一是作为国家公务员的雇主,为其缴纳基本医疗保险费以及国家公务员医疗补贴;二是企业交纳医疗保险费在税前列支,国家以少征所得税的形式负担部分医疗费用;三是财政补贴,财政补贴是指医疗保险基金因不可抗拒的非管理因素造成支大于收时,由政府提供的补贴。实行医疗保险制度是政府管理社会职能的具体体现,当医疗保险基金入不敷出时,由政府来承担最终责任。

此外,医疗保险基金的来源还包括:医疗保险费的利息收入、调剂收入、转移收入、其他收入等。

(三) 医疗保险基金的筹集模式

医疗保险基金的筹集模式是医疗保险基金管理中一个十分重要的问题,它关系到是否能够筹到足够的资金来满足医疗费用支出的需要。筹集模式的确定是与一个国家的社会经济水平、价值观念、卫生服务体系、医疗保障模式密不可分的;反过来,筹集模式也对卫生服务、社会公平与效率、医疗保险的平稳运行产生重要的影响。从世界各国医疗保险基金的筹集情况来看,可以把医疗保险基金的筹集模式划分为四种类型。

(1) 税收式。主要见于国家医疗保险型的国家,这些国家大多数经济发展水平较高,如英国、加拿大。国家通过财政征税(包括一般税和特殊税)的形式筹集医疗保险基金,然后通过中央政府和地方政府逐级预算拨款的方式拨给医疗服务提供方资金,为本国居民提供免费或比较低廉的医疗服务,具有高度集中管理的特点。

(2) 强制缴费式。主要见于医疗保险型的国家,这种方式对社会经济发展适应性较强,如德国、韩国等。国家通过法律法规强制性地让收入在一定水平范围内的居民及其单位(或雇主)按个人收入的一定比例缴纳保险费。

(3) 自愿投保式。主要见于商业医疗保险的国家,这种筹资方式要求国家的社会经济发展水平和个人收入均较高,而且有高度完备的市场经济体系,如美国。社会人群可以自愿任意参保,缴纳一定的费用,所缴纳保费的量与所投保的项目和保障水平密切相关,多投多保,少投少保,不投不保。其管理特点是政府很少干预,由医疗保险机构分散管理,供需双方通过市场竞争进行调节。

(4) 储蓄账户式。主要见于储蓄医疗保险型国家,这种筹资模式要求国民收入水平较高,同时国民具有勤俭节约的社会风气,如新加坡。国家通过法律规定,强制要求每一个有工作的人,包括个体业主储蓄医疗保险基金,建立个人医疗账户。这种筹资方式与其他方式的最大区别在于它是以一代人或几代人的医疗储蓄来抵御疾病风险,即通过足够长的时间来纵向分担疾病风险。而其他方式是通过大量人群来横向分担疾病风险。

以上任何一种模式都有其优点和不足之处,并且与各国的国情及其政治经济环境等因素密切相关。世界上大多数国家的医疗保险基金筹集都不是单纯的一种模式,而是以其中一种为主导模式,同时辅以其他模式。绝大多数建立社会保障的国家,采取的都是社会统筹形式。

(四) 我国社会医疗保险基金筹集模式

我国所推行的城镇职工基本医疗保险制度,其筹资模式选择的是社会统筹与个人账户相结合,实际上是将国外的社会保险强制缴费模式与储蓄账户模式组合而成的一种新模式。这一筹资模式既可以避免现收现付制的缺陷,同时又继续保留和发扬互助共济的社会统筹作用。对于参加医疗保险的单位和个人,要求个人缴费、企业补充、按人建账、国家给予统筹互济。这一模式既减轻了国家和企业的负担,又增强了职工的自我保障意识。

1. 社会统筹形式

所谓社会统筹,就是对医疗保险基金实行统一筹集、统一管理、统一调剂、统一使用。大多数国家的医疗保险基金,都是通过税收或缴纳保险费的形式在全社会范围内"横向"筹集的,这种社会统筹方式可实现社会成员之间横向的费用互助共济和统筹调配,较好地分散了风险,有助于提高社会公平,符合社会保障的基本原则。而在税收和直接缴纳保费两种方式中,以通过税收筹集医疗保险基金的形式更为常见,目前世界上已建立社会保障制度的140多个国家和地区中,就有80多个国家和地区是通过征收社会保障税的。社会保障税是为筹集社会保障基金,以一切社会成员的劳动报酬和其他收入为课税对象的一个税种。通常情况下由雇主和雇员按照工资的一定比例纳税,可与养老保险、失业保险等社会保险险种共同筹集资金,再按照国家规定的比例分别建立医疗保险基金、养老保障基金、失业保障基金。开征医疗保障税,既能体现一般税种所有的法律强制性、公开公平性、稳定规范性和范围广泛性,又能体现一般税种所没有的直接返还性和财政独立性。以社会保障税的形式筹集到的医疗保险基金直接分配到医疗保障组织而不计入财政收入,专款专用,因此并不增加政府的财政负担。

2. 个人账户形式

用个人账户形式筹集医疗保险基金的具体模式为储蓄型医疗保障模式。首创储蓄型医疗保险的国家是新加坡,其名称为"保健储蓄计划",这是在政府对国民的医疗保健服务给予较多补贴(按实际发生金额比例拨给医院)的前提下,采取的全国性的强制储蓄计划,帮助个人储蓄医疗保健费用,用以支付经补贴的基本医疗服务,同时还可以在被保险人去世后留给家属继续使用,且不需缴纳遗产税。很明显,这种医疗保险模式是用一代人甚至几代人的资金储蓄来抵御疾病风险,体现了被保险人及其家属一生中纵向费用共济和风险分担。将疾病风险分散在相对较长的时期内,有助于提高抵御疾病风险的能力,同时还有利于增强被保险人加强费用意识,自觉约束医疗消费行为,避免用社会统筹模式筹集医疗保险基金时容易发生的"道德损害"趋向,也有利于被保险人(医疗服务需方)加强对医疗服务供方的监督,约束其可能出现的诱导需求现象。但另一方面,个人账户模式的医疗保险又存在着缺乏互助共济的缺陷,用其承受一般的医疗费用还可以,如果发生高额医疗费用(患重大疾病)则由于缺乏横向共济而无力负担。

3. 社会统筹与个人账户相结合的形式

我国目前正在实施的城镇职工基本医疗保险,采取的是社会统筹与个人账户相结合的形式(简称"统账结合"形式),即基本医疗保险基金由统筹基金和个人账户构成,职工个人缴纳的基本医疗保障费,全部计入个人账户。采取这种形式筹集医疗保险基金,使社会统筹和个人账户两种形式优势互补。一方面,可通过横向筹集保险基金实现互助共济、风险分担,减轻企业负担,使医疗保障社会化;另一方面,又通过建立个人账户实现基金的部分积累,加强被保险人的费用意识,约束卫生服务供需双方过度提供(利用)卫生资源的行为,有助于遏制医疗费用的不合理增长。

(五)医疗保险基金的管理

医疗保险管理一般包括医疗保险政策法规管理、医疗保险基金管理、医疗保险对象管理和医疗保险机构管理等环节。本部分重点讨论其中的医疗保险基金管理。就国际经验来看,医疗保险管理是一项世界性难题。而医疗保险基金管理则是医疗保险所有管理环节中最难、最重要的管理。因为医疗保险基金的安全与否,关系到医疗保障制度的落实和参保人员的切身利益,也对政府财政和社会安定构成重大影响。

1. 医疗保险基金管理的模式

依据不同国家所采用的医疗保障筹资模式的不同,其医疗保险基金管理的方式也有所不同。

1) 国家预算型医疗保险基金的管理方法

对于政府举办的医疗保障,主要由政府管理基金,一般是由政府的国家医疗保障主管部门和财政部承担,卫生部门直接参与医疗保健服务的计划、管理与提供。在这种筹资模式下,对医疗保险基金进行高度集中管理。而对于那些作为补充和调节作用的私立医疗保险则不纳入国家计划,只是政府在税收方面给予一定的优惠。例如,英国为了提高公立医疗机构的服务效率,曾经采用引进市场竞争机制的做法,允许地方卫生局利用预算资金购买服务效率高的私立医疗保险服务。这种管理方式的优点是有利于政府进行宏观调控,计划性强,可以合理使用经费。

2) 社会保险型医疗保险基金的管理方法

社会保险型医疗保险基金的管理方法的主要特点是多方筹资,共同管理。在许多实行医疗保险的国家,其医疗保险基金的管理组织都区别于医疗保障的行政主管部门,同时也不同于以盈利为目的的商业组织,而是由专门的医疗保险基金管理机构进行管理,这类机构往往是政府所属的事业机构或者由政府委托、批准的民间组织机构,它们作为政府授权的非营利性机构,根据国家关于医疗保障的方针、政策以及政府颁布的有关法律、法规、制度等,独立行使职能,负责医疗保险基金的筹集、运营、给付等管理工作。例如北欧等国家,政府担负大部分医疗保险费用,故管理权力主要集中于政府。那些出资较少的国家,政府较少参与直接管理,而主要由保险组织自行管理。政府的作用在于制定相应的保险政策法规。

3) 自由企业型医疗保险基金的管理方法

自由企业型医疗保险基金的管理方法一般是政府很少干预,由各医疗保险机构分散管理,供需双方通过市场竞争机制进行调节,属于商业性医疗保险服务。这一管理模式的优点在于保险机构经营效率较高;缺点是费用上涨迅速,甚至难以控制,且易导致低收入人群得不到基本医疗保障,公平性差。

2. 我国医疗保险基金管理方法

医疗保险基金筹集和管理是医疗保障制度改革平稳运行的基础。在我国,医疗保险基金的筹集和管理在吸取以上管理经验的同时,结合我国的具体国情,采用了独特的方法并经历了不断完善的过程。以镇江市等地区的做法为例,医疗保险基金的筹集与管理主要加强了如下工作:①从组织管理上将医疗保险基金的管理与医疗保障行政部门分开,设有专门的医疗保险基金经办机构,负责基金的经营管理,包括基金的筹集、运营、给付等内容;②从财务上加强基金财务管理,实行财政专户、"收支两条线"管理,以确保基金安全;③从过程上强化基金筹集环节的管理,包括科学合理地确定筹资比例、严格核定缴费基数和选择筹资方式等;④采取多种措施抓好特殊单位、人群的医疗保险基金征缴工作。

三、医疗保险费用偿付概述

(一) 医疗保险费用偿付的定义

医疗保险费用偿付,是医疗保险分担疾病风险,保障被保险人身心健康的重要手段,也是医疗保险最重要和最基本的职能之一。医疗保险费用偿付,是指社会医疗保险机构作为主要付费方,按照保险合同或者法规条款规定的保险范围,代替被保险人支付他们因接受医疗服务所发生的医疗费用,对医疗机构提供医疗服务所消耗的经济资源进行补偿的行为。因此,费用偿付既涉及医疗保险方与被保险方之间的关系,又涉及医疗保险方与医疗服务提供方之间的关系,是两者之间的经济纽带。

医疗保险费用偿付首先是一种经济补偿制度,这种经济补偿制度是通过医疗保险机构、被保险人(参保单位和个人)和医疗服务提供者三方以保险合同形式建立的一种经济契约关系,即由被保险人向医疗保险机构缴纳一定数额的保险费,形成专门的医疗保险基金,然后再由医疗保险机构为被保险人确定约定医疗机构或定点药店,并按照保险合同规定的保险范围和补偿比例承担医疗费用补偿和给付责任。其次,医疗保险费用偿付又是一种法律关系,医疗保险机构与被保险人、约定医疗单位、定点药店之间都必须签订保险费用偿付合同,规定各自的权利与义务,即被保险人必须履行缴纳医疗保险费用的义务,并按合同或法规要求享受医疗服务及其获得费用补偿的权利;医疗服务供方必须按合同规定的范围为被保险人提供合理适宜的医疗服务并从中获得费用补偿;医疗保险机构必须按合同规定对医疗供方及时进行医疗费用补偿。

(二) 医疗保险费用偿付方式

医疗保险费用偿付方式是确保医疗保险管理目标实现的重要手段之一,有什么样的费用支付方式,就会有什么样的医疗保险的供方行为,而在医疗保险整个运作体系中,作为医疗费用的"节水阀"和"水龙头"的医疗保险服务机构,对医疗保险制度的平稳运行起着举足轻重的作用。

医疗保险费用偿付方式在国际上比较流行的主要有集中统一模式、比较集中的准统一偿付模式和分散独立的偿付模式三种。集中统一的偿付模式即单一偿付人模式,是指在一个国家或一个地区,医疗保障基金集中于单个偿付人,并由该偿付人分配预算基金的方法,将医疗费用统一偿付给每一个医疗服务提供者,如英国的国家医疗保险制度。比较集中的准统一偿付模式,是指医疗保险基金通过多渠道筹集,但最终集中到一定的医疗保险机构,由它们按照全国统一的偿付标准,与医疗服务提供者组织协商确定的偿付费用和偿付方式,如德国、法国等。分散独立的偿付模式是指公立、私立医疗保险并存,或以私人医疗保险为主的多元医疗保障体制下,存在多个分散、独立的医疗保险机构,因而其费用相应地由多个分散独立的偿付人偿付给医疗服务提供者,如美国。

我国在 1998 年全面开始的城镇职工基本医疗保险制度,就是在吸取了上述三种偿付模式优点的基础上,确立了建立城镇职工基本医疗保险制度的原则:基本医疗保险的水平要与社会主义初级阶段生产力发展水平相适应;城镇所有用人单位及其职工都要参加基本医疗保险,实行属地管理;基本医疗保险费用由用人单位和职工双方共同负担;基本医疗保险基金实行社会统筹和个人账户相结合。这一制度的费用偿付模式类似于上述比较集中的准统一偿付模式。

(三) 医疗保险被保险方的费用偿付方式及其意义

医疗保险被保险方的费用偿付方式,主要是通过经济利益的调整,要求被保险方在医疗保险过程中分担一部分医疗费用,以增强患者的费用意识,促使患者的卫生服务消费行为合理化,并达到控制卫生服务费用增长的方法。世界各国实施不同医疗保险制度的实践证明,医疗保险费用偿付如果对被保险人的医疗费用实行全额偿付,尽管有体现公平性的一面,但却造成了被保险人过度利用卫生服务,卫生费用上涨过快和卫生资源浪费严重的现象。因此,为防止上述现象的发生,不同国家都已经逐步采用各种费用分担的办法来取代全额偿付,以有效地控制医疗费用。

被保险人费用偿付方式的意义在于:一是应用费用分担制为主的控制机制,加强了被保险人的费用意识;二是通过被保险人费用意识的建立,遏制其不合理或不必要的医疗卫生服务需求;三是减少医疗保险基金的支出,最终促进基金的收支平衡、制度的可持续发展。在我国的基本医疗保险制度中,被保险方的支付方式与标准被设计到个人账户、起付标准、自付比例和封顶线的有关规定中。总体上看,需方控制力度加大,更趋科学。与改革试点时期相比,自付比例处于调高的趋势,控制力度在逐步加大。起付标准和自付比例的设定采用了根据医院级别、住院次数和医疗费用发生额分段设计的方式,控制方式更趋科学。这不仅有助于抑制需方的过高要求,控制费用支出膨胀,也有利于引导、提高卫生资源配置效率。但是,在医疗保险体系中,由于被保险人医疗需求的盲目性与被动性以及信息不对称性,需方费用控制的效果并不十分明显。而且,在我国目前的经济状况下,强度太大的控制手段还有可能会抑制被保险人正当的卫生服务需求,以致损害被保险人的医疗保障权利。因此,我国目前的医疗保险被保险人费用偿付方式应充分考虑国情,兼顾城乡协同发展的战略,在现有起付制、共付制、最高支付限额或三者相结合等方式的基础上加强预防保健等制度措施,达到使偿付制度既增强被保险人的费用意识又不抑制其合理的卫生服务需求。

(四) 医疗保险被保险方的费用偿付方法

在医疗保险系统中,被保险方一般都要分担一部分医疗服务费用,常见的被保险人偿付方式主要有起付线、按比例分担、封顶线和混合支付四种方法。

1. 起付线

起付线方式又称"扣除保险",它是由保险机构规定医疗保险费用偿付的最低标准,低于起付线以下的医疗费用全部由被保险人自付或由被保险人与其单位分担,超过起付线以上的费用由医疗保险机构偿付。这个自付额度标准称为"起付线"(俗称"门槛")。起付线又可分为三种类型:一是年度累计费用起付线法;二是单次就诊费用起付线法;三是单项目(一般为特殊医疗项目)费用起付线法。起付线法在医疗费用控制中,能够限制一部分非必需医疗需求的发生。

该方式的特点：一是起付线以下的医疗费用由病人自付或病人与其单位分担，增强了被保险人的费用意识，有利于减少浪费；二是将大量的小额医疗费用剔除在医疗保险费支付范围之外，减少了保险结算工作量，有利于降低管理成本；三是小额医疗费用由被保险人自付，有利于保障高额医疗费用的疾病风险，即"保大病"。

2. 按比例分担

按比例分担又称"共付保险"，是一种费用分担方式，即保险机构和被保险人按一定的比例共同偿付医疗费用，这一比例又称共同负担率或共同付费率。按比例分担可以是固定比例，也可以是变动比例。分担比例可以恒定，也可以随医疗费用额变动，或随被保险人年龄情况而递减/递增。只要比例适当，参保病人自付费用的绝对值随医疗费用的增加而增加，就能够有效地增强被保险人的费用意识，起到较好的费用控制作用。

该方式的特点：一是简单直观、易于操作，被保险人可根据自己的偿付能力适当选择医疗服务，有利于调节医疗消费，控制医疗费用；二是由于价格需求弹性的作用，被保险人往往选择价格相对较低的服务，有利于降低卫生服务的价格。

3. 封顶线

封顶线又称"限额保险"，是与起付线相反的费用分担方法。各地基本医疗制度的封顶线原则上控制在当地在岗年工资的4～6倍。如上海2017年度的职工医保统筹基金最高支付限额从42万元提高到了46万元，最高支付限额以上的部分，仍由地方附加医疗保险基金支付80%。同时，2017年度的本市职工基本医疗保险参保人员门急诊自负段标准、统筹基金起付标准均不作调整，仍然按照2016年度标准执行（见表8-1）。该方法先规定一个费用封顶线，医疗保险机构只偿付低于封顶线以下的费用，超出封顶线以上的费用由被保险人自付或由其他途径支付。

表 8-1　上海 2017 医保年度职工基本医疗保险参保人员门急诊自负段标准　　　　单位：元

参保对象		门急诊自负段标准	统筹基金起付标准
在职职工		1 500	1 500
退休人员	2000 年 12 月 31 日前退休	300	700
	2001 年 1 月 1 日后退休	700	1 200

封顶线方式的特点：一是在社会经济发展水平和各方承受能力比较低的情况下，医疗保险只能先保障享受人群广、费用比较低，各方都可以承受的一般医疗。因而本着保障基本医疗，提高享受面的原则，将高额医疗费用剔除在医疗保险费用偿付范围之外。二是有利于限制被保险人对高额医疗服务的过度需求，以及医疗服务提供者对高额医疗服务的过度提供。三是有利于鼓励被保险人重视卫生保健，防止小病不治酿成大病，提高被保险人的身体素质。总体来看，这种偿付方式能够较好地控制医疗保险费用支出，但对发生大额医疗费用的人群不能发挥减轻医疗负担的作用。因此，封顶线的确定需要综合考虑被保险人的收入水平、医疗保险基金的风险分担能力、医疗救助情况等因素，需要通过建立各种形式的补充医疗保险对超出封顶线以上的疾病给予保障。

4. 混合支付

由于上述三种费用偿付办法各有其优缺点,因此,在医疗保险费用偿付方法的设计中,往往将上述两种以上的偿付办法结合起来应用,形成优势互补,更有效地促使被保险人的合理需求得到满足,控制医疗费用的过度增长。例如,我国现行的城镇职工基本医疗保险制度的费用偿付制度设计,就考虑了对低费用实行起付线,对高费用实行封顶线,并对中间段费用实行按比例给付的办法,被认为是既能够合理保障又能够有效制约的医疗保险费用偿付办法。

(五) 医疗保险方的偿付方式

医疗保险费用的支付方式是医疗保险制度运行中的一个重要方面,不同的费用支付方式会影响到医疗费用控制、医疗资源的配置和患者得到的医疗服务质量。医疗费用控制是一个世界性的难题,世界各国都在积极探索和寻找有效的医疗费用控制办法。各国的医疗保险实践表明,医疗保险方的偿付方式,即对医疗服务供方的偿付方式,是控制医疗服务供方的最有效手段,而对供方的控制是控制医疗费用的关键和核心。

医疗保险方偿付方式,亦称供方医疗保险费用结算方法,是指医疗保险机构向医疗服务供方偿付医疗保险费用的方法和途径。根据中西方国家医疗服务体制的不同,医疗保险方对医院和医生的偿付方式主要包括按服务项目付费、按服务人次付费、按住院床每日费用付费、按病种分类付费、总额预付制、按人头付费、按工资标准偿付、按以资源为基础的相对价值标准偿付和按资源利用组合偿付九种方式。

第五节 我国基本医疗保险制度的现状与改革

一、中国城镇职工基本医疗保险制度改革的主要进程

自 20 世纪 80 年代中期以来,我国根据经济体制改革的需要,逐步改革计划经济体制下的公费医疗和劳保医疗制度,积极探索建立新的医疗保险制度。1998 年颁布了《国务院关于建立城镇职工基本医疗保险制度的决定》,大力推进城镇职工医疗保险制度建设。根据《中共中央 国务院关于进一步加强农村卫生工作的决定》,我国自 2003 年开始在农村地区尤其中西部农村地区进行以大病统筹为主的新型合作医疗制度的试点工作。

改革开放以来,我国医疗保障制度改革可分为以下三个阶段。

第一阶段:20 世纪 80 年代中期到 90 年代初期。这个阶段的改革重心逐步从针对需方的费用分担过渡到约束供方医疗机构,控制医疗费用过快增长。采取的主要措施有:一是改革支付方式,将经费按享受人数和定额标准包给医院,节支留用,超支分担,激励医院主动控制成本和费用开支;二是制定公费医疗用药报销目录,以控制药品费用的过多支出;三是加强公费医疗与劳保医疗的管理,即提供经费的政府、享受者所在单位和提供医疗服务的机构,都要承担部分经济责任。在这一期间,一些地区还探索了大病统筹制度。即以地区和行业为单位,由各企业缴纳保险费,形成统筹基金对发生大额医疗费的患者给予补助。这些措施和办法使得医疗保障的社会化程度有所提高,企业之间互助供给、分担风险的能

力有所增强。对控制医疗费用的过快增长,缓解财政经费紧张和单位医疗费用之间畸轻畸重的现象起到了一定的作用。

这一阶段的主要问题是,试点规划和管理仍然按照公费和劳保医疗划分两大门类,改革的操作和成效主要在于加强制度的社会化程度而非改革制度本身上,控制医疗费用的过快增长的制约供方的措施没有与整套制度改革结合起来。

第二阶段:1994—1998年。根据第一阶段的改革经验,自1994年起,国家经济体制改革委员会等部委选择大病统筹搞的比较好的镇江和九江两个市作为医疗保险制度改革试点城市。海南、深圳和上海市也根据自身特点分别进行了改革试点。试点取得了一定的成效:一是通过建立用人单位、职工个人共同缴费的机制和社会化统一管理的医疗保险基金,稳定了医疗保险的资金来源,使企业保险向社会保险转化;二是形成了在不同单位人群、不同年龄人群、健康人群和患者之间分担医疗费用的保险机制,保障了职工的医疗需求,使职工的基本医疗水平有了一定程度的提高;三是建立了医疗费用由单位和个人共同分担机制和制约医患双方、合理结算医疗服务费用的控制机制,抑制了医疗费用的过快增长。

这一阶段的主要问题:医疗卫生的制度设计没有以满足人群的基本医疗需求为目标,而是将劳保与公费医疗直接转为政府主管的社会保险。结果导致政府统一包揽各项医疗服务的操作,致使成本升高,导致效率降低,费用总水平更难控制。加之社会保险机构为了控制费用只能采取定点医院的方式,严重忽略了社区卫生和预防保健服务。

第三阶段:1998—2002年。1998年12月,国务院下发了《国务院关于建立城镇职工基本医疗保险制度的决定》。该决定提出的医疗保障改革的目标是:低水平、广覆盖、双方负担、统账结合。改革的推进方式从统一试点进展到全国同时推开。至2000年年底,我国城镇基本医疗保险制度已经初步建立。同时,我国积极探索与基本医疗制度相配套的医疗卫生体制和药品流通体制的配套改革。

城镇职工基本医疗保险制度方案的政策目标包括:①建立医疗费用约束机制,以控制医疗急速上涨的趋势;②加强职工基本医疗的保障力度,解决部分企业职工由于单位效益不好而不能及时报销医疗费的问题;③为非国有企业员工提供医疗保障。

这一改革方案的主要内容包括:①建立医疗保险基金,企业和职工按照工资一定比例向基金缴费,缴费率通常是企业负担工资额的6%,职工负担2%。②实行个人账户与社会统筹相结合,社会医疗保险缴费大约分出一半用以建立个人账户,另一半用于医疗统筹基金。职工看病首先用个人账户,用完后则由自己承担,自费数额超过当年工资的5%后,超出部分由统筹基金报销约85%,这被称为“通道式”结合。有的地方则探索“板块式”结合,门诊医疗完全由个人账户支付,住院医疗由统筹基金报销约85%。③明确“基本医疗”的操作定义,由卫生行政部门规定基本医疗的病种、药品及治疗范围,更为重要的是对大额医疗费用报销实行封顶,规定只限于当地社会平均年工资四倍以下的范围。在基本医疗之外,提出建立补充医疗保障制度加以解决。④基本医疗覆盖城镇全体职工,非国有企业必须参加,机关事业单位与企业职工享受同样的待遇。

1998年《国务院关于建立城镇职工基本医疗保险制度的决定》指出,要建立多层次的医疗保障体系,逐步形成包括基本医疗保险、公务员医疗补助、企业补充医疗保险和商业医疗保险、社会医疗救助制度等共同组成的多层次的医疗保障制度模式。

二、中国城镇职工基本医疗保险制度改革的基本内容和操作实务

《社会保险法》第三章第二十三条规定,职工应当参加职工基本医疗保险,由用人单位和职工按照国家规定共同缴纳基本医疗保险费。无雇工的个体工商户、未在用人单位参加职工基本医疗保险的非全日制从业人员以及其他灵活就业人员可以参加职工基本医疗保险,由个人按照国家规定缴纳基本医疗保险费。根据《社会保险法》第二十七条规定,参加职工基本医疗保险的个人,达到法定退休年龄时累计缴费达到国家规定年限的,退休后不再缴纳基本医疗保险费,按照国家规定享受基本医疗保险待遇;未达到国家规定年限的,可以缴费至国家规定年限。

(一)覆盖范围

城镇所有用人单位,包括企业(国有企业、集体企业、外商投资企业、私营企业等)、机关、事业单位、社会团体、民办非企业单位及其职工,都要参加基本医疗保险。

(二)统筹层次

地市级统筹,地方政府制定实施方案和管理医保基金。

(三)特征

(1)依法建立、参加、履行缴费义务和享有相关待遇。

(2)享有个税减免待遇和用人单位供款。

(3)政府确保计划安全运营。

(4)通过补偿医疗费用开支实现健康和医疗保障。

(四)筹资和管理

城镇职工基本医疗保险的缴费分为用人单位缴费和职工缴费,用人单位的缴费基数为上年度本单位职工工资总额,职工缴费基数为上年度本人月平均工资。用人单位缴费基数的6%左右,一部分计入统筹基金,归地方调剂使用,分担住院费用和部分门诊费用;一部分划入个人账户,划入比例一般在30%左右,具体比例由统筹地区根据个人账户支付范围和职工年龄等因素确定。个人缴费基数的2%左右,计入个人账户,个人账户累积额归个人所有,可以携带和继承。

表 8-2　上海 2017 社保年度基本医疗保险计入个人账户标准　　　　　单位:元

参保对象		原标准	新标准	增加额
在职职工	34 岁以下	140	175	35
	35～44 岁	280	350	70
	45 岁至退休	420	525	105
退休职工	74 岁以下	1 120	1 400	280
	75 岁以上	1 260	1 575	315

图 8-1 为上海市城镇职工医疗保险制度中用人单位及职工本人缴费比例示意图。

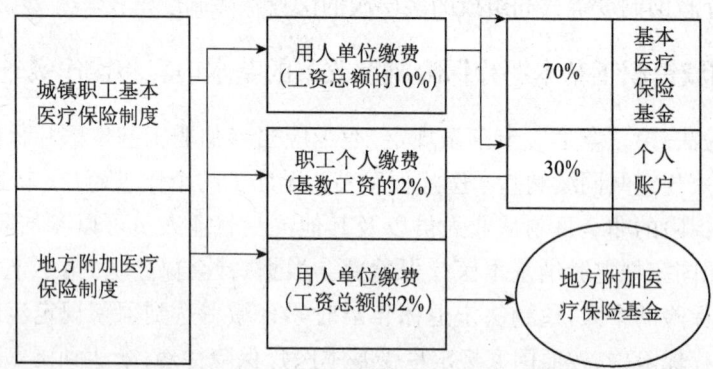

图 8-1　上海市城镇职工医疗保险制度中用人单位及职工本人缴费比例示意图

1. 非基本医疗保险支付范围

《社会保险法》第三十条规定,下列医疗费用不纳入基本医疗保险基金支付范围。

(1) 应当从工伤保险基金中支付的。

(2) 应当由第三人负担的。

(3) 应当由公共卫生负担的。

(4) 在境外就医的。

医疗费用依法应当由第三人负担,第三人不支付或者无法确定第三人的,由基本医疗保险基金先行支付。基本医疗保险基金先行支付后,有权向第三人追偿。

2. 费用分担政策

(1) 两定点:定点医院、定点药店(非处方药品购买)。

(2) 三目录:药品、诊疗项目和服务设施目录。

(3) 起付线:社会统筹基金开始分担医疗费用的金额起点,为统筹地员工年平均工资的10%左右。

(4) 共付制:社会统筹基金分担医疗费用时,要求个人分担一定比例。

(5) 封顶线:统筹基金最高支付限额,原则上控制在当地职工年平均工资的 4～6 倍。

大部分地区制定和实行了"板块式"医疗保险方案,即分离门诊和住院,如图 8-2 所示。

门诊付费:由个人账户支付,个人账户余额用尽,由个人支付。特殊规定的病种例外,如

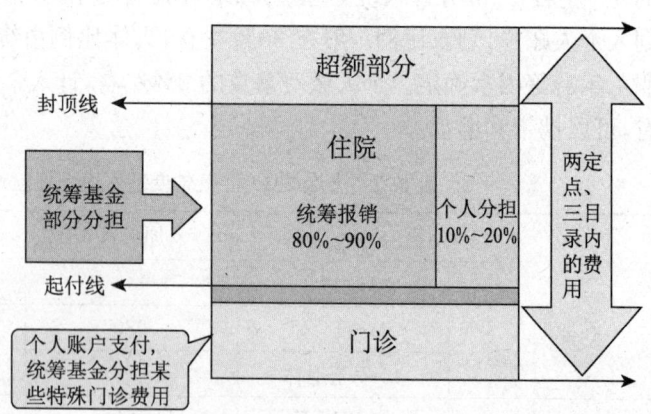

图 8-2　城镇职工基本医保费用分担结构图

门诊肾透析费用可以进入社会统筹报销。

住院付费：起付线以上的住院费用按共付制由社会统筹基金与个人按照一定比例分担。

封顶线以上付费：超过封顶线以上的医疗费用可由补充医疗保险计划予以补充。

（五）城镇职工基本医疗保险理财案例

1. 案例一

张先生做"心脏搭桥"手术并进行术后病症治疗。目录内总费用为 19 万元，目录外费用为 1.5 万元，总共 20.5 万元。根据统筹地"板块式"医疗保险改革方案，张先生的住院费用和手术费用可以进入社会统筹报销（假设不考虑起付线）。假设社会平均工资为 3 000 元/月，统筹报销比例为 80%，最高支付限额为统筹地职工年度社会平均工资的 4 倍。

请计算张先生医疗保险费用分担情况。

解：张先生目录内总费用为 19 万元，统筹地最高支付限额为 3 000×12×4=14.4（万元）。

统筹报销：19×80%=15.2（万元）

政策提示：此案基于目录内费用按比例进行分摊，已超过封顶线 14.4 万元的部分由个人承担。

个人自付：20.5−14.4=6.1（万元）

报销比例：14.4÷20.5=70.2%

自付比例：6.1÷20.5=29.8%

2. 案例二

李女士今年 73 岁，因脑供血不足住院治疗 13 天。目录内总费用为 11 423.85 元，目录外费用为 259.60 元，总共 11 683.45 元。根据统筹地"板块式"医疗保险改革方案，李女士的住院费用可以进入社会统筹报销。假设统筹地的起付线为 1 300 元，最高支付限额为 70 000 元，统筹报销比例为 91%（针对退休人员）。

请计算李女士医疗保险费用分担情况。

解：李女士目录内总费用为 11 423.85 元。

统筹报销：（11 423.85−1 300）×91%＝9 212.70（元）

个人自付：11 683.45−9 212.70=2 470.75（元）

报销比例：9 212.70÷11 683.45=78.85%

自付比例：2 470.75÷11 683.45=21.15%

三、新型合作医疗制度的建立

无论从合作医疗自身的缺陷和不足，还是由于经济制度的变化对其产生的影响，原有的农村合作医疗模式已经不适应市场经济条件下农村经济的发展和广大农民对医疗保健的需求，必须进行改革。对于新的农村合作医疗制度的探索始于 20 世纪 90 年代，在各级政府的倡导和支持下，各地区根据本地的实际情况进行了多种尝试：一些地区对原有的合作医疗制度进行了完善，建立了个人投入为主、集体扶植、政府支持的筹资机制，规范了"医、患、保"三方的制约机制;一些地区积极探索和实行区域性大病统筹、医疗救助服务模式;经济发达地区还试行了农村医疗保险制度,并逐步与城市社会保险制度相衔接。

2003年年初,国务院转发了卫生部、财政部和农业部《关于建立新型农村合作医疗制度意见》的通知(以下简称通知),要求从2003年起,各省、自治区、直辖市至少要选择2~3个县(市)进行试点,取得经验后逐步推开。到2010年,实现在全国建立基本覆盖农村居民的新型合作医疗制度的目标。新型合作医疗制度要遵循自愿参加、多方筹资、以收定支、保障适度、先行试点、逐步推广的原则。关于筹资标准,通知规定,农民每年的缴费标准不低于10元,地方财政每年对参加新型农村合作医疗农民的资助不低于人均10元。从2003年起,中央财政每年通过专项转移支付对中西部地区除市区以外的参加农村合作医疗的农民按人均10元安排补助资金。通知要求各地区要制定农村合作医疗报销基本药物目录。

四、城乡居民医疗保险制度

国务院2016年1月12日发布《国务院关于整合城乡居民基本医疗保险制度的意见》(国发〔2016〕3号)。该意见要求,明确工作进度和责任分工。各省(区、市)要于2016年6月底前对整合城乡居民医保工作做出规划和部署,明确时间表、路线图、健全工作推进和考核评价机制,严格落实责任制,确保各项政策措施落实到位。各统筹地区要于2016年12月底前出台具体实施方案。

(一)基本原则

1. 统筹规划,协调发展

要把城乡居民医保制度整合纳入全民医保体系发展和深化医改全局,统筹安排,合理规划,突出医保、医疗、医药三医联动,加强基本医保、大病保险、医疗救助、疾病应急救助、商业健康保险等衔接,强化制度的系统性、整体性、协同性。

2. 立足基本,保障公平

要准确定位,科学设计,立足经济社会发展水平、城乡居民负担和基金承受能力,充分考虑并逐步缩小城乡差距、地区差异,保障城乡居民公平享有基本医保待遇,实现城乡居民医保制度可持续发展。

3. 因地制宜,有序推进

要结合实际,全面分析研判,周密制订实施方案,加强整合前后的衔接,确保工作顺畅接续、有序过渡,确保群众基本医保待遇不受影响,确保医保基金安全和制度运行平稳。

4. 创新机制,提升效能

要坚持"管、办"分开,落实政府责任,完善管理运行机制,深入推进支付方式改革,提升医保资金使用效率和经办管理服务效能。充分发挥市场机制作用,调动社会力量参与基本医保经办服务。

(二)整合基本制度政策

1. 统一覆盖范围

城乡居民医保制度覆盖范围包括现有城镇居民医保和新农合所有应参保(合)人员,即覆盖除职工基本医疗保险应参保人员以外的其他所有城乡居民。农民工和灵活就业人员依法参加职工基本医疗保险,有困难的可按照当地规定参加城乡居民医保。各地要完善参保方式,促进"应保尽保",避免重复参保。

2. 统一筹资政策

坚持多渠道筹资,继续实行个人缴费与政府补助相结合为主的筹资方式,鼓励集体、单位或其他社会经济组织给予扶持或资助。各地要统筹考虑城乡居民医保与大病保险保障需求,按照基金收支平衡的原则,合理确定城乡统一的筹资标准。现有城镇居民医保和"新农合"个人缴费标准差距较大的地区,可采取差别缴费的办法,利用2~3年时间逐步过渡。整合后的实际人均筹资和个人缴费不得低于现有水平。

完善筹资动态调整机制。在精算平衡的基础上,逐步建立与经济社会发展水平、各方承受能力相适应的稳定筹资机制。逐步建立个人缴费标准与城乡居民人均可支配收入相衔接的机制。合理划分政府与个人的筹资责任,在提高政府补助标准的同时,适当提高个人缴费比重。

3. 统一保障待遇

遵循保障适度、收支平衡的原则,均衡城乡保障待遇,逐步统一保障范围和支付标准,为参保人员提供公平的基本医疗保障。妥善处理整合前的特殊保障政策,做好过渡与衔接。

城乡居民医保基金主要用于支付参保人员发生的住院和门诊医药费用。稳定住院保障水平,政策范围内住院费用支付比例保持在75%左右。进一步完善门诊统筹,逐步提高门诊保障水平,逐步缩小政策范围内支付比例与实际支付比例间的差距。

4. 统一医保目录

统一城乡居民医保药品目录和医疗服务项目目录,明确药品和医疗服务支付范围。各省(区、市)要按照国家基本医保用药管理和基本药物制度有关规定,遵循临床必需、安全有效、价格合理、技术适宜、基金可承受的原则,在现有城镇居民医保和"新农合"目录的基础上,适当考虑参保人员需求变化进行调整,有增有减、有控有扩,做到种类基本齐全、结构总体合理。完善医保目录管理办法,实行分级管理、动态调整。

5. 统一定点管理

统一城乡居民医保定点机构管理办法,强化定点服务协议管理,建立健全考核评价机制和动态的准入退出机制。对非公立医疗机构与公立医疗机构实行同等的定点管理政策。原则上由统筹地区管理机构负责定点机构的准入、退出和监管,省级管理机构负责制订定点机构的准入原则和管理办法,并重点加强对统筹区域外的省(市)级定点医疗机构的指导与监督。

6. 统一基金管理

城乡居民医保执行国家统一的基金财务制度、会计制度和基金预决算管理制度。城乡居民医保基金纳入财政专户,实行"收支两条线"管理。基金独立核算、专户管理,任何单位和个人不得挤占挪用。

结合基金预算管理,全面推进付费总额控制。基金使用遵循以收定支、收支平衡、略有结余的原则,确保应支付费用及时足额拨付,合理控制基金当年结余率和累计结余率。建立健全基金运行风险预警机制,防范基金风险,提高使用效率。

强化基金内部审计和外部监督,坚持基金收支运行情况信息公开和参保人员就医结算信息公示制度,加强社会监督、民主监督和舆论监督。

(三)理顺管理体制

1. 整合经办机构

鼓励有条件的地区理顺医保管理体制,统一基本医保行政管理职能。充分利用现有城镇居民医保、"新农合"经办资源,整合城乡居民医保经办机构、人员和信息系统,规范经办流程,提供一体化的经办服务。完善经办机构内外部监督制约机制,加强培训和绩效考核。

2. 创新经办管理

完善管理运行机制,改进服务手段和管理办法,优化经办流程,提高管理效率和服务水平。鼓励有条件的地区创新经办服务模式,推进管办分开,引入竞争机制,在确保基金安全和有效监管的前提下,以政府购买服务的方式委托具有资质的商业保险机构等社会力量参与基本医保的经办服务,激发经办活力。

(四)提升服务效能

1. 提高统筹层次

城乡居民医保制度原则上实行市(地)级统筹,各地要围绕统一待遇政策、基金管理、信息系统和就医结算等重点,稳步推进市(地)级统筹。做好医保关系转移接续和异地就医结算服务。根据统筹地区内各县(市、区)的经济发展和医疗服务水平,加强基金的分级管理,充分调动县级政府、经办管理机构基金管理的积极性和主动性。鼓励有条件的地区实行省级统筹。

2. 完善信息系统

整合现有信息系统,支撑城乡居民医保制度运行和功能拓展。推动城乡居民医保信息系统与定点机构信息系统、医疗救助信息系统的业务协同和信息共享,做好城乡居民医保信息系统与参与经办服务的商业保险机构信息系统必要的信息交换和数据共享。强化信息安全和患者信息隐私保护。

3. 完善支付方式

系统推进按人头付费、按病种付费、按床日付费、总额预付等多种付费方式相结合的复合支付方式改革,建立健全医保经办机构与医疗机构及药品供应商的谈判协商机制和风险分担机制,推动形成合理的医保支付标准,引导定点医疗机构规范服务行为,控制医疗费用不合理增长。

通过支持参保居民与基层医疗机构及全科医师开展签约服务、制定差别化的支付政策等措施,推进分级诊疗制度建设,逐步形成基层首诊、双向转诊、急慢分治、上下联动的就医新秩序。

4. 加强医疗服务监管

完善城乡居民医保服务监管办法,充分运用协议管理,强化对医疗服务的监控作用。

各级医保经办机构要利用信息化手段,推进医保智能审核和实时监控,促进合理诊疗、合理用药。卫生计生行政部门要加强医疗服务监管,规范医疗服务行为。

(五)城乡居民医疗保险实施效果

截至 2016 年年底,全国已经有 30 个省(区、市)和新疆生产建设兵团出台了制度整合的文件,做出了工作部署。其中有 9 个省(市),包括天津、上海、浙江、山东、广东、重庆、宁夏、青海和新疆生产建设兵团,在国务院文件下发前,就全面整合建立了统一的制度。有 22 个省(市)在国务院文件下发后,新出台文件,明确整合制度的基本政策,实现"六个统一"。其中,河北、湖北、内蒙古、江西、新疆、北京、湖南、广西、云南、河南、山西、黑龙江、江苏 13 个省(市),加上之前已经实现整合的 9 个省(市),还顺了管理体制,全民医保三项制度统一由人社部门管理,实现整个医疗保险一体化运行与社会化管理服务。

从已经整合的地方实践看,制度整合成效显著。各地普遍按照缴费就低不就高,待遇就高不就低,目录就宽不就窄的思路,居民医保制度的公平性显著增强,特别是农村居民医疗服务利用水平与保障水平普遍提高,群众普遍得到实惠,改革的获得感进一步增强。同时,制度整合也增强了医保基金的互助共济能力。

五、医疗保险制度改革

(一)医疗保险制度改革的深化

1. 医疗保险制度存在问题

医疗保险制度改革,从试点到全面推进,既是制度创建的过程,也是创新与探索的过程;既是不断发挥制度作用的过程,也是不断发现问题,揭示矛盾,化解难题的过程;既是解决历史包袱,也是不断拓展新的制度功能的过程。应该说,改革在取得积极进展的同时,也存在着亟待解决的问题、矛盾和困难。

一是分担机制发挥作用的同时,不同需求的保障渠道还没有形成,个人负担过重成为改革所不可避免的社会热点话题。

二是医疗保险管理机制受诸多因素影响,尚未对不规范的医疗服务和不合理的费用增长产生根本性的作用。

三是医疗保险基金运行承受着越来越大的支付风险:虽然住院医疗费用增速趋缓,但影响总费用的住院天数和药品支出居高不下,而且诊疗费上升压力趋强;参保人员年龄结构变化特别是人口老龄化将增加基金压力;过度的、无规划的补充保障将削弱基本保障分担机制的作用;医疗技术进步、需求拉动、疾病谱变化等对基金支出也产生影响。

总之,改革进行到今天,更深层次的矛盾、困难及问题已经显现,社会关注度前所未有地提高,医疗保险已经成为社会关注的热点,而且人们的观念逐步转变,对政策、制度的敏感会推进矛盾的演变和转化。单纯靠工作力度甚至现行政策已经难以从根本上解决问题,需要新的思路、制度性安排、政策性支持和方式性变革,只有这样,改革才能取得突破性进展。

2. 医疗保险制度改革的趋势

我国的医疗保险制度改革的趋势,首先,加强医疗服务管理必须注重长效管理机制的建立。医疗保险服务管理建立长效机制的重点是：要建立标准化管理的机制，尽快研究制定出入院标准、诊疗技术规范、用药管理规范，并把这些标准纳入协议管理的内容；要建立医疗机构共担费用风险的机制。此外，还要建立动态监控和处理机制，利用医疗保险信息管理网络，重点对医疗机构住院人次、人均费用、病种费用、住院天数进行动态监控，并把监控结果与监督检查、信用等级评定和考核结算挂钩。其次，医疗保险制度要通过完善医疗保险制度，使制度设计更加科学合理，操作简便，易于衔接，降低管理成本，提高管理效率。最后是医疗保险制度改革解决国有破产企业退休人员医疗保障及资金来源问题。同时，各地也要充分发挥主动性，不等不靠，积极协调，拓宽筹资渠道，探索可行的保障方式。对已破产无单位的退休人员，要明确政府责任，多渠道筹资。采取"保大病"的方式将其纳入医疗保险。对正在实施破产的国有企业，要明确退休人员医疗保险参保政策、筹资标准和资金来源，将这些退休人员纳入基本医疗保险统一管理。医疗保险制度改革将根据适应经济所有制形式变化的需要，制定更具包容性的政策和更具灵活性的管理服务方式，逐步将各类从业人员纳入基本医疗保险框架。

（二）医疗保险制度的改革创新

2010 年 1 月，卫生部要求各地推行先诊疗、后结算模式。然而，直至 2013 年，受医保报销水平等限制，这一要求仍然无法全面推行。同年，国务院发文鼓励社会资本办医疗机构，但在具体实施中，民营医院仍面临税收、土地审批、人才流动、区域规划等困难。2010 年 11 月，以基本药物制度为核心的综合配套改革的安徽模式成为正面典型。然而，一旦实行基本药物制度，取消药品加成，就切断了以药养医机制的利益链条。2011 年，政府强制降低药价及诊疗价格，要求医疗机构以零差价销售基本药物，并推行政府主导下的基层综合改革，包括医院管理体制、药品招标采购配送制度、人事制度、分配制度、保障制度的改革等。然而，政府补贴仍不足以解决以药养医问题。2012 年，国家发展和改革委员会、卫生部、国家中医药管理局发布新版《全国医疗服务价格项目规范》，公布了医疗服务价格项目。尽管基本医保制度城乡医保覆盖面扩大，达到 95% 以上，个人医疗支出占卫生总费用的比例下降，但个人支付的医疗费用仍处于绝对上升中。2013 年 2 月 20 日，国务院规定各地基层医疗卫生机构一般诊疗费原则上为 10 元左右，以"收支两条线"方式管理，并以绩效考评取代以往与处方挂钩的工资分配模式。然而，由于中国医生收入水平远低于世界大多数国家，诊疗费作为医生"阳光收入"的重要部分，难保"灰色收入"的完全杜绝。

本 章 小 结

（1）医疗保险是国家保障社会成员医疗及健康的一项重要的公共制度。在国家的法律保证和政策规范下，医疗保险制度承担着保障社会成员疾病治疗、医疗服务以及恢复健康的重任。医疗保险制度是国家、企业对劳动者因为疾病、受伤等原因需要接受医疗诊断、检查和治疗时，提供必要的治疗费用和医疗服务的一种社会保险制度。

（2）医疗保险又可以被分为广义医疗保险与狭义医疗保险。广义的医疗保险又称健康保险，它不仅包括补偿由于疾病给人们带来的直接经济损失（医疗费用），也包括预防、健康维护以及对分娩等的补偿。狭义的医疗保险仅指医疗费用保险。

（3）医疗保险体系包括医疗保险、互助保险、社区医疗、合作医疗以及商业医疗保险等内容，其中，由于社会医疗保险具备以政府为主体、覆盖广泛的优势，因此，它在整个医疗保险制度中占据着核心地位。

关键概念索引

城镇职工基本医疗保险　补充医疗保险　商业医疗保险　统筹层次　费用分担　城乡居民医疗保险

复习思考题

1. 医疗保险体系是如何构成的？
2. 基本医疗保险的特点有哪些？
3. 城镇基本医疗保险的主要制度设计是什么？
4. 我国医疗保险制度改革的主要趋势是什么？

第九章　员工福利与企业年金

 **本章要点**

- 员工福利的类别、特点、作用
- 员工福利制度设计的基本内容和方法
- 企业年金制度及政策的基本内容
- 企业年金设计及理财的基本方法

> 员工福利是用人单位员工的一项重要的薪酬收入,也是用人单位的一项重要的支出,其重要性在某些方面甚至不亚于工资性收入。因此,员工福利是个人理财中的一项不可忽视的内容。员工福利又不同于工资性收入,其特殊性还在于员工福利的内容与形式与社会保险及商业保险等有着密切的联系。在员工福利中与保险理财关系最密切的是企业年金制度。因此,下面的内容除介绍员工福利的主要形式与内容外,还介绍了企业年金制度和政策及如何利用企业年金理财的方法。

第一节　员工福利概述

一、员工福利的概念、特点、性质与作用

(一) 员工福利的概念

员工福利可以从广义与狭义两个层面进行分析。广义的员工福利应该包括三个方面的内容:第一,员工福利是指员工作为国家的合法公民,享受政府的公共福利与公共服务;第二,员工作为用人单位成员,享受企业的集体福利;第三,除了工资以外,用人单位为员工及其家庭提供各种事物和服务形式的福利。狭义的员工福利是指用人单位为满足劳动者的生活需要,在工资收入以外的向用人单位员工及其家庭成员所提供的待遇,

包括物质福利、带薪休假、专项福利服务等内容。狭义的员工福利也被称为劳动福利或者职业福利。

因此,我们对员工福利总结一个综合性的概念,即:员工福利是用人单位基于雇佣关系,依据国家的强制性法令及单位的相关规定,以用人单位自身的支付能力为依托,向员工所提供的、用于改善员工及家庭生活质量的各种以非货币工资和延期支付为主的补充性报酬与服务。

(二) 员工福利的特点

员工福利的特点主要有以下几个方面。

1. 公平性

员工只要履行了劳动义务,就有权享受各种福利。由于员工的劳动能力、技能和个人贡献的差距,员工的工资可以适度有别,而员工福利在一定程度上平衡了员工工资收入差距。值得注意的是,员工福利的公平性是对一般员工享有福利权利而言的,例如养老保险、住房公积金等,只要是该用人单位的员工,都享有该项法定福利的参与权。

2. 保障性

员工福利以其人性化的设计和兑付方式,在一定程度上对员工现在或者未来可能面临的年老、疾病、工伤、生育、失业等风险提供安全保障。单位福利如人身保险,不仅为用人单位提供了解决员工不安全问题的方式,对家庭来说也提供了一种风险保障措施。

3. 补偿性

工资是用人单位直接支付给员工的劳动报酬,是员工劳动贡献和价值的直接体现,而员工福利是工资以外的、用人单位覆盖员工未来各种风险而提供的保障措施。员工福利并不一定以货币的形式、个人的形式体现,还可能是以非货币的形式、集体的形式体现。员工福利一方面增加了员工通过劳动获取保障的价值,一方面又避免了税收。

4. 激励性

员工福利以其丰富灵活的表现形式,公平与效率有效结合的运作机制,可以极大地发挥对员工的物质激励作用。通过员工福利计划,为员工提供了一个能够发挥其所长及与公司并肩发展的环境。欧美企业员工的福利费已经占到薪酬总收入的1/3以上。

5. 稳定性

员工福利是按照国家法律规定或者用人单位规章制度确定的。员工福利一旦确定,不能随意改变。这也体现了国家法律法规及用人单位规章制度的特点。例如,企业年金的建立虽然是用人单位自主确立的,但一旦建立,不能随意变更或终止,必须按照年金计划的内容执行,但可以协商修改。

6. 集体性

绝大部分的员工福利是由企业员工集体消费的,除去少部分福利形式针对某个特定的群体以外,员工福利的主要形式是举办集体福利事业(如员工食堂、俱乐部等),员工主要是通过集体消费或共同利用公共设施的方式分享员工福利。

（三）员工福利的作用

1. 员工福利对政府的作用

员工福利对政府的积极作用主要表现在以下几个方面。

1）员工福利可帮助政府缓解社会保障压力

员工福利是一项重要的风险覆盖和转移机制。法定福利可以满足克服贫困，保证最低生活水平的需要，维持社会稳定，减少冲突，起到保护网的作用。而单位福利则作为补充性福利，可以满足员工对品质生活的追求。

2）员工福利是政府调节经济的手段之一

员工福利对经济的影响是双重的。当宏观经济不景气时，政府可以扩大法定福利的支出，减少法定福利的缴费，刺激需求，促进经济增长；当宏观经济过度膨胀时，政府可以缩小法定福利的支出，扩大法定福利的缴费，抑制需求，抑制经济过度增长。因此，员工福利具有二次分配的作用。

3）员工福利可以保障劳动力再生产

员工福利除了保障员工本人的基本生活需求，还直接或间接地满足了员工家属的基本生活需要。出于种种原因，一旦员工的收入受到影响，员工的家庭生活和劳动力再生产也势必会受到影响。员工福利通过对员工的资助，可以保证劳动力再生产顺利进行，甚至可以提高劳动再生产的水平。

员工福利对政府的消极作用主要表现在以下几个方面。

1）员工福利影响宏观政策

员工福利一般具有刚性，通常只能提高，不能降低。日益增长的福利需求是否能够得到满足，这直接影响政府的宏观决策。例如，当前中国人口老龄化程度日益严重，导致养老金收支缺口日益增大，这势必会影响政府财政支出的结构，影响未来政府关于养老保险体系等方面的宏观政策。

2）员工福利影响政府税收

对于法定福利而言，个人缴费和用人单位缴费都可以在税前扣除，实质是为个人和用人单位降低了税负；对于单位福利而言，国家为了鼓励用人单位自己建立单位福利，也给予了不同程度的税收优惠政策。这两方面都会减少政府的税源。

3）政府被福利所"绑架"

由于福利具有刚性增长的特性，而满足法定福利支出需要政府财政支出作担保。一旦政府支付能力无法得到满足，可能会利用增加税收或发行国债等措施，两者都会对政府的执政能力提出挑战。希腊危机就是个例子。

2. 员工福利对用人单位的作用

员工福利对用人单位的积极作用如下。

1）吸引人才、保留人才

人才是公司最宝贵的财富，用人单位会用较为高昂的代价来吸引对公司产生重大影响的人才。提供较高的工资是过去用人单位采取的比较普遍的一种方式，但工资具有不稳定性,一旦公司人才过剩或公司经营进行调整时,高收入人才往往是最先被解雇或薪酬被调整的,因为这样会大幅度降低用人单位的劳动力成本,所以当期支付只是一种短期的劳资关系体现。员工福利通常是用人单位对员工的长期承诺,不能随意调整和取消,具有稳定性。员工也更加注重这些长期保证,所以,用人单位若想长期稳定地吸引人才,应该通过提供优厚的员工福利来实现。

2) 激励员工

员工福利的形式多种多样,不但为员工提供了生活保障,而且可以让员工分享用人单位的经营成果。员工福利待遇是员工实现自我价值、产生对用人单位归属感的重要方式,也可以激发员工工作的热情,提高工作效率,增强员工对用人单位的忠诚度。

员工福利对用人单位的消极作用主要表现为用人单位经济负担的加重。员工福利的项目越多,用人单位向其投入的人力、物力和财力就越大,会对用人单位其他经营活动产生影响,最终成为用人单位的经济负担。

3. 员工福利对员工的作用

员工福利对员工的积极作用如下。

1) 提高风险保障水平

一方面,员工在考虑到生老病死带来的影响时通常会感到担忧,例如,工作中受伤是否能够得到应有的补偿,退休时是否有足够的生活来源等。员工福利正是为员工提供了规避这些风险的保障机制,解除员工的忧虑,缓解员工的心理负担。另一方面,员工福利降低了员工自身的风险,一定程度上也减轻了其他家庭成员的负担。

2) 缓解工作压力

在经济增长的新常态下,企业创新、技术研发的压力也日趋增大,导致员工的工作和生活压力也越来越大。长期的高压工作势必影响员工的身心健康,也有悖于企业的人力资源开发战略,不利于企业长远发展。员工福利有释放压力、缓解情绪的功能,员工可以通过员工福利提供的生活、娱乐等方面的服务,缓解压力,提高生活质量。

当然,员工福利对员工也存在一定的消极作用,主要表现在以下几方面。

1) 福利陷阱

员工福利容易使员工产生依赖心理,过高的员工福利会使员工消极怠工,宁愿在家休息也不参加工作。例如,如果失业保险金给付水平过高,会导致劳动者宁愿失业在家也不愿意再去找工作。

2) 失去对部分薪酬的处置权

如果不存在税收优惠,人们更愿意得到即期的现金收入,而不愿意得到实物或延期收入,因为拥有即期现金,可以随意购买任何商品。员工福利属于薪酬的一部分,大多采取延期支付的方式,员工选择余地小,并且需要满足一定的条件后才能获得。

3) 影响员工的流动性

用人单位的员工福利是影响员工流动性的重要因素之一,员工福利属于既得权益,通常需要在用人单位工作一定年限后才能享有的一些权益,在达到规定年限前员工通常不会选择跳槽。

二、员工福利的类型

(一) 依据福利的缴费与收益关系划分

1. 待遇确定型

待遇确定型(lefined benefit，DB)的员工福利给付方式是给付水平预先确定，并承诺在约定的条件出现时支付该收益水平。给付水平的确定主要取决于退休前员工的收入水平和就业年限，也可能是明确了待遇支付的具体额度或水平。它可以建立在现收现付制的基础上，也可以建立在积累制的基础上。待遇确定型计划一般由发起单位建立和举办，为参加计划的所有员工建立统一账户，不建立个人账户，资金筹集和基金投资运作的风险都由计划的发起方承担，支付方式也是由发起方确定，方式相对复杂。

2. 缴费确定型

缴费确定型(defined contribution，DC)的员工福利缴费水平是事先确定好的，每一个参与者都设立个人账户，缴费确定型计划发起者的缴费都进入个人账户进行缴费积累，当参与者符合特定条件或履行特定义务后，按照个人账户上历年缴费的积累额享受相应的福利。个人账户的投资风险由员工个人承担，支付方式较为简单。

3. 混合型

混合型兼具以上两种福利计划类型的特征。

(二) 依据福利的用人单位责任划分

1. 法定福利

法定福利是用人单位依据国家法律、法规要求，向员工提供的福利，一般带有强制性。

法定福利主要包括强制性的社会保险和劳动保护，如基本养老保险、基本医疗保险、工伤保险、失业保险、生育保险、法定假期等。《中华人民共和国劳动法》(以下简称《劳动法》)规定的员工享有的休息休假待遇包括六个基本方面：①劳动者每日休息时间；②每个工作日内的劳动者的工作时间、用膳、休息时间；③每周休息时间；④法定节假日放假时间；⑤带薪年假；⑥特殊情况下的休假，如探亲假、病假休息等。这是国家关于法定假期(休假)的母法规定，其中，又针对法定节假日、公休假日、探亲假、带薪年假做了具体规定。

法定福利主要有以下四个特征：①强制实施；②强调公平；③基本保障；④税收优惠。

2. 单位福利

单位福利又叫雇主福利，是指由用人单位自主建立的，为满足员工的生活和工作需要，向员工及其家属提供的福利，如企业年金计划、补充医疗保险计划、住房福利、股权激励计划等。一般政府对于单位福利没有强制性的要求，但是对于单位福利的建立有相关的规范。单位福利一般有以下三个特征：①自愿实施；②强调效率；③提供更完善的保障。

(三) 依据福利的受益对象划分

1. 全员福利

全员福利是指所有员工可以平等享受的福利。例如，健身房、食堂、公共图书馆等。

2. 特殊福利

特殊福利是指为不同职位和不同需求的员工提供的特种福利和特困福利。特种福利是针对企业中高层次人才而设计的，如高层经营管理人员或具有专业技能的高级技术人员等，这种福利的设置是依据员工对企业的特殊贡献。这类福利常见的形式有：高档轿车服务、出差时星级宾馆待遇、股票购买权等。特困福利是为企业中的困难员工及其家庭提供的，这种福利的设置主要依据员工基本要求，如家庭困难补助等。

（四）依据福利的选择性划分

1. 固定福利

固定福利是由用人单位设定的、无论员工是否愿意都要参与和接受的福利项目。一般而言，固定福利不考虑不同文化层次员工、不同收入层次员工对于福利的需求，如社会保险、休假制度等。早期的员工福利基本都属于该种类型，员工不具有选择权，处于被动的接受者的地位。

2. 弹性福利

弹性福利又称自助餐式的员工福利，即由用人单位提供的，允许员工在规定的时间和范围内根据自己的需要资源进行选择和调整福利的项目。自 20 世纪 70 年代，弹性福利逐渐兴起，一些福利计划允许员工在规定的时间和现金范围内，根据自己的需要资源进行选择和调整，可全部、大部分或小部分自选。

（五）依据福利的受益变现形式划分

1. 货币型福利

货币型福利是指用人单位向员工提供的福利主要以货币或者准货币的形式出现。以货币形式为员工提供福利，员工可以根据自身需求购买相应的物品和服务，从而满足不同层次员工的需求。此外，货币形式的福利更为直观地体现出用人单位对员工工作业绩的肯定，满足了员工自我实现的需求。

2. 非货币型福利

非货币型福利是用人单位直接以发放实物的形式或直接提供服务的方式提供的福利。这种福利的优点是个人购买的成本较低。缺点是增加了福利的管理成本，且无法满足不同层次员工的需求。

三、典型的单位福利

从福利的用人单位责任上看，员工福利包括法定福利和单位福利（如图 9-1），法定福利在前面章节已详细介绍，下面主要介绍典型的单位福利。单位福利的种类主要集中在以下几种类型。

（一）住房福利计划

单位根据自身经营情况，在国家住房公积金计划之外，自愿建立的用于解决和改善员工住房问题的福利计划。

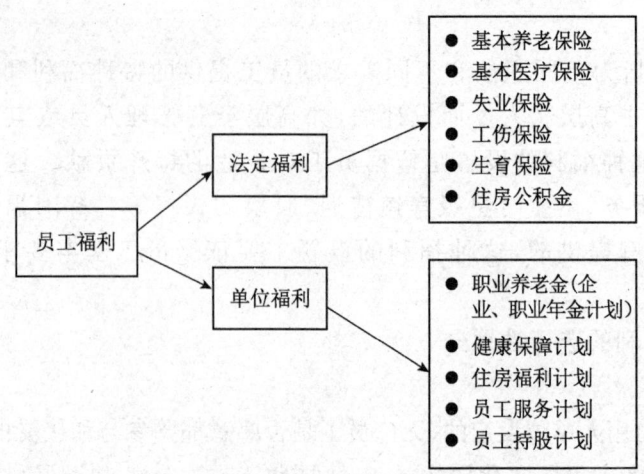

图 9-1 员工福利的内容

1. 补充住房公积金

补充住房公积金是指企业和员工在普通住房公积金之外,向个人住房公积金账户增缴的资金。补充住房公积金计划由上海于 1997 年率先推出,各省市普遍效仿,但目前各地政策差异较大。补充住房公积金基数为职工上年度月平均工资,上海市规定企业和职工的缴存比例分别为 1%~5%,而天津市规定企业和职工的缴存比例合计不超过 30%。

2. 无息或低息住房贷款

无息或低息住房贷款计划是指企业通过其所建立的员工福利基金或专门的住房基金为购房的员工提供低息或无息的借款,或帮助员工偿还住房贷款等计划方式。对于企业而言,这类计划通常是针对贷款购房的员工提供的,带有激励员工增加工作努力度和留住核心员工的作用。为了规避风险,企业一般会做出这样的规定,即要求员工将其所购住房作为贷款抵押,规定明确的贷款递延,贷款期限通常是 3~5 年。在这一期限当中,如果员工离职,则需将剩余贷款一次性还清,并按照商业贷款的利率支付剩余年份的利息。

 专栏 9-1

焦点科技股份公司无息住房贷款计划

(1) 适用人群:服务期满两年的在职员工。

(2) 借款上限:服务期在两年以上(含)三年以下的员工为 20 万元;服务期在三年(含)以上的员工为 30 万元。

(3) 借款期限:最长 5 年,员工等额、按月向合作银行还款。

(4) 借款利息:在约定的还款期内免息。

(5) 担保方式:信用担保。公司实际控制人沈锦华先生向公司承诺:若借款员工出现连续 3 个月未能正常还本付息的情形,其将在 5 个工作日内无条件将该员工未偿还的借款本息按照账面价值支付给公司。

---

3. 低价购房计划

低价购房计划与低息贷款的住房福利计划类似,都属于对企业的核心人才的激励计划,所以在实施过程中通常将这类计划与企业的奖励制度结合起来应用。这类住房福利计划与计划经济体制下国有企业所提供的实物住房福利有相似之处,都是由企业以实物的方式帮助员工解决住房的问题,但同时又存在本质区别:计划经济体制下的实物性住房福利,是与低工资相联系的,并由国家出资通过企业来为所有员工解决住房问题的一种福利,而且员工基本上不支付或仅仅是象征性地支付极少的费用;而目前所实施的低价购房计划则属于企业出资举办的,通常有特定的受益群体。

 专栏 9-2

协信集团员工优惠购房计划

协信控股集团总部设于重庆,是一家以房地产开发为主导业务的企业集团,该集团推出员工购房福利计划,主要包括以下内容。

(1) 适用人群:集团及全资下属公司中服务期满 1 年的在职员工。

(2) 购房房源:集团及全资下属公司开发建设的住房。

(3) 限制条件:每位符合条件的员工只能享受一次且一套不超过 200 平方米(指产权套内面积)的住房。

(4) 具体优惠政策如表 9-1 所示。

表 9-1　协信集团员工购房优惠政策

购房时服务年限	优惠比例(在市场成交价的基础上)	享受优惠后应服务年限
1 年	6%	3 年
2 年	8%	4 年
3 年	10%	5 年
4 年	12%	6 年
5 年及以上	14%	7 年

(二) 企业年金计划

企业年金也叫企业补充养老保险,被称为我国养老保险第二支柱,是企业或行业自主发起的员工养老金制度。它作为老年收入(主要是社会养老保险金)的一个补充来源,大大降低了参保人的养老风险。而对于企业来说,它已经成为人力资源管理战略福利体系中的一个重要组成部分,是延期支付的工资收入。大多数发达国家都建立了企业年金制度,甚至有一些国家通过立法,把企业年金变成具有国家强制性的养老金制度。企业年金一般由企业缴费,也有的由企业和员工共同缴费建立保险基金,经过长期积累和运营作为退休员工的补充养老金收入。国家鼓励企业开展企业年金计划,通过税收优惠政策吸引企业为员工建立补充养老金。

(三)健康保障计划

1. 人寿保险

人寿保险是由企业为员工提供的保险福利项目,是市场经济国家比较常见的一种企业福利形式。团体人寿保险的好处是,由于参加的人多,相对于个人来讲,能够以较低的价格购买到相同的保险产品。如果由于意外事故造成员工的死亡和伤残,就可以从保险公司获得一笔经济补偿。一般员工死亡后其受益人得到的抚恤金是去世员工工资的两倍左右。为了鼓励员工为企业长期工作,几乎所有的公司在员工离开企业时都会取消此项福利。

2. 健康保险计划

由于社会医疗保障范围和程度的有限性,客观上为企业建立补充医疗保险留下了空间。在发达国家,企业健康保险计划已经成为企业的一项常见的福利措施。在我国,由于城镇职工基本医疗保险制度的局限,也有一些企业为职工建立了补充医疗保险计划。这些计划基本上都是针对基本医疗保险费支付封顶线(社会平均工资的 4 倍)设计的补充保险计划,负担封顶线以上的医疗费用开支。典型的有商业保险公司经营的补充保险、工会组织主办的补充保险和社会保险经办机构举办的补充保险等。

(四)员工服务计划

除了以货币形式提供的福利以外,企业还为员工或员工家庭提供旨在帮助员工克服生活困难和支持员工事业发展的直接服务福利形式。

1. 员工援助计划

员工援助计划是一种治疗性福利措施,针对员工酗酒、赌博、吸毒、家庭暴力或其他疾病造成的心理压抑等问题提供咨询和帮助的服务计划。在员工援助计划的组织和操作方式上,有以下三种形式:一是由内部工作人员在本企业进行的援助活动;二是公司通过与其他专业机构签订合同来提供服务;三是多个公司集中资源,共同制定一个援助计划。

2. 员工咨询计划

员工资询计划类似于员工援助计划。企业从一个组织中为其员工购买一揽子咨询"快餐",可由员工匿名使用。在援助计划里可以得到的服务范围包括:夫妻和家庭冲突问题的解决、丧亲之痛的缓解、职业生涯咨询、再就业咨询、法律咨询及退休咨询等。其中再就业帮助计划是针对下岗和被开除员工提供的技术和精神支持,帮助员工寻找新的工作。具体服务包括:职业评估、求职方法培训、简历和求职信的写作、面试技巧,以及基本技能的培训等。这些服务是作为员工福利来提供的,目的是使员工在个人家庭生活中出现问题时,可以将工作表现保持在一个可接受的水平上。

3. 教育援助计划

教育援助计划是通过一定的教育或培训手段提高员工素质和能力的福利计划,分为内部援助计划和外部援助计划。前者主要是在企业内部进行培训,开设一些大学课程,如

MBA课程,并聘请大学教授、大公司经营管理的专家来企业讲课。有能力的企业甚至自己开办大学,如摩托罗拉公司就是自己办大学培训员工的。后者是对到社会上的机构,如大学或其他培训组织接受培训的员工的学费给予适当补偿的福利。

4. 家庭援助计划

家庭援助计划是企业向员工提供的照顾家庭成员的福利,主要是照顾老人和儿童。由于老龄化和双职工、单亲家庭的增加,员工照顾年迈父母和年幼子女的负担加重了。因此,为了保障员工安心工作,企业向员工提供家庭援助福利,主要有老人照顾服务和儿童看护服务。

5. 其他福利计划

除了上述福利计划外,企业还为员工提供交通服务、健康服务、旅游服务和餐饮服务等福利项目。一些企业为员工上下班提供交通费补贴,如公共汽车和地铁的月票费用,还有的企业提供上下班的班车接送服务。在不少企业,企业为员工提供健身房和各种健身器械,还为员工举办健康教育讲座,目的是改善和维持员工身体和心理健康。有些企业组织员工春秋两个季节出外旅游,或为员工提供旅游假期并报销旅游费用。此外,有些企业还为员工提供餐饮服务,在公司内部建立的食堂,一般是非营利性的,以低于成本的价格为员工服务,有些食堂甚至是免费就餐的。对于没有食堂的公司,往往也会统一安排员工的工作餐,提供饮水或自动售货机服务就更加普通了。

(五) 员工持股计划

员工持股计划(employee stock ownership plan,ESOP)是一种新型的财产组织形式和制度安排。在这种制度下,员工(包括普通职工与管理人员)既是劳动者、又是人力资本的所有者,而且还是财产所有者,通过劳动和资本的双重结合组成利益共同体。所以,员工持股计划是一种具有集资性、福利性、风险性和激励性的特殊薪酬分配形式。

员工持股计划是一种长期激励方式,它与重奖、年薪制等短期方式一起构成了对员工和经营者的物质激励体系。员工持股的方式通常有两种:一是通过信托基金组织,用计划实施免税的那部分利润回收现有股东手中的股票,然后再把信托基金组织买回的股票重新分配给员工;二是一次性购买原股东手中的股票,回购后原股票作废,企业逐渐按制定的员工持股计划向员工出售股票。

员工持股计划有如下类型和形式。

1. 福利型员工持股

福利型员工持股以增加员工福利为目的,对吸引人才和稳定员工队伍,增加企业凝聚力有较大作用,也能在一定程度提高工作效率。福利型员工持股的资金很大一部分来源于企业利润(企业福利基金、利润回购股票、企业向银行担保从利润中还贷的持股计划信托基金),员工个人不需要承担很多的风险,员工收益稳定但数量有限,所以,激励性、约束性相对弱些。美国ESOP中福利型的较多。

2. 风险型员工持股

风险型员工持股以提高企业效率,尤其是以提高企业的资本效率为直接目的,员工的收益取决于企业效率的增长(福利型员工持股是在企业现有效益中给员工增加收益),其资金来源主要是员工薪资的一部分（按比例扣除薪酬购买股权或以减薪方式换取股权）。员工个人收益主要来自公司股价升值部分，若企业效率不升高甚至降低，员工要承担相当的风险，员工只有提高工作效率、降低运营成本，才能有较大收益。所以，其激励机制和约束机制较强。日本上市公司的 ESOP 大都属于该类型。

3. 集资型员工持股

集资型员工持股以解决企业资金困难、在短期内筹集企业所需要资金为目的，或以企业产权制度改革为目的，把员工视为一般投资者，要求员工一次性支付较大数额资金，有自愿购买和强制购买两种方式。中国企业的 ESOP 中集资型员工持股较多。

从 ESOP 的资金来源分析，ESOP 可分为非借贷型、员工直接投资型和混合型三种形式。以企业利润作为 ESOP 资金来源的属非借贷型（如福利型员工持股）；需要员工个人出资买股权的属于直接投资型（如风险型和集资型员工持股）；混合型的 ESOP 其资金一部分来自企业利润，一部分来自员工个人出资。

第二节　企业年金制度

企业年金，是指企业及其职工在依法参加基本养老保险的基础上，自愿建立的补充养老保险制度。它是多层次养老保险体系的组成部分，企业年金与基本养老保险既有区别又有联系，其区别主要体现在两种养老保险的层次和功能上的不同，其联系主要体现在两种养老保险的政策和水平相互联系、密不可分。企业年金实行市场化运营，应选择经人力资源和社会保障部认定的运营机构管理。

企业年金是员工福利的重要内容，但又不同于一般的企业福利制度，因此，在这一节里做专门介绍。

一、企业年金的类型

一般来说，企业年金基金可分为设定缴存基金和设定受益基金，不同的基金类型所遵循的会计处理方法不同。

（一）设定缴存基金

设定缴存基金为每个计划参与者提供一个个人账户，并按照既定的公式决定参与者的缴存金额，并不规定其将收到的福利的金额，将来在其有资格领取养老金时，个人所收到的养老金福利取决于其个人账户的缴存金额、这些缴存金额的投资收益以及可被分摊到该参与者账户的其他参与者罚没的福利。这样基金的主办者（企业）承担了按预先的协议向职工个人账户缴费的责任。当职工离开企业时，其个人账户的资金可以随之转移，进入其他企业的企业年金账户，这在一定程度上降低了职工更换工作的成本，促进了人力资源的流动。设定缴存基金的会计处理较为简单。因为企业仅承担按期向账户缴费的义务，不承担职工退休后向职工支付养老金的义务，也不承担与企业年金基金有关的风险，这些风险将由企业年金基金的托管机构或基金参与者自行承担。因此，企业向基金管理者缴存的资产不再确认为企业的资产,企业当期应予确认的养老金成本是企业当期应支付的企业年金缴存金,确认的养老金负债是按照基金规定,当期及以前各期累计的应缴未缴企业年金缴存金。

(二) 设定受益基金

设定受益基金是基金主办者(企业)按既定的金额提供养老金福利的企业年金。福利的金额通常是一个或多个因素的函数,如参加者的年龄、服务年数或工资水平。该福利既可以是一笔年金,也可以一次性支付。在这一基金下,按期足额支付养老金的责任由基金主办者承担,如果到期不能按照原先的约定支付养老金,则违约责任亦应由基金主办者承担,换言之,基金主办者承担了不能足额支付的风险、投资失败风险、通货膨胀风险等一系列风险;而该基金的参与者如果提前离开企业,则他过去服务所赚得的养老金福利很有可能部分、甚至全部丧失。由于设定受益基金需要涉及大量的精算假设和会计估计,如职工未来养老金水平、领取养老金的年数、剩余服务年限、未来工资水平、能够领取养老金的职工人数的折现率等,故其会计处理比较复杂。企业当期应确认的养老金成本除当期服务成本外,还涉及过去服务成本、精算利得和损失以及利息费用等项目。企业对职工的养老金义务符合负债的定义,因此,理应确认为企业的一项养老金负债。养老金负债是企业采用一定的精算方法、估计合适的折现率所计算出的未来需要支付的养老金总额的折现值。

二、企业年金的作用

有些人认为,企业年金是企业的一种福利。其实,企业年金与企业福利有本质上的不同。福利是当期消费,企业年金是未来消费,企业年金的消费权利发生在退休之后;福利体现公平,企业年金体现效率;企业的福利项目一般与生活需求等物质条件直接相关,与人的地位、级别没有关系,福利标准对事不对人,企业年金则不同,重点体现效率,企业经济效益好坏、个人贡献大小等,都可以导致企业年金水平不同;福利属于再分配范畴,企业年金仍然属于一次分配范畴。所以说企业年金是一种更好的福利计划,它在提高员工福利的同时,为企业解决福利中的难题提供了有效的管理工具,真正起到了增加企业凝聚力、吸引力的作用。

(1) 建立企业年金制度,有利于树立良好的企业形象,吸引和留住优秀人才。随着社会主义市场经济的发展和知识经济的到来,越来越多的企业认识到,企业的竞争归根结底最终是人的竞争。但是,伴随着劳动人事制度改革的不断深化,人才流动机制已逐步形成,企业有选择人才的权利,个人也有择业的自由,人才的合理流动已成为时代的潮流。因此,企业单位建立良好的员工福利保障制度,充分解决员工的医疗、养老、工伤及死亡抚恤等问题,有利于落实人力资源管理制度,树立良好的企业形象,增加市场竞争力,从而吸引优秀人才加盟。同时,又切实保障了员工利益,稳定了现有员工队伍,增强了企业的凝聚力,调动了员工的积极性,对提高企业经济效益具有积极的促进作用。

(2) 企业根据员工的贡献,设计具有差异性的年金计划,有利于形成公平合理的分配制度,充分发挥员工的潜能。根据期望理论,当员工认为努力会带来良好的绩效评价时,他就会受到激励进而付出更多的努力。在设计年金计划时,企业可以充分利用年金保险的灵活性特点,打破传统薪酬福利的平均主义原则,对于不同服务年限、不同职级、不同岗位、不同贡献的员工提供不同的保障计划,服务年限长、职级高、岗位技术含量高、贡献大的员工的保障额度更高,保障计划更全面。而对于服务年限短、职级低、岗位技术含量低、贡献小的员工的保障额度较低,保障计划较单一。建立差异化的企业年金制度,可在单位内部形成一种激励氛围,充分调动员工的工作积极性,发挥自身的最大潜力,为企业的发展多作贡献。

（3）通过年金计划中权益归属的设定,利用福利沉淀实现有效激励,留住人才。很多企业在用高薪酬福利制度实现激励的同时,用期权的形式做一些规定以起到留住人才、长期规划的目的。在企业年金的计划中,设定权益归属方案,规定服务满一定的年限后方可获得相应的年金权益,与即时兑现的奖金福利相比,企业年金既使员工得到了鼓励,又达到了类似期权的良好效果,而且操作上又比期权要简单、方便得多。同时,设置权益归属还将与未来国家可能设立的递延纳税政策很好地衔接。

（4）建立企业年金制度,在提高员工福利的同时,利用国家有关税收政策,还为企业和个人合理节税。可将企业年金分成两个阶段,分别讨论如何通过避税增加企业福利的问题。

第一阶段为缴费、增值期间。假定企业购买年金保险,除了可充分利用国家财税政策,无须缴纳企业所得税;与假定企业进行其他投资形式相比,在假定投资收益率相同的情况下,由于保险作为复利计算,只在最终扣除相关税金,而其他投资每年都将扣除相应的所得税,因此,年金保险与其他投资形式相比,将会获取更大收益。

第二阶段为领取期间,将保险储蓄转换为养老金。个人收入一生均匀化可使企业福利最大化。假设企业给其员工一生的福利费用总额一定,其员工建立的企业年金由于权益归属或权益实现的原因,在年金领取之前是不交个人收入调节税的。根据现行的个人收入调节税征缴办法来看,个人收入调节税将在年金领取时征收。如果市场利率与资金增值率相同,现值相同的资金分不同时期的现金流入,最后的终值必然相等。但由于退休后总收入(基本养老保险收入＋企业年金收入)相对下降,从总量上看,可节约相当数量的税金。

三、我国的企业年金政策

（一）中国企业年金概述

中国企业年金发展最早,起步于 1990 年,当时国务院下发了第 31 号文件,其中明确了中国养老保险体系是由三个支柱组成。从 1991—2004 年政策发展的在整个过程中,国家适时出台了《劳动法》,从政策的发展趋势来看,国家还是鼓励和支持企业年金的发展。在1995 年,劳动保障部下发相关文件,使得养老保险在企业中得到了良好的发展。但是由于当时制订的政策不够完善和配套,对补充养老保险基金也没有合理的定性,补充养老保险在实施过程中依然出现了一些问题,退休基本养老保险的补充作用没有得到发挥,企业中很多员工在没有退休的时候就得到了这部分资金。2004 年,应国务院的要求,相关部门进一步完善了企业年金政策并出台劳社部第 20 和第 23 号令,自此,我国正式实施企业年金制度。2011 年 5 月 1 日,我国实施了《企业年金基金管理办法》,以及人力资源与社会保障部颁布的《关于扩大企业年金基金投资范围的通知》(人社部发〔2013〕23 号)。自此,基本确定了现行企业年金的政策框架和基金投资运营框架。截至 2016 年年末,我国企业年金参保企业数为76 300个,参保职工数2 325万人,分别同比增长1.06%和0.39%(见图9-2)。整体而言,企业年金在经过十余年的发展之后,积累基金规模首次冲破了万亿大关,增幅均处于近十年来最低值。其中北京市、广东省、河南省三个省、市的企业账户数出现负增长。可以说,企业年金扩展处于停滞状态。

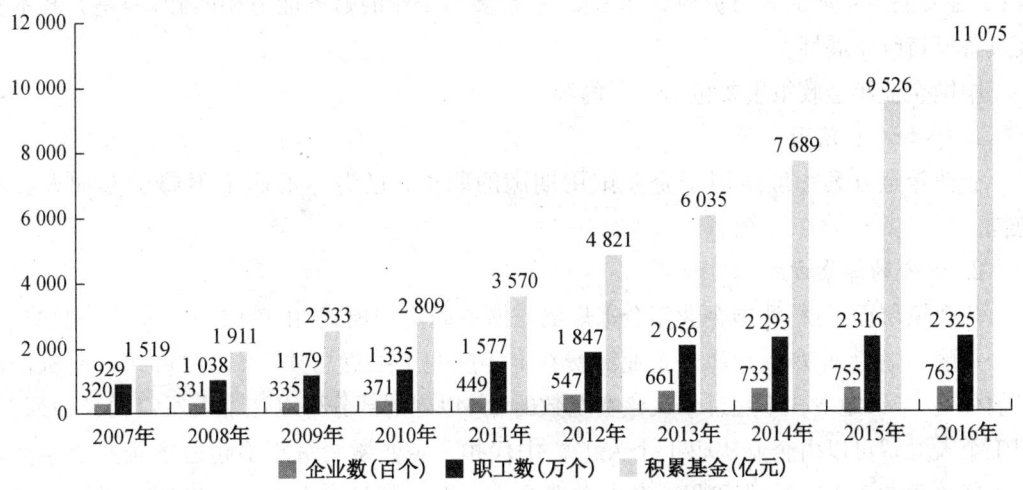

图9-2　我国历年企业年金基本情况

2016年,企业年金全年投资收益仅296.15亿元,同比减少60.72%,全年平均投资收益率仅3.03%,远低于近十年7.57%的平均值。这与2015年企业年金投资收益率形成鲜明对比,2015年平均收益率曾达到9.88%,处于2008年以来最高水平。这与资本市场的波动有较直接的关系,如图9-3所示。

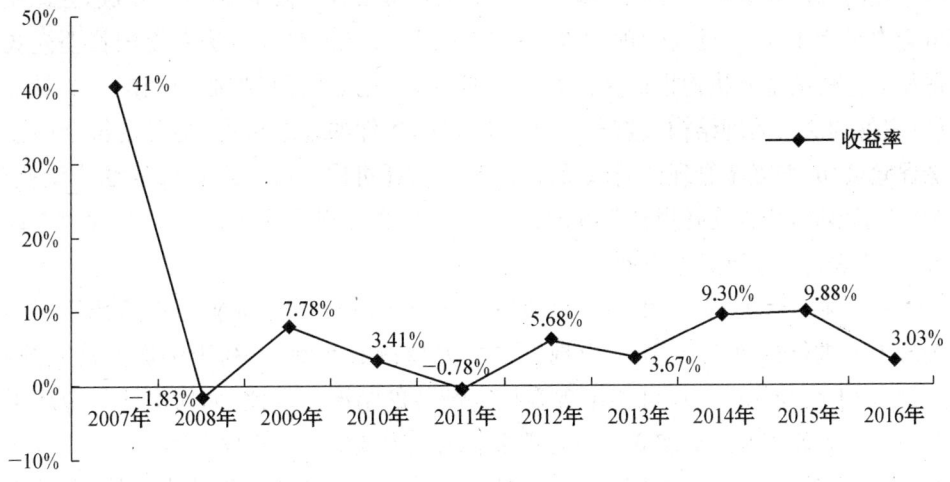

图9-3　我国历年企业年金收益情况

(二) 中国企业年金政策

在我国建立企业年金方案,必须是在缴纳了基本养老保险费用的基础上,根据企业的经济承受能力自愿建立的。而且,应当由企业与工会或职工代表通过集体协商确定,并制定企业年金方案。国有及国有控股企业的企业年金方案、草案应当提交职工大会或职工代表大会讨论通过。

一个好的企业年金方案至少要满足以下四个基本条件:一是要符合国家有关的法律法规;二是要满足企业的人力资源管理需要;三是要与企业的财务能力相匹配;四是方案本身要具备可持续发展性。

中国企业年金政策主要包括以下内容。

1. 参加人员范围

企业年金方案一般适用于企业试用期满的职工。已退休的职工不属于参加人员的范围。

2. 资金的筹集方式

从政策层面来说,我国企业年金采取的是缴费确定型模式,由单位和个人共同缴费,进入个人账户,实行市场化运作。企业缴费在上年度职工工资总额5%以内可在企业所得税税前列支,个人缴费在不超过个人缴费基数的4%以内的部分可以在个人所得税税前列支,职工个人缴费可以由企业从职工个人工资中代扣。企业缴费每年不超过本企业上年度职工工资总额的1/12。企业和职工个人缴费合计一般不超过本企业上年度职工工资总额的1/6。此外,我国政策规定,不允许企业只为所谓的精英人士、核心人员,或者一部分人员建立企业年金。如此看来,它是一个相对普惠制的政策。

3. 基金管理方式

根据2004年劳社部第20号令的规定,企业年金基金采取信托管理的模式,按照受托人的法律性质不同,可分为理事会受托管理模式和法人受托管理模式。理事会受托管理模式是指由企业内部成立的年金理事会担任受托人的管理模式。截至2016年年底,我国企业年金理事会数量为178个,受托管理的资产规模达到4 146.9亿元。法人受托管理模式是指由取得相应资格的金融机构担任受托人的管理模式,法人受托机构必须经国家监管部门批准,具有完善的法人治理结构及履行受托人职责的条件的金融机构,主要是符合国家规定的养老保险公司、养老金管理公司以及部分银行、信托机构。目前共有11家法人受托机构,截至2016年年底,法人受托规模为6 928亿元,占年金总规模的62.5%。两者存在许多不同之处,主要表现在以下几个方面。

(1) 受干预的程度不同。由于年金理事会在企业内部产生,企业可能会出于某种原因对年金理事会进行行政干预,这就出现了委托人越位的问题,不利于保护受益人的利益。同样原因,理事会受托模式还可能出现委托人缺位的情况。因此,如何保证年金理事会有效地履行受托人职责并且诚实守信将是理事会受托模式的一个重要课题。

而在法人受托模式下,由于法人受托机构是独立于企业的外部法人实体,并独立承担责任,上述问题可在一定程度上避免。

(2) 工作动力不同。从事受托管理的受托人应当以企业年金基金受益人的利益最大化为原则进行管理,但在实际运作中,年金理事会比法人受托机构的工作动力要强。这是因为,年金理事会理事本身就是年金计划的受益人,年金计划的利益与自身利益是一致的。

(3) 承担责任的能力不同。受托人是企业年金基金财产的责任主体,但年金理事会和法人受托机构作为企业年金基金受托人在承担责任的能力方面是不同的。年金理事会是特定自然人组成的集合,其理事作为共同受托人共同处理企业年金基金事务并承担相应责任。但在实际运作中,在发生损害赔偿的情形时,难以追究具体责任人。而法人受托机构在自身或其代理人发生违法、违规以及违反合同等行为时,其首先应承担全部责任,然后再对其他年金基金管理当事人的违约行为进行追偿。因此,在发生损害赔偿时,企业年金基金财产能够得到有效赔偿。

(4) 管理的专业性不同。在法人受托模式下,受托人的专业性较强。企业年金基金法人受托机构是获得资格认定的、专业从事企业年金基金受托管理业务的金融机构,往往具有多方面的、专业水准较高的员工,在经验方面也具有优势,能够更好地履行受托管理的职责。

(5) 成本及规模效应不同。由于企业年金基金管理所涉及的业务相当广泛,采用法人受托模式可以为企业节省很多人力成本和其他管理费用,充分把企业从复杂的年金基金管理事务中解放出来,以便其专心从事本企业财产的运营。特别是对众多中小企业而言,由于基金规模较小、参加计划人数有限等,理事会受托模式无法降低成本,实现规模经济。而法人受托机构可以同时受托多个企业的年金基金管理业务,提供社会化服务,这就从根本上实现了集团、行业、地区乃至整个社会在企业年金基金管理方面的规模经济,节省了社会资源,规模效应非常明显。

4. 支付企业年金待遇的条件

企业年金政策对待遇的领取做了严格的规定:必须要达到法定的退休年龄,也就是说职工领取基本养老金的时候,才可以领取企业年金。这项规定主要为了保障职工退休后的生活。目前,我国整体基本养老保险基金水平不高,只能保障企业退休人员最基本的生活。

企业年金政策也考虑到了资金流动性问题。因为采用个人账户进行管理,而且是完全积累制,所以职工流动到一个也建立企业年金的单位以后,可以把原单位的企业年金完全转移。

5. 企业年金的税收优惠政策

中国企业年金制度是经过税务等管理部门审核,可以享受税收优惠待遇的合格计划。政府利用税收优惠政策促进单位福利发展,目的在于降低社会风险,因而要求实行公平、普惠原则。一般来说,税优政策体现在三个环节上,即缴费环节、投资环节、支付环节。中国企业年金税优模式采取的是 EET 式①税优模式,即,缴费和投资收益均免税,但领取企业年金时需缴纳个人所得税,所以我国企业年金的税优政策属于一种延迟纳税。而中国基本养老保险则是 EEE 式的税优模式。

---

① EET 模式是指在企业年金业务缴费阶段、投资阶段免税,在企业年金领取阶段征税。其中字母 E 为 exempting,代表免税;字母 T 为 taxing,代表征税。同理,还有 EEE 模式。

第三节　企业年金计划理财案例

建立一个公平、安全、高效的企业年金计划,是一个循序渐进,分步实施的过程,包括运作模式的确定、方案的制定及报备、运营机构的选择、合同的签署及报备、账户建立等诸多环节。其中,企业年金方案的制定是一项至关重要的工作,一个高效的年金方案不仅要适合企业自身的特点,还要良好的权衡员工之间的各种差异,尽可能在公平的基础上,体现对优秀员工的激励,通过建立企业年金完善薪酬体系,从而为企业吸引、留住人才。下面,通过一个实际的案例,详细解析企业年金计划建立的整个过程。

一、企业年金的方案设计

一个企业要建立企业年金制度,一般要经过以下几个步骤过程。

(一) 员工分组,包括年龄、岗位、司龄等

1. 考虑年龄因素

一方面,从目前企业年金政策法规的实用性来看,在企业年金方案生效前已退休人员不应该纳入企业年金计划。但是,可根据企业的具体实际情况,采取适宜的补偿措施。另一方面,考虑到企业建立企业年金计划后,年龄较大的员工可以累积企业年金的时间较短,单凭未来企业年金缴费积累,其退休后可以从企业年金计划中领取的待遇水平将远低于年轻员工。因而,在建立企业年金计划时,对年龄偏大、年金缴费期限短导致基本缴费积累不足的员工可以予以适当补偿,补偿方式可以采取加速积累、特殊补偿等方式。

2. 考虑岗位因素

岗位因行业、企业的个体差异而不同。一般来讲,岗位所衡量的是一个员工对企业的当期贡献程度,在设计企业年金方案时可根据企业的岗位系列确定其相对系数,由此划分确定其缴费及分配上的差异性。

3. 考虑司龄因素

司龄是从时间上来考虑员工对企业的贡献程度。从长期来讲,司龄对企业年金缴费与分配的影响对每一个员工都是公平的。

(二) 用人单位动机,包括缴费原则、方式和归属期等

企业年金基金由企业缴费、职工缴费、企业年金基金投资运营收益组成。企业的缴费原则是其企业文化以及人力资源管理的集中体现,一般根据企业的情况,企业会在缴费中体现公平与效率相结合的原则。为了留住人才,企业的缴费归属一般需要员工满足一定的归属条件才能进入个人账户,员工的缴费则全部进入个人账户。进入个人账户的资金,属于个人所有,受法律保护,不可侵犯,退休前离开公司可以携带、保留,退休前去世可以继承。退休时可以按月领取年金。

(三) 信息披露对象及形式

根据《企业年金基金管理办法》第一章的规定,企业年金计划受托人有进行信息披露和

报告的义务,并且受托人要保证所报告信息的真实性和完整性。受托人需要定期将企业年金基金的管理运用、收益情况及费用支付等情况报告给委托人和受益人以及监管部门。信息披露制度将是一种非常必要的制度安排,通过及时充分的信息披露来制约企业年金受托人的行为,将受托人的行为纳入法制化、公开化的正规渠道。信息披露的对象主要包括人力资源与社会保障部、金融监管部门、企业、员工等。信息披露的主要形式包括相关报告与报表、企业或个人账户的查询、重大信息的发布等。

在受托机构对合同报备的同时,企业在受托机构的协助下开始对员工信息进行整理核对,并与账户管理人就日常的沟通、数据的交换等各种流程进行详细的商榷并形成操作手册,作为企业、受托人以及账户管理人相关经办人员的备忘录。同时,受托人将企业员工的信息交给账户管理人,由账户管理人算出详细的缴费数据,并建立个人账户及企业账户所对应的缴费金额。受托合同报备通过后,企业在接到受托人的缴费通知后,根据通知书上的资金账号,将资金足额划入该账户。至此,整个企业年金计划建立工作初步完成。

二、企业年金理财具体示例

企业年金理财过程一般可以分为这样几个方面:参加成员资格设置、缴费测算、权益归属设置、账户设置、待遇支付条件和领取方式等内容。

(一) 参加成员资格设置

企业在建立年金时,一般对企业参加企业年金有成员资格的设置,在建立过程中可以根据实际情况进行选择或补充其他方法。

条件一:公司正式员工。

条件二:该员工服务期限满 6 个月以上。

(二) 缴费测算

企业可根据自身现状和员工的需求,确定适合自身的缴费方式和测算办法,并形成一种制度,以达到长期、规范运作的目的。

1. 缴费方式

企业可以根据自身的经济状况和人员状况等因素确定合适的缴费方式,如月缴或年缴。

2. 缴费测算

(1) 系数测算法(年缴方式举例)。首先根据企业的经济情况确定缴费基数,然后根据企业员工年龄、性别、职级、服务年限、职称(或学历)以及获得的相关荣誉等因素计算缴费系数,则

$$缴费金额=缴费基数×缴费系数$$

$$缴费系数=(职级系数+年龄系数+服务年限系数+职称系数+荣誉系数)×性别系数$$

(2) 比例测算法(月缴方式举例)。以员工的工资或当地的社会平均工资作为缴费基数,然后按缴费比例来计算缴费金额。

$$缴费金额=该企业员工月工资×缴费比例$$

（三）权益归属设置

这种设置有两种方法：一种是个人缴费部分及其投资收益完全归属员工个人；另一种是企业缴费部分及其投资收益归属方式及比例由企业在建立计划时确定，并可以根据实际需要进行调整。目前市场上主要有三种形式：阶段式、阶梯式和混合式。

（1）阶段式。阶段式即员工在企业服务年限满一定年限后，将企业缴费部分及其投资收益全部归属给员工个人。

（2）阶梯式。阶梯式即随着员工服务年限递增，逐年将企业缴费部分按比例归属给员工个人。

（3）混合式。混合式即将阶段式和阶梯式结合在一起使用的业务模式。具体操作中，可以结合企业员工情况核定综合系数，以确定归属比例。

（四）账户设置

企业年金基金一般实行完全积累制，设立个人账户与企业公共账户用以记录缴费和投资收益情况，其内容如下。

（1）个人缴费计入个人账户。

（2）企业为个人的缴费计入个人账户，并与个人缴费部分相独立。

（3）不属于个人的企业缴费计入企业公共账户。

（五）待遇支付条件和领取方式

企业员工在达到以下条件时，可以享受企业年金待遇支付：①达到国家规定的退休年龄，或根据《劳动法》或其他法律法规的相关规定办理了退休手续；②退休前身故；③出境定居。

领取方式主要有两种：①一次性领取；②分期领取。

三、企业年金理财案例

（一）案例1

某公司年金计划确定 2016 年缴费基数为公司年平均工资额 3 000 元，考虑职级、年龄、服务年限、技术职称、荣誉奖励、性别等，各指标权重如表 9-2 所示。贺先生今年 42 岁，在北京某管理咨询有限公司已工作 18 年，高级职称，任职总公司副总，去年获得北京市劳动模范荣誉称号，根据表 9-2 计算本人企业年金月缴费额度及个人缴费水平。

表 9-2　缴费系数测算表

职级系数	年龄系数	服务年限系数	职称系数	荣誉系数	性别系数
普通 0.1	20～25 岁 0	2 年以下 0.1	无 0	企业 0.1	男 0.1
部门主管 0.2	26～30 岁 0.1	2～5 年 0.3	初级 0.1	地市级 0.3	女 0.2
部门经理 0.5	31～35 岁 0.2	6～15 年 0.5	中级 0.2	省级 0.5	
分公司经理 1.0	36～40 岁 0.3	16～20 年 0.8	高级 0.5	国家级 1.5	
总公司副总 1.5	41～50 岁 0.5	21～30 年 1.2	特级 1.0	世界级 2.0	
总公司经理 2.5	51～60 岁 1.0	31 年以上 2.0			

解: 缴费系数=1.5+0.5+0.8+0.5+0.3+0.1=3.7

月缴费金额=3.7×3 000=11 100(元)

个人缴费水平=11 100×20%=2 220(元)

(二)案例 2

公司年金计划规定:个人缴费额为当年月平均工资的5%,公司与个人按1∶1的比例配款,年均回报率为5%,双方均在年底向托管银行供款。

B先生2011年1月1日参加公司年金计划,当年个人月平均工资5 000元,年均增长率为5%。

请根据表9-3计算2016年1月1日他离开公司时,两种转移方式下各自可携带的年金收入。

表 9-3　阶梯转移法和阶段转移法的归属 66 例

阶梯式转移法		阶段式转移法	
员工工龄	归属比例	员工工龄	归属比例
4 年	40%	4 年以下(含 4 年)	0
5 年以上(含 5 年)	50%	5 年以上(含 5 年)	100%
7 年以上(含 7 年)	100%		

解: 由于工资增长率(年金增长率 g)和年金收益率 r 相同,即 $r=g$,则根据增长型年金的终值公式进行计算,2015年底其个人账户余额为:

$$FV = t \times C \times (1+r)^{t-1}$$
$$= 5 \times (5\,000 \times 12 \times 5\%) \times (1+5\%)^4 = 18\,232.59 \text{ (元)}$$

(1)阶梯法。

可携带年金收入=个人账户全额+用人单位供款50%
$$=18\,232.59+18\,232.59\times50\% = 27\,348.89(元)$$

(2)阶段法。

可携带年金收入=个人账户全额+用人单位供款100%
$$=18\,232.59+18\,232.59 = 36\,465.18(元)$$

本 章 小 结

(1)广义的员工福利是指用人单位员工作为国家的合法公民,享受政府的公共福利与公共服务。用人单位员工作为用人单位成员,享受企业的集体福利。除了工资以外,用人单位为员工及其家庭提供各种事物和服务形式的福利。狭义的员工福利是指用人单位为满足劳动者的生活需要,在工资收入以外的向用人单位员工及其家庭成员所提供的待遇,包括物质福利、带薪休假、专项福利服务等内容。狭义的员工福利也被称为劳动福利或者职业福利。

（2）员工福利计划主要包括：住房福利计划、企业年金计划、健康保障计划、员工服务计划、员工持股计划等内容。

（3）在企业年金计划建立阶段中，由于委托人处于决策主导地位，需要企业考虑、决定的问题相对较多。在企业年金基金管理模式上，根据目前中国企业年金市场环境，企业年金理事会在法律地位、受托人职责履行、专业能力、成本效益等方面存在诸多问题，并不适合大多数企业。根据测算，如果就单考虑成本方面的因素，企业年金资金规模在 8 亿元以下其基本的成本支出将高于企业年金受托管理费。关于对员工做好企业年金基础知识的学习和政策的普及工作，很多企业往往会忽略这方面的工作。企业员工对企业年金具备一定了解后，有助于企业确定缴费比例，有助于企业年金方案的内部通过，有助于发挥企业年金计划的最大效用。

关键概念索引

员工福利　企业年金　法定福利　单位福利　企业年金理财　企业年金投资

复习思考题

1. 员工福利的定义是什么？
2. 员工福利的主要类型有哪些？
3. 企业年金的主要作用是什么？
4. 制定企业年金计划的步骤有哪些？
5. 张先生，男，33 岁，部门经理，上一年度工资总额为 10 万元，企业缴费为其上一年度工资总额的 4%，个人缴费比例为其上一年度工资总额的 4%。计算出王先生企业年金缴费情况如下。

企业年金企业缴费＝100 000×4%＝4 000（元）

企业年金个人缴费＝100 000×4%＝4 000（元）

企业年金缴费共计 8 000 元。

如果首年企业年金缴费 8 000 元（月缴 667 元），以后每年按照工资增长率 5% 缴费，缴至法定退休年龄 60 岁，假设每年的净投资收益率为 4%，则王先生到退休时可以一次性领取企业年金基金多少元？

第十章　保险理财规划

 **本章要点**

- 保险理财的原则
- 保险理财的基本步骤
- 保险需求的计算方法
- 保险理财规划的方法

保险理财是个人理财的一部分,它主要在个人保险领域,通过定量分析客户保险需求的额度,帮助客户选择合适的保险品种、期限及保险金额,以避免风险发生时给个人及家庭生活带来冲击,从而提高客户的生活质量。

第一节　保险理财规划概述

一、保险理财的原则

金融理财师在为客户进行保险理财规划时,通常应遵循以下三个原则。

(一)商业保险与社会保险相结合的原则

在为个人或家庭提供保险理财规划时,金融理财师必须先明确国家和企业层面所能提供的社会保险保障程度和内容,扣除这些已有的保障后,剩余的经济安全需要再通过家庭成员互助、个人储蓄和商业保险等个人层面得到满足。

(二)转移风险的原则

每一个投保人购买保险都是为了转移风险,以便在发生保险事故时可以从保险公司获得约定的经济补偿。因此,任何人在投保前必须全面系统分析自身或家庭面临的各种风险,明确哪些风险可以采用自留、避免、损失控制等非保险方法进行管理,哪些风险必须采用保险方法转移给保险公司。

（三）量力而行的原则

保险是一种经济行为，通常只有投保人先付出一定保费，才能获得相应的保险保障。投保的险种越多，保障越全，保险金额越高，所需保费也就越多。因此，保险理财规划应该在个人或家庭财务规划的基础上进行，充分考虑个人或家庭的经济实力，量力而行，尽量在保费支出一定的情况下获得最大的保障。

二、保险理财的基本步骤

（一）确定保险标的

制定保险计划的首要任务，就是确定保险标的。保险标的是指作为保险对象的财产及其有关利益，或者人的寿命和身体。投保人可以以其本人、与本人有密切关系的人、他们所拥有的财产以及他们可能依法承担的民事责任作为保险标的。一般说来，各国保险法律都规定，只有对保险标的有可保利益才能为其投保，否则，这种投保行为是无效的。

对于财产保险，可保利益是比较容易确定的，财产所有人、经营管理人、抵押权人、承担经济责任的保管人都具有可保利益。人寿保险可保利益的确定就要复杂一些，因为人的生命和健康的价值是很难用经济手段加以衡量的。所以，衡量投保人对被保险人是否具有可保利益，就要看投保人与被保险人之间是否存在合法的经济利益关系，比如，投保人是否会因为被保险人的人身风险发生而遭受损失。通常情况下，投保人对自己以及与自己具有血缘关系的家人和亲人，或者具有其他密切关系的人都具有可保利益。

购买适合自己或家人的人身保险，投保人有三个因素要考虑：一是适应性。自己或家人买人身险要根据需要保障的范围来考虑。二是经济支付能力。买寿险是一种长期性的投资，每年需要缴存一定的保费，每年的保费开支必须取决于自己的收入水平。三是选择性。个人或家人都不可能投保保险公司开办的所有险种，只能根据家庭的经济能力和适应性选择一些险种。在有限的经济能力下，为成人投保比为儿女投保更实际，特别是家庭的经济支柱，其生活的风险比小孩要高一些。

（二）选择保险产品

前已述及，人们在生活中面临的风险主要可以归纳为人身风险、财产风险和责任风险。而同一个保险标的，会面临多种风险。所以，在确定保险需求和保险标的之后，就应该选择准备投保的具体险种。比如对人身保险的被保险人而言，他既面临意外伤害风险，又面临疾病风险，还有死亡风险等。所以，投保人可以相应地选择意外伤害保险、健康保险或人寿保险等。而对于财产保险而言，同一项家庭财产也会面临着不同方面的风险。比如汽车，面临着意外损毁或者是失窃的风险，这时投保人可以相应地选择车辆损失保险、全车盗抢保险，或者是两者的组合。投保客户只有在专业人员的帮助下，准确判断自己准备投保的保险标的的具体情况（比如，保险标的所面临的风险的种类，各类风险发生的概率，风险发生后可能造成损失的大小，以及自身的经济承受能力），进行综合的判断与分析，才能选择合适的保险产品，较好地回避各种风险。

在确定购买保险产品时,还应该注意合理搭配险种。投保人身保险可以在保险项目上进行组合,如购买一至两个主险附加意外伤害、重大疾病保险,使人得到全面保障。但是在全面考虑所有需要投保的项目时,还需要进行综合安排,应避免重复投保,使用于投保的资金得到最有效的运用。这就是说,如果投保人准备购买多项保险,那么就应当尽量以综合的方式投保,因为这样可以避免各个单独保单之间可能出现的重复,从而节省保险费。

(三) 确定保险金额

在确定保险产品的种类之后,就需要确定保险金额。保险金额是当保险标的发生保险事故时,保险公司所赔付的最高金额。一般说来,保险金额的确定应该以财产的实际价值和人身的评估价值为依据。

财产的价值比较容易计算。对一般财产,如家用电器、私家车、住宅等,保险金额由投保人根据可保财产的实际价值自行确定,也可以按照重置价值即重新购买同样财产所需的价值确定;对特殊财产,如古董、珍藏等,则要请专家评估。购买财产保险时可以选择足额投保,也可以选择不足额投保。由于保险公司的赔偿是按实际损失程度进行赔偿的,所以一般不会出现超额投保或者重复投保。一般说来,投保人会选择足额投保,因为只有这样,当万一发生意外灾难时,才能获得足额的赔偿。如果是不足额投保,一旦发生损失,保险公司只会按照比例赔偿损失。比如,价值 100 万元的财产只投保了 50 万元,如果发生了财产损失,保险公司只会赔偿实际损失的 50%。这样会使自己不能得到充分的补偿,因而不能从购买保险产品中得到足够的保障。

严格说来,人的价值是无法估量的,因为人是一种社会性生物,其精神的内涵超过了其物质的内涵。但是,仅从保险的角度,可以根据诸如性别、年龄、配偶的年龄、月收入、月消费、需抚养子女的年龄、需赡养父母的年龄、银行存款或其他投资项目、银行的年利率、通胀率、贷款等,计算虚拟的"人的价值"。

在保险行业,对"人的价值"存在着一些常用的评估方法,如生命价值法、财务需求法、资产保存法等。需要注意的是,这些方法都需要每年重新计算一次,以便调整保额。因为人的年龄每年在增大,如果其他因素不变,那么他的生命价值和家庭的财务需求每年都在变小,其保险就会从足额投保逐渐变为超额投保。如果他的收入和消费每年都在增长,而其他因素不变,那么其价值会逐渐增大,原有保险就会变成不足额投保。所以,每年请保险专业人士检视投保客户的保单是十分必要的。

(四) 明确保险期限

在确定保险金额后,就需要确定保险期限,因为这涉及投保人的预期缴纳保险费的多少与频率,所以与个人未来的预期收入联系尤为紧密。对于财产保险、意外伤害保险、健康保险等保险品种而言,一般多为中短期保险合同,如半年或者一年,在保险期满之后可以选择续保或者是停止投保。但是对于人寿保险而言,保险期限一般较长,比如 20 年,甚至到被保险人死亡为止。在为个人制定保险计划时,应该将长期、短期险种结合起来综合考虑。

(五) 选择合适的保险公司

投保人购买保险后,在保险期间内,投保人和被保险人与该保险公司有着切身利益关系。因此,选择合适的保险公司对于投保人来说非常重要。一般来讲,投保人在选择保险公司时,需要考虑保险公司在公司类型、险种价格、经营状况以及服务质量等方面的差异。

三、保险需求分析

(一) 生涯规划与保险需求

"天有不测风云,人有旦夕祸福",人的一生不可避免地会面临人身、财产、责任等风险。但在不同的人生阶段,保险需求的侧重点应不同,在进行保险理财规划的时候应考虑个人所处的生涯阶段,依据不同阶段的特点来规划保险。

单身、结婚生子、居住、事业、退休等生涯活动在人生的不同阶段,具有明显的时间性。这里将生涯规划分为六个时期,如表10-1所示。

表 10-1 人生不同生涯阶段的保险需求

人生阶段	特点	理财活动	保险需求
单身期(刚工作至结婚)	经济收入低,没有资产	加强职业培训,提高收入水平	意外险、医疗保险、责任保险
家庭形成期(结婚至孩子出生)	置业、生育、家庭消费高	储蓄购房首付款,增加定期存款、股票、基金等方面的投资	意外险、医疗保险、人寿保险、财产保险、责任保险
家庭成长期(孩子出生至上大学)	子女教育计划、医疗费用大增,财务负担非常严重	偿还房贷,储备教育金,建立多元化投资组合	意外险、医疗保险、教育保险、人寿保险、财产保险、责任保险
家庭成熟期(孩子上大学时期)	子女教育费用、医疗费用、退休计划,财务负担也较重	准备退休金,进行多元化投资活动	意外险、医疗保险、人寿保险、教育保险、财产保险、责任保险、退休计划
家庭空巢期(孩子工作至自己退休)	经济状况稳定,债务减少	重点准备退休金,降低投资组合风险	意外险、医疗保险、人寿保险、财产保险、责任保险、养老保险
退休养老期(退休后)	收入减少,保健、医疗费用增加	以固定收益投资为主	养老保险、医疗保险

(二) 保险需求的计算

1. 财产保险的需求分析

人们总是面临拥有和使用财产受损、毁坏的风险,确定需要投保的风险之后,便需要估算财产保险的需求。对一般财产,如家用电器、私家车、住宅等,保险金额由投保人根据可保财产的实际价值或者重置价值自行确定;对特殊财产,如古董、珍藏等,则要请专家评估。

2. 人寿保险的需求分析

作为家庭理财中风险管理最重要的一部分,人寿保险能够帮助抵御家庭成员发生不测而对家庭财务带来的不良影响：当家庭的收入来源突然中断时，获得的保险金可以使家人在预计的年限中仍然拥有同样的生活水平。通常，在选择保险保障金额时，主要考虑对保险保障需求的大小以及自身对保费的负担能力两个因素。人寿保险需求的计算方法包括生命价值法、遗属需求法和双十原则法等。

1）生命价值法

人的生命价值是指个人未来收入或个人服务价值扣除个人衣食住行等生活费用后的资本化价值，此价值就是死亡损失的估算值。

例 10-1　张三现年 40 岁，预计再工作 20 年后退休，目前年净收入 12 万元，个人年消费支出 6 万元，预计每年的收入增长及消费支出均按 3% 递增，贴现利率为 5%，计算张三需要多少保障金额的人寿保险？

解：按生命价值法，张三需要的保险保障为其未来 20 年收支相抵后的现值。计算方法如下：

$$寿险需求 = \sum_{t=1}^{20} (12 - 6) \left(\frac{1 + 3\%}{1 + 5\%} \right)^t = 98.66(万元)$$

2）遗属需求法

该方法是从需求的角度考虑某个家庭成员不幸去世后会给家庭带来的现金缺口。一个家庭重要成员死亡的财务需求包括如下方面：遗产处理费用、依赖期的需求（直到最小的家庭成员满 18 周岁）、特别需求（房屋按揭、教育经费、应急基金等）、退休需求（用人寿保险补充社保及其他退休收入的不足）。

例 10-2　李四，41 岁，有妻子和两个孩子，其家庭主要需求情况如表 10-2 所示。

表 10-2　李四目前家庭需求情况　　　　　　　　　　　　单位：元

	费用金额
1. 财务需求	
（1）家庭生活支出	350 000
（2）妻子的退休基金	150 000
（3）大学教育经费	200 000
（4）其他费用	50 000
总需求	750 000
2. 金融资产	
（1）现金及存款	30 000
（2）股票及基金	120 000
（3）已有保险	150 000
总资产	300 000
3. 额外的保险需求＝总需求－总资产	450 000

3) 双十原则法

所谓的双十原则是指应有的保额一般为家庭年支出的 10 倍,合理的保费一般为家庭年收入的 10%。前者可解释为,一旦保险事故发生,能够给家人提供 10 年的保障。10 年的保障额度可能没有前面由生命价值法或遗属需求法计算的那么高,但在现实生活中,10 年的时间应该能让一个经历重大变故的家庭回到正常的生活轨道。后者可被解释为,家庭收入扣除 60% 的生活费用和 30% 的投资之后,剩下的 10% 应当用于购买保险,以构造家庭的财物安全网。构造家庭财物安全网的目的,是使家庭负担者在应付当前家庭消费和储蓄投资之后,没有后顾之忧。

3. 养老保险的需求分析

根据客户的养老目标,预测退休后的生活开支,进一步预测退休后可获得的基本养老金和其他可获得收入,从而计算出客户养老金的缺口,考虑通货膨胀、贴现率的影响,测算客户需要的养老金保额。

例 10-3　老王今年 40 岁,打算 60 岁退休,考虑到通货膨胀的因素,退休后每年生活费大约需要 10 万元(岁初从退休基金中提取)。老王预计可以活到 85 岁,老王拿出 10 万元储蓄作为退休基金的启动资金(40 岁初),并打算以后每年末投入一笔固定的资金。老王在退休前采取较为积极的投资策略,假定年回报率为 9%,退休后采取较为保守的投资策略,假定年回报率为 6%。

老王要实现他的养老目标,在 60 岁的时候需要准备的退休金为:

$$\sum_{t=0}^{24} 10 \left(\frac{1}{1+6\%} \right)^t = 135.5036 (万元)$$

而老王 40 岁时准备的启动资金 10 万元储蓄,按 9% 的年回报率,到 60 岁的时候这笔投资会变成:

$$10 \times (1+9\%)^{20} = 56.0441 (万元)$$

因此,如果不考虑退休基金的其他来源,那么老王在 60 岁时退休基金的缺口将高达 79.4595 万元。要弥补退休基金的缺口,老王每年至少还应投入的资金为:

$$\frac{79.4595}{\sum_{t=0}^{19} (1+9\%)^t} = 1.5532 (万元)$$

专栏 10-1

盘点中国养老的五大认知误区

据最新数据显示,我国 60 周岁以上老年人口已达 2.3 亿人,约占总人口的 16.7%;65 周岁以上老年人为 1.5 亿人,约占总人口的 10.8%。伴随着老年人口的增加,过去十多年整体赡养压力逐年攀升。"倒金字塔家庭""空巢老人",养老已经成为人们无法回避的话题。

卖掉北京房养大白眼狼

2016 年 11 月,网曝一位 81 岁老人在亚特兰大机场停留了 3 天,而她的女儿就在该城市。老人独自支撑女儿从清华毕业,并留学美国,还卖掉北京旧居供孙女上大学。但移民后她被美国女婿虐待,还被骂作老恐龙,女儿、孙女也很冷漠。

后续:在经过将近 30 小时的旅程,老人安全抵达北京首都机场。温暖的是,志愿者已经早早地来到机场静候老人。老人的一位朋友去机场接机,并和志愿者互留了联系方式。

盘点一:养儿防老靠得住吗

在西方国家,推崇的养老方式叫作接力式:他们只负责抚养子女,在自己老年生活里面,加上他本身所处的社会环境福利和个人购买的保险产品,基本可以自己照顾自己的生活,不需要子女负担。而养儿防老是我们国家传统的观念。许多家长将毕生的所有积蓄都放在子女身上,老来却成为子女的负担……

"421 家庭"等问题突出

计划生育政策下低出生率、"421 家庭"等问题突出。一个小孩子最终要负担自己的父母,然后再加上四位老人。一个人要赡养 6 个人,在这种结构里面,先不说子女孝不孝顺,就算孝顺还有可能心有余而力不足。还有长寿的问题,可能等到 80 岁需要退休金的时候,我们再看自己的子女,他们也要面临养老的问题了。所以说:靠子女养老并不科学。

丁克人群,无子女人群靠什么

十几年前,说这个人 30 岁还不结婚,我们会怎么想? 这个人可能有毛病,脑子有问题,怎么不结婚呢? 两个人结婚了不生孩子,我们也会想,这两口子有问题,是不是有病? 他们怎么不要孩子?

但你看今天的社会,独身主义,这是我们新型的名词;丁克一族,结婚不要孩子,就自己过,不抚养子女,这样的族群越来越大。这就是社会的变化。那么,单身、无子靠什么养老?

盘点二:社保养老够不够?

小王是位 80 后,今年 30 岁,他已经开始为自己的养老做打算了。假设 60 岁时退休(不考虑延迟退休),按照平均寿命 80 岁计算,小王需要为自己退休后的 20 年准备养老金。假设退休后每月的基本生活开销等同于现在 2 000 元的购买力,考虑到通货膨胀,以 3% 的通胀计算,这 20 年需要准备 100 多万元。如果考虑到退休后医疗支出,养老成本预计要 200 万。

未富先老,中国的养老困局

不是说社保不好,而是说仅靠社保养老,解决不了养老生活的全部问题。现在人越来越长寿,导致很多国家进入老龄化社会。这里的"很多国家",主要是指一些发达国家,但中国现在还是一个发展中国家,就已经率先进入老龄化阶段了——也就是说,我们面临一个未富先老的困境。

替代率 66%,社保够不够

据人社部统计,近五年来,我们国家的企业职工养老金替代率(养老金领取水平与退休前工资收入水平之间的比率)一直维持在 66% 左右。如果考虑到老年后医药开支增加、通货膨胀等因素,仅靠基本养老保险还是远远不够的。

盘点三：太早准备养老有必要吗

现在应该去过一些更好的生活，至于老年问题以后再说——很大部分的年轻人可能都有这样的想法。庞大的医疗费支出，庞大的生活的成本，怎么样来考虑，年轻人要不要考虑养老？

养老像爬坡，早了压力小

专业登山队员爬珠穆朗玛峰的时候，一般不会选择北坡，因为南坡坡度很小，而且风景秀丽。其实，养老如同爬山，如果我们选择在 20 岁爬 60 岁的山，这个坡度我们走路就可以过去，我们需要的只是时间而已；如果到 55 岁，甚至到 60 岁的时候再考虑爬 60 岁的山，这时我们需要扶梯才能上山，甚至还需要专业的登山工具；等到 60 岁以后，就不需要再爬了。爬山就是一个过程，而选择什么时候来爬、在什么地方爬，就会有呈现出不同的效果。

超过 30 岁，你要准备养老了

理财绩效包含三大因素：第一是本金；第二是时间；第三是报酬率。时间越长，在相同的报酬率和本金的情况下，可能获利越大。在养老规划里面，时间就是财富。李嘉诚讲过一句话：每年存一笔钱，给出一定的报酬率，几十年的时间，每个人都会成为千万富翁。因为时间长，我们就有很长的获利的空间，最后我们就可以轻松地积累财富。如果你今天超过 30 岁，就要开始准备养老金了。

盘点四：船到桥头自然直？

很多人会说，现在的生活有太多压力：每月要还房贷、车贷，还要抚养子女等，所以，养老的问题现在根本没有办法考虑，船到桥头自然直，到时候再说吧；还有不少人认为：现在我还没有养老规划，一代一代人不都是这么过来的嘛，到时候我也会有自己的办法。

年轻时要做好准备

年轻时有压力不可怕，可怕的是到了老的时候我们没有力气，没有能力，没有办法。年轻苦不怕，怕的是老来苦，老来凄惨。所以，年轻的时候就要做好准备。每个月哪怕存 100元、200 元、300 元；一些不必要的开支和应酬，我们省下来，放到养老的储备里面；然后 1 年、5 年、30 年日积月累下来，也会变成一笔财富。所以，如果你今天感觉有压力，你更应该为未来去做好准备。

怨自己没有早点准备

人们经常有这样一种心态：碰到人生重大的难题时，比方说面临疾病大病的困扰，面临破产的时候，往往会自我安慰"没办法，那是我的命，我的命不好"——总会找一个最好的理由来安慰自己。有一句话，三分天注定，七分靠打拼，命也是靠自己争取的，我们如果希望自己未来的命好的话，就要有好的思维和好的行动。我们的命运其实掌握在自己的手中。

盘点五：我会赚钱，不怕养老

现在会赚钱是赚今天的钱，不是将来有钱。就算再会赚钱的人也保不了中间不发生意外，这也是为什么养老金需要我们专款专用来准备。

（资料来源：金融界网。）

4. 健康保险的需求分析

健康保险的需求包括三个部分：一是被保险人因意外或疾病而产生的医疗费用；二是因意外或疾病而导致的收入损失；三是被保险人年老时生活不能自理而产生的护理费用。在计算医疗费用时，还需要考虑社会医疗保险和企业福利中提供的保障。

1999 年，我国就提前进入老龄化社会，是目前世界上老年人口最多的国家，占全球老年人口总量的 1/5，而且老龄化程度不断上升，详见表 10-3。根据全国老龄工作委员会办公室的预测，到 2030 年，我国将迎来人口老龄化高峰，并持续 20 余年，这将给国家和社会带来不小的压力。众所周知，老年人对医疗服务的需求非常高，在我国老龄化程度和人口预期寿命均不断上升的背景下，金融理财师的保险规划不能仅仅局限于养老保险的需求测算，健康保险的需求分析同样应该放在非常重要的地位。

表 10-3　2006—2016 年我国老年人口　　　　单位：万人

年份	全国总人口	60 岁及以上人口	60 岁及以上人口比重
2006	131 448	14 901	11.3%
2007	132 129	15 340	11.6%
2008	132 802	15 989	12.0%
2009	133 474	16 714	12.5%
2010	133 972	17 765	13.3%
2011	134 735	18 499	13.7%
2012	135 404	19 390	14.3%
2013	136 072	20 243	14.9%
2014	136 782	21 242	15.5%
2015	137 462	22 200	16.1%
2016	138 271	23 086	16.7%

数据来源：2010 年的数据为第六次人口普查的数据，截止时间为 2010 年 11 月 1 日；其他年份的数据均截至该年年底，根据国家统计局历年统计公报整理。

第二节　保险理财规划案例分析

一、保险理财规划的安排

（一）案例介绍[①]

今年 32 岁的海娜是个准妈妈，通过自己和先生的努力，已然迈入了"中产"的行列。小两口面临的主要问题，就是为可持续的富足生活而理性规划未来。作为数据分析师的海娜

---

① 资料来源：中华理财网。

每月收入为 12 000 元,她先生每月最低也能拿到 20 000 元,一家人每月的生活开销在 6 000 元左右。购物、娱乐等每个月大概还要花 1 000 元,另外还有 500 元左右的医疗费用支出,再扣除每月 3 000 元左右的房贷,夫妻两人每个月结余在 23 000 元左右。年末,海娜能拿到 24 000 元税前年终奖金,但还有 30 000 元左右会用于一家人旅游和孝敬父母。几年前,海娜趁出差之际在香港签订了一份投资型寿险,其中寿险保障额度为 100 万元,每年为此缴纳 2 万元保费,缴费期限共 25 年。夫妻俩计划 25 年以后退休,他们希望保持现在的生活水平。

(二) 案例分析

现代人愈来愈现实,正如海娜夫妇那样,他们在事业有成时能够很理性地去考虑未来生活的安排,希望能保持现在的生活水平,将幸福生活继续到未来。能够及时意识到这一点,说明他们是一对非常有风险意识的年轻人,因为保持收入稳定和提前规划是维持家庭财务健康的主要保证。海娜夫妇现有风险保障包括两个方面。

(1) 社会保险:海娜的公司为她买了社保和补充医疗保险,但先生只有基本的社会保险。

(2) 商业保险:海娜有一份在香港签订的投资型寿险,寿险保障额度 100 万元,每年缴纳 2 万元保费,缴费期限共 25 年。

(三) 风险保障安排调整

海娜虽然花了 2 万元/年购买保险,但对于内地居民来说,境外投保存在很多不可控的风险,所以建议海娜尽快将该保单作退保或减额交清处理,以避免更大的损失。海娜丈夫并无商业保险,实际上海娜夫妇连起码的保障都不完备。因此建议方案如下。

(1) 加强意外保障。由于目前夫妇双方经常在上海和南京之间来回,以后也会经常在两地之间居住。所以建议投保人身意外伤害保险各 50 万元保额,年交保费合计 2 000 元。

(2) 注意安排重疾保障。夫妇双方都已超过了 32 岁,因此可以各投保 10 万~20 万元保额的重大疾病保险。当然,海娜也可以就当前女性疾病提前化的状况,附加女性疾病保险。

(3) 重新安排医疗保障,减少日常医疗费用支出。海娜家庭每月医疗费 500 元左右,一年下来也是一笔不小的开支,在核保可以通过的情况下,建议投保附加医疗保险。

(4) 筹备养老保障。由于两人收入较高,因此可以适当考虑结余部分资金来做养老保险,当然也可以通过基金投资的形式来储备养老金。

(5) 可以附加一定额度的定期寿险。该产品的优势在于费率低、保障高,可用于防范因意外或疾病发生而导致购房贷款归还的风险。

同时考虑到两人的收入基本相当,因此建议选购保险时可以双方互为投保人和被保险人,并在小家庭内合理分配保险额度。待孩子出生后,可以每年用 2 000 元左右的保费,替孩子购买意外和健康保险。

二、退休规划的合理安排

(一) 案例介绍

2017 年 4 月,刚过而立之年的李先生,因以前工作单位不缴纳养老金,跳槽到上海一家小有名气的中小型 IT 企业工作,是这家企业的软件工程师。他每月的工资和奖金加起来约 12 000 元左右,每月的消费支出约 5 000 元。假设李先生 60 岁退休,退休前收入和消费的增幅平均为 5%,并按照每月 10 000 元的工资额度(假定每年的增幅也为 5%)缴纳社会养老保险,那么,他退休后社会保险又能支付多少养老金呢?

(二) 退休规划

1. 计算退休准备金需求

如果李先生希望退休后能基本维持现在的生活现状,则其每个月的消费水平至少应该达到退休前的 70%。假设 CPI 指数保持在 3%,那么 30 年后李先生退休时每月需要的花销为:

$$5\,000 \times (1+5\%)^{30} \times (1+3\%)^{30} \times 70\% = 36\,716(元)$$

2. 计算退休后每年领取的养老金

按照假设的前提,李先生的社会保险缴费年限应该能够满 15 年,那么可以根据"退休后每月可领金额=上年本地区社会平均工资×30%+个人账户累计额/139"的公式计算。按照目前社保的缴费情况分析,个人缴纳的部分是工资的 8%,全部划入个人养老账户,企业缴费则不再划入。李先生 60 岁退休时,李先生社会养老保险的个人账户资金(假定投资收益率 3%)为:

$$10\,000 \times 8\% \times 12 \times \sum_{t=0}^{29}(1+5\%)^{t} \times (1+3\%)^{29-t} = 909\,446(元)$$

此外,根据上海劳动保障网公布的信息,上海 2016 年职工年平均工资为 78 045 元,月均 6 504 元。假设平均工资水平能保持 5% 的增长速度,那么 30 年后,上海职工月平均工资将达到 28 110 元。结合个人账户养老金计发月数见表 10-4,退休时李先生每月从社会保险中可领取的养老金将有:

$$28\,110 \times 30\% + 909\,446/139 = 14\,976(元)$$

表 10-4 个人账户养老金计发月数表

退休年龄	计发月数	退休年龄	计发月数
40	233	56	164
41	230	57	158
42	226	58	152
43	223	59	145
44	220	60	139
45	216	61	132

续表

退休年龄	计发月数	退休年龄	计发月数
46	212	62	125
47	208	63	117
48	204	64	109
49	199	65	101
50	195	66	93
51	190	67	84
52	185	68	75
53	180	69	65
54	175	70	56
55	170		

3. 计算退休准备金缺口

李先生每月领取的社保养老金是 14 976 元,而支出达到 36 716 元,李先生每月的资金缺口就是 21 740 元,每年就是 260 880 元。再将这个数字推而广之,退休后 20 年的生活,按 5% 的贴现率,李先生的养老金缺口将达到:

$$260\,880 \times \sum_{t=0}^{19} \frac{1}{(1+5\%)^t} = 3\,152\,818(元)$$

如此看来,过上体面的、有品质的退休生活的确不易。

4. 养老、医疗规划建议

目前,中国大多数人都在用这样的方式养老:领取社会基本养老保险加上多年工作攒下的家底。但如此之大的资金缺口,意味着没有规划的养老钱作为退休后的经济来源根本不够。这需要我们从年轻时开始进行个人财务规划,确立目标,合理消费和投资,以使得自己的晚年生活少一份忧虑。

我国的养老保障体系有三大支柱,除了社会基本养老保险外,企业年金和商业性养老保险是另外两大支柱。企业年金虽然潜力巨大,但在我国才刚刚起步,只在少数的企业中推行。而个人商业养老保险是可以由自己来决定是否购买,并可根据自己的能力进行灵活地自主规划和选择。目前的商业保险有三类可为养老所用。首先,用健康保险做好退休后的健康保障。对于老年人来说,医疗保健费用才是真正的大宗开销。目前可以重点考虑重大疾病险、长期护理险和终身医疗保险这几类长期险。由于对投保年龄都有着一定限制,年龄越大保费越高,所以需要在年轻时早做打算。其次,可以用分红型养老保险为自己存下第一笔养老金。一是可以强迫储蓄,二是可以拥有部分寿险保障。最后,可以考虑万能寿险。由于投资万能寿险的最初几年里,要扣除不菲的手续费,投资时间一定要长,才能逐渐将手续费抹平,复利累计的效应也才能体现出来。购买商业保险的好处是可以由保险公司代为规划养老问题,设定适合自己的缴费方式,同时又可以兼顾一定的保障;而劣势在于保险的收益率较低,基本上与银行定期存款的收益率差不多,因此导致资本积累速度慢。

实际上,养老金储备比较好的方法是及早进行投资,如果能用 8%、10% 甚至更高的收益率的理财投资工具来储备养老金,无疑可以轻松地实现退休目标。越早进行投资,可用于投资的时间就越长,而且年龄较小的时候承受风险的能力强,可以追求更高回报的投资。普通投资者如果在时间、精力、专业度、信息等方面均有限制的话,不妨选择基金作为理财工具。比如,李先生如果每月拿出 1 600 元进行投资,假设 30 年期间,年收益率能达到 10% 的话,那么 30 年后将累积的资金总额为:

$$1\,600 \times 12 \times \sum_{t=0}^{29} (1+10\%)^t = 3\,158\,286(元)$$

这一资金总额足以弥补前面计算的退休准备金缺口。

本 章 小 结

(1) 保险理财是个人理财的一部分,金融理财师在为客户进行保险理财规划时,通常应遵循三个原则:商业保险与社会保险相结合的原则;转移风险的原则;量力而行的原则。

(2) 保险理财的基本步骤包括确定保险标的,选择保险产品,确定保险金额,明确保险期限,选择合适的保险公司。

(3) 在不同的人生阶段,保险需求的侧重点应不同,在进行保险理财规划的时候应考虑个人所处的生涯阶段,依据不同阶段的特点来规划保险。

(4) 人寿保险需求的计算方法包括生命价值法、遗属需求法、双十原则法等。

(5) 养老保险的需求分析,通常是根据客户的养老目标,预测退休后的生活开支,进一步预测退休后可获得的基本养老金和其他可获得的收入,从而计算出客户养老金的缺口,考虑通货膨胀、贴现率的影响,测算客户需要的养老金保额。

(6) 健康保险的需求包括三个部分:一是被保险人因意外或疾病而产生的医疗费用;二是因意外或疾病而导致的收入损失;三是被保险人年老时生活不能自理而产生的护理费用。在计算医疗费用时,还需要考虑社会医疗保险和企业福利中提供的保障。

关键概念索引

保险理财　保险需求　生命价值法　遗属需求法　双十原则法　退休金缺口

复习思考题

1. 保险理财必须遵循哪些原则?
2. 简述保险理财的基本步骤。
3. 如何根据不同的生涯阶段规划不同的保险需求?
4. 你认为用双十原则法计算人寿保险需求合理吗?
5. 健康保险的需求包括哪几个部分?

附录1　中华人民共和国保险法

（修订）

（1995年6月30日第八届全国人民代表大会常务委员会第十四次会议通过，根据2002年10月28日第九届全国人民代表大会常务委员会第三十次会议《关于修改〈中华人民共和国保险法〉的决定》修正，2009年2月28日第十一届全国人民代表大会常务委员会第七次会议修订）

第一章　总　　则

第一条　为了规范保险活动，保护保险活动当事人的合法权益，加强对保险业的监督管理，维护社会经济秩序和社会公共利益，促进保险事业的健康发展，制定本法。

第二条　本法所称保险，是指投保人根据合同约定，向保险人支付保险费，保险人对于合同约定的可能发生的事故因其发生所造成的财产损失承担赔偿保险金责任，或者当被保险人死亡、伤残、疾病或者达到合同约定的年龄、期限等条件时承担给付保险金责任的商业保险行为。

第三条　在中华人民共和国境内从事保险活动，适用本法。

第四条　从事保险活动必须遵守法律、行政法规，尊重社会公德，不得损害社会公共利益。

第五条　保险活动当事人行使权利、履行义务应当遵循诚实信用原则。

第六条　保险业务由依照本法设立的保险公司以及法律、行政法规规定的其他保险组织经营，其他单位和个人不得经营保险业务。

第七条　在中华人民共和国境内的法人和其他组织需要办理境内保险的，应当向中华人民共和国境内的保险公司投保。

第八条　保险业和银行业、证券业、信托业实行分业经营、分业管理，保险公司与银行、证券、信托业务机构分别设立。国家另有规定的除外。

第九条　国务院保险监督管理机构依法对保险业实施监督管理。

国务院保险监督管理机构根据履行职责的需要设立派出机构。派出机构按照国务院保险监督管理机构的授权履行监督管理职责。

第二章 保 险 合 同

第一节 一 般 规 定

第十条 保险合同是投保人与保险人约定保险权利义务关系的协议。

投保人是指与保险人订立保险合同,并按照合同约定负有支付保险费义务的人。

保险人是指与投保人订立保险合同,并按照合同约定承担赔偿或者给付保险金责任的保险公司。

第十一条 订立保险合同,应当协商一致,遵循公平原则确定各方的权利和义务。

除法律、行政法规规定必须保险的外,保险合同自愿订立。

第十二条 人身保险的投保人在保险合同订立时,对被保险人应当具有保险利益。

财产保险的被保险人在保险事故发生时,对保险标的应当具有保险利益。

人身保险是以人的寿命和身体为保险标的的保险。

财产保险是以财产及其有关利益为保险标的的保险。

被保险人是指其财产或者人身受保险合同保障,享有保险金请求权的人。投保人可以为被保险人。

保险利益是指投保人或者被保险人对保险标的具有的法律上承认的利益。

第十三条 投保人提出保险要求,经保险人同意承保,保险合同成立。保险人应当及时向投保人签发保险单或者其他保险凭证。

保险单或者其他保险凭证应当载明当事人双方约定的合同内容。当事人也可以约定采用其他书面形式载明合同内容。

依法成立的保险合同,自成立时生效。投保人和保险人可以对合同的效力约定附条件或者附期限。

第十四条 保险合同成立后,投保人按照约定交付保险费,保险人按照约定的时间开始承担保险责任。

第十五条 除本法另有规定或者保险合同另有约定外,保险合同成立后,投保人可以解除合同,保险人不得解除合同。

第十六条 订立保险合同,保险人就保险标的或者被保险人的有关情况提出询问的,投保人应当如实告知。

投保人故意或者因重大过失未履行前款规定的如实告知义务,足以影响保险人决定是否同意承保或者提高保险费率的,保险人有权解除合同。

前款规定的合同解除权,自保险人知道有解除事由之日起,超过三十日不行使而消灭。自合同成立之日起超过二年的,保险人不得解除合同;发生保险事故的,保险人应当承担赔偿或者给付保险金的责任。

　　投保人故意不履行如实告知义务的,保险人对于合同解除前发生的保险事故,不承担赔偿或者给付保险金的责任,并不退还保险费。

　　投保人因重大过失未履行如实告知义务,对保险事故的发生有严重影响的,保险人对于合同解除前发生的保险事故,不承担赔偿或者给付保险金的责任,但应当退还保险费。

　　保险人在合同订立时已经知道投保人未如实告知的情况的,保险人不得解除合同;发生保险事故的,保险人应当承担赔偿或者给付保险金的责任。

　　保险事故是指保险合同约定的保险责任范围内的事故。

　　第十七条　订立保险合同,采用保险人提供的格式条款的,保险人向投保人提供的投保单应当附格式条款,保险人应当向投保人说明合同的内容。

　　对保险合同中免除保险人责任的条款,保险人在订立合同时应当在投保单、保险单或者其他保险凭证上做出足以引起投保人注意的提示,并对该条款的内容以书面或者口头形式向投保人做出明确说明;未作提示或者明确说明的,该条款不产生效力。

　　第十八条　保险合同应当包括下列事项。

　　(一)保险人的名称和住所。

　　(二)投保人、被保险人的姓名或者名称、住所,以及人身保险的受益人的姓名或者名称、住所。

　　(三)保险标的。

　　(四)保险责任和责任免除。

　　(五)保险期间和保险责任开始时间。

　　(六)保险金额。

　　(七)保险费以及支付办法。

　　(八)保险金赔偿或者给付办法。

　　(九)违约责任和争议处理。

　　(十)订立合同的年、月、日。

　　投保人和保险人可以约定与保险有关的其他事项。

　　受益人是指人身保险合同中由被保险人或者投保人指定的享有保险金请求权的人。投保人、被保险人可以为受益人。

　　保险金额是指保险人承担赔偿或者给付保险金责任的最高限额。

　　第十九条　采用保险人提供的格式条款订立的保险合同中的下列条款无效。

　　(一)免除保险人依法应承担的义务或者加重投保人、被保险人责任的。

　　(二)排除投保人、被保险人或者受益人依法享有的权利的。

　　第二十条　投保人和保险人可以协商变更合同内容。

　　变更保险合同的,应当由保险人在保险单或者其他保险凭证上批注或者附贴批单,或者由投保人和保险人订立变更的书面协议。

　　第二十一条　投保人、被保险人或者受益人知道保险事故发生后,应当及时通知保险人。故意或者因重大过失未及时通知,致使保险事故的性质、原因、损失程度等难以确定的,保险人对无法确定的部分,不承担赔偿或者给付保险金的责任,但保险人通过其他途径已经及时知道或者应当及时知道保险事故发生的除外。

第二十二条 保险事故发生后,按照保险合同请求保险人赔偿或者给付保险金时,投保人、被保险人或者受益人应当向保险人提供其所能提供的与确认保险事故的性质、原因、损失程度等有关的证明和资料。

保险人按照合同的约定,认为有关的证明和资料不完整的,应当及时一次性通知投保人、被保险人或者受益人补充提供。

第二十三条 保险人收到被保险人或者受益人的赔偿或者给付保险金的请求后,应当及时做出核定;情形复杂的,应当在三十日内做出核定,但合同另有约定的除外。保险人应当将核定结果通知被保险人或者受益人;对属于保险责任的,在与被保险人或者受益人达成赔偿或者给付保险金的协议后十日内,履行赔偿或者给付保险金义务。保险合同对赔偿或者给付保险金的期限有约定的,保险人应当按照约定履行赔偿或者给付保险金义务。

保险人未及时履行前款规定义务的,除支付保险金外,应当赔偿被保险人或者受益人因此受到的损失。

任何单位和个人不得非法干预保险人履行赔偿或者给付保险金的义务,也不得限制被保险人或者受益人取得保险金的权利。

第二十四条 保险人依照本法第二十三条的规定做出核定后,对不属于保险责任的,应当自做出核定之日起三日内向被保险人或者受益人发出拒绝赔偿或者拒绝给付保险金通知书,并说明理由。

第二十五条 保险人自收到赔偿或者给付保险金的请求和有关证明、资料之日起六十日内,对其赔偿或者给付保险金的数额不能确定的,应当根据已有证明和资料可以确定的数额先予支付;保险人最终确定赔偿或者给付保险金的数额后,应当支付相应的差额。

第二十六条 人寿保险以外的其他保险的被保险人或者受益人,向保险人请求赔偿或者给付保险金的诉讼时效期间为二年,自其知道或者应当知道保险事故发生之日起计算。

人寿保险的被保险人或者受益人向保险人请求给付保险金的诉讼时效期间为五年,自其知道或者应当知道保险事故发生之日起计算。

第二十七条 未发生保险事故,被保险人或者受益人谎称发生了保险事故,向保险人提出赔偿或者给付保险金请求的,保险人有权解除合同,并不退还保险费。

投保人、被保险人故意制造保险事故的,保险人有权解除合同,不承担赔偿或者给付保险金的责任;除本法第四十三条规定外,不退还保险费。

保险事故发生后,投保人、被保险人或者受益人以伪造、变造的有关证明、资料或者其他证据,编造虚假的事故原因或者夸大损失程度的,保险人对其虚报的部分不承担赔偿或者给付保险金的责任。

投保人、被保险人或者受益人有前三款规定行为之一,致使保险人支付保险金或者支出费用的,应当退回或者赔偿。

第二十八条 保险人将其承担的保险业务,以分保形式部分转移给其他保险人的,为再保险。

应再保险接受人的要求,再保险分出人应当将其自负责任及原保险的有关情况书面告知再保险接受人。

第二十九条　再保险接受人不得向原保险的投保人要求支付保险费。

原保险的被保险人或者受益人不得向再保险接受人提出赔偿或者给付保险金的请求。

再保险分出人不得以再保险接受人未履行再保险责任为由,拒绝履行或者迟延履行其原保险责任。

第三十条　采用保险人提供的格式条款订立的保险合同,保险人与投保人、被保险人或者受益人对合同条款有争议的,应当按照通常理解予以解释。对合同条款有两种以上解释的,人民法院或者仲裁机构应当做出有利于被保险人和受益人的解释。

第二节　人身保险合同

第三十一条　投保人对下列人员具有保险利益。

(一) 本人。

(二) 配偶、子女、父母。

(三) 前项以外与投保人有抚养、赡养或者扶养关系的家庭其他成员、近亲属。

(四) 与投保人有劳动关系的劳动者。

除前款规定外,被保险人同意投保人为其订立合同的,视为投保人对被保险人具有保险利益。

订立合同时,投保人对被保险人不具有保险利益的,合同无效。

第三十二条　投保人申报的被保险人年龄不真实,并且其真实年龄不符合合同约定的年龄限制的,保险人可以解除合同,并按照合同约定退还保险单的现金价值。保险人行使合同解除权,适用本法第十六条第三款、第六款的规定。

投保人申报的被保险人年龄不真实,致使投保人支付的保险费少于应付保险费的,保险人有权更正并要求投保人补交保险费,或者在给付保险金时按照实付保险费与应付保险费的比例支付。

投保人申报的被保险人年龄不真实,致使投保人支付的保险费多于应付保险费的,保险人应当将多收的保险费退还投保人。

第三十三条　投保人不得为无民事行为能力人投保以死亡为给付保险金条件的人身保险,保险人也不得承保。

父母为其未成年子女投保的人身保险,不受前款规定限制。但是,因被保险人死亡给付的保险金总和不得超过国务院保险监督管理机构规定的限额。

第三十四条　以死亡为给付保险金条件的合同,未经被保险人同意并认可保险金额的,合同无效。

按照以死亡为给付保险金条件的合同所签发的保险单,未经被保险人书面同意,不得转让或者质押。

父母为其未成年子女投保的人身保险,不受本条第一款规定限制。

第三十五条　投保人可以按照合同约定向保险人一次支付全部保险费或者分期支付保险费。

第三十六条　合同约定分期支付保险费,投保人支付首期保险费后,除合同另有约定外,投保人自保险人催告之日起超过三十日未支付当期保险费,或者超过约定的期限六十日未支付当期保险费的,合同效力中止,或者由保险人按照合同约定的条件减少保险金额。

被保险人在前款规定期限内发生保险事故的,保险人应当按照合同约定给付保险金,但可以扣减欠交的保险费。

第三十七条　合同效力依照本法第三十六条规定中止的,经保险人与投保人协商并达成协议,在投保人补交保险费后,合同效力恢复。但是,自合同效力中止之日起满二年双方未达成协议的,保险人有权解除合同。

保险人依照前款规定解除合同的,应当按照合同约定退还保险单的现金价值。

第三十八条　保险人对人寿保险的保险费,不得用诉讼方式要求投保人支付。

第三十九条　人身保险的受益人由被保险人或者投保人指定。

投保人指定受益人时须经被保险人同意。投保人为与其有劳动关系的劳动者投保人身保险,不得指定被保险人及其近亲属以外的人为受益人。

被保险人为无民事行为能力人或者限制民事行为能力人的,可以由其监护人指定受益人。

第四十条　被保险人或者投保人可以指定一人或者数人为受益人。

受益人为数人的,被保险人或者投保人可以确定受益顺序和受益份额;未确定受益份额的,受益人按照相等份额享有受益权。

第四十一条　被保险人或者投保人可以变更受益人并书面通知保险人。保险人收到变更受益人的书面通知后,应当在保险单或者其他保险凭证上批注或者附贴批单。

投保人变更受益人时须经被保险人同意。

第四十二条　被保险人死亡后,有下列情形之一的,保险金作为被保险人的遗产,由保险人依照《中华人民共和国继承法》的规定履行给付保险金的义务。

(一)没有指定受益人,或者受益人指定不明无法确定的。

(二)受益人先于被保险人死亡,没有其他受益人的。

(三)受益人依法丧失受益权或者放弃受益权,没有其他受益人的。

受益人与被保险人在同一事件中死亡,且不能确定死亡先后顺序的,推定受益人死亡在先。

第四十三条　投保人故意造成被保险人死亡、伤残或者疾病的,保险人不承担给付保险金的责任。投保人已交足二年以上保险费的,保险人应当按照合同约定向其他权利人退还保险单的现金价值。

受益人故意造成被保险人死亡、伤残、疾病的,或者故意杀害被保险人未遂的,该受益人丧失受益权。

第四十四条　以被保险人死亡为给付保险金条件的合同,自合同成立或者合同效力恢复之日起二年内,被保险人自杀的,保险人不承担给付保险金的责任,但被保险人自杀时为无民事行为能力人的除外。

保险人依照前款规定不承担给付保险金责任的,应当按照合同约定退还保险单的现金价值。

第四十五条　因被保险人故意犯罪或者抗拒依法采取的刑事强制措施导致其伤残或者死亡的,保险人不承担给付保险金的责任。投保人已交足二年以上保险费的,保险人应当按照合同约定退还保险单的现金价值。

第四十六条　被保险人因第三者的行为而发生死亡、伤残或者疾病等保险事故的,保险人向被保险人或者受益人给付保险金后,不享有向第三者追偿的权利,但被保险人或者受益人仍有权向第三者请求赔偿。

第四十七条　投保人解除合同的,保险人应当自收到解除合同通知之日起三十日内,按照合同约定退还保险单的现金价值。

第三节　财产保险合同

第四十八条　保险事故发生时,被保险人对保险标的不具有保险利益的,不得向保险人请求赔偿保险金。

第四十九条　保险标的转让的,保险标的的受让人承继被保险人的权利和义务。

保险标的转让的,被保险人或者受让人应当及时通知保险人,但货物运输保险合同和另有约定的合同除外。

因保险标的转让导致危险程度显著增加的,保险人自收到前款规定的通知之日起三十日内,可以按照合同约定增加保险费或者解除合同。保险人解除合同的,应当将已收取的保险费,按照合同约定扣除自保险责任开始之日起至合同解除之日止应收的部分后,退还投保人。

被保险人、受让人未履行本条第二款规定的通知义务的,因转让导致保险标的的危险程度显著增加而发生的保险事故,保险人不承担赔偿保险金的责任。

第五十条　货物运输保险合同和运输工具航程保险合同,保险责任开始后,合同当事人不得解除合同。

第五十一条　被保险人应当遵守国家有关消防、安全、生产操作、劳动保护等方面的规定,维护保险标的的安全。

保险人可以按照合同约定对保险标的的安全状况进行检查,及时向投保人、被保险人提出消除不安全因素和隐患的书面建议。

投保人、被保险人未按照约定履行其对保险标的的安全应尽责任的,保险人有权要求增加保险费或者解除合同。

保险人为维护保险标的的安全,经被保险人同意,可以采取安全预防措施。

第五十二条　在合同有效期内,保险标的的危险程度显著增加的,被保险人应当按照合同约定及时通知保险人,保险人可以按照合同约定增加保险费或者解除合同。保险人解除合同的,应当将已收取的保险费,按照合同约定扣除自保险责任开始之日起至合同解除之日止应收的部分后,退还投保人。

被保险人未履行前款规定的通知义务的,因保险标的的危险程度显著增加而发生的保险事故,保险人不承担赔偿保险金的责任。

第五十三条　有下列情形之一的,除合同另有约定外,保险人应当降低保险费,并按日计算退还相应的保险费。

(一)据以确定保险费率的有关情况发生变化,保险标的的危险程度明显减少的。

(二)保险标的的保险价值明显减少的。

第五十四条　保险责任开始前,投保人要求解除合同的,应当按照合同约定向保险人支付手续费,保险人应当退还保险费。保险责任开始后,投保人要求解除合同的,保险人应当将已收取的保险费,按照合同约定扣除自保险责任开始之日起至合同解除之日止应收的部分后,退还投保人。

第五十五条　投保人和保险人约定保险标的的保险价值并在合同中载明的,保险标的发生损失时,以约定的保险价值为赔偿计算标准。

投保人和保险人未约定保险标的的保险价值的,保险标的发生损失时,以保险事故发生时保险标的的实际价值为赔偿计算标准。

保险金额不得超过保险价值。超过保险价值的,超过部分无效,保险人应当退还相应的保险费。

保险金额低于保险价值的,除合同另有约定外,保险人按照保险金额与保险价值的比例承担赔偿保险金的责任。

第五十六条　重复保险的投保人应当将重复保险的有关情况通知各保险人。

重复保险的各保险人赔偿保险金的总和不得超过保险价值。除合同另有约定外,各保险人按照其保险金额与保险金额总和的比例承担赔偿保险金的责任。

重复保险的投保人可以就保险金额总和超过保险价值的部分,请求各保险人按比例返还保险费。

重复保险是指投保人对同一保险标的、同一保险利益、同一保险事故分别与两个以上保险人订立保险合同,且保险金额总和超过保险价值的保险。

第五十七条　保险事故发生时,被保险人应当尽力采取必要的措施,防止或者减少损失。

保险事故发生后,被保险人为防止或者减少保险标的的损失所支付的必要的、合理的费用,由保险人承担;保险人所承担的费用数额在保险标的的损失赔偿金额以外另行计算,最高不超过保险金额的数额。

第五十八条　保险标的发生部分损失的,自保险人赔偿之日起三十日内,投保人可以解除合同;除合同另有约定外,保险人也可以解除合同,但应当提前十五日通知投保人。

合同解除的,保险人应当将保险标的未受损失部分的保险费,按照合同约定扣除自保险责任开始之日起至合同解除之日止应收的部分后,退还投保人。

第五十九条 保险事故发生后,保险人已支付了全部保险金额,并且保险金额等于保险价值的,受损保险标的的全部权利归于保险人;保险金额低于保险价值的,保险人按照保险金额与保险价值的比例取得受损保险标的的部分权利。

第六十条 因第三者对保险标的的损害而造成保险事故的,保险人自向被保险人赔偿保险金之日起,在赔偿金额范围内代位行使被保险人对第三者请求赔偿的权利。

前款规定的保险事故发生后,被保险人已经从第三者取得损害赔偿的,保险人赔偿保险金时,可以相应扣减被保险人从第三者已取得的赔偿金额。

保险人依照本条第一款规定行使代位请求赔偿的权利,不影响被保险人就未取得赔偿的部分向第三者请求赔偿的权利。

第六十一条 保险事故发生后,保险人未赔偿保险金之前,被保险人放弃对第三者请求赔偿的权利的,保险人不承担赔偿保险金的责任。

保险人向被保险人赔偿保险金后,被保险人未经保险人同意放弃对第三者请求赔偿的权利的,该行为无效。

被保险人故意或者因重大过失致使保险人不能行使代位请求赔偿的权利的,保险人可以扣减或者要求返还相应的保险金。

第六十二条 除被保险人的家庭成员或者其组成人员故意造成本法第六十条第一款规定的保险事故外,保险人不得对被保险人的家庭成员或者其组成人员行使代位请求赔偿的权利。

第六十三条 保险人向第三者行使代位请求赔偿的权利时,被保险人应当向保险人提供必要的文件和所知道的有关情况。

第六十四条 保险人、被保险人为查明和确定保险事故的性质、原因和保险标的的损失程度所支付的必要的、合理的费用,由保险人承担。

第六十五条 保险人对责任保险的被保险人给第三者造成的损害,可以依照法律的规定或者合同的约定,直接向该第三者赔偿保险金。

责任保险的被保险人给第三者造成损害,被保险人对第三者应负的赔偿责任确定的,根据被保险人的请求,保险人应当直接向该第三者赔偿保险金。被保险人怠于请求的,第三者有权就其应获赔偿部分直接向保险人请求赔偿保险金。

责任保险的被保险人给第三者造成损害,被保险人未向该第三者赔偿的,保险人不得向被保险人赔偿保险金。

责任保险是指以被保险人对第三者依法应负的赔偿责任为保险标的的保险。

第六十六条 责任保险的被保险人因给第三者造成损害的保险事故而被提起仲裁或者诉讼的,被保险人支付的仲裁或者诉讼费用以及其他必要的、合理的费用,除合同另有约定外,由保险人承担。

第三章 保 险 公 司

第六十七条 设立保险公司应当经国务院保险监督管理机构批准。

国务院保险监督管理机构审查保险公司的设立申请时,应当考虑保险业的发展和公平竞争的需要。

第六十八条 设立保险公司应当具备下列条件:

(一)主要股东具有持续盈利能力,信誉良好,最近三年内无重大违法违规记录,净资产不低于人民币二亿元。

(二)有符合本法和《中华人民共和国公司法》规定的章程。

(三)有符合本法规定的注册资本。

(四)有具备任职专业知识和业务工作经验的董事、监事和高级管理人员。

(五)有健全的组织机构和管理制度。

(六)有符合要求的营业场所和与经营业务有关的其他设施。

(七)法律、行政法规和国务院保险监督管理机构规定的其他条件。

第六十九条 设立保险公司,其注册资本的最低限额为人民币二亿元。

国务院保险监督管理机构根据保险公司的业务范围、经营规模,可以调整其注册资本的最低限额,但不得低于本条第一款规定的限额。

保险公司的注册资本必须为实缴货币资本。

第七十条 申请设立保险公司,应当向国务院保险监督管理机构提出书面申请,并提交下列材料:

(一)设立申请书,申请书应当载明拟设立的保险公司的名称、注册资本、业务范围等。

(二)可行性研究报告。

(三)筹建方案。

(四)投资人的营业执照或者其他背景资料,经会计师事务所审计的上一年度财务会计报告。

(五)投资人认可的筹备组负责人和拟任董事长、经理名单及本人认可证明。

(六)国务院保险监督管理机构规定的其他材料。

第七十一条 国务院保险监督管理机构应当对设立保险公司的申请进行审查,自受理之日起六个月内做出批准或者不批准筹建的决定,并书面通知申请人。决定不批准的,应当书面说明理由。

第七十二条 申请人应当自收到批准筹建通知之日起一年内完成筹建工作;筹建期间不得从事保险经营活动。

第七十三条 筹建工作完成后,申请人具备本法第六十八条规定的设立条件的,可以向国务院保险监督管理机构提出开业申请。

国务院保险监督管理机构应当自受理开业申请之日起六十日内,做出批准或者不批准开业的决定。决定批准的,颁发经营保险业务许可证;决定不批准的,应当书面通知申请人并说明理由。

第七十四条 保险公司在中华人民共和国境内设立分支机构,应当经保险监督管理机构批准。

保险公司分支机构不具有法人资格,其民事责任由保险公司承担。

第七十五条 保险公司申请设立分支机构,应当向保险监督管理机构提出书面申请,并提交下列材料。

（一）设立申请书。

（二）拟设机构三年业务发展规划和市场分析材料。

（三）拟任高级管理人员的简历及相关证明材料。

（四）国务院保险监督管理机构规定的其他材料。

第七十六条 保险监督管理机构应当对保险公司设立分支机构的申请进行审查,自受理之日起六十日内做出批准或者不批准的决定。决定批准的,颁发分支机构经营保险业务许可证;决定不批准的,应当书面通知申请人并说明理由。

第七十七条 经批准设立的保险公司及其分支机构,凭经营保险业务许可证向工商行政管理机关办理登记,领取营业执照。

第七十八条 保险公司及其分支机构自取得经营保险业务许可证之日起六个月内,无正当理由未向工商行政管理机关办理登记的,其经营保险业务许可证失效。

第七十九条 保险公司在中华人民共和国境外设立子公司、分支机构、代表机构,应当经国务院保险监督管理机构批准。

第八十条 外国保险机构在中华人民共和国境内设立代表机构,应当经国务院保险监督管理机构批准。代表机构不得从事保险经营活动。

第八十一条 保险公司的董事、监事和高级管理人员,应当品行良好,熟悉与保险相关的法律、行政法规,具有履行职责所需的经营管理能力,并在任职前取得保险监督管理机构核准的任职资格。

保险公司高级管理人员的范围由国务院保险监督管理机构规定。

第八十二条 有《中华人民共和国公司法》第一百四十六条规定的情形或者下列情形之一的,不得担任保险公司的董事、监事、高级管理人员。

（一）因违法行为或者违纪行为被金融监督管理机构取消任职资格的金融机构的董事、监事、高级管理人员,自被取消任职资格之日起未逾五年的。

（二）因违法行为或者违纪行为被吊销执业资格的律师、注册会计师或者资产评估机构、验证机构等机构的专业人员,自被吊销执业资格之日起未逾五年的。

第八十三条 保险公司的董事、监事、高级管理人员执行公司职务时违反法律、行政法规或者公司章程的规定,给公司造成损失的,应当承担赔偿责任。

第八十四条 保险公司有下列情形之一的,应当经保险监督管理机构批准。

（一）变更名称。

（二）变更注册资本。

（三）变更公司或者分支机构的营业场所。

（四）撤销分支机构。

（五）公司分立或者合并。

（六）修改公司章程。

（七）变更出资额占有限责任公司资本总额百分之五以上的股东，或者变更持有股份有限公司股份百分之五以上的股东。

（八）国务院保险监督管理机构规定的其他情形。

第八十五条　保险公司应当聘用专业人员，建立精算报告制度和合规报告制度。

第八十六条　保险公司应当按照保险监督管理机构的规定，报送有关报告、报表、文件和资料。

保险公司的偿付能力报告、财务会计报告、精算报告、合规报告及其他有关报告、报表、文件和资料必须如实记录保险业务事项，不得有虚假记载、误导性陈述和重大遗漏。

第八十七条　保险公司应当按照国务院保险监督管理机构的规定妥善保管业务经营活动的完整账簿、原始凭证和有关资料。

前款规定的账簿、原始凭证和有关资料的保管期限，自保险合同终止之日起计算，保险期间在一年以下的不得少于五年，保险期间超过一年的不得少于十年。

第八十八条　保险公司聘请或者解聘会计师事务所、资产评估机构、资信评级机构等中介服务机构，应当向保险监督管理机构报告；解聘会计师事务所、资产评估机构、资信评级机构等中介服务机构，应当说明理由。

第八十九条　保险公司因分立、合并需要解散，或者股东会、股东大会决议解散，或者公司章程规定的解散事由出现，经国务院保险监督管理机构批准后解散。

经营有人寿保险业务的保险公司，除因分立、合并或者被依法撤销外，不得解散。

保险公司解散，应当依法成立清算组进行清算。

第九十条　保险公司有《中华人民共和国企业破产法》第二条规定情形的，经国务院保险监督管理机构同意，保险公司或者其债权人可以依法向人民法院申请重整、和解或者破产清算；国务院保险监督管理机构也可以依法向人民法院申请对该保险公司进行重整或者破产清算。

第九十一条　破产财产在优先清偿破产费用和共益债务后，按照下列顺序清偿。

（一）所欠职工工资和医疗、伤残补助、抚恤费用，所欠应当划入职工个人账户的基本养老保险、基本医疗保险费用，以及法律、行政法规规定应当支付给职工的补偿金。

（二）赔偿或者给付保险金。

（三）保险公司欠缴的除第（一）项规定以外的社会保险费用和所欠税款。

（四）普通破产债权。

破产财产不足以清偿同一顺序的清偿要求的，按照比例分配。

破产保险公司的董事、监事和高级管理人员的工资，按照该公司职工的平均工资计算。

第九十二条　经营有人寿保险业务的保险公司被依法撤销或者被依法宣告破产的,其持有的人寿保险合同及责任准备金,必须转让给其他经营有人寿保险业务的保险公司;不能同其他保险公司达成转让协议的,由国务院保险监督管理机构指定经营有人寿保险业务的保险公司接受转让。

转让或者由国务院保险监督管理机构指定接受转让前款规定的人寿保险合同及责任准备金的,应当维护被保险人、受益人的合法权益。

第九十三条　保险公司依法终止其业务活动,应当注销其经营保险业务许可证。

第九十四条　保险公司,除本法另有规定外,适用《中华人民共和国公司法》的规定。

第四章　保险经营规则

第九十五条　保险公司的业务范围如下。

(一)人身保险业务,包括人寿保险、健康保险、意外伤害保险等保险业务。

(二)财产保险业务,包括财产损失保险、责任保险、信用保险、保证保险等保险业务。

(三)国务院保险监督管理机构批准的与保险有关的其他业务。

保险人不得兼营人身保险业务和财产保险业务。但是,经营财产保险业务的保险公司经国务院保险监督管理机构批准,可以经营短期健康保险业务和意外伤害保险业务。

保险公司应当在国务院保险监督管理机构依法批准的业务范围内从事保险经营活动。

第九十六条　经国务院保险监督管理机构批准,保险公司可以经营本法第九十五条规定的保险业务的下列再保险业务。

(一)分出保险。

(二)分入保险。

第九十七条　保险公司应当按照其注册资本总额的百分之二十提取保证金,存入国务院保险监督管理机构指定的银行,除公司清算时用于清偿债务外,不得动用。

第九十八条　保险公司应当根据保障被保险人利益、保证偿付能力的原则,提取各项责任准备金。

保险公司提取和结转责任准备金的具体办法,由国务院保险监督管理机构制定。

第九十九条　保险公司应当依法提取公积金。

第一百条　保险公司应当缴纳保险保障基金。

保险保障基金应当集中管理,并在下列情形下统筹使用。

(一)在保险公司被撤销或者被宣告破产时,向投保人、被保险人或者受益人提供救济。

(二)在保险公司被撤销或者被宣告破产时,向依法接受其人寿保险合同的保险公司提供救济。

(三)国务院规定的其他情形。

保险保障基金筹集、管理和使用的具体办法,由国务院制定。

第一百零一条　保险公司应当具有与其业务规模和风险程度相适应的最低偿付能力。

保险公司的认可资产减去认可负债的差额不得低于国务院保险监督管理机构规定的数额;低于规定数额的,应当按照国务院保险监督管理机构的要求采取相应措施达到规定的数额。

第一百零二条　经营财产保险业务的保险公司当年自留保险费,不得超过其实有资本金加公积金总和的四倍。

第一百零三条　保险公司对每一危险单位,即对一次保险事故可能造成的最大损失范围所承担的责任,不得超过其实有资本金加公积金总和的百分之十;超过的部分应当办理再保险。

保险公司对危险单位的划分应当符合国务院保险监督管理机构的规定。

第一百零四条　保险公司对危险单位的划分方法和巨灾风险安排方案,应当报国务院保险监督管理机构备案。

第一百零五条　保险公司应当按照国务院保险监督管理机构的规定办理再保险,并审慎选择再保险接受人。

第一百零六条　保险公司的资金运用必须稳健,遵循安全性原则。

保险公司的资金运用限于下列形式:

(一) 银行存款。

(二) 买卖债券、股票、证券投资基金份额等有价证券。

(三) 投资不动产。

(四) 国务院规定的其他资金运用形式。

保险公司资金运用的具体管理办法,由国务院保险监督管理机构依照前两款的规定制定。

第一百零七条　经国务院保险监督管理机构会同国务院证券监督管理机构批准,保险公司可以设立保险资产管理公司。

保险资产管理公司从事证券投资活动,应当遵守《中华人民共和国证券法》等法律、行政法规的规定。

保险资产管理公司的管理办法,由国务院保险监督管理机构会同国务院有关部门制定。

第一百零八条　保险公司应当按照国务院保险监督管理机构的规定,建立对关联交易的管理和信息披露制度。

第一百零九条　保险公司的控股股东、实际控制人、董事、监事、高级管理人员不得利用关联交易损害公司的利益。

第一百一十条　保险公司应当按照国务院保险监督管理机构的规定,真实、准确、完整地披露财务会计报告、风险管理状况、保险产品经营情况等重大事项。

第一百一十一条　保险公司从事保险销售的人员应当符合国务院保险监督管理机构规定的资格条件,取得保险监督管理机构颁发的资格证书。

前款规定的保险销售人员的范围和管理办法,由国务院保险监督管理机构规定。

第一百一十二条 保险公司应当建立保险代理人登记管理制度，加强对保险代理人的培训和管理，不得唆使、诱导保险代理人进行违背诚信义务的活动。

第一百一十三条 保险公司及其分支机构应当依法使用经营保险业务许可证，不得转让、出租、出借经营保险业务许可证。

第一百一十四条 保险公司应当按照国务院保险监督管理机构的规定，公平、合理拟订保险条款和保险费率，不得损害投保人、被保险人和受益人的合法权益。

保险公司应当按照合同约定和本法规定，及时履行赔偿或者给付保险金义务。

第一百一十五条 保险公司开展业务，应当遵循公平竞争的原则，不得从事不正当竞争。

第一百一十六条 保险公司及其工作人员在保险业务活动中不得有下列行为：

（一）欺骗投保人、被保险人或者受益人。

（二）对投保人隐瞒与保险合同有关的重要情况。

（三）阻碍投保人履行本法规定的如实告知义务，或者诱导其不履行本法规定的如实告知义务。

（四）给予或者承诺给予投保人、被保险人、受益人保险合同约定以外的保险费回扣或者其他利益。

（五）拒不依法履行保险合同约定的赔偿或者给付保险金义务。

（六）故意编造未曾发生的保险事故、虚构保险合同或者故意夸大已经发生的保险事故的损失程度进行虚假理赔，骗取保险金或者牟取其他不正当利益。

（七）挪用、截留、侵占保险费。

（八）委托未取得合法资格的机构或者个人从事保险销售活动。

（九）利用开展保险业务为其他机构或者个人牟取不正当利益。

（十）利用保险代理人、保险经纪人或者保险评估机构，从事以虚构保险中介业务或者编造退保等方式套取费用等违法活动。

（十一）以捏造、散布虚假事实等方式损害竞争对手的商业信誉，或者以其他不正当竞争行为扰乱保险市场秩序。

（十二）泄露在业务活动中知悉的投保人、被保险人的商业秘密。

（十三）违反法律、行政法规和国务院保险监督管理机构规定的其他行为。

第五章 保险代理人和保险经纪人

第一百一十七条 保险代理人是根据保险人的委托，向保险人收取佣金，并在保险人授权的范围内代为办理保险业务的机构或者个人。

保险代理机构包括专门从事保险代理业务的保险专业代理机构和兼营保险代理业务的保险兼业代理机构。

第一百一十八条　保险经纪人是基于投保人的利益,为投保人与保险人订立保险合同提供中介服务,并依法收取佣金的机构。

第一百一十九条　保险代理机构、保险经纪人应当具备国务院保险监督管理机构规定的条件,取得保险监督管理机构颁发的经营保险代理业务许可证、保险经纪业务许可证。

保险专业代理机构、保险经纪人凭保险监督管理机构颁发的许可证向工商行政管理机关办理登记,领取营业执照。

保险兼业代理机构凭保险监督管理机构颁发的许可证,向工商行政管理机关办理变更登记。

第一百二十条　以公司形式设立保险专业代理机构、保险经纪人,其注册资本最低限额适用《中华人民共和国公司法》的规定。

国务院保险监督管理机构根据保险专业代理机构、保险经纪人的业务范围和经营规模,可以调整其注册资本的最低限额,但不得低于《中华人民共和国公司法》规定的限额。

保险专业代理机构、保险经纪人的注册资本或者出资额必须为实缴货币资本。

第一百二十一条　保险专业代理机构、保险经纪人的高级管理人员,应当品行良好,熟悉保险法律、行政法规,具有履行职责所需的经营管理能力,并在任职前取得保险监督管理机构核准的任职资格。

第一百二十二条　个人保险代理人、保险代理机构的代理从业人员、保险经纪人的经纪从业人员,应当具备国务院保险监督管理机构规定的资格条件,取得保险监督管理机构颁发的资格证书。

第一百二十三条　保险代理机构、保险经纪人应当有自己的经营场所,设立专门账簿记载保险代理业务、经纪业务的收支情况。

第一百二十四条　保险代理机构、保险经纪人应当按照国务院保险监督管理机构的规定缴存保证金或者投保职业责任保险。未经保险监督管理机构批准,保险代理机构、保险经纪人不得动用保证金。

第一百二十五条　个人保险代理人在代为办理人寿保险业务时,不得同时接受两个以上保险人的委托。

第一百二十六条　保险人委托保险代理人代为办理保险业务,应当与保险代理人签订委托代理协议,依法约定双方的权利和义务。

第一百二十七条　保险代理人根据保险人的授权代为办理保险业务的行为,由保险人承担责任。

保险代理人没有代理权、超越代理权或者代理权终止后以保险人名义订立合同,使投保人有理由相信其有代理权的,该代理行为有效。保险人可以依法追究越权的保险代理人的责任。

第一百二十八条　保险经纪人因过错给投保人、被保险人造成损失的,依法承担赔偿责任。

第一百二十九条　保险活动当事人可以委托保险公估机构等依法设立的独立评估机

构或者具有相关专业知识的人员,对保险事故进行评估和鉴定。

接受委托对保险事故进行评估和鉴定的机构和人员,应当依法、独立、客观、公正地进行评估和鉴定,任何单位和个人不得干涉。

前款规定的机构和人员,因故意或者过失给保险人或者被保险人造成损失的,依法承担赔偿责任。

第一百三十条　保险佣金只限于向具有合法资格的保险代理人、保险经纪人支付,不得向其他人支付。

第一百三十一条　保险代理人、保险经纪人及其从业人员在办理保险业务活动中不得有下列行为。

(一)欺骗保险人、投保人、被保险人或者受益人。

(二)隐瞒与保险合同有关的重要情况。

(三)阻碍投保人履行本法规定的如实告知义务,或者诱导其不履行本法规定的如实告知义务。

(四)给予或者承诺给予投保人、被保险人或者受益人保险合同约定以外的利益。

(五)利用行政权力、职务或者职业便利以及其他不正当手段强迫、引诱或者限制投保人订立保险合同。

(六)伪造、擅自变更保险合同,或者为保险合同当事人提供虚假证明材料。

(七)挪用、截留、侵占保险费或者保险金。

(八)利用业务便利为其他机构或者个人牟取不正当利益。

(九)串通投保人、被保险人或者受益人,骗取保险金。

(十)泄露在业务活动中知悉的保险人、投保人、被保险人的商业秘密。

第一百三十二条　保险专业代理机构、保险经纪人分立、合并、变更组织形式、设立分支机构或者解散的,应当经保险监督管理机构批准。

第一百三十三条　本法第八十六条第一款、第一百一十三条的规定,适用于保险代理机构和保险经纪人。

第六章　保险业监督管理

第一百三十四条　保险监督管理机构依照本法和国务院规定的职责,遵循依法、公开、公正的原则,对保险业实施监督管理,维护保险市场秩序,保护投保人、被保险人和受益人的合法权益。

第一百三十五条　国务院保险监督管理机构依照法律、行政法规制定并发布有关保险业监督管理的规章。

第一百三十六条　关系社会公众利益的保险险种、依法实行强制保险的险种和新开发的人寿保险险种等的保险条款和保险费率,应当报国务院保险监督管理机构批准。国务院保险监督管理机构审批时,应当遵循保护社会公众利益和防止不正当竞争的原则。其他保险险种的保险条款和保险费率,应当报保险监督管理机构备案。

保险条款和保险费率审批、备案的具体办法,由国务院保险监督管理机构依照前款规定制定。

第一百三十七条　保险公司使用的保险条款和保险费率违反法律、行政法规或者国务院保险监督管理机构的有关规定的,由保险监督管理机构责令停止使用,限期修改;情节严重的,可以在一定期限内禁止申报新的保险条款和保险费率。

第一百三十八条　国务院保险监督管理机构应当建立健全保险公司偿付能力监管体系,对保险公司的偿付能力实施监控。

第一百三十九条　对偿付能力不足的保险公司,国务院保险监督管理机构应当将其列为重点监管对象,并可以根据具体情况采取下列措施:

(一)责令增加资本金、办理再保险。

(二)限制业务范围。

(三)限制向股东分红。

(四)限制固定资产购置或者经营费用规模。

(五)限制资金运用的形式、比例。

(六)限制增设分支机构。

(七)责令拍卖不良资产、转让保险业务。

(八)限制董事、监事、高级管理人员的薪酬水平。

(九)限制商业性广告。

(十)责令停止接受新业务。

第一百四十条　保险公司未依照本法规定提取或者结转各项责任准备金,或者未依照本法规定办理再保险,或者严重违反本法关于资金运用的规定的,由保险监督管理机构责令限期改正,并可以责令调整负责人及有关管理人员。

第一百四十一条　保险监督管理机构依照本法第一百四十条的规定做出限期改正的决定后,保险公司逾期未改正的,国务院保险监督管理机构可以决定选派保险专业人员和指定该保险公司的有关人员组成整顿组,对公司进行整顿。

整顿决定应当载明被整顿公司的名称、整顿理由、整顿组成员和整顿期限,并予以公告。

第一百四十二条　整顿组有权监督被整顿保险公司的日常业务。被整顿公司的负责人及有关管理人员应当在整顿组的监督下行使职权。

第一百四十三条　整顿过程中,被整顿保险公司的原有业务继续进行。但是,国务院保险监督管理机构可以责令被整顿公司停止部分原有业务、停止接受新业务,调整资金运用。

第一百四十四条　被整顿保险公司经整顿已纠正其违反本法规定的行为,恢复正常经营状况的,由整顿组提出报告,经国务院保险监督管理机构批准,结束整顿,并由国务院保险监督管理机构予以公告。

第一百四十五条　保险公司有下列情形之一的,国务院保险监督管理机构可以对其实行接管。

(一)公司的偿付能力严重不足的。

(二)违反本法规定,损害社会公共利益,可能严重危及或者已经严重危及公司的偿付能力的。

被接管的保险公司的债权债务关系不因接管而变化。

第一百四十六条　接管组的组成和接管的实施办法,由国务院保险监督管理机构决定,并予以公告。

第一百四十七条　接管期限届满,国务院保险监督管理机构可以决定延长接管期限,但接管期限最长不得超过二年。

第一百四十八条　接管期限届满,被接管的保险公司已恢复正常经营能力的,由国务院保险监督管理机构决定终止接管,并予以公告。

第一百四十九条　被整顿、被接管的保险公司有《中华人民共和国企业破产法》第二条规定情形的,国务院保险监督管理机构可以依法向人民法院申请对该保险公司进行重整或者破产清算。

第一百五十条　保险公司因违法经营被依法吊销经营保险业务许可证的,或者偿付能力低于国务院保险监督管理机构规定标准,不予撤销将严重危害保险市场秩序、损害公共利益的,由国务院保险监督管理机构予以撤销并公告,依法及时组织清算组进行清算。

第一百五十一条　国务院保险监督管理机构有权要求保险公司股东、实际控制人在指定的期限内提供有关信息和资料。

第一百五十二条　保险公司的股东利用关联交易严重损害公司利益,危及公司偿付能力的,由国务院保险监督管理机构责令改正。在按照要求改正前,国务院保险监督管理机构可以限制其股东权利;拒不改正的,可以责令其转让所持的保险公司股权。

第一百五十三条　保险监督管理机构根据履行监督管理职责的需要,可以与保险公司董事、监事和高级管理人员进行监督管理谈话,要求其就公司的业务活动和风险管理的重大事项做出说明。

第一百五十四条　保险公司在整顿、接管、撤销清算期间,或者出现重大风险时,国务院保险监督管理机构可以对该公司直接负责的董事、监事、高级管理人员和其他直接责任人员采取以下措施。

(一)通知出境管理机关依法阻止其出境。

(二)申请司法机关禁止其转移、转让或者以其他方式处分财产,或者在财产上设定其他权利。

第一百五十五条　保险监督管理机构依法履行职责,可以采取下列措施。

(一)对保险公司、保险代理人、保险经纪人、保险资产管理公司、外国保险机构的代表机构进行现场检查。

(二)进入涉嫌违法行为发生场所调查取证。

（三）询问当事人及与被调查事件有关的单位和个人,要求其对与被调查事件有关的事项做出说明。

（四）查阅、复制与被调查事件有关的财产权登记等资料。

（五）查阅、复制保险公司、保险代理人、保险经纪人、保险资产管理公司、外国保险机构的代表机构以及与被调查事件有关的单位和个人的财务会计资料及其他相关文件和资料；对可能被转移、隐匿或者毁损的文件和资料予以封存。

（六）查询涉嫌违法经营的保险公司、保险代理人、保险经纪人、保险资产管理公司、外国保险机构的代表机构以及与涉嫌违法事项有关的单位和个人的银行账户。

（七）对有证据证明已经或者可能转移、隐匿违法资金等涉案财产或者隐匿、伪造、毁损重要证据的,经保险监督管理机构主要负责人批准,申请人民法院予以冻结或者查封。

保险监督管理机构采取前款第（一）项、第（二）项、第（五）项措施的,应当经保险监督管理机构负责人批准;采取第（六）项措施的,应当经国务院保险监督管理机构负责人批准。

保险监督管理机构依法进行监督检查或者调查,其监督检查、调查的人员不得少于二人,并应当出示合法证件和监督检查、调查通知书;监督检查、调查的人员少于二人或者未出示合法证件和监督检查、调查通知书的,被检查、调查的单位和个人有权拒绝。

第一百五十六条　保险监督管理机构依法履行职责,被检查、调查的单位和个人应当配合。

第一百五十七条　保险监督管理机构工作人员应当忠于职守,依法办事,公正廉洁,不得利用职务便利牟取不正当利益,不得泄露所知悉的有关单位和个人的商业秘密。

第一百五十八条　国务院保险监督管理机构应当与中国人民银行、国务院其他金融监督管理机构建立监督管理信息共享机制。

保险监督管理机构依法履行职责,进行监督检查、调查时,有关部门应当予以配合。

第七章　法律责任

第一百五十九条　违反本法规定,擅自设立保险公司、保险资产管理公司或者非法经营商业保险业务的,由保险监督管理机构予以取缔,没收违法所得,并处违法所得一倍以上五倍以下的罚款;没有违法所得或者违法所得不足二十万元的,处二十万元以上一百万元以下的罚款。

第一百六十条　违反本法规定,擅自设立保险专业代理机构、保险经纪人,或者未取得经营保险代理业务许可证、保险经纪业务许可证从事保险代理业务、保险经纪业务的,由保险监督管理机构予以取缔,没收违法所得,并处违法所得一倍以上五倍以下的罚款;没有违法所得或者违法所得不足五万元的,处五万元以上三十万元以下的罚款。

第一百六十一条　保险公司违反本法规定,超出批准的业务范围经营的,由保险监督管理机构责令限期改正,没收违法所得,并处违法所得一倍以上五倍以下的罚款;没有违法所得或者违法所得不足十万元的,处十万元以上五十万元以下的罚款。逾期不改正或者造成严重后果的,责令停业整顿或者吊销业务许可证。

第一百六十二条　保险公司有本法第一百一十六条规定行为之一的,由保险监督管理机构责令改正,处五万元以上三十万元以下的罚款;情节严重的,限制其业务范围、责令停止接受新业务或者吊销业务许可证。

第一百六十三条　保险公司违反本法第八十四条规定的,由保险监督管理机构责令改正,处一万元以上十万元以下的罚款。

第一百六十四条　保险公司违反本法规定,有下列行为之一的,由保险监督管理机构责令改正,处五万元以上三十万元以下的罚款。

(一)超额承保,情节严重的。

(二)为无民事行为能力人承保以死亡为给付保险金条件的保险的。

第一百六十五条　违反本法规定,有下列行为之一的,由保险监督管理机构责令改正,处五万元以上三十万元以下的罚款;情节严重的,可以限制其业务范围、责令停止接受新业务或者吊销业务许可证。

(一)未按照规定提存保证金或者违反规定动用保证金的。

(二)未按照规定提取或者结转各项责任准备金的。

(三)未按照规定缴纳保险保障基金或者提取公积金的。

(四)未按照规定办理再保险的。

(五)未按照规定运用保险公司资金的。

(六)未经批准设立分支机构或者代表机构的。

(七)未按照规定申请批准保险条款、保险费率的。

第一百六十六条　保险代理机构、保险经纪人有本法第一百三十一条规定行为之一的,由保险监督管理机构责令改正,处五万元以上三十万元以下的罚款;情节严重的,吊销业务许可证。

第一百六十七条　保险代理机构、保险经纪人违反本法规定,有下列行为之一的,由保险监督管理机构责令改正,处二万元以上十万元以下的罚款;情节严重的,责令停业整顿或者吊销业务许可证。

(一)未按照规定缴存保证金或者投保职业责任保险的。

(二)未按照规定设立专门账簿记载业务收支情况的。

第一百六十八条　保险专业代理机构、保险经纪人违反本法规定,未经批准设立分支机构或者变更组织形式的,由保险监督管理机构责令改正,处一万元以上五万元以下的罚款。

第一百六十九条　违反本法规定,聘任不具有任职资格、从业资格的人员的,由保险监督管理机构责令改正,处二万元以上十万元以下的罚款。

第一百七十条　违反本法规定,转让、出租、出借业务许可证的,由保险监督管理机构处一万元以上十万元以下的罚款;情节严重的,责令停业整顿或者吊销业务许可证。

第一百七十一条　违反本法规定,有下列行为之一的,由保险监督管理机构责令限期改正;逾期不改正的,处一万元以上十万元以下的罚款。

(一)未按照规定报送或者保管报告、报表、文件、资料的,或者未按照规定提供有关信息、资料的。

(二)未按照规定报送保险条款、保险费率备案的。

(三)未按照规定披露信息的。

第一百七十二条　违反本法规定,有下列行为之一的,由保险监督管理机构责令改正,处十万元以上五十万元以下的罚款;情节严重的,可以限制其业务范围、责令停止接受新业务或者吊销业务许可证。

(一)编制或者提供虚假的报告、报表、文件、资料的。

(二)拒绝或者妨碍依法监督检查的。

(三)未按照规定使用经批准或者备案的保险条款、保险费率的。

第一百七十三条　保险公司、保险资产管理公司、保险专业代理机构、保险经纪人违反本法规定的,保险监督管理机构除分别依照本法第一百六十一条至第一百七十二条的规定对该单位给予处罚外,对其直接负责的主管人员和其他直接责任人员给予警告,并处一万元以上十万元以下的罚款;情节严重的,撤销任职资格或者从业资格。

第一百七十四条　个人保险代理人违反本法规定的,由保险监督管理机构给予警告,可以并处二万元以下的罚款;情节严重的,处二万元以上十万元以下的罚款,并可以吊销其资格证书。

未取得合法资格的人员从事个人保险代理活动的,由保险监督管理机构给予警告,可以并处二万元以下的罚款;情节严重的,处二万元以上十万元以下的罚款。

第一百七十五条　外国保险机构未经国务院保险监督管理机构批准,擅自在中华人民共和国境内设立代表机构的,由国务院保险监督管理机构予以取缔,处五万元以上三十万元以下的罚款。

外国保险机构在中华人民共和国境内设立的代表机构从事保险经营活动的,由保险监督管理机构责令改正,没收违法所得,并处违法所得一倍以上五倍以下的罚款;没有违法所得或者违法所得不足二十万元的,处二十万元以上一百万元以下的罚款;对其首席代表可以责令撤换;情节严重的,撤销其代表机构。

第一百七十六条　投保人、被保险人或者受益人有下列行为之一,进行保险诈骗活动,尚不构成犯罪的,依法给予行政处罚。

(一)投保人故意虚构保险标的,骗取保险金的。

(二)编造未曾发生的保险事故,或者编造虚假的事故原因或者夸大损失程度,骗取保险金的。

(三)故意造成保险事故,骗取保险金的。

保险事故的鉴定人、评估人、证明人故意提供虚假的证明文件,为投保人、被保险人或者受益人进行保险诈骗提供条件的,依照前款规定给予处罚。

第一百七十七条　违反本法规定,给他人造成损害的,依法承担民事责任。

第一百七十八条　拒绝、阻碍保险监督管理机构及其工作人员依法行使监督检查、调查职权，未使用暴力、威胁方法的，依法给予治安管理处罚。

第一百七十九条　违反法律、行政法规的规定，情节严重的，国务院保险监督管理机构可以禁止有关责任人员一定期限直至终身进入保险业。

第一百八十条　保险监督管理机构从事监督管理工作的人员有下列情形之一的，依法给予处分。

（一）违反规定批准机构的设立的。

（二）违反规定进行保险条款、保险费率审批的。

（三）违反规定进行现场检查的。

（四）违反规定查询账户或者冻结资金的。

（五）泄露其知悉的有关单位和个人的商业秘密的。

（六）违反规定实施行政处罚的。

（七）滥用职权、玩忽职守的其他行为。

第一百八十一条　违反本法规定，构成犯罪的，依法追究刑事责任。

第八章　附　则

第一百八十二条　保险公司应当加入保险行业协会。保险代理人、保险经纪人、保险公估机构可以加入保险行业协会。

保险行业协会是保险业的自律性组织，是社会团体法人。

第一百八十三条　保险公司以外的其他依法设立的保险组织经营的商业保险业务，适用本法。

第一百八十四条　海上保险适用《中华人民共和国海商法》的有关规定；《中华人民共和国海商法》未规定的，适用本法的有关规定。

第一百八十五条　中外合资保险公司、外资独资保险公司、外国保险公司分公司适用本法规定；法律、行政法规另有规定的，适用其规定。

第一百八十六条　国家支持发展为农业生产服务的保险事业。农业保险由法律、行政法规另行规定。

强制保险，法律、行政法规另有规定的，适用其规定。

第一百八十七条　本法自 2009 年 10 月 1 日起施行。

附录 2 关于扩大企业年金基金投资范围的通知

人社部发〔2013〕23 号

各省、自治区、直辖市人力资源社会保障厅（局）、银监局、证监局、保监局，新疆生产建设兵团人力资源社会保障局，各计划单列市人力资源社会保障局、银监局、证监局、保监局，上海、深圳证券交易所，中国证券登记结算有限责任公司：

为促进企业年金市场健康发展，实现企业年金基金资产保值增值，根据《企业年金基金管理办法》（人力资源社会保障部第 11 号令，以下简称第 11 号令），现就扩大企业年金基金投资范围通知如下。

一、企业年金基金投资范围在第 11 号令第四十七条规定的金融产品之外，增加商业银行理财产品、信托产品、基础设施债权投资计划、特定资产管理计划、股指期货。

二、企业年金基金资产以投资组合为单位，按照公允价值计算应当符合下列规定。

（一）投资银行活期存款、中央银行票据、一年期以内（含一年）的银行定期存款、债券回购、货币市场基金、货币型养老金产品的比例，合计不得低于投资组合委托投资资产净值的 5％；清算备付金、证券清算款以及一级市场证券申购资金视为流动性资产。

（二）投资一年期以上的银行定期存款、协议存款、国债、金融债、企业（公司）债、可转换债（含分离交易可转换债）、短期融资券、中期票据、万能保险产品、商业银行理财产品、信托产品、基础设施债权投资计划、特定资产管理计划、债券基金、投资连结保险产品（股票投资比例不高于 30％）、固定收益型养老金产品、混合型养老金产品的比例，合计不得高于投资组合委托投资资产净值的 135％。债券正回购的资金余额在每个交易日均不得高于投资组合委托投资资产净值的 40％。

（三）投资股票、股票基金、混合基金、投资连结保险产品（股票投资比例高于 30％）、股票型养老金产品的比例，合计不得高于投资组合委托投资资产净值的 30％。

企业年金基金不得直接投资于权证，但因投资股票、分离交易可转换债等投资品种而衍生获得的权证，应当在权证上市交易之日起 10 个交易日内卖出。

三、单个投资组合委托投资资产，投资商业银行理财产品、信托产品、基础设施债权投资计划、特定资产管理计划的比例，合计不得高于投资组合委托投资资产净值的 30％。其中，投资信托产品的比例，不得高于投资组合委托投资资产净值的 10％。投资商业银行理财产品、信托产品、基础设施债权投资计划或者特定资产管理计划的专门投资组合，可以不受此 30％和 10％规定的限制。

专门投资组合,应当有80%以上的非现金资产投资于投资方向确定的内容。

四、单个投资组合委托投资资产,投资于单期商业银行理财产品、信托产品、基础设施债权投资计划或者特定资产管理计划,分别不得超过该期商业银行理财产品、信托产品、基础设施债权投资计划或者特定资产管理计划资产管理规模的20%。投资商业银行理财产品、信托产品、基础设施债权投资计划或者特定资产管理计划的专门投资组合,可以不受此规定的限制。

五、单个企业年金计划基金资产,投资商业银行理财产品、信托产品、基础设施债权投资计划、特定资产管理计划专门投资组合的比例,合计不得高于企业年金计划基金资产净值的30%。其中,投资信托产品专门投资组合的比例,不得高于企业年金计划基金资产净值的10%。

六、企业年金基金可投资的商业银行理财产品、信托产品、基础设施债权投资计划的发行主体,限于以下三类。

(一)具有"企业年金基金管理机构资格"的商业银行、信托公司、保险资产管理公司。

(二)金融集团公司的控股子公司具有"企业年金基金管理机构资格",发行商业银行理财产品、信托产品、基础设施债权投资计划的该金融集团公司的其他控股子公司。

(三)发行商业银行理财产品、信托产品、基础设施债权投资计划的大型企业或者其控股子公司(已经建立企业年金计划)。该类商业银行理财产品、信托产品、基础设施债权投资计划仅限于大型企业自身或者其控股子公司的企业年金计划投资,并且投资事项应当由大型企业向人力资源社会保障部备案。

七、企业年金基金可投资的商业银行理财产品应当符合下列规定。

(一)风险等级为发行银行根据银监会评级要求,自主风险评级处于风险水平最低的一级或者二级。

(二)投资品种限于保证收益类和保本浮动收益类。

(三)投资范围限于境内市场的信贷资产、存款、货币市场工具、公开发行且评级在投资级以上的债券,基础资产由发行银行独立负责投资管理。

(四)发行商业银行理财产品的商业银行应当具有完善的公司治理、良好的市场信誉和稳定的投资业绩,上个会计年度末经审计的净资产不低于300亿元人民币或者在境内外主板上市,信用等级不低于国内信用评级机构评定的A级或者相当于A级的信用级别;境外上市并免于国内信用评级的,信用等级不低于国际信用评级机构评定的投资级或者以上的信用级别。

鼓励符合条件的商业银行根据企业年金委托人的投资偏好,为企业年金基金设计、发行商业银行理财产品。

八、企业年金基金可投资的信托产品应当符合下列规定。

(一)限于融资类集合资金信托计划和为企业年金基金设计、发行的单一资金信托计划。

(二)投资合同应当包含明确的"受益权转让"条款。

（三）信用等级不低于国内信用评级机构评定的 AA＋级或者相当于 AA＋级的信用级别。但符合下列条件之一的，可以豁免外部信用评级。

1. 偿债主体上个会计年度末经审计的净资产不低于 90 亿元人民币，年营业收入不低于 200 亿元人民币。

2. 提供无条件不可撤销连带责任保证担保的担保人，担保人上个会计年度末经审计的净资产不低于 90 亿元人民币，年营业收入不低于 200 亿元人民币。

（四）安排投资项目担保机制，但符合上述第三款 1 条规定且在风险可控的前提下可以豁免担保。

（五）发行信托产品的信托公司应当具有完善的公司治理、良好的市场信誉和稳定的投资业绩，上个会计年度末经审计的净资产不低于 30 亿元人民币。

鼓励符合条件的信托公司根据企业年金委托人的投资偏好，为企业年金基金设计、发行信托产品。

九、企业年金基金可投资的基础设施债权投资计划应当符合下列规定。

（一）履行完毕相关监管机构规定的所有合法程序。

（二）基础资产限于投向国务院、有关部委或者省级政府批准的基础设施项目债权资产。

（三）投资合同应当包含明确的"受益权转让"条款。

（四）信用等级不低于国内信用评级机构评定的 A 级或者相当于 A 级的信用级别。

（五）投资品种限于信用增级为 A 类、B 类增级方式。

（六）发行基础设施债权投资计划的保险资产管理公司应当具有完善的公司治理、良好的市场信誉和稳定的投资业绩，上个会计年度末经审计的净资产不低于 2 亿元人民币。

鼓励符合条件的保险资产管理公司根据企业年金委托人的投资偏好，为企业年金基金设计、发行基础设施债权投资计划。

十、企业年金基金可投资的特定资产管理计划应当符合下列规定。

（一）限于结构化分级特定资产管理计划的优先级份额。

（二）不得投资于商品期货及金融衍生品。

（三）不得投资于未通过证券交易所转让的股权。

（四）发行特定资产管理计划的基金管理公司应当具有完善的公司治理、良好的市场信誉和稳定的投资业绩，上个会计年度末经审计的净资产不低于 2 亿元人民币。

十一、企业年金计划投资组合、养老金产品参与股指期货交易应当符合下列规定。

（一）根据风险管理的原则，只能以套期保值为目的，并按照中国金融期货交易所套期保值管理的有关规定执行。

（二）企业年金计划投资组合、养老金产品参与股指期货交易，任一投资组合或者养老金产品在任何交易日日终，所持有的卖出股指期货合约价值，不得超过其对冲标的股票、股票基金、混合基金、投资连结保险产品（股票投资比例高于 30％）等权益类资产的账面价值。

（三）企业年金计划投资组合、养老金产品不得买入股指期货套期保值。

十二、商业银行理财产品、信托产品、基础设施债权投资计划、特定资产管理计划的估值办法,按照相关法律法规或者监管部门的规定执行。

十三、投资管理人投资的金融产品,募集资金投资方向应当符合国家宏观政策、产业政策和监管政策;产品结构简单,基础资产清晰,信用增级安排确凿,具有稳定可预期的现金流;建立信息披露机制和风险隔离机制,并实行资产托(保)管。投资管理人应当优先投资在公开平台登记发行和交易转让的金融产品。

十四、投资管理人应当对有关金融产品风险进行实质性评估,根据投资管理和风险管理能力,合理制定金融产品配置计划,履行相应的内部审核程序,健全内部信用评级制度,科学确定投资品种和规模、期限结构、信用分布和流动性安排。

投资管理人投资有关金融产品,应当充分发挥投资者监督作用,持续跟踪金融产品管理运作,定期评估投资风险,适时调整投资限额、风险限额和止损限额,维护资产安全。金融产品发生违约等重大投资风险的,投资管理人应当采取有效措施,控制相关风险,并及时向人力资源社会保障部和有关业务监管部门报告,同时抄报企业年金受托人。

投资管理人投资有关金融产品,不得与当事人发生涉及利益输送、利益转移等不当交易行为,不得通过关联交易或者其他方式侵害企业年金委托人的利益。

十五、本通知所指信用增级安排,其中保证担保的,应当为本息全额无条件不可撤销连带责任保证担保,且担保人信用等级不低于被担保人信用等级;抵押或者质押担保的,担保财产应当权属清晰,未被设定其他担保或者采取保全措施,经评估的担保财产价值不低于待偿还本息,且担保行为已经履行必要法律程序。

参 考 文 献

［1］北京当代金融培训有限公司. 个人风险管理与保险规划［M］. 北京：中信出版社，2014.

［2］艾正家，殷林森. 金融理财学［M］. 上海：复旦大学出版社，2010.

［3］张洪涛. 保险学［M］. 北京：中国人民大学出版社，2014.

［4］魏华林，林宝清. 保险学［M］. 北京：高等教育出版社，2011.

［5］孙祁祥. 保险学［M］. 北京：北京大学出版社，2017.

［6］庹国柱. 保险学［M］. 北京：首都经济贸易大学出版社，2016.

［7］刘永刚. 保险学案例分析［M］. 北京：中国财政经济出版社，2016.

［8］徐爱荣. 保险学原理［M］. 上海：立信会计出版社，2017.

［9］张纯威，陆磊. 金融理财［M］. 北京：中国金融出版社，2007.

［10］韦耀莹，黄祝华. 个人理财［M］. 大连：东北财经大学出版社，2007.

［11］林义. 社会保险［M］. 第四版. 北京：中国金融出版社，2016.

［12］邓大松. 社会保险［M］. 第三版. 北京：中国劳动社会保障出版社，2017.

［13］余桔云. 养老保险理论与政策［M］. 上海：复旦大学出版社，2015.

［14］袁志刚，封进，葛劲风，等. 养老保险经济学［M］. 北京：中信出版社，2016.

［15］刘洪清. 人社部：2016 年研究制定基础养老金全国统筹方案［N］. 中国劳动保障报，2016-04-18.

［16］李君荣，郭怀兰. 医疗保险统计学［M］. 北京：科学出版社，2015.

［17］周绿林，李绍华. 医疗保险学［M］. 北京：科学出版社，2017.

［18］国务院关于整合城乡居民基本医疗保险制度的意见［EB/OL］. http://www. gov. cn/zhengce/content/2016-01/12/content_10582. htm［2016-01-12］.

［19］刘欢. 人社部：到去年底 30 个省份已部署城乡居民医保整合［EB/OL］. http://www. chinanews. com/sh/2017/01-23/8133146. shtml［2017-01-23］.

［20］仇雨临. 员工福利管理［M］. 上海：复旦大学出版社，2010.

［21］卢亮. 员工福利［M］. 武汉：武汉大学出版社，2016.

［22］中国精算师协会. 员工福利计划［M］. 北京：中国财政经济出版社，2011.

［23］魏华林，等. 保险学. 北京：高等教育出版社，1999.